danzig & unfried

Markus Holzweber | Friedrich Lachmayer | Günther Schefbeck (Hg.)

Anfänge, Entfaltung und Perspektiven der Rechtsinformatik in Österreich

Gedenkschrift für Leo Reisinger

danzig & unfried

Gedruckt mit Unterstützung des LL.M.-Programms »Informations- und Medienrecht« der Universität Wien, https://informationsrecht.univie.ac.at

Coverfoto: Screenshot von Leo Reisinger aus der ORF-Produktion *Computer für Zuhause*, Foto: ORF

Informieren Sie sich über Neuerscheinungen:
https://news.danzigunfried.com/booknews

www.danzigunfried.com
Printed in Germany
ISBN 978-3-99072-006-6

INHALT

TEIL IV – RECHT UND VERWALTUNG

VORWORT DER HERAUSGEBER

Die Situation in der österreichischen Rechtswissenschaft um 1970 war von drei Richtungen bestimmt: einerseits abklingend vom katholischen Naturrecht, andererseits vom praxisnahen juristischen Positivismus und schließlich von der neu hinzukommenden Rechtslogik.

Die katholische Naturrechtslehre erlebte in der Nachkriegszeit eine Renaissance als Reaktion auf die Untaten des vorausgehenden NS-Regimes und wurde vor allem von dem Völkerrechtler Alfred Verdroß und von dem Salzburger Universitätsprofessor René Marcic vertreten.

Der juristische Positivismus kann in gewisser Weise als eine auf die Theoriestufe gehobene traditionelle Beamtenphilosophie angesehen werden, die noch auf die Zeit der Österreichisch-Ungarischen Monarchie zurückgeht. Sie erhielt neue Impulse mit der »Reinen Rechtslehre« von Hans Kelsen, insbesondere in der Gestalt der 1962 erschienenen zweiten Auflage, deren profiliertester Vertreter in der österreichischen Szene Robert Walter war.

Um 1970 kam die Rechtslogik hinzu. Es waren zwei ausländische Gelehrte, Ota Weinberger (Tschechoslowakei) und Ilmar Tammelo (Estland, Australien), welche an den Universitäten Graz und Salzburg die neue Richtung repräsentierten.

Leo Reisinger hat sich dieser dritten Richtung, der Rechtslogik, angeschlossen. Er wurde gleichsam zum Kronprinzen dieser Strömung, verbunden mit internationaler Anerkennung. Im internationalen Diskurs hat Reisinger das Werk der Rechtsphilosophen und Logiker Eugenio Bulygin und Carlos E. Alchourrón (Normative Systems, 1971) übernommen und in die Diskussion eingebracht. Leo Reisinger wurde von Weinberger und Tammelo in Graz habilitiert.

Im Bereich der praktischen Anwendungen begannen ab 1970 Dokumentationsprojekte. In einem ersten Schritt war es das von IBM in Verbindung mit dem Bundeskanzleramt durchgeführte EDV-Versuchsprojekt zum Verfassungsrecht. Dieses wurde zunächst nicht fortgesetzt, hat aber zu Weiterentwicklungen entscheidend beigetragen, wie zu dem Rechtsinformationssystem des Bundes (RIS) oder im Rahmen privater Entwicklungen wie der Rechtsdatenbank (RDB von Manz).

Einen besonderen Anteil an der praktischen Realisierung der Rechtsinformatik hatten Beamte, die gleichsam einer Reformbürokratie angehörten, welche sich für technische Neuerungen einsetzte, insbesondere in den Bereichen der Finanz, der Justiz und des Sozialen.

In den Anfangszeiten wurden die Impulse zu Projekten oft von Computerfirmen gesetzt, etwa von IBM für das EDV-Versuchsprojekt Verfassungsrecht. Zunächst war es ein Nachfragemarkt, in dem sich die Computerfirmen an den Besonderheiten der Nachfrage orientierten, doch mit der Zeit entstand ein Angebotsmarkt, in dem die vorhandenen, sehr leistungsfähigen Programme auf die spezielle Situation angewendet wurden.

Die Ausgangssituation in den 1970er Jahren war durch Dokumentationen gekennzeichnet, durch Datenbanken mit einer großen Datenmenge, die mit neuen Recherchetechniken die juristische Argumentationspraxis nachhaltig beeinflussten.

Im Rahmen der Computertechnologie ist ein Wandel auszumachen: Zunächst gab es eine Phase der Großrechenanlagen. Allerdings konnten hier nur jene Personen praktisch tätig werden, die einen Zugang zu diesen Großrechnern hatten. Das hat sich in den 1980er Jahren geändert. Mit dem Aufkommen der PCs kam es auch zu immer einfacheren Medien der Datenspeicherung, etwa durch die CD-ROM. Diese hatten den Vorteil des billigen Datentransfers, aber auch Nachteile bei der Aktualisierung von Daten. Aus heutiger Sicht war es eine Zwischenzeit, aber es hat das Ende der Dominanz der Großrechner bedeutet.

Die nächste Stufe ist mit dem Internet verbunden. Zuvor gab es ein Intranet der Behörden. Mit dem Internet ab den 1990er Jahren bis jetzt wurde der erweiterte Anwendungsbereich der Rechtsinformatik und die Rechtsdokumentation wesentlich bestimmt.

In der Gegenwart ist eine neue Ära zu erkennen: Durch die Künstliche Intelligenz kommen neue Anwendungen hinzu. Die Rechtslogik unternahm den Versuch, von der Sicht der Menschen her durch eine Präzisierung der Gedanken Einfluss auf den Inhalt bzw die Struktur der Maschinen zu nehmen. Nunmehr ist ein umgekehrter Weg zu erkennen. Es werden die Maschinen mit einer sprachähnlichen Ausdrucksform nunmehr zu Akteuren, die juristische Rollen übernehmen können.

Eine Besonderheit der österreichischen Rechtsinformatik sind die zahlreichen Tagungen und Kongresse, die eng mit Projekten und den Reflexionen darüber verknüpft sind. Das hat mit dem EDV-Versuchsprojekt Verfassungsrecht begonnen, in dessen Nachklang es zwei Symposien gab. Darin wurde das Projekt unter internationaler Beteiligung aufgearbeitet. Hinzu kamen entsprechende Publikationen. Diese Kongress-Kultur fand schließlich ein neues Format im Internationalen Rechtsinformatik Symposium – IRIS, das jährlich zumeist in Salzburg veranstaltet und von Erich Schweighofer geleitet wird.

Die universitäre Ausbildung erfolgte in Österreich vorzugsweise in Form von Hochschul- bzw. Universitätslehrgängen. Am Ende der 1980er Jahre errichtete Alfred Schramm in Graz einen ersten Hochschullehrgang für Rechtsinformatik im deutschen Sprachraum. 1989 folgte ein weiterer Hochschullehrgang an der Universität Salzburg. Beide Lehrgänge wurden eingestellt, weil dort die Rechtsinformatik in das Regelstudium eingebettet werden konnte. Die Universität Wien richtete 1999 einen Universitätslehrgang für Informationsrecht und Rechtsinformation ein, der heute noch als Universitätslehrgang Informations- und Medienrecht firmiert und von Nikolaus Forgó geleitet wird.

Österreich ist 1995 der Europäischen Union beigetreten. Damit waren neue Impulse verbunden, beispielsweise durch die europäischen Rahmenprogramme zur Forschungsförderung, aber auch neue Denkrichtungen in Bezug auf das juristische Arbeiten hielten Einzug: etwa in den Bereichen Rechtsetzung, Legistik oder Interpretation durch die Gerichte.

Leo Reisingers Bedeutung liegt darin, dass er im Übergang von den 1970er zu den 1980er Jahren den Anspruch der analytischen Theorie, insbesondere der Rechtslogik, ebenso wie Ota Weinberger und Ilmar Tammelo in den universitären Diskurs eingeführt hat. Er hat einen Level gesetzt, der in der Folge wohl nicht mehr erreicht wurde. Leo Reisinger war einer der Wegbereiter, der den Horizont für die Entfaltung der Rechtsinformatik sichtbar gemacht hat.

Dieser Sammelband, der dem Gedenken an Leo Reisinger gewidmet ist, soll unterschiedliche Aspekte und Entwicklungslinien aufzeigen. Diese Vielfalt spiegelt sich auch im Vorwort, das bewusst auch persönliche Erfahrungen der Herausgeber beinhaltet, wider. Der Konjunktiv der Zukunft, der in den Anfangsphasen den Entfaltungsraum eingebracht hat, ist nunmehr in der Retrospektive dem Konjunktiv der Vergangenheit gewichen, doch jede der Zeiten beschreibt ihre Gegenwart auch im Indikativ.

Viele der Beiträge gehen zurück auf die Vorträge, die im Rahmen einer Gedenkveranstaltung aus Anlass von Leo Reisingers 80. Geburtstag am 1. Februar 2024 an der Universität Wien gehalten worden sind. Weitere

Beiträge sind von Menschen beigesteuert worden, die Leo Reisinger gekannt haben oder von ihm bzw. nach seinem allzu frühen Tod durch seine Schriften beeinflusst worden sind. Naturgemäß konnten nicht alle Aspekte von Leo Reisingers Schaffen berücksichtigt werden, reichten seine Interessen doch über Rechtslogik und Rechtsinformatik weit hinaus; für diesen zentralen Bereich seiner wissenschaftlichen Arbeit aber sei ihm mit diesem Sammelband ein bescheidenes Denkmal gesetzt.

Markus Holzweber | Friedrich Lachmayer | Günther Schefbeck
(Herausgeber)

LEO REISINGER (1944–1985): BIOGRAPHISCHE NOTIZEN

MARKUS HOLZWEBER / FRIEDRICH LACHMAYER

Mag. Dr. Markus Holzweber, Universität Wien, Universitätslehrgang Informations- und Medienrecht, markus.holzweber@univie.ac.at
Univ.-Prof., MinR. i.R. Dr. Friedrich Lachmayer

Schlagworte: Leo Reisinger, Biographie

Abstract: Leo Reisinger war mit seiner akademischen Qualifikation in den Bereichen Informatik, Statistik und Rechtswissenschaften ein ausgewiesener Experte für die neuen Fragestellungen, die sich aus dem zunehmenden Einsatz der elektronischen Datenverarbeitung in den 1970er Jahren ergaben.

Leo Reisinger wurde am 8. Februar 1944 in Wien geboren.[1] Nach der Matura am Schottengymnasium studierte er 1962 bis 1966 Rechtswissenschaften und promovierte am 5. Dezember 1966 zum Doktor der Rechte. Nach einer Assistententätigkeit am Institut für Statistik der Universität Linz wechselte Reisinger 1968 an das Institut für Statistik der Universität Wien und belegte 1968 bis 1972 das Studium der Sozial- und Wirtschaftswissenschaften. Er promovierte am 26. Juni 1972 auch zum Doktor der

1 *Forgó/Holzweber*, Von der Bedeutung des Netzwerkens in der frühen Rechtsinformatik in Österreich, in: Schefbeck/Kreuzbauer/Handstanger (Hrsg), Strukturen und Symbole des Rechts. Festschrift für Friedrich Lachmayer, Bern 2023, 67–83.

Sozial- und Wirtschaftswissenschaften.[2]

An der Rechts- und staatswissenschaftlichen Fakultät der Universität Wien folgte 1973 seine Habilitation: Er erhielt damit die Lehrbefugnis für das Fach »Angewandte Informatik und angewandte Statistik«. 1979 begann in Graz das Habilitationsverfahren für die Fächer Rechtstheorie und Rechtsinformatik, das 1981 abgeschlossen werden konnte.[3]

Reisinger befasste sich früh mit Themen der Rechtsinformatik. Neben Arbeiten zur Gesetzesprognose, zu juristischen Datenbanken, zur automatisierten Normanalyse, zur automationsunterstützten Gesetzgebung, zur automatisierten Messung juristischer Begriffe, zur Formalisierung des Rechts, zur Computerkriminalität und zum Datenschutz bilden seine Hauptwerke zwei Monografien: die »Rechtsinformatik« 1977 und die »Betriebsinformatik« 1978.

Leo Reisinger beschäftigte sich wesentlich am Schnittpunkt von natürlichen und formalen Sprachen. Bereits im natürlichen Sprachgebrauch kommt es zu Verständnisproblemen. Er hat in seinem posthum erschienenen Werk auf das grundsätzliche Problem der Verständigung hingewiesen: »Die Schriftzeichenfolge einer Tageszeitung wird von vielen Menschen verstanden, da sie den Taten eine Bedeutung beimessen können. Die Schriftzeichenfolge in einem medizinischen oder rechtslogischen Aufsatz hingegen wird nur von wenigen Menschen verstanden.«[4]

Die Unterscheidung und Annäherung der Sprache eines Gesetzestextes mit einer Sprache des Computers bildete einen zentralen Themenkreis. Gesetzestexte in eine natürliche Sprache zu übersetzen, stellte nach Leo Reisinger »eine der interessantesten Herausforderungen«[5] an Legislatorik, Rechtstheorie und Rechtsinformatik dar. Mit der formalisierten Struktur erhoffe man sich Klarheit sowie Eindeutigkeit und Einblick in die logischen Zusammenhänge.

In weiterer Folge sollte die logische Struktur von Gesetzestexten durch EDV erforscht werden. Gesetze sollten auf Redundanz, Widersprüche, Lücken und materielle Derogation geprüft werden. Dazu benö-

---

2 *Bruckmann*, Leo Reisinger, in: Reisinger, Strukturwissenschaftliche Grundlagen der Rechtsinformatik: eine Einführung für Juristen, Rechtsinformatiker und Sozialwissenschafter, Graz – Wien 1987, 315.

3 Universitätsarchiv Graz, Habil Reisinger Leo I und II.

4 *Reisinger*, Strukturwissenschaftliche Grundlagen der Rechtsinformatik, Graz-Wien 1987, 126.

5 *Reisinger*, Der Einsatz von Struktursprachen im Gesetzgebungsprozess, in: Haft/Seegers (Hrsg), Rechtsinformatik in den achtziger Jahren, München 1984, 134.

tige man nach Reisinger »jedoch eine Transformation des Gesetzestexts in eine automationsfähige Normlogik.«[6]

Leo Reisinger wagte auch den Versuch, Automation in Zusammenhang mit der Analyse und der Anwendung von Rechtsnormen zu untersuchen. Er erwartete sich davon Vielversprechendes. Da Rechtssätze ausschließlich in natürlichen Sprachen abgefasst sind, müsse man untersuchen, welche »Methoden zur automatischen Verarbeitung von natürlichen Sprachen zur Verfügung stehen.«[7]

Als Lehrbeauftragter war er am Institut für Statistik und am Institut für Publizistik der Universität Wien (seit 1970), an der Diplomatischen Akademie (seit 1970), am Institut für Völkerkunde der Universität Wien (seit 1971), als Lehrbeauftragter für Rechtsinformatik an der Hochschule Linz (1972 bis 1973) und am Institut für Statistik in Salzburg (1974 bis 1975) tätig.

An der Rechtswissenschaftlichen Fakultät der Universität Wien hielt Werner Robert Svoboda in den Jahren 1970/71 die ersten Vorlesungen zu Rechtsinformatik. Später übernahm Leo Reisinger die Veranstaltungen. Reisinger hielt an der Universität Wien am Institut für Statistik im Wintersemester 1971/72 eine einstündige Lehrveranstaltung »Angewandte Statistik: Einführung in die Rechtsinformatik«, im Sommersemester 1972 eine zweistündige Veranstaltung »Einführung in die Rechtsinformatik« ab. Ab dem Sommersemester 1973 hielten Leo Reisinger, Gerhard Stadler und Werner Robert Svoboda eine gemeinsam getragene Lehrveranstaltung »Einführung in die Rechtsinformatik (EDV und Recht)« in einem Gesamtausmaß von drei Semesterwochenstunden.[8] Leo Reisinger bot im Rahmen des Lehrangebots am Institut für Verwaltungslehre und österreichisches Verwaltungsrecht von 1975/76 bis zum Sommersemester 1979 die Veranstaltung »Einführung in die Rechtinformatik« an. Im Sommersemester 1979 hielt er ein Seminar zum Datenschutz.

Reisinger forderte früh ein strukturiertes Studienangebot im Bereich der Rechtsinformatik: Er sprach in einem Aufsatz davon, dass es zu prüfen sei, »ob nicht die Eingliederung der Rechtsinformatik im Rahmen der neu zu erlassenden juristischen Studienordnung (als post-graduate stu-

---

6 *Reisinger*, Rechtsinformatik ein neues Studium?, in: ÖHZ vom 1. Mai 1971, 2.

7 *Reisinger*, Automatisierte Normanalyse und Normanwendung, Berlin, 1972, 1.

8 Vgl Archiv der Universität Wien, Personalakt Leo Reisinger, Verzeichnis der am Institut für Statistik der Universität Wien eigenverantwortlich gehaltenen Lehrveranstaltungen, Bl. 011, vgl *Reisinger*, Rechtsinformatik – ein neues Studium?, in: ÖHZ vom 1. Mai 1971, 2.

dies) oder in Form eines Wahlfaches sinnvoll und zweckmäßig wäre.«[9] Zusätzlich zu einem Wahlfach könnte die Eingliederung der Rechtsinformatik in das Studium der Rechtswissenschaften auch in Form postgradualer Studien erfolgen.[10] Eine solche Verankerung im Regelstudium trat an der juristischen Fakultät Graz erst mit dem neuen Studienplan 1998 in Kraft. Rechtsinformatik wurde hier explizit Teil der ersten Diplomprüfung.

Zurück in die 1970er Jahre an die Universität Wien. Da hier kein eigenes Ordinariat für Informatik eingerichtet war, betreute Reisinger auch Diplomand*innen und Dissertant*innen mit betriebs- bzw wirtschaftsinformatischer Schwerpunktsetzung. Reisinger bewarb sich daher 1976 – ohne Erfolg – um eine Stelle als außerordentlicher Professor.[11] Die eingeholten Gutachten stellten fest, dass sich Reisinger in der Rechtsinformatik einen »guten Namen«[12] gemacht habe; er weise zudem eine »selten glückliche« Kombination von Studien der verschiedensten Fachgebiete auf und diese »Flexibilität und Vielseitigkeit« sei ihm »hoch anzurechnen.«[13] Im Rahmen des Habilitationsverfahrens an der Universität Graz befürworteten alle Gutachter – die Professoren Wilhelm Steinmüller (Universität Regensburg), Ilmar Tammelo (Universität Salzburg) und Ota Weinberger (Universität Graz) – seine Eignung im Fach Rechtstheorie und Rechtsinformatik. Steinmüller stellte in seinem Gutachten fest, dass Reisinger »zu den Pionieren der Rechtsinformatik, nicht nur in Österreich, sondern in Europa [gehöre]. Sein beeindruckendes Gesamtwerk ist formal vorzüglich, didaktisch geschickt und inhaltlich reichhaltig.«[14]

Reisinger wurde 1980 Professor für Wirtschafts- und Verwaltungsinformatik an der Universität der Bundeswehr München, an der er 1983/84 Dekan wurde. Er starb am 13. April 1985 in seinem 42. Lebensjahr bei einem Bergunfall.

2024 gedachte man Leo Reisinger im Rahmen zweier Veranstaltungen.

---

9 *Reisinger*, Rechtsinformatik ein neues Studium?, in: ÖHZ vom 1. Mai 1971, 2.

10 *Reisinger*, Rechtsinformatik in Österreich, in: Juristische Arbeitsblätter 1971, 688.

11 Archiv der Universität Wien, Sch 45, Personalakt Leo Reisinger, fol 096: Bewerbung vom 9. März 1976, fol 098: Bewerbung vom 16. März 1976.

12 Archiv der Universität Wien, Sch 45, Personalakt Leo Reisinger, fol 083: Gutachten JKU Linz, Informatik, Prof. Jörg Mühlbacher vom 5. Jänner 1977.

13 Archiv der Universität Wien, Sch 45, Personalakt Leo Reisinger, fol 082: Gutachten JKU Linz, Prof. Jörg Mühlbacher, Informatik vom 5. Jänner 1977.

14 Universitätsarchiv Graz, Habil Reisinger Leo I, Gutachten von Wilhelm Steinmüller, Universität Regensburg vom 12. Mai 1980, 16.

An der Universität Wien wurde am 1. Februar eine Gedenkveranstaltung abgehalten. Eine Session des Internationalen Rechtsinformatik-Symposiums (IRIS) widmete sich am 17. Februar in Salzburg der Bedeutung Leo Reisingers als Rechtsinformatiker. Darin kam nicht nur Reisingers Verdienst für die Rechtsinformatik in Österreich zur Sprache, auch seine vielfältigen Interessen aus den unterschiedlichsten Bereichen waren Gegenstand. Gerhart Bruckmann brachte dies im posthum erschienenen Buch Reisingers auf den Punkt: »Es gab kein bedeutendes Museum der Welt, in dem er nicht von jedem Bild wußte, wo es hing; seine besondere Liebe galt altem chinesischem Porzellan. [...] Er malte sehr gut, spielte Klavier und führte bei Theaterstücken Regie. [...] Neben den gängigen Weltsprachen verstand er es, sich zB auch in Polnisch auszudrücken, sogar Jiddisch hatte er mehrere Semester hindurch an der Universität Wien studiert. Er war ein glänzender Erzähler und ein großes schauspielerisches Talent. Auch im Sport verband Leo Reisinger Vielseitigkeit mit Höchstleistungen. Jeden Samstag schwamm er zwei Kilometer; er war ein sicherer und eleganter Schifahrer und passionierter Bergsteiger – eine Passion, die ihm – trotz bester Ausrüstung – zum Verhängnis wurde.«[15]

15 *Bruckmann*, Leo Reisinger, in: Reisinger, Strukturwissenschaftliche Grundlagen der Rechtsinformatik: eine Einführung für Juristen, Rechtsinformatiker und Sozialwissenschafter, Graz-Wien 1987, 315.

PUBLIKATIONSVERZEICHNIS LEO REISINGER

1. Mittel- und langfristige Arbeitsmarktprognose. Möglichkeiten und Probleme, in: Veröffentlichungen des Österreichischen Instituts für Arbeitsmarktpolitik 4, 1970, 273–322
2. Zur Schätzung von Angebot und Bedarf an Akademikern, in: Österreichische Hochschulzeitung 14, 15. September 1970
3. Neue Ergebnisse der Hochschulstatistik, in: Österreichische Hochschulzeitung 16, 15. Oktober 1970
4. Arbeitsmarkt- und Bildungsprognostik. Ein Überblick, in: Mitteilungsblatt der Österreichischen Gesellschaft für Statistik und Informatik 2, 1971
5. Rechtsinformatik – ein neues Studium?, in: Österreichische Hochschulzeitung 9, 1 Mai 1971
6. Volkszählung und Hochschulpolitik, in: Österreichische Hochschulzeitung 15, 15. September 1971
7. Rechtsinformatik in Österreich – Entwicklungen und Tendenzen, in: Juristische Arbeitsblätter 10, 1971, 687–688
8. Die Lage der Rechtsinformatik in Österreich, in: Datenverarbeitung in Steuer, Wirtschaft und Recht (DSWR) 2, 1971, 63–64
9. Zur Anwendung der Wahrscheinlichkeitsrechnung auf die Notengebung, in: Die österreichische Höhere Schule 4, 1971, 118–122
10. Arbeitsmarkt- und Bildungsforschung in Österreich, in: Mitteilungen aus der Arbeitsmarkt- und Berufsforschung 2, Erlangen 1971
11. Automatisierte Normanalyse und Normanwendung, Arbeitspapiere Rechtsinformatik 7, Berlin 1972
12. Das I Ging. Eine formalwissenschaftliche Untersuchung des chinesischen Orakels, Acta Ethnologica et Linguistica 25, Wien 1972

13. Gemeinsam mit Letnansky, Circadian Rhythms in the Phosphorylation of Rat Liver Histones and Similar Basic Proteins, in: Biochemical and Biophysical Research Communications 2, 1972
14. Gemeinsam mit Feigl/Sinzinger, Über Länge und Anzahl von präcapillaren Anastomosen in der menschlichen Leber, in: Anast. Entwickl. Gesch. 138, 1972, 34–40
15. Gemeinsam mit Firbas/Sinzinger/Schlemmer, Über die Schlängelung der Arteria temporalis superficialis, in: Morph Jb 118, 1972, 628–639
16. Gemeinsam mit Sinzinger/Zandanell/Feigl/Reisinger, Über die Altersabhängigkeit des Anfangsteiles der Arteria cerebri anterior und Relation zu klinischen Befunden, in: Arch. Ital. Anat. Embr 3, 1972
17. Gemeinsam mit Sinzinger/Unterberger, Länge, Verlauf und Hilusaufzweigung der Arteria linealis bei Primaten, in: Acta morph. neerl 8, 1972
18. Gemeinsam mit Sinzinger/Feigl/Reisinger, Möglichkeiten zur exakten Erfassung eines Arterienverlaufs, in: Acta morph. neerl 10 1972
19. Gemeinsam mit Wicke/Spängler/Firbas/Sinzinger/Olbert, Länge und Verlauf der Arteria linealis im Angiogramm, in: Acta anat, 1972
20. Thesaurusstrukturen juristischer Datenbanken, in: Datenverarbeitung in Steuer, Wirtschaft und Recht (DSWR) 14–16, 1972 und 1973
21. Möglichkeiten der Gesetzesprognose, in: Datenverarbeitung im Recht (DVR) 4, 1972
22. Rechtsinformatik. Die Probleme einer jungen Wissenschaft, in: Mitteilungsblatt der Österreichischen Gesellschaft für Statistik und Informatik 1, 1973
23. Gemeinsam mit Sinzinger/Firbas/Hoyer-Volavsek, Muskelzellkerne und Flächendichte nach Ultraschalleinwirkung, in: Okaj. fol. anat. jap. Tokyo 50, 1973
24. Gemeinsam mit Firbas/Sinzinger/Hoyer-Volavskek/Seiller, Karyometrisch faßbare Veränderungen am quergestreiften Extremitätenmuskel der Maus durch Ultraschall, in: mikr. anat. F. 87, 1973
25. Gemeinsam mit J. Gordesch, Zur Problematik der Regressionsanalyse in der Wahlforschung, in: AIAS-Information 1973
26. Wiener Symposium aus Rechtstheorie, in: Datenverarbeitung in Steuer, Wirtschaft und Recht (DSWR) 18, 1973
27. Die automatisierte Messung juristischer Begriffe, Arbeitspapiere Rechtsinformatik 9, Berlin 1973
28. Gemeinsam mit Lachmayer, Potentielles und positives Recht, in: Archiv für Rechts- und Sozialphilosophie (ARSP) 1, 1974
29. Gesetzesprognosen. Ihre Möglichkeiten und Grenzen, in: Österreichische Hochschulzeitung 7, 1. April 1973

30. Überlegungen zur Formalisierung im Recht, in: Datenverarbeitung in Steuer, Wirtschaft und Recht (DSWR) 2–3, 1974
31. Strukturtheorie des Rechts und EDV, in: Datenverarbeitung im Recht (DVR) 4, 1973
32. Gemeinsam mit Sinzinger et al, Länge, Verlauf und Gewicht der Arteria linealis des Menschen in verschiedenen Abschnitten in Relation zu makroskopisch faßbaren arteriosklerotischen Veränderungen, in: Acta Morphol. Neerl.-Scand 12, 1974
33. On Fuzzy Thesauri, in: Compstat 1974, Proceedings in Computional Statistics, Wien 1974
34. The Application of General Systems Theory to Legal Research, in: Proceedings of the Second European Meeting on Cybernetics and Systems Research, Wien 1974
35. Probleme der Bewertung und des Vergleichs automatisierter juristischer Informationssysteme, in: Datenverarbeitung im Recht (DVR) 1/2 (1974), ebenfalls erschienen in: Österreichische Landesreferate zum IX. Internationalen Kongress für Rechtsvergleichung in Teheran 1974 = Wiener rechtswissenschaftliche Studien 13, Wien 1974
36. Methodenprobleme der Rechtsinformatik, in: Österreichische Juristen-Zeitung (ÖJZ) 2, 1974
37. Rechtsinformatik. Ein Überblick, in: Juristische Blätter (JBl), 1974
38. Gemeinsam mit Mühlbacher/Vinek, Computerkriminalität. Eine Typologie der Programmanipulation, in: Öffentliche Verwaltung und Datenverarbeitung (ÖVD) 11, 1974
39. Datenschutz in Österreich, in: Datenverarbeitung in Steuer, Wirtschaft und Recht (DSWR) 7, 1975
40. Probleme der Symbolisierung und Formalisierung im Recht, in: Winkler (Hrsg), Rechtstheorie und Rechtsinformatik, Wien – New York 1975
41. Planspiel und Simulation im Recht, in: Winkler (Hrsg), Rechtstheorie und Rechtsinformatik, Wien – New York 1975
42. Zur Problematik des Datenschutzes, in: Österreichische Juristen-Zeitung (ÖJZ) 2, 1975
43. Über die Anwendungsmöglichkeiten der Theorie unscharfer Mengen (Fuzzy Sets Theory) im Recht, in: Datenverarbeitung im Recht (DVR) 4, 1975
44. Entwicklung der Zahl der ordentlichen inländischen Hörer an wissenschaftlichen Hochschulen Österreichs, in: Clement-Schüssel (Hrsg), Bildungsplanung und Hochschulexpansion, Wien 1975
45. Folgeerhebung bei Absolventen des Studienjahrganges 1970/71, in:

Clement-Schüssel (Hrsg), Bildungsplanung und Hochschulexpansion, Wien 1975
46. Gemeinsam mit Lachmayer, Thesen zur normativen Notation, in: Österreichisches Anwaltsblatt 340, 1975
47. Datenschutz in Österreich II, III, in: Datenverarbeitung in Steuer, Wirtschaft und Recht (DSWR) 11,12, 1975
48. Überlegungen zu einer Systemtheorie des Rechts, in: Archivum Juridicum Cracoviense VIII, 1975, 99–117
49. Gemeinsam mit Lischka et al, Erfahrungen mit der schriftlichen Prüfung (Wahlantwort-Verfahren) im Anatomieunterricht, in: Anat. Anz. 137, 1975, 59–64
50. Juristische Begriffstheorie und Theorie unscharfer Mengen (Fuzzy Sets Theory), in: Mokre-Weinberger (Hrsg), Rechtsphilosophie und Gesetzgebung. Überlegungen zu den Grundlagen der modernen Gesetzgebung und Gesetzesanwendung, Wien – New York 1976
51. Zum Problem der Vollständigkeit normativer Systeme, in: Mokre-Weinberger (Hrsg), Rechtsphilosophie und Gesetzgebung. Überlegungen zu den Grundlagen der modernen Gesetzgebung und Gesetzesanwendung, Wien-New York 1976
52. Gemeinsam mit Lachmayer, Legistische Analyse der Struktur von Gesetzen, Wien 1976
53. Einige Aspekte der automationsunterstützen Gesetzgebung, in: Datenverarbeitung in Steuer, Wirtschaft und Recht (DSWR) 4, 1976
54. Some Statistical Problems of Migration: The Austrian Case, in: Istituto de Demografia dell' Università di Roma (Hrsg), L'Emigrazione dal bacino mediterraneo verso l'Europa industrializzata, Milano 1976, 47–62
55. Gemeinsam mit Demelbauer et al, Aufgabenbereich der Textverarbeitung, in: Österr. Computer-Gesellschaft (Hrsg), Technisch-wissenschaftliche Blätter, Beilage zum OCG-Mitteilungsblatt 13, Juli 1977
56. Der Beitrag des wissenschaftlichen Informationswesens zum wirtschaftlichen Fortschritt, in: Österr. Gesellschaft für Dokumentation und Information (Hrsg), Dokumentation und Management 2, Wien 1977, 20–39
57. Dokumentationssysteme und Textverarbeitung, in: Proceedings des 5. Internationalen Kongresses »Datenverarbeitung im europäischen Raum«, Computer im Dienste der Menschheit, Bd. II, Wien 1977, 373–383
58. Datenschutz – Probleme und organisatorische Lösungen, in: Soziale Sicherheit 9, 1977, 353–363
59. Rechtsinformatik, Berlin – New York 1977

60. Wissenschaftliches Informationswesen und Wirtschaftswachstum, in: Bundesministerium für Wissenschaft und Forschung (Hrsg), Daten, Dienste, Dokumente. Wissenschaftliches Dokumentation- und Informationswesen in Österreich, Wien 1978
61. Probleme der logischen Struktur von Rechtsnormen und die Möglichkeiten des logischen Ausdrucks von unscharfen Rechtsbegriffen, in: Informatica e Diritto 2, 1977, 337–350; erweitere Fassung in Tammelo (Hrsg), Strukturierungen und Entscheidungen im Rechtsdenken, Wien – New York 1978, 119–146
62. Angebot und Bedarf an Pharmazeuten bis 1986, in: Österreichische Apotheker-Zeitung 3, 1978, 45–51
63. Betriebsinformatik, Wien 1978
64. Zur Problematik der Bildungsprognostik, in: Bruckmann (Hrsg), Perspektiven für Österreich, Wien 1978
65. Zur Anwendung der Entscheidungstabellentechnik in der Legistik, in: Datenverarbeitung im Recht (DVR) 2/3, 1978
66. Sistemi normativi e tavola di decisione, in: Informatica e diritto 1, 1979 139ff
67. Zur Struktur der Analogie im Rechtsdenken, in: Rechtstheorie, Beiheft 1: Argumentation und Hermeneutik in der Jurisprudenz, Berlin 1979, 265–274
68. Gemeinsam mit Silvestri, Wissenschaftliche Information und Datenschutz in Österreich, in: Zeitschrift für Verwaltung, 1979/5–6, 462–467
69. Systemanalyse der Bibliotheksbenützung, in: Bibliothek, Dokument, Information: Symposium Wien, München 1981, 124–138
70. Gemeinsam mit Dostal, Ein Modell des öko-kulturellen Interaktionssystems, in: Zeitschrift für Ethnologie 106, 1981, 43–50
71. Legal Reasoning by Analogy. A model applying fuzzy set theory, in: Ciampi, Artificial Intelligence and Legal Information Systems, Vol. I, Amsterdam-New York-Oxford, 1982, 151–163
72. Struktur und Funktion. Zur Problematik des systemwissenschaftlichen Ansatzes in der Bibliothekswissenschaft, in: Bibliotheken bauen und führen. Eine internationale Festgabe für Franz Kroller zum 60. Geburtstag, München 1983, 353–388
73. Thesaurus, Grundausbildung für den Bibliotheks-, Dokumentations- und Informationsdienst, Wien 1984
74. Gemeinsam mit Peklo, Struktursprachen der Informatik und Gesetzesentwürfe, in: Öhlinger (Hrsg), Gesetzgebung und Computer, München 1984, 5–66

75. Der Einsatz von Struktursprachen im Gesetzgebungsprozess, in: Haft/Seegers (Hrsg), Rechtsinformatik in den achtziger Jahren, München 1984, 127–137
76. Der Algorithmusbegriff im Lichte juristischen Problemlösungsverhaltens, in: Krawietz/Schelsky/Winkler/Schramm, Theorie der Normen, Festgabe für Ota Weinberger zum 65. Geburtstag, Berlin 1984, 589–604
77. Information – ein unscharfes Problem?, in: Biblos 34, 1985, 26ff.
78. Strukturwissenschaftliche Grundlagen der Rechtsinformatik, herausgegeben von Wolf Rauch u. Alfred Schramm. Mit einem Geleitwort von Ota Weinberger und einem Nachruf von Gerhart Bruckmann, Graz – Wien 1987
79. Einsatz formaler Planungstechniken in der Legistik, in: Schäffer (Hrsg), Theorie der Rechtssetzung, Wien 1988, 373ff.
80. ADV-gerechte Gesetzgebung, in: Schäffer (Hrsg), Theorie der Rechtssetzung, Wien 1988, 346ff.

EDV UND RECHT IM KONTEXT DER 1970ER JAHRE

MARKUS HOLZWEBER

Mag. Dr. Markus Holzweber, Universität Wien, LL.M.-Programm Informations- und Medienrecht, markus.holzweber@univie.ac.at

Schlagworte: Leo Reisinger, 1970er Jahre, Geschichte, EDV und Recht, Datenschutz

Abstract: Die technischen Entwicklungen in der EDV führten in den 1970er Jahren auch zu Überlegungen, wie darauf zu reagieren sei. Diskutiert wurde ein möglicher Computereinsatz in unterschiedlichen Bereichen der Verwaltung und die Einbeziehung des Computers im Gesetzwerdungsprozess. Bereits damals thematisiert wurden Fragen der Speicherung bzw Auffindung, der Dokumentation, der Formalisierung, der Entscheidungsfindung und des Datenschutzes.

Im Jahr 1968 präsentierte der amerikanische Forscher Douglas Engelbart seine Forschungen. Dabei führte er erstmals öffentlich einen »X-Y-Positionsanzeiger« vor. Dieser bestimmte für die nächsten Jahrzehnte wesentlich die Interaktion zwischen Mensch und Computer und firmiert heute immer noch unter dem Namen »Maus«.[1]

1 Vgl *Barnes*, Douglas Carl Engelbart: developing the underlying concepts for contemporary computing, in: IEEE Annals of the History of Computing, 1997/19(3), 16–26; *Bardini*, Bootstrapping: Douglas Engelbart, Coevolution, and the Origins of Personal Computing, Stanford 2000.

Im selben Jahr kam Leo Reisinger an das Institut für Statistik der Universität Wien und promovierte 1972 zum Doktor der Sozial- und Wirtschaftswissenschaften.[2] An der Rechts- und staatswissenschaftlichen Fakultät der Universität Wien folgte 1973 seine erste Habilitation. 1979 begann in Graz das Habilitationsverfahren für die Fächer Rechtstheorie und Rechtsinformatik, das 1981 abgeschlossen werden konnte.[3] Leo Reisingers akademisches Wirken fiel in die 1970er Jahre, die vom technologischen Fortschritt durch die elektronische Datenverarbeitung geprägt waren.

Schon unter Bundeskanzler Josef Klaus, der bei Professor Zemanek programmieren lernte, schaffte man am Ende der 1960er Jahre Datenverarbeitungsanlagen für Ministerien, Hochschulen und Höhere Schulen an. Hinzu kam die Einrichtung eines Lehrstuhls für Informatik an der Linzer Hochschule. Welche Möglichkeiten mit diesen Geräten verbunden waren, darüber wurde spekuliert. Treffend beschrieb Heinz Zemanek 1968 die mögliche Vernetzung: »Der Computer der nächsten Jahre wird aber einen völlig anderen Charakter haben, er wird nicht in einem Raum stehen, sondern aus einem über die Stadt oder das Land verteilten Netzwerk peripherer Geräte bestehen und er wird über Länder und Kontinente hinweg mit anderen Computern zusammenarbeiten. An welchem Punkt welche Daten gespeichert oder verarbeitet werden, wird immer weniger wichtig [...].«[4] Die angesprochene Datenfernübertragung wurde 1969 in Amerika Wirklichkeit. Die Verbindung von Großrechenanlagen an vier Forschungseinrichtungen markiert den Beginn des Internetzeitalters.

In Österreich wurde Ende der 1960er Jahre die Anzahl der Großrechenanlagen auf rund 300 Stück geschätzt. 1971 hatte der Bundesdienst 36 EDV-Anlagen in Betrieb, zusätzlich noch eine nicht genannte Anzahl kleinerer Rechner. Zwölf davon waren im Eigentum des Bundes, der Rest war angemietet. Die Mietaufwendungen betrugen jährlich 100 Millionen Schilling.[5] Im Wesentlichen erledigten diese Datenverarbeitungsanlagen klassische »Massenarbeiten« (Zähl- und Abrechnungsarbeiten). Wei-

2 *Bruckmann*, Leo Reisinger, in: Reisinger, Strukturwissenschaftliche Grundlagen der Rechtsinformatik: eine Einführung für Juristen, Rechtsinformatiker und Sozialwissenschafter, Graz – Wien 1987, 315.

3 Universitätsarchiv Graz, Habil Reisinger Leo I und II.

4 *Zemanek*, Informationsverarbeitung, Stand und Entwicklung, in: Datenverarbeitung in der Sozialversicherung in Graz vom 7. bis 10. Mai 1968, Kongressbericht, Graz 1968, 23f.

5 *Schuster*, Elektronische Datenverarbeitung in der Justiz, in: ÖRZ 1971/5, 73.

tere Einsatzmöglichkeiten im Rahmen der österreichischen Verwaltung waren erst auszuloten. Darüber hinaus stellte sich die Frage der rechtlichen Zulässigkeit. Vorerst hielt man im Rahmen eines Gutachtens die unterstützende Funktion des Computers fest.[6]

Somit wurden in der Folge Möglichkeiten des Computereinsatzes ausgelotet. Justizminister Broda gab Anfang der 1970er Jahre einen Überblick über die Vorhaben im Justizministerium. Neben Tilgungsgesetz und Kriminalstatistik führte er als langfristige Maßnahmen einige Punkte an, deren Realisierung sich damals noch nicht abschätzen ließ: »Dazu gehört die sogenannte Rechtsdokumentation, Umstellung der Grundbücher, Umstellung des Handelsregisters, Neuregelung des Gerichtsgebührenwesens und der Einhebung der Gerichtsgebühren. Ich wiederhole aber nochmals: Das sind langfristige Vorhaben.«[7]

In einem Forschungsprojekt mit IBM, der Wissenschaft und der öffentlichen Hand versuchte man in den Jahren 1970 bis 1972, ein juristisches Informationssystem am Beispiel des Verfassungsrechts aufzubauen. Dokumentiert und somit auch »wiederauffindbar« sollten Gesetze, Entscheidungen und Literatur werden. Das Forschungsprojekt wurde interdisziplinär durchgeführt, was auch Leo Reisinger einforderte. So wies er darauf hin, dass etwa Suchbegriffe für Datenbanken nur gemeinsam – von Jurist*innen, Linguist*innen und Computerfachleuten – erstellt werden können.[8] Das schließlich als Wiener System bezeichnete Ergebnis war eine Datenbank zum Verfassungsgesetz, zu Entscheidungen des Verfassungsgerichtshofes und zur einschlägigen Literatur.[9] Letztendlich konnte aus Kapazitätsgründen eine Weiterführung des Projekts bzw eine Ausweitung auf das gesamte österreichische Rechtssystem nicht realisiert werden.

Das Wissen um das Gelingen einer ersten Rechtsdatenbank war aber nunmehr vorhanden. Auch wurde klar, dass man Dokumente nicht im Nachhinein in das System einpflegen solle, sondern bereits bei der Entstehung des Dokuments ansetzen müsse. Der methodische Ansatz, der

---

6 Gutachten über die rechtliche Zulässigkeit des Einsatzes von EDV-Anlagen in der staatlichen Verwaltung, Zl. 55.268–2 a/69.

7 Stenographisches Protokoll des Nationalrates, XII. GP, 37. Sitzung vom 10. März 1971, 2946.

8 *Reisinger*, Rechtsinformatik ein neues Studium?, in ÖHZ vom 1. Mai 1971, 2.

9 *Forgó/Holzweber*, Vom EDV-Versuchsprojekt »Verfassungsrecht« zum Rechtsinformationssystem des Bundes, in: Schweighofer/Handstanger/Hoffmann/Kummer/Primosch/Schefbeck/Withalm (Hrsg), Zeichen und Zauber des Rechts. FS für Friedrich Lachmayer, Bern 2014, 266–279.

im Rechtserzeugungsprozess ansetzt, konnte erst Jahre später mit dem Rechtsinformationssystem des Bundes (RIS) und der authentischen elektronischen Publikation des Bundesgesetzblattes eingelöst werden.

Neben der Rechtsdokumentation spielte bei Dokumentationsprojekten auch die Rechtsinformation – also der Zugang zum Recht – eine Rolle. Leo Reisinger berichtete 1971, dass der Spiros Simitis zugeschriebene Satz – »Die Kenntnis des geltenden Rechts bleibt immer mehr dem Zufall überlassen« – auch für Österreich Geltung besitze.[10] Reisinger nannte das Allgemeine Sozialversicherungsrecht, das seit seinem Inkrafttreten mit 1. Jänner 1956 bis Ende 1970 fünfundzwanzigmal novelliert wurde. Dies verdeutliche die zunehmende Unübersichtlichkeit der bestehenden Gesetzesmaterie. Eine Lösung sah Reisinger in der EDV: »Nur eine Verbindung der Jurisprudenz mit den Erkenntnissen der Computer Sciences kann einen Ausweg aus dieser Misere bieten.«[11]

Allerdings war noch Skepsis in Bezug auf die Verwendbarkeit zu orten. Noch 1971 hielt Justizminister Broda fest, dass »wir [...] bis jetzt keine eigene Anlage [haben] und glauben, daß wir in absehbarer Zeit auch keine eigene Anlage brauchen werden.«[12] Im Nachklang an das EDV-Versuchsprojekt Verfassungsrecht verdeutlichte sich der Bedarf, als Datenbankprojekte für unterschiedlichste Bereiche angedacht und umgesetzt wurden. Mit dieser an die Erfordernisse der Praxis ausgelegten Herangehensweise wurden Folgeprojekte angegangen, wie etwa die Dokumentationen der Sozialversicherung (SozDok), des Straf- oder Steuerrechts und letztlich auch das Rechtsinformationssystem des Bundes (RIS).

Mit dem zunehmenden EDV-Einsatz stellten sich Fragen der rechtlichen Zulässigkeit oder Fragen zur computergerechten Abfassung bzw der Formalisierung von Gesetzespassagen. Die Bundesabgabenordnung wurde 1961 unter Berücksichtigung der Möglichkeiten der EDV angepasst.[13]

---

10 Für Deutschland bezeichnet ab dem Ende der 1960er Jahre der Begriff »Informationskrise« die zunehmende Flut an Informationen, die mit einer schwindenden Klarheit über die bestehende Rechtslage einherging. *Friehe/Schubert*, Das Rechtsinformationssystem des Bundes – Geschichte, Gegenwart und Zukunft, in: Schmoeckel, Das Rechtsinformationssystem des Bundes – Geschichte, Gegenwart und Zukunft, Wien 2021, 73.

11 *Reisinger*, Rechtsinformatik in Österreich, in: Juristische Arbeitsblätter 1971, 687.

12 Stenographische Protokolle des Nationalrates, XII. GP, 37. Sitzung vom 10. März 1971, 2946.

13 Stenographische Protokolle des Nationalrates, IX. GP, 70. Sitzung vom 28. Juni 1961, 2922.

Ein praktisches Beispiel eines an die EDV angepassten Gesetzes ist das Tilgungsgesetz aus dem Jahr 1972. Österreich konnte Mitte der 1970er Jahre mit der amtswegigen Tilgung ein funktionierendes EDV-System implementieren. Eine Vorbedingung war das in Hinblick auf die elektronische Aufbereitung des Datenmaterials konzipierte Strafregistergesetz 1968. Die über achteinhalb Millionen Karteikarten der Wiener Polizeidirektion konnten in Datenverarbeitungsanlagen eingespeist werden. Wurde im Rahmen der Vorbereitung des Tilgungsgesetzes 1951 noch die unmögliche technische Umsetzung angesprochen, so veränderten die Computer der dritten Generation die Rahmenbedingungen und erhöhten die Problemlösungsfähigkeiten. Man erwartete nunmehr, dass »nahezu alle mathematisch formulierbaren und analysierbaren Problemlösungen mit Hilfe der EDV möglich sind.«[14] Bislang wurde eine Tilgung der Strafen nach Antrag und Richterspruch durchgeführt, nunmehr wurde die Tilgung automatisiert ausgewiesen und gleichsam auf »Knopfdruck« möglich. »Wir schalten mit diesem Gesetz in der Rechtspflege nun den Computer ein«[15], hieß es im Parlament. In der politischen Diskussion wurde der »Computer« als neue Entscheidungsgewalt genannt und hervorgehoben.

Damit einhergehend folgte eine Diskussion über juristische Entscheidungen durch den Computer. Der Kurier titelte am 1. Mai 1971: »Gerichtsurteile durch Computer«. Schon in wenigen Jahren sollten Gesetzesbrecher in Österreich indirekt von einem Computer verurteilt werden. Man sprach von »Paragraphenautomatisierung« oder vom »Richterautomaten«: »Spätestens in fünf bis sechs Jahren, so schätzen Experten, werden österreichische Richter vor schwierigen Entscheidungen den Computer zu Rate ziehen.«[16] In der nun folgenden Diskussion wurde als Gegenargument angeführt, dass EDV-Anlagen nach rein »logisch-mathematischen Gesetzen« funktionieren, und diese dadurch keine Entscheidungen im Sinne von Willensentscheidungen (mit Ermessensspielraum) treffen können. Die Ängste, der Computer könne den Richter ersetzen, seien somit unberechtigt.

Hier finden sich auch bereits Überlegungen zum Spannungsverhältnis von einer natürlichen zu einer formalen Sprache. Am Beispiel des

14 *Piller*, Soziologische Aspekte der Elektronischen Datenverarbeitung, Wien 1972, 100.

15 Stenographisches Protokoll des Nationalrates, XIII. GP, 24. Sitzung vom 15. Februar 1972, 1849.

16 Kurier vom 1. Mai 1971, 1.

Tilgungsgesetzes 1951 fallen unbestimmte und somit unklare Formulierungen (»von den Umständen nach geringfügig«) auf. Diese lassen einen Ermessensspielraum zu, aber eben keine Programmierung. Diesen Graben zu überwinden bzw Gesetzestexte in eine natürliche Sprache zu übersetzen, stellte nach Leo Reisinger »eine der interessantesten Herausforderungen«[17] an Legistik, Rechtstheorie und Rechtsinformatik dar.

Diese Überlegungen zur Programmierbarkeit wurden in der Mitte der 1970er Jahre auch durch die Gründung des Softwareunternehmens Microsoft beschleunigt. Ein erstes und wichtiges Produkt war die Programmiersprache BASIC, die es auch Laien ermöglichte, einen Blick in die Struktur zu erhalten oder einfache Programme schreiben zu können.

War man damals bereit, die juristische Semantik einer natürlichen Sprache zum Wohle der »Programmierbarkeit« – einer formalen Sprache – zu opfern? Herbert Fiedler[18], einer der Väter der deutschen Rechtsinformatik bzw der juristischen Informatik, forderte, die Gesetzgebung vollkommen auf eine Möglichkeit einer Formalisierung abzustimmen und auf mehrdeutige, vage Formulierungen zu verzichten.[19] Leo Reisinger schlug hingegen einen anderen Weg vor. Ihn interessierte viel mehr, welche Verfahren es geben könnte, um natürlichsprachliche Textbausteine automationsunterstützt zu formalisieren bzw sie computergerecht zu übersetzen. Anstatt das Gesetzgebungsverfahren zu ändern und Rechtssätze nur noch formalisierbar abzufassen, sah Reisinger in den Methoden der automatischen Verarbeitung von natürlichen Sprachen mehr Potential.[20] Er wies 1971 darauf hin, dass die Erstellung eines Blockdiagrammes bei Gesetzesentwürfen empfehlenswert sei, um die »Erforschung der logischen Zusammenhänge zu erleichtern«.

Bereits 1976 versuchten Friedrich Lachmayer und Leo Reisinger ein Verfahren zur Analyse von Gesetzestexten und deren Struktur zu entwickeln. Es galt, die logische Struktur von Gesetzestexten durch die EDV zu erforschen und damit Redundanzen, Widersprüche oder Lücken aufzuzeigen. Die theoretische Basis dieser Untersuchung ging von der Problemstellung aus, dass der Gesetzgeber aus dem Raum des »potentiellen

---

17 *Reisinger*, Der Einsatz von Struktursprachen im Gesetzgebungsprozess, in: Haft/ Seegers (Hrsg), Rechtsinformatik in den achtziger Jahren, München 1984, 134.

18 *Fiedler*, Automationsgerechte Rechtssetzung, in: IBM Deutschland, IBM Seminar, Informationssysteme in Regierung und Verwaltung, Bad Liebenzell, 3. -5. November 1971, Stuttgart, 1973, 107ff.

19 Interview mit Friedrich Lachmayer am 12. August 2010.

20 *Reisinger*, Automatisierte Normanalyse und Normanwendung, Berlin 1972, 1.

Rechts« verschiedene mögliche Varianten auszuwählen hat und die geeignetste »geltendes Recht« werden lassen kann.[21] Mit einem Analysewerkzeug wäre es nun im Idealfall möglich, den Gesetzgeber aus dem Spektrum an potentiellen Versionen von zB Gesetzesentwürfen anhand von zu bestimmenden Kriterien auswählen zu lassen und die sich daraus ergebenden Konsequenzen abzuschätzen. Allerdings, derartige Überlegungen waren komplex und konnten nicht immer nachvollzogen werden. Nach einer Präsentation durch Friedrich Lachmayer und Leo Reisinger hieß es, dass die anwesenden Praktiker von der »Kompliziertheit der Materie eher verwirrt worden sein«[22] dürften.

Die gesamte Zeit der 1970er Jahre prägte eine Diskussion: Es ging um den Schutz der erhobenen und gespeicherten Datenbestände. Zwar waren die Datenbanken (Statistisches Zentralamt, Passwesen, Sozialversicherung) überschaubar, dennoch waren 90 Prozent der Österreicher auf irgendeine Art »computerisiert«.[23] Am Beispiel des Hauptverbandes der österreichischen Sozialversicherungsträger sei dieser technische Wandel verdeutlicht. 1971 wurde begonnen, die Namen und Geburtsdaten der Versicherten festzuhalten, anschließend wurden auch die dazugehörenden Versicherungsnummern vergeben.[24] Innerhalb von zehn Jahren wuchs der Kataster an, 1981 wurde von etwa 7,3 Millionen Personendaten gesprochen.

Die Medien sprachen von einer durchnummerierten Gesellschaft, von gefährlichen Werten und auch von der Ratlosigkeit der Jurist*innen. Man erkannte auf einer politischen Ebene diese neuartige Qualität der Datenbestände und befand, dass die »klassische« Amtsverschwiegenheit nicht mehr ausreichen könne. Bundeskanzler Bruno Kreisky beantragte 1971, dass der Ministerrat die Vorbereitungen eines Datenschutzgesetzes beschließen wolle.

Als zentrale Gefahr wurde genannt, dass Unbefugte uneingeschränkten Zugang zu den gespeicherten Daten und somit sämtliche Informationen über eine bestimmte Person erhalten könnten. Die Verknüpfung von Datenbeständen könnte letztlich ein detailliertes »Persönlichkeitsprofil«

21 Vgl *Lachmayer/Reisinger*, Legistische Analyse der Struktur von Gesetzen, Wien 1976, 12.

22 ÖStA, AdR 131, EDV-Allgemein: Zl. 12513, 3.

23 Arbeiterkammer Wien, Sozialwissenschaftliche Dokumentation, MF 232/1974, Kärntner Tageszeitung am Wochenende vom 29. Dezember 1974.

24 Vgl *Vana*, Der Schutz persönlicher Daten in der österreichischen Rechtsordnung unter besonderer Berücksichtigung der Sozialversicherung, Dipl.-Arb., Wien 1981, 12.

erlauben.[25] Am 22. Juni 1971 fasste die österreichische Bundesregierung folgenden Beschluss: »Durch die Zusammenfassung von Informationen in immer größeren und leistungsfähigeren EDV-Einheiten ergibt sich die Notwendigkeit eines verstärkten Schutzes der Privatsphäre. Es ist daher zweckmäßig, bereits vor Entstehen einer Gefährdung der Privatsphäre legistische Vorkehrungen zu treffen.«[26]

Nach langen Diskussionen zwischen SPÖ (Ernst Eugen Veselsky) und ÖVP (Felix Ermacora), mehreren Vorlagen und Hearings hat der Nationalrat am 18. Oktober 1978 einstimmig das Bundesgesetz über den Schutz personenbezogener Daten beschlossen und ein Grundrecht auf Datenschutz geschaffen.[27] Österreich erhielt als neunter Staat, nach Schweden 1973, den USA 1974, der BRD 1976 und Frankreich 1977, Kanada, Neuseeland, Dänemark und Norwegen ein eigenes Datenschutzgesetz.[28] Mit Artikel 1 des Datenschutzgesetzes wurde eine Verfassungsbestimmung geschaffen, die das Grundrecht auf Datenschutz schuf. Bedeutsam war die Rolle des Nationalrats. Gerhard Stadler sprach davon, dass dieser »seine heutige Rolle als die Mehrzahl der Regierungsvorlagen beglaubigender Staatsnotar verlassen und die Zügel der rechtspolitischen Gestaltung an sich gerissen«[29] habe. Auch die Presse konstatierte den Parlamentarier*innen, dass der Datenschutz zu den kompliziertesten Angelegenheiten gehörte, mit denen sich das Parlament »abquält«. Dies war auch aus dem Grund verdienstvoll, da diese nur auf eine Handvoll heimischer Fachleute zurückgreifen konnten.[30] Darunter war damals auch Leo Reisinger.

Die permanente Miniaturisierung und Verbilligung der Schaltkreise führte von den Großrechnern zu den Heimcomputern (PCs), die ab den 1980er Jahren das Bild der Informationslandschaft entscheidend prägten. PC-Hersteller wie Apple oder Commodore haben schon in den 1970er

---

25 *Reisinger/Silvestri*, Wissenschaftliche Information und Datenschutz in Österreich, in: Zeitschrift für Verwaltung, 1979/5–6, 4623.

26 Stenographische Protokolle des Nationalrates, XIII. GP, III-29 der Beilagen; Stenographische Protokolle des Nationalrates, XIII. GP, 52. Sitzung vom 4. Dezember 1972, 4437; vgl Arbeiterzeitung 16. Juni 1971, 2.

27 BGBl. Nr. 565/1978.

28 Stenographische Protokolle des Nationalrates, XIV. GP, 104. Sitzung vom 18. Oktober 1978, 10244f.

29 *Stadler*, Das österreichische Datenschutzgesetz als Markstein der Verfassungspolitik und des Informationsrechts, in: Juristische Blätter 1979, 358.

30 Arbeiterkammer Wien, Sozialwissenschaftliche Dokumentation, MF 41/1976, Die Presse vom 28. Juli 1976.

Jahren Mikrorechner angeboten, doch Anfang der 1980er Jahre haben auch die »Großrechnerhersteller« das neue Marktsegment genutzt. Bedingt durch den technischen Fortschritt kam es zu einer größeren Verbreitung, zu neuen und veränderten Einsatzmöglichkeiten und auch zu neuartigen juristischen Fragestellungen.

Leo Reisinger hatte zu all den damals diskutierten Themen eine Meinung und publizierte dementsprechend. Vielleicht ahnend, in welch dramatischer Weise der Computer die Menschheit – und damit einhergehend das Recht – beeinflussen werde, forderte er eine intensive Beschäftigung und eine universitäre Verankerung der Rechtsinformatik innerhalb der juristischen Ausbildung. Er konnte sich diese Einbeziehung der Rechtsinformatik in die Ausbildung entweder in Form von freien Wahlfächern oder in Form von postgradualen Studien vorstellen. Die Einrichtung von Hochschullehrgängen bzw Universitätslehrgängen erfolgte in den 1980er Jahren in Graz und Salzburg. Seit 1999 besteht an der Universität Wien der Universitätslehrgang Informationsrecht und Rechtsinformation, der seit 2012 unter dem Namen »Informationsrecht und Medienrecht« firmiert.[31]

Mit der Person Leo Reisingers war die Hoffnung verbunden, Inhalte der Rechtsinformatik an der Universität Wien zu lehren und in Zukunft damit eine eigene juristische Disziplin zu etablieren. Reisingers Bedeutung lag darin, dass er internationale Forschungstrends in den österreichischen Sprachraum brachte, an der internationalen Auseinandersetzung partizipierte und diese der österreichischen Forschungslandschaft zugänglich machte.[32]

---

31 Informationsrecht.univie.ac.at.

32 Vgl Interview mit Friedrich Lachmayer am 28. Juni 2011.

LEO REISINGERS HABILITATIONSVORTRAG AN DER UNIVERSITÄT WIEN – ANEKDOTISCHE ERINNERUNGEN

O. UNIV.-PROF. I.R. DR. DR. H.C. GERHART BRUCKMANN (†)

Schlagworte: Leo Reisinger, Habilitation, Erinnerungen

Abstract: Der Text ist ein Transkript des Kurzvortrags von Gerhart Bruckmann im Rahmen der Gedenkveranstaltung für Leo Reisinger am 1. Februar 2024. Bruckmann erinnerte an damalige Vorbehalte gegenüber der Rechtsinformatik im Rahmen der Habilitation Leo Reisingers an der rechts- und staatswissenschaftlichen Fakultät der Universität Wien im Jahr 1973.

Es sei mir verstattet, zwei Sätze hinzuzufügen: nicht zur Statistik, sondern zur Informatik, paradoxerweise.

Zu der Zeit, als Leos Habilitationsvortrag anstand, hatte sich unter den ehrenwerten Professoren der Juridischen Fakultät eine Phalanx gebildet von Persönlichkeiten, die einen abgrundtiefen Hass auf alles entwickelten, was auch nur irgendwie am Rande mit Rechtsinformatik zu tun haben konnte. Ein abgrundtiefer Hass, wie ich ihn in meinem Leben sonst nur in einem anderen Gebiet immer wieder kennen gelernt habe, bei Professoren an der Medizinischen Fakultät, gegenüber alternativen Methoden. Wie gesagt, ein blinder Hass.

Und Leo kam zu mir und sagte, was soll ich tun in dieser Situation?

Ich habe gesagt, Leo, eine Möglichkeit besteht darin, dass Du in Deinem Habilitationsvortrag ein paar Bereiche auswählst, in denen die

Rechtsinformatik nützlich sein könnte. In jedem dieser Bereiche skizzierst Du die Aufgabenstellung und die Methodik dieses Bereiches und fügst aber unmittelbar daran hinzu, welche negativen Begleiterscheinungen denkbar wären, welche allenfalls sogar Gefahren. Und das machst Du für einige – wie gesagt – Bereiche für die Rechtsinformatik: jeweils Positives und Negatives verbal gleich gewichtig, nebeneinandergestellt.

Das hat Leo getan und damit war jedwedem Verlangen nach einem allfälligen Ostrakismos der Boden entzogen und die Sache ist glatt über die Bühne gegangen.

TEIL I
RECHTSTHEORIE UND LEGISTIK

LEGISTISCHE PERSPEKTIVEN

MEINRAD HANDSTANGER

Hon.-Prof. Dr. Meinrad Handstanger, Senatspräsident des VwGH i.R., Institut für öffentliches Recht und Politikwissenschaft, Karl-Franzens-Universität Graz, Österreich, Institut für Europarecht und Völkerrecht, Leopold-Franzens-Universität Innsbruck, Österreich, meinrad.handstanger@uni-graz.at

Schlagworte: Legistik, Gesetzgebungstechnik, juristische Instrumentalistik, Struktur von Gesetzen, Gesetzesstruktur, potentielles Recht, rule of law, Rechtsstaat, Herrschaft des Rechts, Herrschaft durch Recht, Rechtstheorie, Rechtsinformatik, Systemtheorie, EDV-Versuchsprojekt Verfassungsrecht, Normtheoretische Arbeitsgruppe, Taxonomik, Strukturalistik, Formensprache, Leo Reisinger, Friedrich Lachmayer, Lon Fuller

Abstract: Die Legistik betrifft die sprachliche und systematische Gestaltung von Gesetzen. Leo Reisinger und Friedrich Lachmayer haben Legistik auf Basis des EDV-Versuchsprojekts Verfassungsrecht aus der Perspektive der Rechtstheorie und Rechtsinformatik strukturell erfasst. Die strukturelle Legistik geht über die traditionelle Gesetzgebungstechnik durch den Einsatz der Formalisierung hinaus. Die anglo-amerikanische Rule of Law konvergiert heute weitestgehend mit dem Rechtsstaatsprinzip der kontinental-europäischen westlichen Verfassungstradition. Die Rule of Law existiert als politisches und als rechtliches Konzept sowie in einer »schwachen« (rechtssicherheitsorientierten) und einer »starken« (der verfassten Demokratie adäquaten) Version. Die schwache Version steht in einer gewissen, in der Allgemeinen Rechtslehre abbildbaren Konvergenz mit den Regeln und Prinzipien der Legistik. Die starke Version geht insbesondere infolge ihrer judiziellen Dimension darüber hinaus. Auf der Ebene der schwachen Version lässt sich zudem eine inhaltliche Konvergenz von rechtstechnischer Legistik und von an der Umschreibung des Rechtsbegriffes orientierter Rechtsphilosophie sowie eine gewisse inhaltliche Überschneidung von naturrechtlichem und rechtspositivistischem Denken ausmachen, die einer Strukturtheorie des Rechts zugeordnet werden kann.

1. Perspektiven

Die *Legistik (Gesetzgebungstechnik)* beschäftigt sich im Sinn einer Rechtstechnik mit der systematischen und sprachlichen Gestaltung von Gesetzen im materiellen Sinn.[1] Damit werden an einen generellen Adressatenkreis gerichtete Rechtsvorschriften erfasst, wie die Verfassung und die nach den verfassungsrechtlichen Vorgaben erlassenen formellen Gesetze und Verordnungen. Einen generellen Charakter weisen diese Rechtsvorschriften auch insofern auf, als sie in gleichgelagerten Fällen eine gleichartige Rechtsanwendung verlangen.[2]

Die Produktion von rechtlichen Normen erfolgt prinzipiell wiederum auf der Grundlage von Rechtsnormen, die die *Rechtserzeugung* regeln.[3] Insoweit regelt die Rechtsordnung die Erzeugung von Rechtsvorschriften eigenständig.[4] Rechtserzeugung erfasst die Erzeugung der generellen Rechtsvorschriften, aber auch die Anwendung dieser generellen Rechtsvorschriften in individuellen Fällen.[5] Beide Arten der Rechtserzeugung sind insofern strukturell gleich gelagert, als bindende Vorgaben mit einem Spielraum kombiniert werden, der freilich für die Erzeugung von Gesetzen weit größer ausfällt als für die Erzeugung von Einzelfallentscheidungen.[6] Aber auch der Spielraum für die Erlassung von formellen Gesetzen ist inhaltlich limitiert durch das vorgeordnete Verfassungs-

1 Vgl *Potacs*, Rechtstheorie, 3. Auflage, Wien 2025, 25, 63.

2 Vgl *Handstanger*, Zur Revision vor dem Verwaltungsgerichtshof, in: Kietaibl/Mosler/Pacic (Hrsg), GS Robert Rebhahn, Wien 2019, 103, 116 ff.

3 Vgl dazu *Hart*, The Concept of Law, 2. Auflage, Oxford 1994, 79 ff.

4 Vgl dazu und zum Folgenden *Handstanger*, Außerrechtliche Kontexte der Rechtsanwendung, in: Schweighofer (Hrsg), Der Mensch im Zentrum – KI, Ethik & Recht, Bern 2025, 265–270.

5 Vgl etwa *Kelsen*, Reine Rechtslehre, 2. Auflage, Wien 1960 54 f. So erfolgt die Produktion von Gesetzen unter Anwendung der in der Verfassung dafür vorgegebenen Rechtserzeugungsregelungen.

6 Die Gestaltung individueller Rechtsakte ist prinzipiell Gegenstand verfahrensrechtlicher Rechtsvorschriften. Einführend zum rechtspolitischen Spielraum der Gesetzgebung für ihre sachpolitischen Gestaltungsaufgaben sowie zur Gesetzgebungstechnik (Legistik) für die Gestaltung von Gesetzesnormen vgl etwa *Potacs*, Rechtstheorie, 24 ff.

recht, insbesondere durch übergesetzliche Grundrechte. Beide Arten der Rechtserzeugung gestalten sich daher als *Rechtsanwendung*. Rechtserzeugung erfolgt somit grundsätzlich selbstreferentiell.[7] In diesem Sinn regelt das Recht seine eigenen Erzeugungsbedingungen und steht insofern unabhängig von außerrechtlichen Kontexten.

Für die Analyse der Rechtserzeugung bzw. des rechtlichen Geschehens überhaupt erweist sich, so Stephan Kirste, die Unterscheidung zwischen *Beobachtungsperspektive* und *Teilnahmeperspektive* gebräuchlich.[8] Im Kontext der Erlassung von Rechtsvorschriften lässt sich allerdings die Perspektive der Betrachtung nicht auf eine reine Beobachtungsperspektive reduzieren. Die auf die Regulierung menschlichen Verhaltens gerichteten Rechtsvorschriften orientieren sich an ihrer Befolgung und derart an der Teilnahme am normierten Verhalten.[9] Insoweit ist nicht nur eine praktisch rechtsanwendende, sondern auch eine rechtswissenschaftliche Beobachterperspektive teilnahmeausgerichtet. Die Analyse eines generellen Normtextes, gerichtet auf die Erfassung der darin ausgedrückten Rechtsnormen, kann ohne Erfassung der teilnahmeperspektivisch im Gesetz vertypten Fallkonstellationen[10] nur oberflächlich erfolgen.[11]

Die *Perspektive des Gesetzgebers* geht im österreichischen Rechtsraum dahin, unter Beachtung der für die Gesetzgebung bestehenden (verfassungs- und unions-)rechtlichen Vorgaben, die seinen rechtspolitischen Spielraum umgrenzen, seine rechtspolitisch intendierten Gesetzesnormen im Gesetzestext sprachlich und systemisch korrekt zu verankern. Bestimmend ist daher ein »*Transformationsblick*«[12], der rechtspolitische Konzepte in umsetzungsadäquate Gesetzestexte transponiert. Mit dieser Anknüpfung an die Effektivität der Gesetzesbefolgung umfasst die legis-

---

7 Vgl näher *Luhmann*, Das Recht der Gesellschaft, Frankfurt am Main 1993, 38 ff.

8 Vgl *Kirste*, Rechtsphilosophie, 1. Auflage, Baden-Baden 2020, 80 (unter Hinweis auf *Hart*, Concept of Law).

9 Vgl dazu und zum Folgenden *Handstanger*, How Lawyers Think, in: Handstanger/Harzl/Hinghofer-Szalkay/Lantscher/Pichl/Poier/Pirker/Rautz/Toggenburg/Unger (Hrsg), Law and Politics. Festschrift Joseph Marko, Baden-Baden 2022, 25 ff.

10 Vgl *Kaufmann*/von der *Pfordten*, Problemgeschichte der Rechtsphilosophie, in: Hassemer/Heumann/Saliger (Hrsg) Einführung in die Rechtsphilosophie und Rechtstheorie der Gegenwart, 9. Auflage, Heidelberg 2016, 124.

11 Im Übrigen inkludiert auch eine rechtsanwendende Teilnahme die beobachtende Perspektive, gerichtet auf Rechtsnormtext, Rechtsanwendungspraxis und dazu bestehende (akademische) Lehre.

12 Siehe *Kirste*, Rechtsphilosophie, 80.

tische Perspektive – gleichsam in umgekehrter Blickrichtung – auch die fallbezogene Gesetzesanwendungsperspektive.[13] Die beiden Perspektiven erscheinen wie die beiden Seiten einer Medaille miteinander verbunden. Folgt man einer Blickrichtung, kommt gleichsam automatisch auch die andere in den Blick. Die Gesetzgebung lässt sich »in Umkehrung« der Vorgangsweise bei der fallbezogenen Gesetzesanwendung im Wege der Interpretation der gesetzlichen Rechtsvorschriften und des Findens der »Entsprechung« der Sachverhaltselemente mit den angewendeten Gesetzesnormen begreifen, die den fallrelevanten Lebenssachverhalt gedanklich antizipieren.[14] Die Rechtsanwendungsperspektive geht von den normativen Vorgaben aus, die in den individuellen Rechtsfällen anzuwenden sind, die legistische Perspektive richtet sich auf die Schaffung des generellen normativen Materials, das dann rechtlich angewendet werden soll. Für die Rechtsanwendungsperspektive stellt die juristische Methodenlehre ein Instrumentarium für die Analyse der Rechtsnormtexte zur Erfassung jenes normativen Inhalts zur Verfügung, den der Normsetzer in seiner legistischen Perspektive anordnen wollte.[15] Die legistische Perspektive verlangt daher bei der sprachlichen und systematischen Gestaltung des Gesetzestextes, aber auch der erläuternden Gesetzesmaterialien,[16] die Berücksichtigung des methodischen Wissens für die Interpretation und Anwendung von Gesetzestexten, um der rechtspolitischen Steuerungsabsicht gerecht zu werden und die Umsetzungseffektivität des Gesetzes dafür sicherzustellen. Insoweit laufen die Perspektiven der Legistik und der Gesetzesanwendung notwendig parallel. Leo Reisinger hat gemeinsam mit Friedrich Lachmayer freilich näher aufgezeigt, dass diese *Parallelperspektive* die intellektuellen Anforderungen, die sich an die Legistik für die Erlassung von generellen Rechtsvorschriften insgesamt stellen, nicht erschöpfend umschreiben kann[17].

Der erwähnte »Transformationsblick« bei der Textgestaltung eines Gesetzes ist im Übrigen nur ein Unterfall einer für die Rechtserzeugung

---

13 Vgl *Kaufmann/von der Pfordten*, Problemgeschichte der Rechtsphilosophie, 101 f.

14 Vgl ebd 124 f.

15 Vgl etwa das Kapitel »Methoden« bei *Potacs*, Rechtstheorie, 185 ff, sowie das Kapitel »Rechtsanwendung« bei *Rüthers/Fischer/Birk*, Rechtstheorie und Juristische Methodenlehre, 12. Auflage, München 2022, 399 ff.

16 Vgl dazu den Abschnitt »Gesetzgebungstechnik«.

17 *Lachmayer/Reisinger*, Legistische Analyse der Struktur von Gesetzen, Wien 1976, 9 ff. Vgl dazu den nächsten Abschnitt dieses Beitrags.

generell relevanten *Transformationsperspektive*[18]. Auf jeder Stufe der Rechtserzeugung muss nämlich der auf Basis der rechtlichen Vorgaben erzeugte normative Inhalt in einem ersten Schritt in einen Normtext übersetzt (codiert) werden, in einem zweiten Schritt muss dann im Interesse der Umsetzung des Norminhalts der Inhalt der Rechtsnorm aus dem Text herausgelesen werden. Beim Herauslesen erfolgt eine Decodierung des Normtextes im Sinn einer auf den Norminhalt zielenden »Rückübersetzung« des Normtextes. Dies gilt ebenso für die Erzeugung des übergesetzlichen Verfassungsrechts als auch der untergesetzlichen Rechtserzeugung durch individuelle Rechtsakte, wobei der im Wege der Decodierung erfasste Inhalt einer Rechtsnorm als »Deutungsschema« für die einer Norm unterfallende Faktenkonstellation fungiert.[19] Die Transformationsperspektive stellt die Rechtserzeugung in einen *doppelten Kommunikationskontext*: Die Vertextung des Inhalts einer Rechtsnorm als Kommunikationsstufe erster Ordnung muss (wie bereits mit der Parallelperspektive angesprochen) die Textdecodierung als Metakommunikationsstufe mitberücksichtigen und deren (methodischen) Anforderungen genügen, um die Normumsetzung zu gewährleisten. Einerseits kondensiert der Text einer Rechtsnorm den normerzeugenden Willen, andererseits ist die Möglichkeit einer Emanzipation vom Willen der normerzeugenden Autorität etwa dann nicht ausgeschlossen, wenn es der Vertextung nicht gelingt, einen intendierten Norminhalt zum Ausdruck zu bringen.

2. Strukturelle Legistik

Leo Reisinger hat sich mit der Legistik ganz grundlegend auseinandergesetzt. Gemeinsam mit Friedrich Lachmayer publizierte er 1976 im Buch *»Legistische Analyse der Struktur von Gesetzen«* die wesentlichen Ergebnisse des den Verfassern in den Jahren 1973 und 1974 von IBM Österreich erteilten Forschungsauftrages »Allgemeines Verfahren zur Prüfung der Struktur von Gesetzen«[20]. Im gegebenen Kontext erscheint es ange-

---

18 Vgl dazu und zum Folgenden *Handstanger*, Die Technik des Gesetzes: Von der Legistik, in: Bezemek (Hrsg), Vor dem Gesetz. Rechtswissenschaftliche Perspektiven zu Franz Kafkas »Türhüterlegende«, Wien 2019, 103, 105 f.

19 Vgl aus der Judikatur etwa VwGH 15.9.1997, 97/10/0079, VwGH 20.2.2020, Ra 2019/08/0171.

20 *Lachmayer/Reisinger*, Legistische Analyse, 9. Das Projekt war im Rahmen der »Normtheoretischen Arbeitsgruppe« des vom BKA-VD gemeinsam mit IBM-Österreich veranstalteten »EDV-Versuchsprojektes Verfassungsrecht«

bracht, einige Überlegungen von Leo Reisinger und Friedrich Lachmayer stichwortartig anzusprechen.

Getragen von der Einsicht, dass das Hauptanwendungsgebiet der strukturellen Analyse nicht in der Deutung von bereits erzeugten Rechtsvorschriften, sondern vielmehr in der Gesetzgebung liegt, wird die Struktur des legistischen Geschehens *rechtstheoretisch* und *rechtsinformatisch* erfasst[21]. Als »viel wichtiger als hundert Bücher interpretatorischer Kunst« wird ein »Handbuch der Gesetzgebung« als Desideratum identifiziert, zumal das auf das Verständnis schon erzeugter genereller Rechtsnormen ausgerichtete traditionelle Instrumentarium der Rechtsdogmatik nicht dazu ausreicht, der Legistik gerecht zu werden, um »den Gesetzen von vornherein ein gewisses Maß an Vernünftigkeit und Klarheit mitzugeben«[22]. Gegenstand der Legistik (als Ausgangspunkt der Analyse) ist nicht das schon gesetzte positive Recht, sondern das »*potentielle Recht*« als legistischer Möglichkeitsraum, innerhalb dessen der Gesetzgeber auf Basis der Beurteilung des empirischen Spektrums antizipierter möglicher Konsequenzen das erzeugte positive Recht (als »Sonderfall« des potentiellen Rechts) in Abwägung der Regelungsalternativen herausarbeitet. Gesetzgebung erfolgt im Wege der Negation von Regelungsalternativen. Eine Analyse des Spektrums des potentiellen Rechts kann die gesetzgeberische Arbeit unterstützen und erleichtern. Strukturelle Legistik erfordert die Untersuchung der Auswirkung eines Gesetzentwurfes auf die Rechtsposition – die subjektiven Rechte bzw. die behördlichen Zuständigkeiten – der Betroffenen.[23] Das analytische Instrumentarium geht aus vom »*normativen Status*«, der den »Zustand des Normadressaten im Hinblick auf die Normsetzung« erfasst. Im »deontischen Feld« der normativen Interaktionen bzw. inhaltlichen Negationen erscheinen lediglich fünf Status von praktischer Bedeutung, nämlich das Gebot, das Verbot, die Erlaubnis, die Erlaubnis zur Unterlassung und die Freiheit. Die Analyse der normativen Auswirkungen eines Gesetzentwurfes geht aus von seinem Text mit seinem Interpretationshorizont[24] der möglichen

---

entstanden. Auf eine Publikation der Programmierungen wurde verzichtet.

21 Aus modelltheoretischer Perspektive wird in der Publikation über Taxonomik und Strukturalistik hinausgehend eine Formalisierung im Sinn der Übersetzung der Elemente und Strukturen des legistischen Geschehens in das formalwissenschaftliche Zeichensystem eines logischen Kalküls vorgenommen, vgl zu diesem Ansatz *Lachmayer/Reisinger*, Legistische Analyse, 81 ff.

22 Ebd 10 ff.

23 Ebd 14 ff.

24 Der damaligen Entwicklung der Rechtsinformatik entsprechend wurde die

Verständnisalternativen[25], im Weiteren werden die wesentlichen Inhaltselemente für die Textteile in eine Tabelle eingetragen[26]. Als dritte Ebene der Eingabedaten fungiert ein Blockdiagramm, die die Rechtsvorschriften in ihrem zeitlichen Abfolgekontext darstellt,[27] was pro Stadium eine Erforschung der Verlaufsvarianten erleichtert. Die Analyse der Verteilung der Rechtspositionen (subjektive Rechte bzw. behördliche Zuständigkeiten) auf die Beteiligten ergibt eine »strukturelle Statusverteilung«, die in Verknüpfung mit der tatsächlichen Statuswahrnehmung eine »empirische Statusverteilung« und damit die Bildung einer Typologie der Verhaltensweisen (»bewertete Statusverteilung«) erlaubt; mithilfe der Statusverteilung lassen sich die rechtspolitischen Tendenzen eines Entwurfstextes klarer erfassen, zudem können damit rechtsvergleichende und rechtshistorische Analysen erleichtert werden.[28] Die gleichzeitige Anwendung mehrerer Rechtsnormen mit inhaltlichen Überschneidungen verlangt eine inhaltliche Bereinigung durch die Bildung einer »*normativen Resultanten*« aus diesen Rechtsnormen anhand von Kollisionsregelungen,[29] womit auch die Problematik von Normwidersprüchen besser analysierbar wird.

In einem umfangreichen Abschnitt des Buches geht Leo Reisinger näher den Fragen der normativen *Vollständigkeit* und der *Funktion normativer Systeme* sowie der *kybernetischen Betrachtung* der Rechtsordnung

---

Interpretation nicht dem Computer übertragen, vgl ebd 18.

25 Vgl *Handstanger*, Recht als Praxis, in: Jusletter IT 21. Dezember 2020 Pkt. 4 ff, und *ders*, How Lawyers Think, 25, 28 ff.

26 Diese zweite – verbale – Ebene der Eingabedaten erlaubt Legisten und Legistinnen eine Überprüfung ihrer Entwurfsformulierungen im Hinblick auf Präzision und Klarheit; zu diesen Daten zählen die Anzahl der Normen, die Zeit der Normsetzung, Norm-Rang und Norm-Text, die Norm-Fundstelle, wobei das gesollte Verhalten auch zu bewerten und in den Kontext mit den damit verbundenen Rechtsvorschriften zu stellen ist, vgl näher *Lachmayer/Reisinger*, Legistische Analyse, 18.

27 Vgl näher ebd 19; dies basiert auf dem rechtstheoretischen Konzept, das rechtliche Geschehen in die Zeit einzuordnen, wobei der »Inhalt des Rechts als Verfahren« aufgefasst wird.

28 Vgl näher ebd 20 ff.

29 Vgl näher ebd 26 ff. Solche Kollisionsregelungen werden bei der Rechtsanwendung oft interpretativ angenommen (vgl ebd 36); siehe etwa die Kollisionsregelungen der lex specialis oder der lex posterior, aber auch den unionsrechtlichen Anwendungsvorrang, vgl dazu etwa *Öhlinger/Eberhard/Potacs*, EU-Recht und staatliches Recht, 8. Auflage, Wien 2023, 57 ff.

nach.[30] Das Korrelat zur Vollständigkeit stellen der Begriff der Rechtslücke (samt dem Konzept zur Lückenfüllung) dar, wobei Lücken im Ergebnis als notwendiges Merkmal eines flexiblen Rechtssystems gesehen werden, welches aber nur durch seine Konkretisierung in den darauf gestützten Einzelfallentscheidungen genauer beschrieben werden kann.[31] Damit wird implizit offenbar auch wahrgenommen, dass genauer betrachtet die Anwendung des Gesetzes eine eigene Struktur der gesetzeskonkretisierenden Falllösungslinien produziert, die bis zu ihrer jeweiligen Änderung die Normanwendung determinieren,[32] und Rechtsnorm und Fallentscheidungslinien damit eine duale Struktur bilden,[33] wobei kontinuierlich beachtete Fallentscheidungslinien nicht nur sich selbst, sondern auch den konkretisierten Gesetzesnormen Stabilität verschaffen[34]. Für die Funktion normativer Systeme wird die von Niklas Luhmann getroffene Unterscheidung von »Verhaltenssteuerung« und »Erwartungssicherung« herangezogen, wobei die in der Verhaltenssteuerung verkörperte gesetzgeberische Steuerungsabsicht als dominant gesehen wird.[35] In kybernetischer Perspektive[36] stellt das Rechtssystem ein das gesellschaftliche Gesamtsystem regelndes Subsystem dar, bei dem im Sinn des Regelkreismodells eine arbeitsteilige Gliederung der Regelungsorgane dahin besteht, dass die Legislative als Regelungsorgan höherer Stufe »Nachrichten« in der Form genereller Rechtsnormen mit einem verhältnismäßig hohen Abstraktionsniveau formuliert, die an Regelungsorgane niedrigerer Stufe – Verwaltung und Gerichtsbarkeit – gerichtet und von diesen bei der Erzeugung von Fallentscheidungen zu vollziehen sind. Der dabei fallbezogen festgestellte Sachverhalt wird als »Nachricht« mit der »Nachricht« des Inhalts der anzuwendenden Rechtsnorm abgeglichen, um die Einzelfallentscheidung zu produzieren. Das legislative Regelungs-

30 Vgl *Lachmayer/Reisinger*, Legistische Analyse, 39 ff.

31 Das System lässt sich nicht abschließend beschreiben, zumal immer weitere Einzelfallentscheidungen ausstehen werden, vgl ebd 41.

32 Vgl oben den Text bei FN 2.

33 Modellhaft instruktiv (aus soziologischer Perspektive) dahin, dass Fallentscheidungslinien dem Gesetz inhaltlich Gestalt geben, indem Fallentscheidungen eine normative Struktur herausbilden, *Giddens*, Die Konstitution der Gesellschaft. Grundzüge einer Theorie der Strukturierung, Frankfurt am Main 1992; vgl dazu einführend etwa *Lamla*, Anthony Giddens, Frankfurt am Main 2003, 35 ff, 64 ff.

34 Vgl *Handstanger*, How Lawyers Think, 25, 35 f.

35 Vgl *Lachmayer/Reisinger*, Legistische Analyse, 42.

36 Vgl dazu und zum Folgenden näher ebd 42 ff.

organ höherer Ordnung bedarf wiederum in der Form von Vor- oder Rückkoppelungen gelieferter eingehender Informationen über die soziale Realität, um überhaupt eine realitätswirksame Regelung treffen zu können. Im Interesse einer effektiven legistischen Steuerung müssen die Informationen der generellen Normen »möglichst eindeutig, vollständig und widerspruchsfrei« sein. Leo Reisinger beschäftigt sich auch eingehend mit dem »*Modell eines normativen Systems*« und der »*Analyse der Bedingungen von Rechtsnormen*«, wobei die Darstellung in maßgeblichem Umfang unter Verwendung eines formalisierten Zeichensystems logischer Provenienz erfolgt.[37] Zum Thema »*Simulation und Legistik*«[38] verweist Leo Reisinger auf die traditionellen Methoden der finalen Regelung, die Verwendung von (erweitertem) Expertenwissen, die Verwendung ausländischer Erfahrungen und auf die experimentelle Normsetzung auf Zeit. Die Simulation im Recht mit dem Ziel, die Leistungsfähigkeit des Systems zu verbessern, umfasst die Simulation von Prozessen (Prozesssimulation), die bei den Kosten des Justizsystems ansetzende Simulation (Kostensimulation) und die Prognose für das Verhalten von Betroffenen in bestimmten Lagen (Verhaltensprognose).[39]

3. Gesetzgebungstechnik

Im Kontrast zur strukturellen Legistik steht die *traditionelle juristische Gesetzgebungstechnik*, die grundsätzlich hinter dem Stadium der »Formalisierung« zurückbleibt, welches die strukturelle Legistik erreicht.[40] Allerdings erfasst auch die traditionelle Legistik die relevanten rechtstechnischen Elemente in klassifikatorischer Hinsicht (im Sinn einer »Taxonomik«) und definiert Beziehungen zwischen diesen Elementen (im Sinn einer »Strukturalistik«), weshalb sie im Ergebnis auch eine Analyse in systemtheoretischer Hinsicht erlaubt.

Die Legistik in Form der traditionellen Gesetzgebungstechnik (davon ist im Weiteren die Rede) versteht sich als systematisches Wissen, als Lehre und als praktische Anleitung, wie Gesetze produziert und dabei sprachlich wie systematisch gestaltet werden müssen, um an das Ideal

37 Vgl ebd 44 ff.
38 Vgl ebd 79 ff.
39 Friedrich Lachmayer setzt sich mit der nutzbringenden Anwendung von Statistiken und daraus abgeleiteten Strukturellen Koeffizienten in legistischen Kontexten auseinander, vgl ebd 82.
40 Vgl dazu und zum Folgenden ebd 72 ff.

des Gesetzes heranzukommen[41]. Idealiter bildet das Gesetz (Sach-)Vernunft und Gerechtigkeit ab, Voraussetzung dafür ist, dass Gesetze im Interesse des für die Gesetzesumsetzung notwendigen Befolgungswissens der Betroffenen publiziert werden[42] und sie im Sinn der Gleichheit vor dem Gesetz generell verbindlich sind. Das *Kodifikationskonzept* der europäisch-kontinentalen Legistik zielt darauf, eine möglichst vollständige – lückenlose – und einheitliche Gesetzesordnung zu schaffen, wobei Sachbereiche in einem Gesetzbuch (beispielsweise eine Verfassung, ein Strafgesetzbuch, ein Zivilgesetzbuch oder ein Polizeigesetzbuch) normiert werden.[43]

Als *Rechtstechnik im weiteren Sinn* beschäftigt sich Legistik mit dem Ablauf des verfassungsrechtlich vorgezeichneten Gesetzgebungsverfahrens[44] unter Verwendung von Planungstechniken wie der wirkungsorientierten Folgenabschätzung. Im *vorparlamentarischen Abschnitt* geht es um die Formulierung der rechtspolitischen Zielsetzungen sowie um die Formulierung des Gesetzesentwurfstextes und um die Gestaltung der erläuternden »Gesetzesmaterialien«. Diese setzen sich traditionell zusammen aus dem »Vorblatt« als kompakte Übersichtsinformation, welches auch die wirkungsorientierte Folgenabschätzung beinhaltet, den »Erläuterungen«, die sich in einen »allgemeinen Teil« zu den Grundsätzen und rechtlichen Rahmenbedingungen sowie einen »besonderen Teil« zur Erklärung der einzelnen Gesetzesbestimmungen gliedern, und (insbesondere bei Gesetzesnovellen) aus einer »Textgegenüberstellung«, mit der der Entwurfstext mit bestehenden Regelungen, in der Regel tabellarisch dargestellt, kontrastiert wird. Im Lichte der legistischen Steuerungsabsicht ist nicht nur die *Gesetzestextgestaltung*, sondern auch die inhaltliche Gestaltung der *Gesetzesmaterialien* bedeutsam, zumal dort der sachliche Kontext samt den Regelungsmotiven des Gesetzgebers ebenso wie der Inhalt der einzelnen Bestimmungen näher dargestellt werden, um dann bei der Gesetzesvollziehung Berücksichtigung finden zu können. Einen Planungsschritt im vorparlamentarischen Bereich stellt das von der federführenden legistischen Stelle initierte Begutachtungsverfahren für

41 Der folgende Text (samt Fußnoten) in diesem Abschnitt folgt weitestgehend der Darstellung bei *Handstanger*, Die Technik des Gesetzes, 103, 105 ff, mit einer Reihe von weiteren Hinweisen.

42 »Geheimrecht« mangelt prinzipiell der Charakter eines befolgbaren Rechts; dieser Problematik kann hier aber nicht näher nachgegangen werden.

43 Vgl etwa *Rüthers/Fischer/Birk*, Rechtstheorie und Juristische Methodenlehre, Rz 224, 839 ff, sowie Vgl *Lachmayer/Reisinger*, Legistische Analyse, 39 ff.

44 Vgl etwa Art. 41 ff B-VG.

die vom Entwurf (Gesetzestext samt Erläuterungen) betroffenen bzw. daran interessierten Stellen dar, das der sachlichen und rechtlichen Prüfung dient und zudem die Akzeptanz des Gesetzes-Vorhabens vertiefen soll.[45] Nach der Einarbeitung der Ergebnisse des Begutachtungsverfahrens endet der vorparlamentarische Abschnitt mit der von der Bundesregierung mit der Regierungsvorlage ergriffenen Gesetzesinitiative. Der *parlamentarische Abschnitt* startet mit dieser Gesetzesinitiative oder mit einer Gesetzesinitiative aus dem parlamentarischen Bereich selbst.[46] Sowohl im Nationalrat als auch im Bundesrat werden das Vorhaben in Ausschüssen sowie im Plenum behandelt.[47] Seit dem Jahr 2021 können ganz allgemein während des parlamentarischen Gesetzgebungsverfahrens begutachtende Stellungnahmen abgegeben werden (§23b Geschäftsordnungsgesetz 1975). Die *nachparlamentarische Phase* konzentriert sich auf die Publikation des Gesetzes.[48]

Die *Rechtstechnik im engeren Sinn* betrifft die eigentliche Technik der Texterstellung mit ihren Zielen der Text-Klarheit, Verständlichkeit, normativen Präzision und Übersichtlichkeit. Damit soll (schon im Interesse der Befolgung) die Erkennbarkeit des Rechtes sichergestellt werden.[49] Diesen Grundsätzen korrespondieren verfassungsrechtliche Vorgaben für Erscheinungsbild, Inhalt und Verlautbarung von Gesetzen.[50] Legistische

---

45 Um die Qualität des Verfahrens zu gewährleisten, soll für die Begutachtung eine Mindestfrist von sechs Wochen eingeräumt werden, vgl etwa § 9 Abs. 3 WFA-Grundsatz-Verordnung, BGBl. II Nr. 489/2012.

46 Diesbezüglich bestehen die Möglichkeiten des Initiativantrags von Nationalratsabgeordneten, des selbständigen Ausschussantrages eines Nationalratsausschusses, der Gesetzesanträge aus dem Bundesrat und der Regierungsvorlage (vgl näher § 21 des Geschäftsordnungsgesetzes, BGBl. Nr. 410/1975). In der (letzten) XXVII. Gesetzgebungsperiode hat sich (hier nicht weiter vertiefbar) die Anzahl der Initiativen deutlich zugunsten der parlamentarischen Gesetzesinitiative verschoben.

47 In der letzten Gesetzgebungsperiode kam es offenbar häufiger noch zu Textänderungen während der 2. Lesung im Plenum des Nationalrates.

48 Vgl Art. 47 und Art. 49 B-VG.

49 Gravierende Erkennbarkeitsmängel indizieren eine Verfassungswidrigkeit des Gesetzes, vgl aus der Rechtsprechung etwa VfSlg 3130/1956, VfSlg 12420/1990. Vgl dazu etwa *Jabloner*, Das »Denksporterkenntnis« des Verfassungsgerichtshofes im Spannungsfeld von Verfassungsrecht und Rechtstechnik, in: FS Adamovich, Wien 1992, 189 (wiederabgedruckt in *Olechowski/Zeleny* (Hrsg), Clemens Jabloner. Methodenreinheit und Erkenntnisvielfalt, Wien 2013, 47).

50 Vgl nochmals Art. 41 ff B-VG.

Regeln, Konzepte, Prinzipien und Standards finden sich in sogenannten Legistischen Richtlinien bzw. Handbüchern der Gesetzestechnik.[51] Diese enthalten, unterlegt mit Beispielen, Anleitungen insbesondere für die Begriffsbildung, die Systematik, die Satzgestaltung, den Normaufbau, für ein schlankes Gesetzesdesign und für spezifische legistische Fragen wie beispielsweise Verweisungen, Promulgationsklauseln oder die Novellierung von Gesetzen. Zur Rechtstechnik im engeren Sinn zählt auch das Wissen um juristische Regelungsmodelle bzw. Regelungsinstrumente, die in Gesetzen zur Lösung typischer Regelungsthemen Verwendung finden, wie etwa für die Gestaltung eines »Projektverfahrens« oder eines »vereinfachten Genehmigungsverfahrens«. Diese »*legistische Instrumentalistik*« geht dahin, diese Modelle und Instrumente optimal zur Erreichung der gesetzgeberischen Zielsetzungen einzusetzen. Die Beachtung dieses legistischen Wissens ist jedenfalls angebracht, zumal der rechtstechnische Stil des Gesetzes dessen Anwendung prägt – wie das Gesetz, so die Auslegung.[52]

Das für die Erstellung von Gesetzesentwürfen erforderliche Wissen speist sich aus einer Reihe von Quellen und ist Gegenstand einer Reihe von Wissenschaften. Die gegenstandsbezogenen Fachfragen betreffen die facheinschlägigen Wissensgebiete, für die Fachwissenschaften wie etwa technische oder medizinische Wissenschaften kompetent sind. Die Rechtstechnik im engeren Sinn wird nicht nur von den Rechtswissenschaften, sondern insbesondere auch von einer linguistisch geprägten Verständlichkeitsforschung[53] und der auf Ökonomie und Sozialwissenschaften gestützten Planungstechnik der wirkungsorientierten Folgenabschätzung erfasst. Legistische Tätigkeit verlangt daher die Mobilisierung des gegenstandsrelevanten Fachwissens, das unter Beachtung der Prinzipien und Regeln der Rechtstechnik in die Formulierungen des Gesetzentwurfs einfließt. Die Entwurfserstellung ist derart interdisziplinär und insofern von einer *synthetischen Rationalität* geprägt, als die Rechtstechnik im engeren Sinn die Erkenntnisse der anderen relevanten Wissensgebiete konzeptiv nutzbar macht. Gesetze verfügen in der Folge auch über *zwei empirisch erfassbare Wirkdimensionen*. Zum einen kann der Erreichung der gesetzgeberischen Zielsetzungen mit Methoden der einschlägigen Fachwissenschaften und der sozio-ökonomischen Planungs-

51 Vgl etwas das vom Bundeskanzleramt herausgegebene Handbuch der Rechtssetzungstechnik, Teil 1, Legistische Richtlinien 1990.

52 Vgl dazu *Jestaedt*, Wie das Recht, so die Auslegung, in: ZÖR 2000, 133.

53 Vgl *Lutz*, Verständlichkeitsforschung interdisziplinär, Wien 2015, 263 ff.

technik nachgegangen werden, zum anderen besteht auch eine spezifisch juristische Wirkdimension bezüglich der praktischen Bewährung des verwendeten juristischen Instrumentariums. Gerade in der Rechtsprechung zeigt sich, ob sich das Gesetz samt den gesetzesanwendungbezogenen Argumentationen steuerungsabsichtskonform erweist.

4. Rule of Law

Die mit dem Konzept der Rule of Law apostrophierte »*Herrschaft des Rechts*« kann nicht bedeuten, dass anstelle von Menschen die normativen Rechtstexte selbst »herrschen« sollen. Gemeint ist allerdings eine besondere Form der Herrschaft[54]: eine Herrschaft, die an Rechtsvorschriften gebunden ist. Die Rechtsvorschriften binden prinzipiell und umfassend alle, auch die Träger und Ausübenden von Herrschaft. Für »parlamentarisch-demokratische Gemeinwesen« sind »verfassungsmäßig verabschiedete Gesetze« »die wichtigste Form staatlicher Herrschaft«[55]. Damit wird auf zwei Charakteristika von durch die Rule of Law geprägten Herrschaftsform hingewiesen: Zum einen besteht ein enger Zusammenhang zwischen Demokratie und Rechtsordnung, zum anderen muss sich eine Rechtsordnung hierarchisch in mehrere Ebenen von Rechtsvorschriften[56] – hier genannt: Verfassungsebene und Gesetzesebene – auffächern, um ihre Funktion in dieser Herrschaftsform entfalten zu können.

Aus einer vorrangig am Formellen orientierte Perspektive ist ein von der Herrschaft des Rechts geprägter Rechtsstaat durch drei Dimensionen gekennzeichnet: Er ist »*Verfassungsstaat*«, »*Gesetzesstaat*« und »*Rechtsschutzstaat*«[57]. Die Verfassung enthält die Rechtserzeugungsregeln für die weiteren Rechtsvorschriften, insbesondere die Gesetze, die Ausübung von Herrschaft muss auf Gesetzen basieren, ein Rechtschutzstaat soll ei-

---

54 Herrschaft basiert auf Macht als Chance, seinen Willen gegenüber anderen durchzusetzen, wenn dazu keine (machtdurchsetzende) Gewalt (mehr) erforderlich ist, weil die anderen diesem Willen freiwillig folgen, vgl *Weber*, Wirtschaft und Gesellschaft, Tübingen 1980, 541 ff; vgl dazu einführend *Baer*, Rechtssoziologie, 3. Auflage, Baden-Baden 2017, § 4 Rz 123 f, und *Hillmann*, Wörterbuch der Soziologie, 4. Auflage, Stuttgart 1994, 330 f.

55 *Rüthers/Fischer/Birk*, Rechtstheorie und Juristische Methodenlehre, Rz 225.

56 Zur Lehre vom Stufenbau der Rechtsordnung einführend *Rüthers/Fischer/Birk*, Rechtstheorie und Juristische Methodenlehre, Rz 272 ff (unter Hinweis auf ihren Begründer Merkl und die Übernahme von Kelsen).

57 *Mayer/Kucsko-Stadlmayer/Stöger*, Grundriss des österreichischen Bundesverfassungsrechts, 11. Auflage, Wien 2015, Rz 165 ff.

nen effektiven Behördenapparat und unabhängige Gerichte zur Vollziehung der Gesetze und deren Kontrolle zur Verfügung stellen. Dieses Konzept bleibt aber notwendigerweise nicht im bloß Formellen. Vielmehr lässt sich sowohl aus der rangmäßigen Stufung der Rechtsvorschriften als auch aus der Gewährleistung der Einhaltung dieser Vorschriften gegenüber den Einzelnen die fundamentale Wertung erkennen, dass damit Herrschaftswillkür verhindert und Freiheit geschützt werden soll. Ein effektiver Rechtsschutz setzt nämlich gesicherte und rechtlich durchsetzbare Rechtspositionen voraus und inkludiert damit solche Positionen sowohl als verfassungsgesetzlich und als auch als gesetzlich gewährleistete, auf Schutzgüter gerichtete subjektive Rechte, die den Freiheitsraum der Einzelnen (prinzipiell im Ausgleich mit demjenigen der anderen) sichern, wobei verfassungsrechtlich verankerte Grundrechte auch den Gesetzgeber binden. Auch solche Schutzgüter zählen zum notwendigen materiellen Substrat dieses Rechtsstaatskonzepts.

Derart vermag ein reduktives Verständnis, wonach ein solcher Rechtsstaat bereits dann gegeben wäre, wenn lediglich »*Herrschaft durch Recht*«, »*Rule by Law*«[58] ausgeübt würde, von vornherein nicht zu überzeugen. In diesem Konzept wird die Rechtsbindung schon insofern verringert bzw. tendenziell minimiert, als die Bindung des Gesetzgebers an die verfassungsmäßig gewährleisteten Grundrechte gar nicht als gegeben angenommen wird oder zumindest gegen den Gesetzgeber nicht rechtlich erstritten werden kann, weil eine dazu kompetente (Verfassungs-)Gerichtsbarkeit fehlt. Zwar wird auch eine bloße »Herrschaft durch Recht« eine Mäßigung bei der Ausübung von Herrschaft und die Einhegung einer Bereitschaft zur Willkür bewirken können.[59] Die Wirksamkeit des Rechts erscheint aber gerade in der Rechtsschutzdimension gegenläufig zum Konzept der Rule of Law limitiert. Außerdem ist es auch in seiner verfassungsrechtlichen Dimension weniger entwickelt.

Rechtsstaat als Rule by Law wurde vor allem auf dem europäischen Kontinent (im Zuge der Aufklärung) im ausgehenden 18., im 19. und in der ersten Hälfte des 20. Jahrhunderts entwickelt.[60] Heute besteht aber

---

58 Vgl *Waldron*, The Rule of Law as an Essentially Contested Concept, in: Meierhenrich/Loughlin (Hrsg), The Cambridge Companion to the Rule of Law, Cambridge 2021, 121, 127.

59 Vgl *Meierhenrich*, What the Rule of Law Is … and Is Not, in: Meierhenrich/Loughlin (Hrsg), The Cambridge Companion to the Rule of Law, Cambridge 2021, 569, 594.

60 Einschlägige Beispiele wie etwa Österreich bzw. Österreich-Ungarn oder Preußen waren sicherlich keine Demokratien, aber grundsätzlich auch kei-

eine weitgehende Konvergenz zwischen der Verwirklichung des Rechtsstaats auf dem europäischen Kontinent[61] und dem Modell der Rule of Law, die sich vor allem im englischsprachlichen Bereich herausbildete.[62] Diese Konvergenz betrifft im System des demokratischen Verfassungsstaates zwei Stoßrichtungen: Die Rule of Law in einem weiten Verständnis repräsentiert zum einen ein politisches Programm, das sich zum anderen in einem juristischen Kern rechtlich institutionalisiert.[63] In der politischen Dimension werden kombiniert (1) das Konzept der Gewaltenteilung, (2) das Konzept der Demokratie samt der repräsentativ verwirklichten Selbstbindung der Beherrschten, und (3) das Konzept des Verfassungsstaats mit seinem auf demokratischer Volkssouveränität basierenden Rechtssystem samt der Gewährleistung von Grundrechten sowie einem durch unabhängige Gerichte effektiven Rechtsschutzsystem. Rechtlich kondensiert diese Programmatik in einer volkssouveränen Verfassung, in der insbesondere ein nach dem Prinzip der »checks and balances«[64] organisiertes Institutionengefüge, eine demokratische Gesetzgebung, verfassungsrechtlich geschützte Grundrechte sowie eine gerichtliche Kontrolle der gesamten Rechtssetzung (auch der Gesetzgebung in Bezug auf die Einhaltung dieser Grundrechte) normiert werden. Dem Recht als Medium kommt für das besagte politische Programm eine Schlüsselfunktion zu, weshalb dieses Programm hier als von der »Rule of Law« umfasst gesehen wird. Es sichert die Verwirklichung von Freiheit und Hintanhaltung von Willkür[65] institutionell durch die rechtli-

---

ne tyrannischen Diktaturen, vgl *Krygier*, Democracy and the Rule of Law, in: Meierhenrich/Loughlin (Hrsg), The Cambridge Companion to the Rule of Law, Cambridge 2021, 406, 413 ff.

61 Vgl dazu etwa *Meierhenrich*, Rechtsstaat versus the Rule of Law, in: Meierhenrich/Loughlin (Hrsg), The Cambridge Companion to the Rule of Law, Cambridge 2021, 39, und *Cladwell*, Conservative Critiques of the Rechtsstaat, in: Meierhenrich/Loughlin (Hrsg), The Cambridge Companion to the Rule of Law, Cambridge 2021, 279.

62 Vgl dazu nochmals *Meierhenrich*, Rechtsstaat versus the Rule of Law 39, uHa – konvergenzbejahend – *MacCormick*, Der Rechtsstaat und die rule of law, JZ 1984, 65.

63 Vgl dazu Tamanaha, Functions of the Rule of Law, in: Meierhenrich/Loughlin (Hrsg), The Cambridge Companion to the Rule of Law, Cambridge 2021, 221; Meierhenrich, What the Rule of Law Is … and Is Not, 569.

64 Vgl einführend etwa *Thiele*, Allgemeines Staatslehre, Wien Köln Weimar 2020, 110 ff.

65 Die Abwehr von Grausamkeit und die Hintanhaltung von Furcht bildet den Maßstab jeder Herrschaftspraxis, vgl eingehend *Shklar*, Liberalismus der

che Fixierung der gewaltenteilig jeweils beschränkten und verschränkten Rollen von Gesetzgebung, Regierung und Gerichtsbarkeit, wobei in deren Zusammenspiel wiederum die Effektivität des Rechts stabilisiert werden soll. Die rechtliche Fixierung liefert die rechtlichen Regeln und Prinzipien, die insbesondere Wahlen und Partizipation in demokratischer Hinsicht absichern,[66] eine Rechtsdurchsetzung vor einer unabhängigen Gerichtsbarkeit ermöglichen[67] sowie die Handlungsgrundlagen für Verwaltung und Regierung schaffen.[68] Ein Grundzug dieses Systems liegt im Fokus auf Transparenz und Begründbarkeit und damit auf die Fragen der Legitimierbarkeit und Kontrollierbarkeit der innerhalb des Systems erzeugten Rechtsvorschriften und Verhaltensweisen (»*Inhaltstransparenz*«). Damit korrespondiert seine deliberative Dimension,[69] die ua in der (va politisch fundierten) Begründungspflicht[70] für Gesetzesvorhaben[71] und in der Begründungspflicht für rechtliche Einzelfallentscheidungen[72] zum Ausdruck kommen, die sich jeweils auf den Inhalt der getroffenen Entscheidungen beziehen.

Furcht, Berlin 2013, insbesondere 43 ff. Der Angelpunkt des Gemeinwohls liegt danach in der Vermeidung des höchsten Übels (summum malum), die Bedeutung des Rechts zur Verwirklichung dieser Zielsetzung geht über die durch die Herrschaft des Rechts bewirkte Rechtssicherheit hinaus, nämlich um die Verwirklichung individuell durchsetzbarer, freiheitssichernder (Grund-)Rechte zum Schutz vor Willkür und Hintanhaltung von Furcht. Vgl *Benhabib/Linden-Retek*, Judith Shklar's Critique of Legalism, in: Meierhenrich/Loughlin (Hrsg), The Cambridge Companion to the Rule of Law, Cambridge 2021, 295, 306 ff.

66 Vgl dazu etwa *Krygier*, Democracy and the Rule of Law, 406, 435 ff, sowie die Ausführungen zur Kritik am Schluss dieses Abschnitts.

67 Vgl dazu *Gargarella*, Constitutionalism and the Rule of Law, in: Meierhenrich/Loughlin (Hrsg), The Cambridge Companion to the Rule of Law, Cambridge 2021, 425,

68 Vgl das in Art. 18 B-VG verankerte Legalitätsprinzip, dem im Rahmen der Rule of Law eine prioritäre Rolle zukommt, vgl dazu *Merli*, Principle of Legality and the Hierarchy of Norms, in: Schroeder (Hrsg), Strengthening the Rule of Law in Europe, Oxford 2016, 37.

69 Vgl etwa Meierhenrich, What the Rule of Law Is ... and Is Not, 569, 600.

70 Vgl dazu Meierhenrich, What the Rule of Law Is ... and Is Not, 569, 600 ff, 605 der ua auf die argumentative Form des juristischen Diskurses verweist (uHa Oakelshott).

71 Zu den diesbezüglich einschlägigen Regierungsvorlagen vgl die Ausführungen oben im Abschnitt Gesetzestechnik.

72 Vgl dazu etwa §§ 58, 60 AVG, § 27 VwGVG.

5. Konvergenz und Kritik

Zuletzt wurde ein »*starkes Konzept*«[73] der Rule of Law skizziert. Diesem kann allerdings ein »*schwaches Konzept*« der Rule of Law gegenübergestellt werden. Das schwache Konzept fokussiert weniger die Ausgestaltung des Inhalts von Rechtsvorschriften (v.a. im Sinn einer Grundrechtsbindung) und eine gewaltenteilige Rechtsverwirklichung als die Transparenz des Textes der Rechtsvorschriften gerade im Interesse der Produktion von Rechtssicherheit (»*Texttransparenz*«). Dafür lässt sich das von Lon F. Fuller entwickelte Konzept der »inneren Moralität« des Rechts nutzbar machen,[74] welches dafür, dass gesetzliche Rechtsvorschriften tatsächlich wirksam werden können, acht (rechtstranszendente gesehene) Voraussetzungen aufstellt[75]: die Rechtsvorschriften müssen generell, öffentlich kundgemacht, zukunftsgerichtet bzw. grundsätzlich nicht rückwirkend, gut erfassbar, widerspruchsfrei und konsistent, praktikabel, relativ stabil und für den behördlichen Vollzugsapparat adäquat sein. Fuller misst diesen für Erkennbarkeit und Wirksamkeit von Rechtsvorschriften notwendigen Voraussetzungen moralischen Charakter zu zielt darauf ab, damit die rechtspositivistische »Trennungsthese«[76] für Recht und Moral zu widerlegen.

Ungeachtet dieser naturrechtlich geprägten rechtsphilosophischen Zielsetzung ist aber unschwer erkennbar, dass mit diesen Voraussetzungen grundsätzlich die Zielsetzungen der Rechtstechnik im engeren Sinn getroffen werden, die auf Text-Klarheit, Verständlichkeit, normative Präzision und Übersichtlichkeit gerichtet sind.[77] Insofern kann eine inhaltliche *Konvergenz* von rechtstechnischer *Legistik* einerseits und von an der

73 Vgl *Waldron*, The Rule of Law, 121, 122 ff.

74 *Fuller*, The Morality of Law, New Haven 1969; vgl dazu *Rundle*, The Morality of the Rule of Law: Lon L. Fuller, in: Meierhenrich/Loughlin (Hrsg), The Cambridge Companion to the Rule of Law, Cambridge 2021, 186, insbesondere 190 ff. Vgl nun auch *Fuller*, Die Moral des Rechts, 2025, übersetzt, eingeleitet und herausgegeben von Christoph Bezemek.

75 Siehe *Waldron*, The Rule of Law, 131 f, und *Rundle*, The Morality of the Rule of Law, 186.

76 Vgl einführend *Potacs*, Rechtsphilosophie, 19 f, und *Rüthers/Fischer/Birk*, Rechtstheorie und Juristische Methodenlehre, Rz 224, Rn 401 ff. Vgl *Hart*, Positivism and the Separation of Law and Morals, in: Havard Law Review 1958, 593, und *Fuller*, Positivism and Fidelity to Law: A Reply to Professor Hart, in: Havard Law Review 1958, 630, sowie zu dieser Hart-Fuller-Debatte *Benhabib/Linden-Retek*, Judith Shklar's Critique of Legalism, 295, 304 ff.

77 Vgl oben den Abschnitt Gesetzgebungstechnik.

Umschreibung des Rechtsbegriffes orientierter *Rechtsphilosophie* andererseits ausgemacht werden. Da das Verständnis der Legistik als Rechtstechnik im Feld positivistischer Rechtstheorien verortet werden kann,[78] besteht im Bereich der Gesetzgebungstechnik offenbar auch eine gewisse inhaltliche Überschneidung von naturrechtlichem und rechtspositivistischem Denken, die die Strukturen des Rechtssystems in den Blick nimmt und insofern einer *Allgemeinen Rechtslehre als Strukturtheorie des Rechts*[79] zugeordnet werden kann.

Dies spricht dafür, in einer Allgemeinen Rechtlehre ein gemeinsames Format für unterschiedliche rechtsphilosophische bzw. rechtstheoretische Richtungen zu verorten, als ein Forum für die Auseinandersetzung mit strukturellen Fragen des Rechtssystems und der Rechtserzeugung. Diese strukturellen Fragen lassen den Eigenwert der rechtlichen bzw. juristischen Richtigkeit[80] hervortreten, der Rechtsvorschriften nicht nur von anderen normativen Feldern (Moral, Ethik), sondern auch von (zueinander gegenläufigen) fundamentalen rechtsphilosophischen und rechtstheoretischen Konzepten abhebt. Mit der Konzentration auf Struktur und strukturelle Analyse schließt sich im Übrigen der Kreis zur Strukturellen Legistik von Leo Reisinger und Friedrich Lachmayer, die ebenfalls die formell-analytische Dimension in den Vordergrund stellt.

Bezüglich der Rule of Law in ihrer starken Version lässt sich diese Konvergenz nur partiell – soweit sie eben das schwache rechtssicherheitsfokussierte Konzept miteinschließt – ausmachen. In ihrer starken Version fungiert die Rule of Law als Basis für den demokratischen Verfassungsstaat. Sie geht über die textliche Strukturbezogenheit hinaus und überschreitet damit tendenziell auch die strukturtheoretisch orientierte Allgemeine Rechtslehre. Das starke Rule of Law-Konzept steht vor allem bezüglich seiner judiziellen Komponente in einer theoretischen wie politischen Kritik.[81] Allerdings erweist sich diese judizielle Komponente

78 Vgl *Walter*, Die Lehre von der Gesetzestechnik, in: ÖJZ 1963, 85, und *Jabloner*, Das »Denksporterkenntnis« des Verfassungsgerichtshofes 47. Vgl *Raz*, The Rule of Law and its Virtue, in: Raz, The Authority of Law: Essays in Law and Morality, Oxford 1979).

79 Vgl *Funke*, Allgemeine Rechtstheorie als juristische Strukturtheorie, Tübingen 2004, unverändert 2020), *Röhl/Röhl*, Allgemeine Rechtslehre, 4. Auflage, Köln 2021, *Rüthers/Fischer/Birk*, Rechtstheorie und Juristische Methodenlehre, Rz 224, Rn 20.

80 Vgl *Lege*, Pragmatismus und Jurisprudenz, Tübingen 1999, 25.

81 Vgl beispielsweise *Rüthers*, Die heimliche Revolution vom Rechtsstaat zum Richterstaat, Tübingen 2016; *Bickel*, The Least Dangerous Branch: The

als funktionsnotwendig, weil die inhaltliche Verwirklichung der (verfassungs-)rechtlichen Vorgaben für alle Ebenen (auch die Gesetzgebung) nur durch eine unabhängige Kontrolle sichergestellt werden kann.[82] Eine gelungene Gesetzgebungstechnik ist freilich auch im Rahmen des starken Konzepts der Rule of Law eine Funktionsvoraussetzung für deren Verwirklichung, weil nur auf diesem Weg die normativen Gesetzesinhalte klar, verständlich und präzise vertextet werden können.

Supreme Court at the Bar of Politics, New Haven 1962 (»countermajoritarian difficulty«: die verfassungsgerichtliche Normenkontrolle steht im Spannungsverhältnis zur Demokratie); *Hirschl*, Towards Juristocracy. The Origins and Consequences of the New Constitutionalism, London 2004); *Loughlin*, Against Constitutionalism, Cambridge 2022. Vgl dazu auch *Waldron*, The Rule of Law, 121, 125 f.

82 Nicht nur die zur Gesetzesvollziehung zuständigen Behörden und Gerichte, sondern auch der (parlamentarische) Gesetzgeber selbst sind im Sinne der Rule of Law »Diener« der Rechtsordnung; bei aller nachvollziehbaren Kritik an der Gesetzesanwendungspraxis insoweit zu kurz greifend *Rüthers/Fischer/Birk*, Rechtstheorie und Juristische Methodenlehre, Rn 806 ff.

NORMENLOGIK, NORMATIVE SYSTEME UND UNSCHARFE (FUZZY-)MENGEN IN REISINGERS STRUKTURTHEORETISCHER RECHTSWISSENSCHAFT

DIOGO SASDELLI

Department für E-Governance, Universität für Weiterbildung Krems, Dr.-Karl-Dorrek-Straße 30, 3500 Krems an der Donau, Österreich, https://donau-uni.ac.at
Dr. phil. Diogo Sasdelli, M.A., wissenschaftlicher Mitarbeiter am Zentrum für E-Governance, Universität für Weiterbildung Krems, diogo.sasdelli@donau-uni.ac.at

Schlagworte: Strukturtheoretische Rechtswissenschaft, Normenlogik, deontische Logik, unscharfe Mengen (Fuzzy Sets), mehrwertige Logik (Fuzzy Logic), Normative Systeme, Rechtsinformatik

Abstract: Der vorliegende Beitrag diskutiert Leo Reisingers zukunftsweisende Ansätze zur Normenlogik und zur Theorie normativer Systeme im Kontext der von ihm und Friedrich Lachmayer in Anlehnung an Jürgen von Kempski entwickelten Vorstellung des Rechts als einer Strukturwissenschaft. In seinen revolutionären Arbeiten zu den theoretischen Grundlagen der Rechtsinformatik versuchte Reisinger, das Recht als Strukturwissenschaft zu erfassen und dabei Konzepte der Theorie unscharfer Mengen zur Modellierung rechtlicher Begriffe und zur Unterstützung der juristischen Entscheidungsfindung zu integrieren. Durch seine wissenschaftliche Gründlichkeit und anwendungsorientierte Ingenieurmentalität schuf Reisinger ein praxisnahes Modell, das auf mathematischen und logischen Methoden basiert. Seine zukunftsweisenden Ansätze legen ein theoretisches Fundament, das auch im Kontext moderner Entwicklungen der künstlichen Intelligenz weiterhin relevant bleibt bzw aktueller denn je ist.

1. Einleitung

Leo Reisinger zählt zu den wichtigsten Vorreitern der Rechtsinformatik im deutschsprachigen Raum. Von informationsrechtlichen Themen wie dem Datenschutzrecht über Verwaltungsinformatik bis hin zu grundlagentheoretischen Themen wie Normen- und Rechtslogik verfasste Reisinger besonders zukunftsweisende, im wahrsten Sinne des Wortes revolutionäre Arbeiten, die nicht nur einen besonders hohen historischen Wert aufweisen, sondern in Anbetracht seiner Gründlichkeit und seines hohen Praxisbezugs heute aktueller denn je sind. Der vorliegende Aufsatz erörtert Reisingers Beiträge zur Grundlagenforschung der Rechtsinformatik, insbesondere zur Normen- und Rechtslogik. Hierfür wird zunächst Reisingers (und Lachmayers) Vorstellung des Rechts als einer Strukturwissenschaft in Abschnitt 2 diskutiert und historisch kontextualisiert. Abschnitt 3 diskutiert sodann das Zusammenspiel zwischen theoretischer bzw wissenschaftshistorischer Gründlichkeit einerseits und der praxisbezogenen Ingenieurmentalität andererseits, die Reisinger in seinen Werken auf besonders elegante Weise vereinigte. In Abschnitt 4 werden Reisingers Rezeption der Theorie unscharfer Mengen und seine Vorschläge für deren Anwendung im Bereich des Rechts diskutiert. Abschnitt 5 analysiert sodann seine Rezeption der (heute im Bereich der Normenlogik noch stark verbreiteten, auf Alchourrón und Bulygin zurückgehenden) Theorie normativer Systeme. In Abschnitt 6 werden Schlussbemerkungen angeführt.

2. Das Recht als Strukturwissenschaft

Aufgrund seines tragischen, viel zu frühen Todes im April 1985 geht der Großteil von *Reisingers* Schriften auf die 1970er Jahre zurück.[1] Auch seine Behandlung der Normenlogik und der Theorie normativer Systeme, die stets im Zusammenhang mit möglichen Anwendungen im Bereich der Rechtsinformatik entwickelt wurde,[2] ist diesem zeitlichen Rahmen

1 Die deutschsprachige theoretische Rechtsinformatik bzw die Rechts- und Normenlogik hat auf tragische Weise zu viele ihrer Söhne zu früh verloren, was sicherlich negative Auswirkungen auf die historische Kontinuität des Fachs hatte. Erinnert sei hiermit auch an Jürgen Rödig, an Rudolf Stranzinger und an Ilmar Tammelo.

2 Vgl exemplarisch *Reisinger*, Automatisierte Normanalyse und Normanwendung, Berlin 1972; *Reisinger*, Die automatisierte Messung juristischer Begriffe: Eine Untersuchung, Berlin 1973; Überlegungen zur Formalisierung im

zuzuordnen. Daher empfiehlt es sich, eingangs diesen historischen Kontext zumindest in Grundzügen zu erörtern.

Die moderne Normenlogik, dh eine, die nach den Methoden und Vorgehensweisen der modernen, sog. *mathematischen* Logik des späten 19. bzw frühen 20. Jahrhunderts entwickelt wird, ist wohl auf die 1920er Jahre, genauer auf *Ernst Mallys* Grundgesetze des Sollens[3] zurückzuführen. Die darauf aufbauend von Philosophen[4], Juristen[5] und Mathematikern[6] zugleich weiterentwickelte Normenlogik geriet mit dem Zweiten Weltkrieg zunächst in Vergessenheit. Ab den 1950er Jahren wurde das Fach jedoch in mehreren, voneinander unabhängigen Versuchen – und größtenteils ohne Berücksichtigung der vorherigen Arbeiten – wiederentdeckt;[7] insbesondere entwickelte sich dabei allmählich eine immer stärker werdende – und heute noch bestehende – Trennung zwischen der

---

Recht, in: Datenverarbeitung in Steuer, Wirtschaft und Recht, 1974, 289; *Reisinger*, Probleme der Symbolisierung und Formalisierung des Rechts, in: Winkler, Günther (Hrsg), Rechtstheorie und Rechtsinformatik, Wien 1975, 22; *Lachmayer/Reisinger*, Legistische Analyse der Struktur von Gesetzen, Wien 1976; *Reisinger*, Rechtsinformatik, Berlin 1977.

3 *Mally*, Grundgesetze des Sollens, Graz 1926.

4 Vgl etwa *Beardsley*, Imperative Sentences in Relation to Indicatives, in: The Philosophical Review 1944, 175; *Jørgensen*, Imperatives and Logic, in: Erkenntnis 1938, 288.

5 Vgl etwa *Ross*, Imperatives and Logic, in: Theoria 1941, 53.

6 Vgl etwa *Grelling*, Zur Logik der Sollsaetze, in: Synthese 1939, 44; *Menger*, Moral, Wille und Weltgestaltung. Grundlegung zur Logik der Sitten, Wien 1934; *Menger*, A Logic of the Doubtful. On Optative and Imperative Logic, in: Reports of a Mathematical Colloquium. University of Notre Dame 1939, 53–64. Der Mathematiker Karl Menger (Sohn des berühmten Ökonomen Carl Menger), der neben Gödel bei Hans Hahn in Wien promovierte, hat später das rechts- bzw normenlogische Werk von Thomas Cornides, der dem österreichischen rechtslogischen Kreis um Tammelo und Weinberger angehörte, stark beeinflusst. Vgl *Cornides*, Ordinale Deontik, Wien 1974, VIII: »Karl Menger (Chicago) hat mir in wenigen, unvergeßlichen Vorlesungen und Gesprächen fast alles beigebracht, was ich von Formalwissenschaften zu verstehen meine«. Vgl auch *Cornides*, Karl Menger's Contributions to Social Thought, in: Mathematical Social Sciences 1983, 1.

7 In der eher juristischen Diskussion etwa *Maynez*, Introducción a la Lógica Jurídica, Ciudad de México 1951; *Klug*, Juristische Logik, Berlin 1951; *Kalinowski*, Théorie des Propositions Normatives, in: Studia Logica 1953, 147. In der eher philosophischen Diskussion insbesondere *Wright*, Deontic Logic, in: Mind 1951, 1; erwähnenswert ist aber auch *Becker*, Untersuchungen über den Modalkalkül, Anton Hain 1952.

eher philosophischen und der eher juristischen Diskussion, dh zwischen einer deontischen Logik einerseits, die den Aufbau einer besonderen Logik der normativen Sprache (meist auf der Basis der sog Modallogik) verfolgte, und einer Rechtslogik andererseits, die sich eher auf die Untersuchung der Anwendbarkeit etablierter Systeme der Logik (dh Aussagen- und Prädikatenlogik) auf das Recht fokussierte. Die Wiederentdeckung und Rezeption der Schriften aus der Vorkriegszeit, dabei insbesondere der Diskussion um die normenlogischen Paradoxien sowie um das sog jørgensen'sche Dilemma verlieh der normenlogischen Forschung ein neues Momentum, was ua zur Entwicklung zahlreicher neuer Systeme der deontischen Logik führte.[8]

Die Periode zwischen den späten 1960er und den frühen 1980er Jahren – der auch Reisingers Schriften zuzuordnen sind – darf ohne Übertreiben als goldenes Zeitalter der Normenlogik bezeichnet werden. Die damalige normenlogische Diskussion genoss die Aufmerksamkeit nicht nur von führenden Philosophen bzw Logikern der Zeit wie Georg Henrik von Wright, Nicholas Rescher, Wilfrid Sellars, Franz von Kutschera und Jaakko Hintikka,[9] sondern auch von führenden Juristen wie Chaïm Perelman und Ilmar Tammelo;[10] auch Hans Kelsen beschäftigte sich in seinen letzten Jahren mit dem Thema.[11] Des Weiteren gab es einen relativ reichen Dialog zwischen den eher philosophisch und den eher juristisch orientierten Kreisen, wie sich dies ua in Arbeiten von Jerzy (Georges) Kalinowski und Ota Weinberger deutlich feststellen lässt.[12] Auch Tamme-

8 Für einen Überblick vieler dieser Systeme vgl *Sasdelli*, Können Maschinen Rechtsfälle entscheiden?, Hamburg 2025.

9 Vgl etwa *Wright*, Normenlogik, in: Lenk (Hrsg), Normenlogik, Pullach 1974, 25; *Rescher*, The Logic of Commands, London 1966; *Sellars*, Reflection on Contrary-to-Duty Imperatives, Noûs 1967, 303; *Kutschera*, Einführung in die Logik der Normen, Werte und Entscheidungen, München 1973; *Hintikka*, Some Main Problems of Deontic Logic, in: Hilpinen (Hrsg), Deontic Logic: Introductory and Systematic Readings, London 1971, 59.

10 Vgl etwa *Perelman*, Logique juridique. Nouvelle Rhétorique (Paris 1976); Tammelos zwei wichtigsten Monographien zur Rechtslogik befinden sich am Anfang bzw am Ende dieser Zeitperiode: *Tammelo*, Outlines of Modern Legal Logic, Wiesbaden 1969; *Tammelo*, Modern Logic in the Service of Law, Wien 1978.

11 Vgl etwa *Trivisonno*, Die Rolle der Logik in Kelsen: Welcher Wandel? [im Erscheinen]; *Sasdelli*, Der (angebliche) Normbegriffswandel in Kelsens Rechtstheorie und seine Folgen für die Frage nach der Anwendbarkeit der Logik auf Rechtsnormen, in: Jusletter IT 2024, 303.

12 Vgl exemplarisch *Kalinowski*, Les Thèmes Actuels de la Logique Déontique,

lo pflegte gute Kontakte zu Philosophen bzw Logikern, etwa zu Edgar Morscher und Rudolf Stranzinger in Salzburg sowie zum brasilianischen Logiker Leônidas Hegenberg.[13] Außerdem gehen viele der historisch prägendsten Werke bzw theoretischen Ansätze auf die Periode zurück. Besonders nennenswert erscheinen dabei drei Beispiele: (1) die moderne Gestaltung der deontischen Logik, und zwar sowohl in ihrer monadischen als auch in ihrer dyadischen, häufig auf präferenzlogischen Strukturen basierenden Form;[14] (2) die auf Carlos Alchourrón und Eugenio Bulygin zurückgehende Theorie normativer Systeme[15]; und nicht zuletzt (3) die heutzutage zwar weniger bedeutsame, damals jedoch durchaus prägende, von Ilmar Tammelo und Ron Klinger entwickelte sog. Gegenformelmethode.[16]

Parallel zu dieser Ausreifung der Normenlogik als wissenschaftlicher Disziplin lassen sich bekanntlich ab den 1950er und sodann zunehmend ab den 1960er und 1970er Jahren erste konkrete Vorhaben identifizieren, Computer im Recht und in der öffentlichen Verwaltung einzusetzen.[17] Obwohl die historisch wichtigsten Beispiele aus der Zeit den Aufbau von juristischen Informationssystemen bzw Rechtsdatenbanken betreffen,[18]

---

in: Studia Logica 1965, 75; *Weinberger*, Studien zur Normenlogik und Rechtsinformatik, Berlin 1974.

13 Belegt wird die Zusammenarbeit etwa durch *Morscher*, Inwiefern betreffen Fragen der Vollständigkeit und Entscheidbarkeit den Juristen? In: Tammelo/Schreiner (Hrsg), Strukturierungen und Entscheidungen im Rechtsdenken, Wien 1978, 99; Stranzinger, Die Paradoxa der deontischen Logik, in Tammelo/Schreiner, Grundzüge und Grundverfahren der Rechtslogik. Bd 2, München 1977, 142. Hegenberg hat wiederum ua Tammelos *Modern Logic in the Service of the Law* ins Portugiesische übersetzt, wobei die Übersetzung nie veröffentlicht wurde. Zur Zusammenarbeit zwischen Hegenberg und Tammelo vgl die Dokumentation in den *Arquivos Históricos do Centro de Lógica, Epistemologia e História da Ciência* – UNICAMP, verfügbar unter: https://arqhist.cle.unicamp.br/index.php/leonidas-hegenberg (aufgerufen am 31.10.2024).

14 Vgl etwa *Hanson*, An Analysis of Some Deontic Logics, in: Noûs 1969, 373.

15 *Alchourrón/Bulygin*, Normative Systems, Wien 1979.

16 *Tammelo*, Modern Logic in the Service of Law, Wien 1978; *Sasdelli*, Der Tammelo-Klinger Baumkalkül, in: Jusletter IT 2023, 221.

17 Vgl etwa *Lachmayer/Holzweber*, Vom EDV-Versuchsprojekt Verfassungsrecht zum E-Recht, in: Forgó/Holzweber/Reitbauer (Hrsg), Informationstechnologie in Recht und Verwaltung – Anfänge und Auswirkungen des Computereinsatzes in Österreich, Wien 2011, 77.

18 Für einen historischen Überblick, vgl etwa *Sasdelli/Steffes,* Rechtsdatenbanken zwischen Logik und Praxis, in: Janisch/Krempelmeier/Mader/Staudeg-

lassen sich bereits damals erste ausführlichere Abhandlungen zu anderen Anwendungsbereichen der Rechts- und Verwaltungsinformatik erkennen, wie etwa zum Thema Automatisierung juristischer Entscheidungen[19] sowie von Verwaltungsverfahren.[20]

Zusammenfassend ist mithin der historische Kontext von Reisingers Werken durch den relativ ausgereiften und interdisziplinär geprägten theoretischen Rahmen der analytischen Rechtstheorie bzw der Normenlogik gekennzeichnet, der wiederum mit den vielversprechenden und aus damaliger Sicht prima facie durchaus umsetzbaren Anwendungsmöglichkeiten der Rechts- und Verwaltungsinformatik verbunden war. Dieses Kontexts war sich Reisinger bewusst. Im gemeinsam mit Friedrich Lachmayer im Jahre 1974 veröffentlichten Aufsatz »Potentielles und positives Recht« schrieben die Autoren:

»Die gegenwärtige Lage der Rechtswissenschaft ist dadurch gekennzeichnet, daß neben dem positiven Recht allgemeine Strukturfragen des Rechts in zunehmendem Maße behandelt werden. Diese Tendenz ist deutlich seit ungefähr 1950 zu bemerken, insbesondere mit der Entwicklung der Normenlogik. Verstärkt wurde diese Bewegung durch die Rechtsinformatik, welche in diesem Zusammenhang als Verbindung der symbolisierten und formalisierten Rechtstheorie mit den Computer Sciences aufgefaßt werden kann.«[21]

Diese wissenschaftshistorischen Entwicklungen stellen den Grundstein des von *Lachmayer* und *Reisinger* vorangetriebenen Programms des Aufbaus einer strukturwissenschaftlichen Rechtstheorie dar, dh einer Theorie des Rechts als exakter Wissenschaft oder einer Mathesis Juris.[22]

---

ger/Thiele (Hrsg), Am Glasfaserpuls. Festschrift für Dietmar Jahnel: 545, Wien 2025.

19 Vgl etwa *Kilian*, Juristische Entscheidung und elektronische Datenverarbeitung, Darmstadt 1974.

20 Vgl etwa *Luhmann*, Recht und Automation in der Öffentlichen Verwaltung, Berlin 1966.

21 *Lachmayer/Reisinger*, Potentielles und positives Recht, in: ARSP 1974, 25 (25).

22 In ihrer Vorstellung des Rechts als einer Strukturwissenschaft wurden *Lachmayer* und *Reisinger* offenbar von den Schriften von Jürgen von Kempski beeinflusst (vgl den Verweis in *Lachmayer/Reisinger*, Potentielles und positives Recht, in ARSP 1974, 25 [25, FN 1]; vgl auch v. Kempskis eigene Arbeiten zur Strukturtheorie des Rechts, etwa *Kempski*, Gedanken zu einer Strukturtheorie des Rechts, in: Kempski, Schriften, Bd 2 Studien zur Einheit der Sozialwissenschaft, Frankfurt am Main 1992, 62; *Kempski*, Grundlegung zu einer Strukturtheorie des Rechts, in: Kempski, Schriften, Bd 2 Studien zur Einheit der Sozialwissenschaft, Frankfurt am Main 1992, 77. V. Kempski hat-

Dieses Programm ist der theoretische Kern, der Reisingers gesamtem Oeuvre zugrunde liegt und seine wohl deutlichste Verwirklichung im posthum erschienenen Werk »Strukturwissenschaftliche Grundlagen der Rechtsinformatik« findet. Dabei hat Reisinger unter den Strukturwissenschaften nicht nur die klassischen Formalwissenschaften wie Mathematik, mathematische Logik (sog Logistik), Statistik und Informatik verstanden, sondern auch nichtformalisierte, sog Querschnittwissenschaften wie Semiotik, klassische Logik, Systemtheorie und Informationswissenschaft.[23] Dass dabei die Normenlogik und die darauf basierende Theorie normativer Systeme für Reisinger zu den wichtigsten strukturwissenschaftlichen Grundlagen der Rechtsinformatik gehörten, wird dadurch belegt, dass ihnen ein ganzes Kapitel des posthum erschienenen Werks gewidmet wird.

3. Gründlichkeit und Ingenieurmentalität

Reisingers Werke im Allgemeinen – und insbesondere seine Schriften zur Normen- und Rechtslogik – ragen im Vergleich zu anderen Abhandlungen aus der Zeit allen voran aufgrund einer Kombination zweier sehr begrüßenswerter, jedoch leider nur in den seltensten Fällen zusammen anzutreffender Eigenschaften oder gar wissenschaftlicher Tugenden heraus, nämlich (1) der Gründlichkeit bei wissenschaftshistorischen und theoretischen Untersuchungen und (2) des Pragmatismus oder der anwendungsorientierten Ingenieurmentalität bei der Betrachtung praktischer Probleme. Man könnte mit anderen Worten sagen, dass Reisinger die Gründlichkeit Ota Weinbergers mit der Neugier bzw Experimentier-

---

te enge Verbindungen zur Schule von Münster für mathematische Logik und gehörte somit dem Kreis um Heinrich Scholz an (in diesem Zusammenhang erwähnenswert: Einer der Schüler Scholz' war Hans Hermes, der später Herbert Fiedler zum Dr. rer. nat. promovierte). Kempski war außerdem ab den späten 1930er Jahre bis 1944 neben Carl Emge Mitherausgeber des Archivs für Rechts- und Sozialphilosophie (ARSP), dh der Zeitschrift der Internationalen Vereinigung für Rechts- und Sozialphilosophie (IVR). Historisch spielte die IVR eine wichtige Rolle bei den Ursprüngen der Rechtslogik: Auch Ilmar Tammelo war darin tätig, ab 1962 als Mitherausgeber des ARSP und zwischen 1967 und 1975 als Präsidiumsmitglied der IVR. Vgl hierzu *Schreiner*, Ilmar Tammelos Leben und Werk, in: Krawietz/Mayer-Maly/Weinberger (Hrsg), Objektivierung des Rechtsdenkens, GS für Ilmar Tammelo, Berlin 1984, 5 (7).

23 *Reisinger*, Strukturwissenschaftliche Grundlagen der Rechtsinformatik, Graz 1987, 15 ff.

freude Ilmar Tammelos – und damit die wohl besten wissenschaftlichen Qualitäten seiner akademischen Lehrer – in sich vereinigte.

Für Reisingers Gründlichkeit lassen sich zahlreiche Beispiele finden. Bemerkenswert ist etwa seine Behandlung der Vorgeschichte der modernen Normenlogik bzw der (theoretischen) Rechtsinformatik. Während seine Zeitgenossen bei historischen Ausführungen nur selten jenseits des frühen 20. Jahrhunderts gingen, identifizierte Reisinger richtigerweise zahlreiche Vorreiter der Normenlogik bzw der Auffassung des Rechts als exakter Wissenschaft im Mittelalter und in der Frühneuzeit. Zu den leider heute noch häufig übersehenen historischen Beispielen, die von Reisinger berücksichtigt werden, gehören Ramon Llull (13. Jahrhundert), der mit seiner ars magna – dh im Grunde der Vorstellung einer Methode, die anhand rein mechanischer Begriffskombinationen der Auffindung neuer Wahrheiten dienen sollte – mitunter auch als Urahn der Informatik betrachtet wird;[24] die sog juristische Logik des 16 Jahrhunderts, eine Weiterentwicklung des sog logischen Rhetorismus in Anlehnung an Cicero;[25] die stark axiomatisch aufgebaute Rechtstheorie von Leibniz und insbesondere die damit verbundene Naturrechtslehre Christian Wolffs; sowie nicht zuletzt die methodologisch darauf basierenden Begriffsjurisprudenz des frühen Rechtspositivismus. Reisingers wichtigste Quelle für diese historischen Betrachtungen war wohl die noch heute relativ wenig rezipierte Abhandlung »Exakte Wissenschaft und Recht«, die von Dieter von Stephanitz als rechtswissenschaftliche Dissertation an der Universität Münster unter Betreuung von Rudolf Gmür – also im Grunde außerhalb der damaligen Forschungskreise zur Normenlogik und Rechtsinformatik – verfasst wurde.[26]

Besonders gründlich war auch Reisingers Rezeption der modernen Normenlogik. Während viele Abhandlungen, die aus den eher philosophischen oder eher juristischen Forschungskreisen stammten, die jeweils andere Seite der Diskussion häufig vernachlässigten, ist bei Reisinger eine nahezu allumfassende Berücksichtigung der ihm damals zugänglichen Literatur festzustellen. Neben den eher unter Juristen beliebten Ansätzen, die Rechtslogik auf der Basis der klassischen Logik der deskriptiven Sprache aufzubauen (vor allem Aussagen- und Prädikatenlogik)[27], setzte

24 Vgl *Fidora/Sierra* (Hrsg), Ramon Llull: From the Ars Magna to Artificial Intelligence, Barcelona 2011.

25 Vgl *Risse*, Die Logik der Neuzeit, 1. Band 1500–1640, Stuttgart-Bad Cannstatt 1964, 14–19 bzw 67–72.

26 *Stephanitz*, Exakte Wissenschaft und Recht, Berlin 1970.

27 Reisinger diskutierte bspw. die Arbeiten von Ulrich Klug und Jürgen Rödig

sich Reisinger auch intensiv mit der eher in philosophischen Kreisen entwickelten deontischen Logik auseinander: Er diskutierte etwa den auf A. R. Anderson zurückgehenden Ansatz, die deontische Logik auf die klassische Modallogik zu reduzieren[28]; den Versuch, die Normenlogik auf einer Präferenzlogik aufzubauen (was Reisinger ebenso als Reduktionstheorie bezeichnet); monadische und dyadische Systeme der deontischen Logik sowie allgemeinere Themen wie die deontischen Paradoxien und das jørgensen'sche Dilemma.[29] Reisinger war offenbar auch mit den normenlogischen Arbeiten von Oskar Becker und Jerzy Kalinowski sowie mit den (im deutschsprachigen Raum vor allem damals kaum rezipierten) Werken von Héctor-Neri Castañeda und Eduardo García Máynez vertraut.[30]

Gleichzeitig wird Reisingers Verständnis der Normenlogik durch eine anwendungsorientierte Sichtweise oder sozusagen eine Ingenieurmentalität gekennzeichnet. Des grundlegenden Charakters vieler phi-

---

sowie die Gegenformelmethode Ilmar Tammelos. Vgl *Reisinger*, Strukturwissenschaftliche Grundlagen der Rechtsinformatik, Graz 1987, 201 bzw 218 ff. Vgl auch *Reisinger*, Rechtsinformatik, Berlin 1977, 218 ff.; *Lachmayer/Reisinger*, Legistische Analyse der Struktur von Gesetzen, Wien 1976.

28 Andersons Ansatz basiert auf der Idee, das Gebotensein einer Handlung damit gleichzusetzen, dass ihre Unterlassung notwendigerweise etwas Schlechtes (»a bad thing«) zur Folge hat. Vgl *Anderson*, A Reduction of Deontic Logic to Alethic Modal Logic, in: Mind 1958, 100. Ein ähnlicher Ansatz wird in *Kanger*, New Foundations for Ethical Theory, in: Hilpinen (Hrsg), Deontic Logic, Introductory and Systematic Readings, London 1971, vertreten, wobei das Gebotensein einer Handlung damit gleichgesetzt wird, dass diese Handlung notwendigerweise aus dem folgt, was Sittlichkeit gebietet (»what morality prescribes«). Im Prinzip können die meisten Ansätze zum Aufbau der Normenlogik als reduktionistische Ansätze oder Reduktionstheorien bezeichnet werden: Präferenzlogiken identifizieren das Gebotensein einer Handlung mit dem Umstand, dass ihre Ausführung ihrer Unterlassung bevorzugt wird; klassische deontische Logik identifiziert das Gebotensein mit Erfüllung in sog. deontisch perfekten Welten; die Erfüllungslogik setzt das Gebotensein mit der Normerfüllung gleich. Auch der Ansatz, eine sog. Logik über die Normen aufzubauen, setzt im Effekt das Gebotensein mit der Aussage über das Bestehen einer Norm gleich, vermengt somit im Sinne Kelsens die Norm mit dem Rechtssatz. Für Details vgl *Sasdelli*, Können Maschinen Rechtsfälle entscheiden?, Hamburg 2025, 217 ff.

29 Vgl *Reisinger*, Strukturwissenschaftliche Grundlagen der Rechtsinformatik, Graz 1987, 222.

30 Vgl *Lachmayer/Reisinger*, Potentielles und positives Recht, in: ARSP 1974, 25 (25, Fußnote 2).

losophischer Fragestellungen im Zusammenhang mit dem Aufbau der Normenlogik – etwa des jørgensen'sche Dilemmas[31] bzw der Frage nach einem richtigen oder korrekten System der Normenlogik (oder der Normenlogik schlechterdings) – war sich Reisinger durchaus bewusst. Aus anwendungsorientierter Sicht erkannte er indes zu Recht, dass es wenig zielführend wäre, die Wahl eines einschlägigen normenlogischen Systems – etwa für die tatsächliche Formalisierung von Rechtsnormen als erster Schritt hin zur Entwicklung einer technischen Anwendung – auf der Basis philosophischer Überzeugungen zu treffen. Statt sich also in einer philosophischen Suche nach der einen richtigen Normenlogik einem Kredo[32] zu verpflichten, entschied sich Reisinger dafür, vielmehr die pragmatischen Vorteile und Nachteile zu untersuchen, die verschiedene Ansätze zum Aufbau der Normenlogik in jeweiligen Anwendungsszenarien anzubieten hätten. In diesem Zusammenhang behauptete er:

»Es kann nicht Aufgabe der Rechtsinformatik sein, diese grundlegende Problematik der Rechtslogik zu entscheiden. Das Vorgehen der Rechtsinformatik sollte vielleicht in der folgenden Weise pragmatisch sein: Überall dort, wo Beziehungen zwischen deontischen Modalitäten

---

31 Bemerkenswerterweise beschäftigte sich Reisinger in diesem Zusammenhang auch mit den (in der normenlogischen Literatur kaum erwähnten) Unvollständigkeits- und Unentscheidbarkeitsergebnissen der mathematischen Logik bzw der Rekursionstheorie des frühen 20. Jahrhunderts die auf Namen wie K. Gödel und A. Church zurückgeführt werden. Zwar betonte Reisinger, dass es sich hierbei um Fragen handelt, »denen der Jurist gleichgültig gegenübersteht« – *Reisinger*, Rechtsinformatik, Berlin 1977, 213. Der Umstand indes, dass dieses Thema gemeinsam mit dem jørgensen'schen Dilemma behandelt wird, deutet darauf hin, dass Reisinger womöglich eine nicht unwesentliche Verbindung zwischen diesen Problematiken vermutete. Dafür spricht auch die Wiederaufnahme des Themas Unentscheidbarkeit in *Reisinger*, Strukturwissenschaftliche Grundlagen der Rechtsinformatik, Graz 1987, 217 f. Für eine ausführlichere Untersuchung der Verbindung zwischen Unvollständigkeit bzw Unentscheidbarkeit bzw allgemein zwischen rekursionstheoretischen Grenzen der symbolisch-logischen Methode und dem Aufbau der Normenlogik vgl *Sasdelli*, Können Maschinen Rechtsfälle entscheiden?, Hamburg 2025.

32 Vgl *Weinberger*, Studien zur Normenlogik und Rechtsinformatik, Berlin 1974, 238: «Es ist mein Kredo, daß der zukünftige Weg der Normenlogik notwendigerweise über die Herausbildung einer klaren und dem Wesen der Normsätze adäquaten Normensemantik führt, wobei die Adäquatheitsfrage wohl durch die Methodologie der normativen Wissenschaften bestimmt ist, welche einerseits Anforderungen an die Normenlogik stellen, andererseits über die Anwendbarkeit der Normenlogik entscheiden.«

im Mittelpunkt des Interesses stehen, empfiehlt sich die Formalisierung von Rechtsnormen mit Hilfe eines deontischen Kalküls. Überall dort, wo dies nicht der Fall ist, wo aber ein reiches Repertoir [sic!] an Schluß- und Umformungsregeln erforderlich ist, sollte versucht werden, mit dem Prädikatenkalkül das Auslagen zu finden. Im Problem der Formalisierung von Rechtsnormen zeigt sich daher die Relativität jeder Anwendung eines formalen Kalküls. Verschiedene Kalküle ›leisten‹ Verschiedenes. Für eine bestimmte Fragestellung ist stets nur der ›relativ beste‹ Kalkül auszuwählen.«[33]

Diese pragmatische Offenheit – man könnte sagen Reisingers normenlogisches Toleranzprinzip[34] – zeigt, dass Reisinger die Logik nicht im klassischen bzw eher dogmatischen Sinne als Lehre des vernünftigen Denkens und Schließens aufgefasst hat, sondern vielmehr im moderneren Sinne als eine Art Methode, Sprache oder gar Werkzeug, das einem oder mehreren bestimmten Zwecken dienen soll – in diesem Fall den Zwecken der Rechtsinformatik.

Die Kombination aus Reisingers von Dogmen befreiter, pragmatischer Ingenieurmentalität und seiner oben dargelegten Forschungsgründlichkeit veranlasste ihn dazu, mit Theorien und Lösungsansätzen zT weit außerhalb der üblichen Themenbereiche zu experimentieren, die von der damaligen Forschung zur Normen- und Rechtslogik behandelt wurden. Insbesondere seine Auseinandersetzungen mit der Theorie unscharfer (oder Fuzzy)-Mengen sowie mit der damit verwandten mehrwertigen bzw Fuzzy-Logik führten zu besonders innovativen, leider heute immer noch nicht ausreichend rezipierten Beiträgen zur Normenlogik und zur Theorie normativer Systeme, die in vielen Hinsichten ihrer Zeit weit voraus waren. Insbesondere war aber die Theorie unscharfer Mengen bzw die damit verwandte mehrwertige Logik ein zentraler Bestandteil von Reisingers Vorstellung einer strukturtheoretischen Rechtswissenschaft.

---

33 *Reisinger*, Rechtsinformatik, Berlin 1977, 219 f.

34 Das von Carnap geprägte sog. Toleranzprinzip betont die Vielzahl gleichberechtigter alternativer logischer Kalküle; vgl *Carnap*, Logische Syntax der Sprache, Wien 1934. Eine ähnliche, obwohl eher auf die Semantik fokussierende Ansicht vertrat H. Scholz mit seiner (von Fichte paraphrasierten) Maxime: »Was für eine Logik man wähle, hängt davon ab, was für ein Mensch man ist.« Vgl *Scholz/Hasenjaeger*, Grundzüge der mathematischen Logik, Berlin 1961.

4. Unscharfe Mengen und die strukturtheoretische Rechtswissenschaft

Reisinger identifizierte zwei Haupterklärungsansätze zu den Schwierigkeiten, die im Zusammenhang mit der Anwendung formaler Methoden im Recht entstehen.[35] Dem ersten, eher aus den Naturwissenschaften stammenden Ansatz zufolge lagen die Probleme eher im Recht und in der Rechtswissenschaft bzw in der Ungenauigkeit derselben. Um die erfolgreiche Anwendung formaler Methoden im Recht zu ermöglichen, wäre dementsprechend erforderlich, dass sich Recht und Rechtswissenschaft an den Naturwissenschaften orientieren. Der zweite, eher aus den Geisteswissenschaften stammende Erklärungsansatz würde hingegen die Ansicht vertreten, es bestehe eine grundsätzliche Trennung zwischen Natur- und Geisteswissenschaften, wobei formale Methoden lediglich letzteren vorbehalten blieben. Daraus folgt eine Art dogmatische Verneinung der Möglichkeit des Einsatzes formaler Methoden im Recht. Vor diesem Hintergrund schlägt *Reisinger* hingegen einen dritten Weg vor, wonach der Einsatz formaler Methoden im Recht zwar keine fundamentale Veränderung des Rechts selbst voraussetzen würde, dafür aber die Entwicklung neuer formaler Methoden, die dem Gegenstand des Rechts angemessener wären. Kurz:

»Nicht das Recht hat sich den Erfordernissen der Formalwissenschaften anzupassen, sondern umgekehrt sind formalwissenschaftliche Methoden zu entwickeln, welche dem Gegenstand des Rechts angemessen sind.«[36]

Für Reisinger erwiesen sich die Theorie unscharfer Mengen und zT auch die mehrwertige Logik in mehreren Hinsichten als vielsprechende neue formale Methoden, die auch für den Einsatz im Bereich des Rechts geeignet sein könnten. Er bezog sich hierbei ua auf eine Anmerkung Lotfi Zadehs, eines der Begründer der Theorie unscharfer Mengen, die eine bemerkenswerte Weitsicht hinsichtlich der eigentlichen Probleme und Herausforderungen der damaligen Computertechnik nachweist:

»At present, we are unable to design machines that can compete with humans in the performance of such tasks as recognition of speech, translation of languages, comprehension of meaning, abstraction and generalization, decision-making under uncertainty and, above all, summarization of information.

35 *Reisinger*, Über die Anwendungsmöglichkeiten der Theorie unscharfer Mengen (Fuzzy Sets Theory) im Recht, in: Datenverarbeitung im Recht 1975, 119.

36 Ebd 119.

In large measure, our inability to design such machines stems from a fundamental difference between human intelligence, on the one hand, and machine intelligence, on the other. The difference in question lies in the ability of the human brain – an ability which present-day digital computers do not possess – to think and reason in imprecise, non-quantitative, fuzzy terms. It is this ability that makes it possible for humans to decipher sloppy handwriting, understand distorted speech and focus on that information which is relevant to a decision. And it is the lack of this ability that makes even the most sophisticated large-scale computers incapable of communicating with humans in natural – rather than artificially-constructed – languages.«[37]

Die Theorie unscharfer Mengen Zadehs sollte einen Beitrag dazu leisten, diese Lücke zu schließen, indem sie die klassische Mengenlehre erweitert, um die Abbildung unscharfer Begrifflichkeiten zu ermöglichen. In der klassischen Mengenlehre kann ein Objekt *x* entweder Element einer Menge *M* sein oder nicht. Dies kann mittels einer sog. charakteristischen Funktion f_M für *M* abgebildet werden, sodass

$f_M(x) = 1$, wenn $x \in M$

$f_M(x) = 0$, wenn $x \notin M$

Die Funktion f_M wird dementsprechend auf der Menge aller für *M* in Betracht kommenden Gegenstände (Universalmenge) in die Menge $\{0, 1\}$ definiert, kann also entweder den Wert 1 oder den Wert 0 übernehmen. Im Rahmen der Theorie unscharfer Mengen würde man demgegenüber eine charakteristische Funktion φ_M definieren, die von der Universalmenge in das (rationale oder ggf reelle) Intervall $[0, 1]$ abbildet, dh einen Wert zwischen null und eins liefert. Damit bestimmt φ_M sozusagen den Zugehörigkeitsgrad eines Gegenstandes zur Menge M. Auf dieser Basis können weitere Begriffe und Operationen der klassischen Mengenlehre mutatis mutandis im Rahmen der Theorie unscharfer Mengen definiert werden. Zwei unscharfe Mengen M und N sind beispielsweise gleich, wenn die entsprechenden charakteristischen Funktionen φ_M und φ_N allen Gegenständen denselben Zugehörigkeitsgrad zuordnen, dh wenn $\forall x(\varphi_M(x) = \varphi_N(x))$. M ist eine Teilmenge von N ($M \subseteq N$), wenn $\forall x(\varphi_M(x) \leq \varphi_N(x))$, dh wenn für alle Gegenstände die charakteristische Funktion für M einen kleineren oder gleichen Wert wie die charakteristische Funktion für N liefert. Die charakteristische Funktion $\varphi_{M \cup N}$ für die Vereinigungsmenge von M und N übernimmt immer den jeweils höchsten

37 Vgl Ebd 119 (123). *Reisinger* verweist auf *Zadehs* Vorwort zu *Kaufmann*, Introduction à la théorie des sous-ensembles flous, Paris 1973, V f.

Wert unter den zwei charakteristischen Funktionen der jeweiligen Mengen, dh es gilt $\forall x(\varphi_{M \cup N}(x) = max(\varphi_M(x), \varphi_N(x)))$, wobei max die Maximumsfunktion ist. Der Schnitt zweier Mengen kann auf ähnliche Weise mittels der Minimumsfunktion definiert werden.

Reisinger erkannte viele Anwendungsmöglichkeiten der Theorie unscharfer Mengen im Bereich des Rechts bzw in der Rechtsinformatik. In seinem Aufsatz aus dem Jahre 1975[38] lieferte er zunächst eine relativ laienfreundliche Einführung in die Theorie unscharfer Mengen,[39] diskutierte sodann ihre Anwendbarkeit bei der Formalisierung juristischer Begriffe sowie beim Aufbau von Thesauri für juristische Informationssysteme.[40] In beiden Fällen spielt die von Reisinger betonte extensionale bzw intensionale Unbestimmtheit[41] von Rechtsbegriffen eine zentrale Rolle.[42] Denn aufgrund dieser dem Wesen des Rechts bzw der Rechtssprache inhärenten und daher unvermeidbaren Unbestimmtheit erweist es

---

38 *Reisinger*, Über die Anwendungsmöglichkeiten der Theorie unscharfer Mengen (Fuzzy Sets Theory) im Recht, in: Datenverarbeitung im Recht 1975, 119.

39 Die Darstellung leidet dabei unter mehreren (wohl redaktionell bedingten) ungünstigen Druckfehlern. Insbesondere wurde der von *Reisinger* wahrscheinlich intendierte Überstrich (¯) als Zeichen für Komplementärmengen nicht gedruckt, was zu offensichtlichen Fehlern bei allen Formeln führt, die dieses Zeichen beinhalten sollten. Deswegen ist eher die (der Darstellung nach recht ähnliche und daher wohl auf eine Wiederverwertung des 1975-Aufsatzes basierende) Einführung in *Reisinger*, Strukturwissenschaftliche Grundlagen der Rechtsinformatik, Graz 1987, 173 ff. zu empfehlen.

40 Diese Themen werden auch im posthum erschienenen *Reisinger*, Strukturwissenschaftliche Grundlagen der Rechtsinformatik, Graz 1987, 147 ff. behandelt.

41 Unter extensionaler Unbestimmtheit ist dabei der Umstand zu verstehen, dass es unklar ist, welche Gegenstände unter den jeweiligen Begriff zu subsumieren sind. Die Extension eines Begriffes ist nämlich die Menge aller Gegenstände, die unter diesen Begriff fallen: Die Extension des Begriffs ›Tisch‹ ist bspw. die Menge aller Tische. Intensionale Unbestimmtheit bezieht sich wiederum auf Unklarheiten hinsichtlich der dem jeweiligen Begriff bestimmenden bzw eigentümlichen Merkmale. Von einigen wenigen Ausnahmen abgesehen haben bspw. alle Wirbeltiere Schädel bzw alle Schädeltiere Wirbelsäule. Die Wirbeltiere (Vertebrata) sind daher den Schädeltieren (Craniata) extensional zwar gleich, intensional jedoch verschieden.

42 Vgl *Reisinger*, Über die Anwendungsmöglichkeiten der Theorie unscharfer Mengen (Fuzzy Sets Theory) im Recht, in: Datenverarbeitung im Recht 1975, 119 (136 ff.); *Reisinger*, Strukturwissenschaftliche Grundlagen der Rechtsinformatik, Graz 1987, 160 f.

sich als angemessener, anstatt von festdefinierten Begrifflichkeiten und Klassifikationen vielmehr sozusagen vom Subsumierbarkeitsgrad eines Gegenstandes unter einen Rechtsbegriff – bzw im Falle von juristischen Thesauri vom Grad des Bestehens jeweiliger Relationen – zu sprechen.

Dies hat direkte Implikationen auch für den Aufbau der juristischen Methodenlehre. Selbst heute übernehmen viele Darstellungen des juristischen Subsumtionsschlusses, dh des sog ***Justizsyllogismus*** auf etwas unkritische Weise die auf die klassische Logik zurückgehende Struktur des sog modus barbara, wonach das Rechtsurteil als logischer Schluss aus einem Obersatz (der Rechtsnorm) und einem Untersatz (dem gegebenen, konkreten Rechtsfall) abgeleitet wird, etwa nach dem Muster:

Obersatz: Wer stiehlt, soll bestraft werden.
Untersatz: Mevius hat gestohlen.
Schluss: Also: Mevius soll bestraft werden.[43]

In heute wie damals gängigen logischen Formalismen könnte die Schlussfolgerung wie folgt formalisiert werden:

Prädikatenlogik	*Dyad. Normenlogik*	*Reifizierte dyad. Normenlogik*
$\forall x(S(x) \rightarrow B(x))$	$\boldsymbol{O}(B/S)$	$\forall x\ (\boldsymbol{O}(B(x)/S(x)))$
$S(m)$	S	$S(m)$
$B(m)$	$\boldsymbol{O}(B)$	$\boldsymbol{O}B(m)$

Reisinger zufolge übersieht diese Darstellung auf mehreren Ebenen die Unschärfe des Rechts bzw der wirklichen Rechtspraxis. Insbesondere wird dabei der mit der inhärenten Unschärfe des Rechts verbundene Gegensatz abstrakt-konkret weder hinsichtlich des Tatbestandes noch hinsichtlich der Rechtsfolge berücksichtigt.[44] Dafür wäre nämlich erfor-

43 Vgl etwa *Alexy*, Theorie der juristischen Argumentation. Die Theorie des rationalen Diskurses als Theorie der juristischen Begründung, Frankfurt a.M 2012, 364; *Schneider/Schnapp*, Logik für Juristen, München 1979, 4; vgl auch bereits *Wolff*, Vernünftige Gedanken von dem gesellschafftlichen Leben der Menschen und insonderheit dem gemeinen Wesen. [Deutsche Politik, Gesammelte Werke, Bd 1, 5], Hildesheim 1975, § 470. Dazu kritisch *Almeida*, On the legal syllogism, in: Plunkett/Shapiro/Toh (Hrsg), Dimensions of normativity, Oxford 2019, 335.

44 Im Falle der nicht-reifizierten Normenlogik wird auch der Gegensatz gene-

derlich, dass man zwischen dem in der Norm nur in abstracto definierten Tatbestand (im hiesigen Beispiel dem Stehlen im Allgemeinen) vom darunter zu subsumierenden, in concreto stattgefundenen Sachverhalt (im hiesigen Fall den Handlungen des Mevii) unterscheidet. Wenn für den abstrakten Tatbestand das Prädikat S verwendet wird – zB in der Formalisierung der Norm durch ∀x (**O**(B(x)/S(x))) –, so wäre für den konkreten Sachverhalt etwa das Prädikat S' zu verwenden, der Sachverhalt wäre daher durch S'(m) und nicht durch S(m) darzustellen. Damit wäre indes der Subsumtionsschluss auf **O**B(m) zumindest in seiner rein logischen Form nicht mehr zulässig. Nach Reisinger müsste diese Schlussfolgerung stattdessen nur bei einer hinreichenden Übereinstimmung zwischen S und S' möglich sein.

Diese hinreichende Übereinstimmung bzw Ähnlichkeit zwischen S und S' formalisierte Reisinger durch ein entsprechendes zweistelliges Prädikat, dh etwa anhand der Formel Sim(S, S')[45]. Wie er betont, ist diese Ähnlichkeit am besten nicht als eine klassische binäre, sondern vielmehr als eine unscharfe Relation zu verstehen, die somit durch eine charakteristische Funktion φ_{Sim} mit zwei Argumenten zu bestimmen wäre. Dem Ähnlichkeitsgrad zwischen S und S' entsprechend würde φ_{Sim}(S, S') einen Wert zwischen null und eins übernehmen; beim Überschreiten eines festgelegten Schwellenwertes durch φ_{Sim}(S, S') wäre sodann der (juristische) Subsumtionsschluss von **O**B(m) aus den Prämissen ∀x (**O**(B(x)/S(x))) und S'(m) zulässig.

---

rell-individuell nicht abgebildet; denn in einer nicht-reifizierten Logik (wie bspw. bei der klassischen Aussagenlogik bzw bei der Modallogik) werden lediglich Operatoren über sprachliche Gebilde (im Prinzip Aussagen) definiert, sodass man nichts über die logischen Beziehungen betreffend Gegenstände, ihre Eigenschaften und Relationen abbilden kann; auch Quantifizierungen über Gegenstände sind nicht möglich. Deswegen wäre für das Beispiel in dyadischer Normenlogik auf der angeführten Tabelle die natursprachliche Deutung »Mevius soll bestraft werden unter der Bedingung, dass er gestohlen hat« angemessener.

45 *Reisinger* schreibt hierfür zunächst Sim(C, C_0(a)) (vgl *Reisinger*, Rechtsinformatik, Berlin 1977, 255). Dies ist etwas befremdlich, da es sich hierbei um eine aus semantischer Sicht zwar prinzipiell nicht unmögliche, dennoch jedenfalls kaum brauchbare und eher metasprachliche zweistellige Ähnlichkeitsrelation zwischen dem abstrakten Tatbestand C einerseits und der Aussage C_0(a) (dh der Behauptung der Erfüllung des Sachverhalts C_0 durch den Akteur a) andererseits handeln würde. Bei allen anderen Erwähnungen der Ähnlichkeitsrelation (vgl ebd 256 ff.) werden allerdings nur die entsprechenden Prädikate als Argumente für das Metaprädikat Sim angeführt (etwa Sim(C_i, C_0)), was eher dem entspricht, was *Reisinger* vermutlich im Sinne hatte.

Reisinger hat auch Ideen zu einer evtl Operationalisierung dieser theoretischen Modelle vorgeschlagen. Zwei juristisch relevante Prädikate X und Y könnten nämlich anhand einer juristischen Ontologie bzw eines (unscharfen) juristischen Thesaurus auf der Basis weiterer bzw fundamentalerer Prädikate (im Grunde etwa Tatbestandsmerkmale) näher definiert werden. Der Ähnlichkeitsgrad zwischen X und Y (dh $\varphi_{Sim}(X, Y)$) könnte damit auf die Abweichung hinsichtlich der entsprechenden fundamentaleren Prädikate zurückgeführt werden, was durch die Berechnung einer sog. *Hamming-Distanz* ermittelt werden könnte.[46]

Damit hat Reisinger ein besonders elegantes und vielversprechendes theoretisches Grundgerüst zur Anwendung der Theorie unscharfer Mengen entwickelt, das zur Modellierung juristischer Argumente eingesetzt werden könnte. Eine aus rechtstheoretischer Sicht interessante Besonderheit dieses Modells ist, dass in ihm der juristische Subsumtionsschluss im Grunde auf einen Sonderfall des Analogieschlusses reduziert wird, da es in beiden Fällen um die Bewertung eines Ähnlichkeitsgrades geht.

Reisingers Auseinandersetzung mit mehrwertiger Logik und mit der Theorie unscharfer Mengen hat auch seine Rezeption der Theorie normativer Systeme von Alchourrón und Bulygin geprägt, wie im Folgenden erörtert wird.

5. Normative Systeme bei Leo Reisinger

Bevor Reisingers Rezeption der Theorie normativer Systeme erörtert werden kann, erweist sich als sinnvoll, diese Theorie zumindest in ihren Grundzügen zu beschreiben. Die Theorie normativer Systeme entstand in der Tradition der analytischen Rechtsphilosophie im eingangs geschilderten historischen Kontext, dh im sog goldenen Zeitalter der Normenlogik. Sie wurde von Alchourrón und Bulygin in den späten 1960er und frühen 1970er Jahren entwickelt und stellt im Grunde eine Weiterentwicklung der deontischen Logik dar, insbesondere in Bezug auf ihre Operationalisierung. Ein normatives System ist nach Alchourrón und Bulygin eine deduktiv abgeschlossene normative Menge. Dabei heißt eine Menge normativ, wenn sie Ausdrücke enthält, die Fälle mit entsprechenden Lö-

46 Vgl *Reisinger*, Rechtsinformatik, Berlin 1977, 256 ff.; vgl auch *Reisinger*, Über die Anwendungsmöglichkeiten der Theorie unscharfer Mengen (Fuzzy Sets Theory) im Recht, in: Datenverarbeitung im Recht 1975, 119 (144 ff.); *Reisinger*, Strukturwissenschaftliche Grundlagen der Rechtsinformatik, Graz 1987, 179 ff.

sungen verknüpft; eine Menge heißt deduktiv abgeschlossen, wenn sie (gemäß einem jeweils gegebenen Schlussfolgerungssystem) all ihre logischen Konsequenzen beinhaltet.[47] Intuitiv kann ein normatives System als eine formale Methode verstanden werden, die imstande ist, auf objektive Weise Fälle mit einschlägigen Lösungen zu verknüpfen.

Zum konkreten Aufbau eines normativen Systems führen Alchourrón und Bulygin zunächst mehrere Mengen ein, wie im Folgenden beschrieben.[48] Zunächst wird ein Universe of Discourse (UD) definiert, dh die Menge aller Sachverhalte, die durch eine bestimmte Eigenschaft bestimmt werden. Mit der Festsetzung eines UD wird ein mehr oder weniger spezifischer Rahmen für die Analyse bestimmt, was bspw. verhindern kann, dass unerwünschte Folgen für eigentlich nicht verwandte Situationen logisch abgeleitet werden. Geht es bspw um die Prüfung der Rechtmäßigkeit der Verarbeitung von ggf personenbezogener Daten durch einen gegebenen Verantwortlichen, so kann UD als die Menge aller Situationen definiert werden, in denen Datenverarbeitungstätigkeiten durch diesen Verantwortlichen durchgeführt werden.

Daraufhin wird ein Universe of Actions (UA) definiert, dh die Menge aller einschlägigen Handlungen, die uU als erlaubt, geboten oder verboten zu bewerten sein werden. UA könnte im hiesigen datenschutzrechtlichen Beispiel der Einfachheit halber als eine Menge mit nur einem Element definiert werden, etwa UA={*v*}, wobei *v* allgemein fürs Verarbeiten von Daten steht.

Das Universe of Properties (UP) ist wiederum die Menge aller Eigenschaften, die im Rahmen von UD einschlägig sind (dh die von Elementen von UD getragen werden können) und dieses auf komplementäre Weise teilt, dh in eine Teilmenge, die die Eigenschaft erfüllt und in eine, die dies nicht tut. Wie in der Logik üblich wird dabei angenommen, dass die Eigenschaften in UP voneinander logisch unabhängig sind (dh etwa sie lassen sich nicht voneinander ableiten oder widersprechen einander nicht). Im hiesigen Beispiel kann festgesetzt werden: UP = {P, E, R}. Dabei ist P die Eigenschaft, eine Situation zu sein, in der personenbezogene Daten verarbeitet werden; E die Eigenschaft, dass dabei eine entsprechende, gültige bzw DSGVO-konforme Einwilligung vorliegt; R die Eigenschaft, dass eine sonstige einschlägige Rechtsgrundlage i.S.v. Art. 6 DSGVO für die Verarbeitung vorliegt.

---

47 Vgl *Alchourrón/Bulygin*, Normative Systems, Wien 1979, 54 ff.

48 Für Details vgl *Alchourrón/Bulygin*, Normative Systems, Wien 1979.

In jedem Sachverhalt in UD kann eine Eigenschaft von UP erfüllt sein oder nicht. Die Erfüllung oder Nichterfüllung einer Eigenschaft von UP macht einen Fall aus. Ein elementarer Fall ist eine Konjunktion aller Eigenschaften von UP oder deren jeweiligen Negationen. Das Universe of Cases (UC) wird dann als die Menge aller elementaren Fälle definiert, dh aller vollständigen Kombinationen zwischen jeweiliger Erfüllung bzw Nichterfüllung der Eigenschaften aus UP. Im hiesigen Beispiel wäre UC = {<P, E, R>; <P, E, ¬R>; <P, ¬E, R>; …; <¬P, ¬E, ¬R>}. Damit sind alle acht Kombinationen aus Erfüllung oder Nichterfüllung der drei Eigenschaften von UP abgedeckt.

Eine Lösung ist ein Ausdruck, der eine Handlung von UA mit einem deontischen Wert (dh geboten, verboten, erlaubt) assoziiert. Eine maximale Lösung assoziiert alle Handlungen von UA mit entsprechenden Lösungen. Darauf basierend wird ein *Universe of maximal Solutions* (USmax) definiert, dh die Menge aller einschlägigen maximalen Lösungen. Im hiesigen Beispiel wäre USmax einfach die Menge {**O**_v_, **V**_v_, **E**_v_}, dh das Gebot, das Verbot und die Erlaubnis von *v* (Verarbeitung von Daten), dh der einzigen Handlung in UA.

Wie bereits oben erwähnt, definieren Alchourrón und Bulygin eine Norm als einen Ausdruck, der eine Lösung mit einem (nicht notwendigerweise elementaren) Fall verknüpft. Eine allgemeine Erlaubnis zur Verarbeitung nichtpersonenbezogener Daten könnte dementsprechend lauten **E**_v_/¬P. Das Verbot, personenbezogene Daten ohne Einwilligung und ohne eine andere Rechtsgrundlage zu verarbeiten, könnte lauten **V**_v_/P ∧ ¬E ∧ ¬R. Die Erlaubnis, personenbezogene Daten mit Einwilligung oder mit einer anderen Rechtsgrundlage zu verarbeiten, könnte wiederum anhand des Ausdrucks **E**_v_/P ∧ (E ∨ R) formuliert werden. Diese drei Normen würden allerdings noch kein normatives System im Sinne Alchourróns und Bulygins darstellen; denn ein normatives System ist definitionsgemäß deduktiv abgeschlossen; aus der Erlaubnisnorm **E**_v_/P ∧ (E ∨ R) lassen sich aber (nach üblich angenommenen Schlussfolgerungsregeln in Systemen der Normenlogik) weitere Normen ableiten, etwa die Erlaubnisnormen **E**_v_/P ∧ E und **E**_v_/P ∧ R.

Die Repräsentation der Lösungen für die Fälle in UC durch die hier diskutierten Normen lässt sich in der folgenden Tabelle darstellen:

Elementare Fälle (UC)	*Normen bzw Lösungen*			
	Ev/¬P	*Vv*/P ∧ ¬E ∧ ¬R	*Ev*/P ∧ E	*Ev*/P ∧ R
P, E, R	–	–	Ev	Ev
P, E, ¬R	–	–	Ev	–
P, ¬E, R	–	–	–	Ev
P, ¬E, ¬R	–	Vv	–	–
¬P, E, R	Ev	–	–	–
¬P, E, ¬R	Ev	–	–	–
¬P, ¬E, R	Ev	–	–	–
¬P, ¬E, ¬R	Ev	–	–	–

Ein aus den vier in der Tabelle dargestellten Normen bestehendes normatives System wäre vollständig (da alle elementaren Fälle gelöst werden) und widerspruchsfrei (da für keinen elementaren Fall zwei verschiedene Lösungen abgeleitet werden). Das System wäre aber redundant, da der elementare Fall <P, E, R > durch zwei Normen, nämlich *Ev*/P ∧ E und *Ev*/P ∧ R gelöst wird.

Reisinger hat das große Potenzial der Theorie normativer Systeme etwa für die Algorithmisierung bzw für die Automatisierung juristischer Entscheidungen sowie für die Legistik erkannt.[49] Im Rahmen seiner Rezeption desselben hat er aber auch wertvolle Ergänzungen und Verbesserungen vorgeschlagen. Insbesondere bemerkte er, dass die Einteilung von UD durch jede Eigenschaft von UP in lediglich zwei Teile (dh den, bei dem die jeweilige Eigenschaft erfüllt, und den, bei dem sie nicht erfüllt ist) eine erhebliche Einschränkung darstellt, die die Anwendbarkeit (oder zumindest die Handlichkeit) des Modells in vielen, zT recht einfachen Szenarien in Frage stellt, nämlich dann, wenn es sich um Sachverhalte handelt, bei denen nicht nur zwei, sondern drei oder mehr sich gegen-

49 Vgl etwa *Reisinger*, Rechtsinformatik, Berlin 1977, 227 ff.; vgl auch *Lachmayer/Reisinger*, Legistische Analyse der Struktur von Gesetzen, Wien 1976.

seitig ausschließende Optionen vorliegen. Reisinger gibt hierfür ein einfaches Beispiel an: Hinsichtlich des Merkmals Alter wird manchmal etwa zwischen »unter 14«, »14 bis 18« und »über 18« Jahre alt unterschieden. Mit der binären Einteilung des UD durch jede Eigenschaft von UP wird man diese drei Klassen aber nicht abbilden können – zumindest, solange man an der angenommenen gegenseitigen logischen Unabhängigkeit zwischen den einzelnen Eigenschaften in UP festhält. *Reisinger* gibt hierfür als Beispiel die Eigenschaften P_1: »unter 14«, P_2: »14 bis 18«; P_3: »über 18«.[50] Wie er richtig anmerkt, ginge dadurch die logische Unabhängigkeit zwischen den Eigenschaften von UP verloren: In der Tat schließt jede dieser Eigenschaften die anderen zwei aus. Auch die zwei Eigenschaften P'_1: »unter 14 *oder* 14 bis 18« und P'_2: »14 bis 18 *oder* über 18« könnten zwar alle drei Klassen abbilden: »unter 14« wäre nämlich durch $P'_1 \wedge \neg P'_2$; »14 bis 18« durch $P'_1 \wedge P'_2$ und »über 18« durch $\neg P'_1 \wedge P'_2$ abzubilden. Allerdings sind P'_1 und P'_2 nicht logisch unabhängig, sondern subkonträr: Die Falschheit der einen schließt die Falschheit der anderen aus. Eine Subkontrarietät wird notwendigerweise vorkommen, wenn man versucht, die Gesamtheit von UD durch zwei oder mehr Eigenschaften auf komplementäre Weise abzudecken.

Um die logische Unabhängigkeit in UP zu erhalten, wäre erforderlich, wie Reisinger bemerkte, das Tertium non datur durch ein Quartum non datur zu ersetzen, dh das logische Bivalenzprinzip (und somit die zweiwertige logische Struktur) hinsichtlich der einzelnen Eigenschaften in UP aufzugeben. Zu diesem Zweck schlug Reisinger vor, die Theorie normativer Systeme von Alchourrón und Bulygin zunächst durch eine Menge $UX = \{X_1, X_2; \dots X_k\}$ von untereinander logisch unabhängigen Tatbestandsmerkmalen zu erweitern, wobei jedes Tatbestandsmerkmal X_i eine Partition des UD in zwei oder mehr Teile, oder in Reisingers Worten »Ausprägungen«, erzeugt. Dabei wird die j-te Ausprägung von X_i mit x_{ij} und der gesamte Vektor aller Ausprägungen eines Tatbestandsmerkmales X_i mit $I(X_i)$ bezeichnet. $I(X_i)$ umfasst also alle n Ausprägungen $x_1, x_2, x_3 \dots; x_n$ des Tatbestandsmerkmales X_i. Das ursprüngliche UP (Universe of Properties) wird sodann durch eine Menge UP* ersetzt, die alle Vektoren $I(X_i)$ enthält, die den Tatbestandsmerkmalen in UX entsprechen. Ein elementarer Fall wird sodann als eine Konjunktion von jeweils einer Ausprägung von jedem Tatbestandsmerkmal in UX definiert. UC bleibt nach wie vor die Menge aller elementaren Fälle.[51] Das von Reisinger angegebene Bei-

50 *Reisinger*, Rechtsinformatik, Berlin 1977, 235.

51 Wie *Reisinger* betont, stellt das ursprüngliche Modell von Alchourrón und

spiel mit den drei Klassen »unter 14«, »14 bis 18« und »über 18« entspräche mithin einem Tatbestandsmerkmal X_a mit drei Ausprägungen x_{a1}, x_{a2}, x_{a3}; jeder elementare Fall in UC müsste dabei eine dieser Ausprägungen als Konjunktionsglied enthalten. Entsprechende, auf mehrwertiger Logik bzw auf der Theorie unscharfer Mengen basierende Ergänzungen schlug Reisinger auch in Bezug auf UA (*Universe of Actions*) vor.[52]

Reisingers Rezeption der Theorie normativer Systeme ist auch stark durch seine oben ausführlicher erörterte *Ingenieurmentalität* geprägt. Er verfolgte offenbar das Ziel, die Theorie zu operationalisieren bzw für praktische Zwecke anwendbar zu machen, vor allem im Bereich der Legistik und der (Teil-)Automatisierung juristischer Entscheidungen. Obwohl er einsah, dass solche Operationalisierungen zu seiner Zeit vor allem aufgrund der zugrunde liegenden theoretischen Komplexität wahrscheinlich noch nicht ganz realisierbar waren (und in Wahrheit selbst heute noch nicht ganz realisierbar sind), skizzierte er bspw Erstentwürfe von Algorithmen für die Umsetzung normativer Systeme in der Praxis;[53] auch seine Auseinandersetzungen mit der Anwendbarkeit von Entscheidungstabellen im Bereich des Rechts wurde durch seine Rezeption der Theorie normativer Systeme geprägt.[54]

6. Schlussbemerkungen

Reisingers Werk bleibt aufgrund seiner Gründlichkeit und seines Praxisbezugs nach wie vor für alle relevant, die sich mit Rechtsinformatik bzw mit Informationsrecht (seine Arbeiten zur Verwaltungsinformatik, zum Datenschutzrecht usw sind genauso zu empfehlen) beschäftigen wollen. Seine (oben kurz erörterten) grundlegenden Arbeiten zur Anwendung der Theorie unscharfer Mengen im Bereich des Rechts – einschließlich seiner Rezeption bzw Mengen zur Theorie normativer Systeme – waren auf beeindruckende Weise zukunftsweisend. Die Theorie normativer Systeme bleibt heute (durch ihre Weiterentwicklung als Input-Output-Logik; I/O-Logik)[55] eine der führenden theoretischen Paradigmata im Bereich der

---

Bulygin ein Sonderfall seines erweiterten Modells, bei dem alle Tatbestandsmerkmale lediglich zwei Ausprägungen haben. Vgl ebd 236.

52 Ebd 236 f.

53 Ebd 236 f.

54 Ebd 238 ff.; vgl *Lachmayer/Reisinger*, Legistische Analyse der Struktur von Gesetzen, Wien 1976.

55 Vgl etwa *Parent/Torre*, Introduction to Deontic Logic and Normative Systems, London 2018.

Formalisierung von (Rechts-)Normen; Reisingers Ergänzungsvorschläge zur Theorie normativer Systeme bleiben dabei weiterhin relevant. Aber allen voran die Weiterentwicklung der von ihm und Lachmayer konzipierten, auf der Theorie unscharfer Mengen basierenden strukturtheoretischen Rechtswissenschaft bleibt in Anbetracht der letzten, rasanten bzw bahnbrechenden Entwicklungen im Bereich der künstlichen Intelligenz eine der wichtigsten Aufgaben der zeitgenössischen Rechtstheorie. Reisinger hat diese Entwicklungen zwar nicht mehr sehen, dafür aber durchaus vorhersehen können – belegt wird dies durch sein großes Interesse für statistische Methoden bzw für die damit durchaus verwandte Theorie unscharfer Mengen bzw für mehrwertige Logik. Leo Reisinger war ein im wahrsten Sinne des Wortes herausragender Rechtswissenschaftler. Die hiesige Erörterung seiner Arbeiten im Bereich der Normen- und Rechtslogik möge als weiterer Nachweis dafür dienen, dass sein Werk und Wirken – auch wenn leider viel zu häufig übersehen – die Weiterentwicklung der Rechtsinformatik über die räumlichen und zeitlichen Grenzen seines Lebens hinaus substanziell und dauerhaft geprägt hat – und noch lange prägen wird.

»DIE MEISTEN FEHLER IN DER GESETZGEBUNG SIND DURCHAUS VERMEIDBAR«: LEO REISINGER UND DIE GESETZGEBUNGSLEHRE

GÜNTHER SCHEFBECK

Dr. Günther Schefbeck, Parlamentsdirektion, guenther.schefbeck@parlament.gv.at

Schlagworte: Gesetzgebungslehre, Legistik, Rechtsinformatik, Interdisziplinarität, Projektkultur, Entscheidungstabellen, Flussdiagramme, Fuzzy-Algorithmen, Simulationsmethode, Informationssysteme

Abstract: Mit seinem interdisziplinären Ansatz hat Leo Reisinger Gesetzgebungslehre und Rechtsinformatik miteinander verbunden. Besonders zu erwähnen ist in diesem Zusammenhang sein gemeinsam mit Friedrich Lachmayer unternommener Versuch, ein automationsunterstütztes Verfahren zur Analyse der Struktur von Gesetzen zu entwickeln. Hervorzuheben sind seine Vorschläge, Entscheidungstabellen und Flussdiagramme für die Rekonstruktion normativer Texte und damit für die Prüfung ihrer Widerspruchsfreiheit und Vollständigkeit zu verwenden, generelle Normen unter Heranziehung der Theorie unscharfer Mengen als unscharfe Algorithmen darzustellen sowie sich in der Gesetzgebung der Simulationsmethode zu bedienen. Zur Unterstützung der Gesetzgebung entwickelte Leo Reisinger das Konzept eines computergestützten »Legistik-Informations- und Planungssystems«.

1. Die 1970er Jahre als »Achsenzeit« der Gesetzgebungslehre und der Rechtsinformatik

In einer Pionierzeit der Informatik hat sich Leo Reisinger, dem »proteischen« Charakter des Computers[1] entsprechend, mit vielerlei Aspekten seines möglichen Einsatzes, mit vielen Wissens- und Forschungsgebieten, die der informatischen Unterstützung harrten, von der Medizin bis zur Völkerkunde, von der Statistik bis zum Recht, beschäftigt. Wenn in diesem Beitrag die Gesetzgebungslehre als eines der besonderen Interessengebiete von Leo Reisinger herausgegriffen werden soll, dann deswegen, weil für ihn schon im Hinblick auf seine juristische Ausbildung das Recht als Anwendungsgebiet der Informatik eine besondere Rolle spielte und weil in der Gesetzgebung die Dynamik des Rechts ihren Ausdruck findet, die Gesetzgebungslehre somit auch in informatischer Perspektive einen Hebel nicht nur zur Veränderung, sondern auch zum Verständnis des Rechts darstellt.

Warum steht am Beginn dieses Beitrages ein Zitat von Friedrich Lachmayer und Leo Reisinger: »Die meisten Fehler in der Gesetzgebung sind durchaus vermeidbar.«[2] – Weil dieses Zitat so typisch ist für eine Zugangsweise zur Gesetzgebung, die häufig auf das Gesetz als Mängelwesen blickt. Das Gesetz wird nicht nur von den Rechtsunterworfenen, sondern auch von der Wissenschaft und nicht zuletzt von den Legistinnen und Legisten selbst – man lese nur die Gutachten des Verfassungsdienstes des österreichischen Bundeskanzleramtes zu vielen Ministerialentwürfen – als mangelhaft gesehen. Unnachahmlich prägnant hat die Reichweite dieser Mangelhaftigkeit Fred Rodell, seinerzeit Dekan der Yale Law School, ausgedrückt: »There are two things wrong with almost all legal writing. One is its style. The other is its content.«[3]

Syntax und Semantik, Struktur und Funktion des Rechts sind also gleichermaßen von der Rechtskritik umfasst, und die Kritik an Form und Inhalt des Rechts allein könnte Bücher füllen und füllt sie.[4] An dieser

1 So *Mahoney*, The histories of computing(s), in: Interdisciplinary Science Reviews 30, 2005, 119–135, hier 122.

2 *Lachmayer/Reisinger*, Legistische Analyse der Struktur von Gesetzen, Wien 1976, 11.

3 *Rodell*, Goodbye to Law Reviews, in: Virginia Law Review 23, 1936–1937, 38–45, hier 38.

4 Rechtskritik kann natürlich auch als Fundamentalkritik verstanden werden, siehe *Zabel*, Rechtskritik, in: Hilgendorf/Joerden (Hrsg), Handbuch Rechtsphilosophie, 2. Aufl., Berlin 2021, 275–285.

Stelle muss vorerst genügen anzuerkennen, dass Gesetzgebung jedenfalls schwierig ist: schwierig im Hinblick auf die Bedingungen von Unsicherheit und Informationsmangel, unter denen sie jedenfalls geschieht (selbst in Zeiten der Informationsflut, welche wiederum die Selektion relevanter Information erschwert), schwierig im Hinblick auf die in der Gesetzgebung zu amalgamierenden divergenten Interessen, die jedes real existierende Gesetz zumindest im demokratischen Parteienstaat zum Ergebnis eines mühsam auszuhandelnden Kompromisses machen, schwierig im Hinblick auf die formalen Anforderungen, die an das Gesetz gerichtet werden müssen, schwierig im Hinblick auf das gesetzliche Erbgut, das auf den Schultern jedes Gesetzgebers lastet und ihn nötigt, bei jedem legislativen Akt das normative Gesamtsystem im Auge zu behalten.

Gehen wir also einmal davon aus, dass Gesetzgebung schwierig ist, dann können wir sie entweder, wie das sehr lange Zeit geschehen ist und bis heute auch von vielen Legistinnen und Legisten gesehen wird, als eine Art Kunst betrachten, die nur den besonders Begnadeten geschenkt ist:[5] Adolf Wach hat zu Beginn des 20. Jahrhunderts gute Gesetzgebung betrachtet als »eine Tat, die vollkommen allein dem Gottbegnadeten gelingt.«[6] Wir können aber auch danach trachten, wissenschaftlich an die Gesetzgebungstechnik heranzugehen und so etwas wie wissenschaftlich fundierte Handlungsanleitungen für die Gesetzgebung zu entwickeln. Ebendies ist es, was besonders seit den 1970er Jahren die Gesetzgebungslehre versucht. Burckhardt Krems hat dies damals so formuliert: Sind »die für die Qualität der Gesetzgebung verantwortlichen Faktoren wissenschaftlicher Analyse zugänglich«, können »wissenschaftlich fundierte Handlungsanleitungen ausgearbeitet werden.«[7]

Die 1970er Jahre erscheinen in vieler Hinsicht als so etwas wie eine »Achsenzeit«, jedenfalls als eine Zeit, in welcher es in vielen Bereichen, so auch in der Gesetzgebungslehre und in der Rechtsinformatik, zu entscheidenden Weichenstellungen gekommen ist. Wie Lachmayer und Reisinger es formuliert haben, galt es, eine »intellektuelle Marktlücke«[8] zu schließen: Während die hohe Ebene der Rechtsphilosophie auf eine reiche Tradition zurückblicken konnte und auf der tiefen Ebene der prakti-

5 Vgl allgemein *Schefbeck*, Legistik zwischen Kunst, Technik und Technologie, in: Kärntner Verwaltungsakademie (Hrsg), Klagenfurter Legistik-Gespräche 2003, Klagenfurt 2004, 53–72.

6 *Wach*, Legislative Technik, in: Vergleichende Darstellung des deutschen und ausländischen Strafrechts Bd VI, Berlin 1908, 1–83, hier 1.

7 *Krems*, Grundfragen der Gesetzgebungslehre, Berlin 1979, 21.

8 *Lachmayer/Reisinger*, Analyse, 10.

schen Techniken für die Strukturierung und Formulierung von Gesetzen in immer mehr europäischen Ländern – so 1970 auch in Österreich[9] – Legistische Richtlinien entwickelt wurden, fehlte weiterhin der »Mittelbau« – es fehlte eine theoretisch fundierte Auseinandersetzung mit den unterschiedlichen Zielverwirklichungstechniken, die der Legistik, die der Gesetzgebung zur Verfügung stehen, aus denen sie auswählen kann, wenn sie ein bestimmtes, ihr gestelltes Problem zu lösen hat. Also eine Auseinandersetzung mit den »patterns«, mit den Mustern der Problemlösung, wie wir mit einem aus der Architekturtheorie übernommenen Begriff heute sagen.[10]

Eben daran, an der Strukturierung dieser Muster, dieser Zielverwirklichungstechniken, hat man in den 1970er Jahren zu arbeiten begonnen. Gleichzeitig hat man begonnen, die Rechtsinformatik zu entwickeln, nach anfänglicher Skepsis, die in dem Luhmann zugeschriebenen Zitat zum Ausdruck kommt, wonach der Jurist sich zum Computer etwa so verhalte wie das Auto zum Reh: Manchmal begegnen sie einander doch.[11] Viele haben damals also die Begegnung des Rechts mit dem Computer eher als Unfall gesehen, denn als Weg in die Zukunft, aber Menschen wie Wilhelm Steinmüller, Spiros Simitis, Adalbert Podlech oder Herbert Fiedler, viele vom Recht kommend, manche von der Informatik oder Mathematik kommend, haben dann doch versucht, eine Verbindung herzustellen, die ihnen dringend notwendig erschien, um der von Simitis konstatierten »Informationskrise des Rechts«[12] entgegenzutreten.

Natürlich stellte sich die Frage (und im Grunde stellt sie sich bis heute): Was ist die Rechtsinformatik? Ist sie so etwas – von den Informatikern wurde sie zumeist so gesehen – wie eine »Bindestrich-Informatik«

---

9 Vgl *Schäffer*, Legistische Richtlinien in Österreich, in: Rödig (Hrsg), Studien zu einer Theorie der Gesetzgebung, Berlin 1976, 192–210.

10 Siehe *Alexander* et al, A Pattern Language, New York 1977, bzw. Eine Muster-Sprache, Wien 1995. Zur Anwendung des Ansatzes auf Rechtsetzung und Rechtsgestaltung siehe zB https://www.legaldesignalliance.org/ [Abruf: 12.02.2025] mwH.

11 So hat Herbert *Fiedler* das Zitat in Vorträgen wiedergegeben, und in dieser und ähnlicher Form ist es unter die urbanen Legenden der Rechtsinformatik eingegangen. Einen Ansatz zur Erkundung der Zitatgeschichte bietet https://www.klartext-jura.de/2023/10/30/als-600-beitrag-wieder-scheinbar-leichte-kost-legal-tech-rehe-und-autos/ [Abruf: 12.02.2025]; Luhmann selbst hat später hervorgehoben, er würde missverständlich zitiert: *Herberger*, Hello digital world!, in: AnwBl 2024, 268–269, https://www.anwaltsblatt-datenbank.de/bsab/document/jzs-AnwBl-2024-3-062-268 [Abruf: 12.02.2025].

12 *Simitis*, Informationskrise des Rechts und Datenverarbeitung, Karlsruhe 1970.

ähnlich der Wirtschaftsinformatik, Verwaltungsinformatik, Medizininformatik etc., die den Informatikern »gehört«, also die Anwendung der Informatik auf ein bestimmtes Themengebiet, oder ist sie ein interdisziplinärer Ansatz, wie dies jene Juristen, die sich ernsthaft damit auseinandergesetzt haben, gemeint haben?[13] Leo Reisinger hat schon kraft der in seiner eigenen Ausbildung und der Breite seiner Interessen grundgelegten Transdisziplinarität diesen interdisziplinären Ansatz verkörpert: die Gesetzgebungslehre hat er, von der Normentheorie ausgehend, studiert und befruchtet und die Rechtsinformatik zum Gegenstand grundsätzlicher Werke wie insbesondere seiner beiden Lehrbücher[14] gemacht.

In Österreich ist, wie das häufig vorkommt, sowohl die Gesetzgebungslehre als auch die Rechtsinformatik mit einer kleinen zeitlichen Verzögerung von ein paar Jahren gegenüber Deutschland, dann aber mit großer Ernsthaftigkeit, betrieben worden. Rechtswissenschaftler wie Günther Winkler, Theo Öhlinger oder Heinz Schäffer haben sich der Gesetzgebungslehre gewidmet, Tagungen organisiert, schließlich im Jahr 1982 auch eine facheinschlägige Gesellschaft ins Leben gerufen, die Österreichische Gesellschaft für Gesetzgebungslehre, während gleichzeitig auf der Ebene der Verwaltungspraxis mit den Legistischen Richtlinien erstmals 1970, dann in überarbeiteter Fassung 1979, die Gesetzgebungstechnik normiert und damit zumindest ein Referenzstandard für, rechtsetzungstechnisch betrachtet, gute Gesetzgebung geschaffen worden ist. In der Rechtsinformatik hat vor Leo Reisinger schon Karl Robert Svoboda als Erster an der Universität Wien Vorlesungen gehalten, dann aber kam schon Leo Reisinger, während in Graz und Salzburg Ota Weinberger und Ilmar Tammelo den Boden für die Rechtsinformatik bereitet haben.

Leo Reisinger hat in seinem 1977 erschienenen ersten Lehrbuch der Rechtsinformatik ausdrücklich die Forderung an sich selbst gerichtet, gleichermaßen »für Juristen wie für Informatiker« zu schreiben,[15] was angesichts der bestehenden und gerade an der Universität Wien besonders beachteten Disziplinengrenzen gar nicht so selbstverständlich war. Diese Disziplinengrenzen zu überwinden ist auch Leo Reisinger nicht gelungen, seine Bewerbungen um eine Professur an der Universität Wien sind ebenso gescheitert wie sein Versuch, die Rechtsinformatik als selbst-

13 Auch *Steinmüller*, EDV und Recht, Berlin 1970, 3, fordert für die Rechtsinformatik Methodenpluralismus.

14 *Reisinger*, Rechtsinformatik, Berlin 1977; ders, Strukturwissenschaftliche Grundlagen der Rechtsinformatik, Graz 1987.

15 *Reisinger*, Rechtsinformatik, 11.

ständige universitäre Disziplin durchzusetzen[16], gegen den Widerstand jener Juristen, die, wie er befand, die für den EDV-Einsatz erforderliche Formalisierung[17] des Rechts mit »Quantifizierung« verwechselten.[18] Man konnte aber in die Projektkultur ausweichen, und genau das hat Leo Reisinger, ebenso wie Friedrich Lachmayer, getan.

2. Leo Reisinger, die Projektkultur und die Legistik

Im konkreten Zusammenhang der Gesetzgebungslehre sind insbesondere zwei Projekte bedeutsam, die im Rahmen der ab 1970 intensivierten Zusammenarbeit zwischen dem Bundeskanzleramt und IBM Österreich aufgesetzt worden sind. Das EDV-Versuchsprojekt »Verfassungsrecht« hatte das Ziel, die Eignung des EDV-Einsatzes – konkret handelte es sich um das IBM-Produkt »STAIRS«[19] – für die Rechtsdokumentation anhand des Verfassungsrechts zu demonstrieren.[20] Während im Rahmen

---

16 Vgl *Forgó/Holzweber*, Von der Bedeutung des Netzwerk(en)s in der frühen Rechtsinformatik in Österreich, in: Schefbeck/Kreuzbauer/Handstanger (Hrsg), Strukturen und Symbole des Rechts, FS für Friedrich Lachmayer, Bern 2023, 67–83, hier 76–82; *Fröschl/Haring*, Informatik: am Anfang war der Rechner ..., in: Fröschl ua (Hrsg), Reflexive Innensichten aus der Universität, Göttingen 2015, 85–96, hier 88.

17 Zur Begriffsverwendung *Reisinger*, Rechtsinformatik, 208f.

18 *Reisinger*, Überlegungen zur Formalisierung im Recht, in: DSWR 3, 1974.

19 Vgl *Fietzek*, Juristische Dokumentation mit EDV-Anlagen am Beispiel des Programmsystems »STAIRS«, DVR 3, 1974, 230–251.

20 Die Ergebnisse finden sich zusammengefasst bei *Lang/Bock* (Hrsg), Wiener Beiträge zur elektronischen Erschließung der Information im Recht, Wien 1973. Vgl *Stadler*, Neue Wege der juristischen Information auch in Österreich, in: ÖAnwBl 1972, 72–75; *Reisinger*, Rechtsinformatik, 177–185; *Mutz*, Erinnerungen an die Anfänge der Rechtsinformatik in Österreich, in: Forgó/Holzweber/Reitbauer (Hrsg), Informationstechnologie in Recht und Verwaltung, Wien 2011, 21–27; *Lachmayer/Holzweber*, Vom EDV-Versuchsprojekt Verfassungsrecht zum E-Recht, in: ebd 77–85; *Forgó/Holzweber*, Vom EDV-Versuchsprojekt »Verfassungsrecht« zum Rechtsinformationssystem des Bundes, in: Schweighofer et al (Hrsg), Zeichen und Zauber des Rechts, FS für Friedrich Lachmayer, Bern 2014, 266–279; *Winter*, Die Anfänge der Rechtsinformatik in Österreich, in: Schefbeck/Kreuzbauer/Handstanger (Hrsg), Strukturen und Symbole des Rechts, FS für Friedrich Lachmayer, Bern 2023, 253–257. Für die Verbindung von Rechtsinformatik und Gesetzgebungslehre interessant auch die aus der Mitarbeit am Versuchsprojekt hervorgegangenen Überlegungen von *Stadler*, Elektronische Datenverarbeitung und Kybernetik in der Gesetzgebung, in: DVR 2, 1973, 1–35.

dieses Projekts also einerseits ein Demonstrator dafür geschaffen wurde, dass man mithilfe der EDV Rechtsdokumentation betreiben könne, zeigte das Projekt zugleich doch auch, wie teuer das war. Wenngleich diese Erkenntnis zunächst einmal prohibitiv wirken musste, hat dieses Versuchsprojekt doch jene Grundlagen geschaffen, auf denen später das Rechtsinformationssystem des Bundes aufgebaut werden konnte, nicht zuletzt deswegen, weil Friedrich Lachmayer als Leiter der Normentheoretischen Arbeitsgruppe dieses Projekts diese theoretischen Grundlagen damals schon erarbeitete.[21] Gleichsam als »spin off« des EDV-Versuchsprojekts »Verfassungsrecht« erteilte IBM Österreich 1972 einen Projektauftrag, insbesondere an Friedrich Lachmayer und Leo Reisinger, für ein Projekt zur Analyse der Struktur von Gesetzen: In diesem Projekt wurde das Ziel verfolgt, ein automationsunterstütztes Verfahren zur Analyse der Struktur von Gesetzen zu entwickeln, um damit auch eine Grundlage für die legistische Arbeit zu gewinnen.

Das Verständnis der juristischen Öffentlichkeit für derlei Projekte war freilich damals noch begrenzt. In jenem Akt des Bundesministeriums für Justiz, der über die Vorstellung des Lachmayer-Reisinger-Projekts dort berichtet, heißt es: »... die anwesenden Praktiker ... dürften ... eher verwirrt worden sein.«[22] Das konnte nicht überraschen, und vielleicht ist die Lektüre der in wunderschönem Manz-Rot veröffentlichten Publikation von Friedrich Lachmayer und Leo Reisinger zur legistischen Analyse der Struktur von Gesetzen,[23] die das wesentliche Ergebnis ihres Projekts darstellt, auch heute für manche Praktiker noch verwirrend, obwohl wir mit der Informatik und ihrer Verfahrensweise heute schon sehr viel vertrauter sind, als man das vor 50 Jahren gewesen ist.

Wie stellen Friedrich Lachmayer und Leo Reisinger in dieser Publikation die Gesetzgebung dar? – Als einen Weg vom potentiellen, vom möglichen Recht zum positiven Recht und zu dessen möglichen Konsequenzen.[24] Im Projekt haben sich Lachmayer und Reisinger der Analyse des Spektrums möglichen Rechts aufgrund des Umfanges begreiflicherweise

---

21 Siehe insb *Lachmayer*, Normentheorie und Legislatorik, in: Lang/Bock (Hrsg), Beiträge, 59–72.

22 ÖStA, AdR 131, EDV-Allgemein: Zl. 12513, 3, zit n *Forgó/Holzweber*, Bedeutung, 76.

23 *Lachmayer/Reisinger*, Analyse.

24 Vgl *Lachmayer*, Normentheorie, 60f.; *Lachmayer/Reisinger*, Potentielles und positives Recht, in: ARSP 60, 1974, 25–52; kurz dazu auch *Lachmayer*, Möglichkeit einer Verwendung normentheoretischer Analysen für die Gesetzgebung, in: Rödig (Hrsg), Studien, 494–504, hier 499f.

enthalten und sich mit dem Spektrum möglicher Konsequenzen beschäftigt,[25] allerdings auch da wiederum nur mit dem Bedingungsteil und nicht mit dem Rechtsfolgenteil.[26] Wie wir sehen, waren sie in diesem Projekt gezwungen, anhand eines engen Ausschnittes aus dem Gesamtproblem zu arbeiten und zu argumentieren, sie konnten aber zumindest anhand dieses Ausschnittes die Formalisierbarkeit des Materials demonstrieren.

Aus der kybernetischen Sicht auf das Recht ergibt sich für Leo Reisinger als besonderes Problem der Gesetzgebungslehre – weil eine mögliche Quelle von Störungen des Regelungssystems darstellend – die Problematik der Widerspruchsfreiheit und Vollständigkeit von Regelungen. Damit hat sich Reisinger in seinen formalisierenden Darstellungen besonders beschäftigt und die Forderung erhoben, dass insbesondere Steuerungsnormen – und die These Luhmanns war ja damals, dass die Tendenz der rechtlichen Normen angesichts der komplexer werdenden Probleme des Daseinsvorsorgestaates immer mehr hin zur Steuerungsfunktion ginge[27] – exakter und lückenloser sein müssten als bloße Reparaturnormen.[28] Noll hat in seiner Strukturierung der Rechtsfunktionen damals der Reparation die Prävention oder Steuerung gegenübergestellt und Luhmanns These untermauert.[29]

Und so hat es Leo Reisinger als seine Aufgabenstellung im Projekt formuliert, eine automationsunterstützte Prüfung der Widerspruchsfreiheit und Vollständigkeit von Rechtsnormen zu ermöglichen, worin er »eines der wichtigsten Probleme der Gesetzgebungslehre«[30] erblickt hat.[31] Ein gewaltiges Vorhaben, an dem bis heute gearbeitet wird, ein gewaltiges Problem, das bis heute nicht gelöst ist! Auch das österreichische Parlament hat erst jüngst in einem europäischen Projekt gemeinsam mit dem griechischen Parlament mit Techniken der »Big Data Analytics« an

25 *Lachmayer/Reisinger*, Analyse, 11–13.
26 Ebd 58–64.
27 *Luhmann*, Die Funktion des Rechts: Erwartungssicherung oder Verhaltenssteuerung?, in: Legaz y Lacambra (Hrsg), Die Funktionen des Rechts, ARSP Beiheft NF 8, Wiesbaden 1974, 31–45 (Wiederabdruck in ders, Ausdifferenzierung des Rechts, Frankfurt am Main 1981, 73–91); vgl ders, Das Recht der Gesellschaft, Frankfurt am Main 1993, 157ff.
28 *Lachmayer/Reisinger*, Analyse, 42.
29 *Noll*, Gesetzgebungslehre, Reinbek 1973, 268, 276f.
30 *Lachmayer/Reisinger*, Analyse, 39.
31 Ebd 39–64; weitgehend wortident *Reisinger*, Zur Vollständigkeit normativer Systeme, in: Mokre/Weinberger (Gesamtred), Rechtsphilosophie und Gesetzgebung, Wien 1976, 97–128.

diesem Problem gearbeitet,[32] und dabei ist einmal mehr sichtbar geworden, wie weit wir von der Lösung dieses Problems noch entfernt sind.

Leo Reisinger hat vor 50 Jahren das Problem erkannt und sich damit befasst. Sein Lösungsansatz war eine damals schon am Markt verfügbare Technik, nämlich die Technik der Entscheidungstabellen, die er, wie schon festgestellt, nicht auf die Rechtsfolgenanalyse, aber auf die Analyse der Bedingungen von Rechtsnormen angewandt hat.[33] Er hat also die Bedingungselemente, also die semantischen Einheiten, die in den Bedingungen vorkommen, und die zwischen ihnen bestehenden Relationen zu analysieren versucht, also eine taxonomische und eine strukturalistische Analyse der Rechtsnormen unternommen. Im gleichen Jahr, in welchem die Publikation von Friedrich Lachmayer und Leo Reisinger erschienen ist, ist im Übrigen die klassische Publikation über das Entity-Relationship-Modell veröffentlicht worden[34] – Leo Reisingers Gedanken lagen also durchaus in der Zeit oder umgekehrt formuliert: Leo Reisinger war auf der Höhe der Zeit, und er hat die damals im Diskussionsraum schwebenden Gedanken aufgegriffen, zum Teil parallel entwickelt.

Leo Reisingers Idee ist also, dass man in einer Entscheidungstabelle – das war, wie oben festgestellt, der technische Lösungsansatz – die möglichen Bedingungen für ein bestimmtes Bedingungsschema auflistet und mit dem Gesetzentwurf abgleicht, also überprüft, welche dieser Bedingungen im Gesetzentwurf berücksichtigt sind, und daraus wiederum ableitet, welche der übrigen möglichen Bedingungen entweder noch zu berücksichtigen wären, weil sie bisher übersehen worden sind, oder bewusst nicht zu berücksichtigen wären, weil sie von der Intention des Gesetzgebers nicht gedeckt sind.

Die Entscheidungstabelle könnte man als eine nicht graphische Entwurfssprache bezeichnen. Einer der Vorteile der Entscheidungstabelle, auch schon auf der damaligen technischen Grundlage, war ihre Über-

---

32 ManyLaws – EU-wide Legal Text Mining using Big Data Processing Infrastructures (www.manylaws.eu).

33 *Lachmayer/Reisinger*, Analyse, 64–69; *Reisinger*, Rechtsinformatik, 240–245; ders, Zur Anwendung der Entscheidungstabellen-Technik in der Legistik, DVR 7, 1978, 151–188; eine im Rahmen eines Interdisziplinären Praktikums an der Universität Wien im Sommersemester 1980 unternommene Fallstudie präsentiert ders, ADV-gerechte Gesetzgebung, in: Schäffer (Hrsg), Theorie der Rechtssetzung, Wien 1988, 345–371, hier 358–371; vgl zur Einführung in die Technik zB *Elben*, Entscheidungstabellentechnik, Berlin 1973 (Reprint 2018).

34 *Chen*, The Entity Relationship Model – Toward a Unified View of Data, ACM Transactions on Database Systems 1, 1976, 312–339.

setzbarkeit in Quell- beziehungsweise Programmcode; erste Werkzeuge, die das geleistet haben, waren damals schon verfügbar.[35] Als den Mangel der Entscheidungstabelle hat Leo Reisinger aber erkannt, dass die für die Algorithmisierung des Rechts, die er ja grundsätzlich als Ziel gesehen hat, notwendige Darstellung der Abfolge von Einzelschritten darin nicht gut abgebildet werden kann. Eine EDV-orientierte Gesetzgebung setzt aber analog einem Algorithmus eine präzise Definition einer Sequenz abzuarbeitender Schritte voraus, die ein imperatives Programmierparadigma fordert.

Daher hat Leo Reisinger in weiterer Folge, jenseits der grundlegenden Schrift aus dem Jahr 1976, graphische Entwurfssprachen präferiert und ihre Entwicklung für die Analyse und den Entwurf von Rechtsnormen gefordert. Als einfachster Weg zur Rekonstruktion des normativen Textes, heruntergebrochen auf eine solche Schrittfolge, erscheint das Fluss- oder Ablaufdiagramm, das geeignet ist, dieses dynamische Element in der Abarbeitung rechtlicher Regelungen darzustellen.[36] Eine solche Kette oder Folge oder Hierarchie von Wenn-Dann-Beziehungen in einem Flussdiagramm darzustellen, hat späterhin beispielsweise Wolfgang Kahlig für das österreichische Mietrecht unternommen[37] und damit ein praktisches Beispiel für die Realisierung jener Vorstellung gegeben, die schon in den 1970er Jahren Leo Reisinger entwickelt hat.

Als Strukturbeispiel aus dem damals verfügbaren technischen Werkzeugkasten nennt Leo Reisinger die DIN 66001 für Datenfluss- und Programmablaufpläne,[38] die heute noch existiert, aber nicht mehr viel verwendet wird, denn mittlerweile stehen ja andere technische Werkzeuge zur Verfügung, Modellierungssprachen wie UML oder SysML, die

---

35 Vgl *Elben*, Entscheidungstabellentechnik, 121–129.

36 Ein Hinweis findet sich schon bei *Reisinger*, Rechtsinformatik, 265, 349; ebenso ders, Gesetzgebung, 346, und eingehender ebd 357. Auch der Gedanke an das Flussdiagramm lag durchaus in der Zeit; so hat sich zB auch *Hummler*, Automatisierte Rechtsanwendung und Rechtsdokumentation, Zürich 1982, 129ff., für die Verwendung des Flussdiagramms anstelle der Entscheidungstabelle entschieden.

37 Vgl *Kahlig*, Rechtsmodellierung im e-Government, Saarbrücken 2008.

38 Die DIN 66001 (Informationsverarbeitung; Sinnbilder für Datenfluß- und Programmablaufpläne) wurde schon 1966 veröffentlicht und zuletzt 1983 neu ausgegeben (Informationsverarbeitung; Sinnbilder und ihre Anwendung), die englischsprachige ISO 5807 (Information processing; Documentation symbols and conventions for data, program and system flowcharts, program network charts and system resources charts) erschien 1985.

wiederum, was damals mit den einfachen Datenfluss- und Programmablaufplänen noch nicht möglich gewesen ist, über entsprechende Translatoren direkt in Programmcode übersetzt werden können. Diese Werkzeuge, die damals zur Verfügung stehenden Flussdiagramme und noch zu entwickelnde spezielle juristische Entwurfssprachen, wollte Leo Reisinger dann in einem EDV-basierten Informationssystem für den Gesetzgeber implementiert sehen.

Während Leo Reisinger also einerseits von der angestrebten Algorithmisierung von Rechtsnormen gesprochen hat, hat er andererseits gleichzeitig auch das Problem der unscharfen Rechtsbegriffe erkannt, das die Algorithmisierung nicht gerade begünstigt. Wir wissen aus der Rechtstheorie, dass alle Rechtsbegriffe »deutungsbedürftig«[39] sind, und können mit Engisch feststellen, dass die Rechtsbegriffe überwiegend »wenigstens teilweise unbestimmt«[40] sind; dabei müssen wir noch zwischen extensionaler und intensionaler Unbestimmtheit unterscheiden. Für Leo Reisinger schien sich als Lösungsansatz für dieses Problem der seit etwa 1965 entwickelte Ansatz der, wie Reisinger übersetzt hat, Theorie unscharfer Mengen, der »Fuzzy Sets Theory«[41], anzubieten. Reisinger nahm diesen Ansatz auf und argumentierte, damit könnten generelle Rechtsnormen als unscharfe Algorithmen oder »Fuzzy Algorithms« aufgefasst werden.[42] Allerdings fügte Reisinger hinzu: »Die Erforschung

39 *Leenen*, Typus und Rechtsfindung, Berlin 1971, 33.

40 *Engisch*, Einführung in das juristische Denken, 4. Aufl., Stuttgart 1968, 108.

41 Vgl *Zadeh*, Fuzzy sets, Information and Control 8, 1965, 338–353, und die folgenden Publikationen des Begründers der Theorie sowie in wissenschaftshistorischer Retrospektive *Seising*, Die Fuzzifizierung der Systeme, Stuttgart 2005; ders, Lotfi Aliasker Zadeh (1921–2017) – his life and work from the perspective of a historian of science, in: Fuzzy Sets and Systems 331, 2017, 3–11.

42 *Reisinger*, Über die Anwendungsmöglichkeit der Theorie unscharfer Mengen (Fuzzy Sets Theory) im Recht, in: DVR 4, 1975, 119–157; ders, Juristische Begriffstheorie und Theorie unscharfer Mengen (Fuzzy Sets Theory), in: Mokre/Weinberger (Gesamtred), Rechtsphilosophie, 129–165; ders, Rechtsinformatik, 255–259; ders, Legal Reasoning by Analogy. A model applying fuzzy set theory, in: Ciampi (ed.), Artificial Intelligence and Legal Information Systems, Vol. I, Amsterdam 1982, 151–163; ders, Grundlagen, 173–183. Der Ansatz findet weiter eine gewisse Aufmerksamkeit, vgl zB *Zadeh*, From Computing with Numbers to Computing with Words: From Manipulation of Measurements to Manipulation of Perceptions, in: MacCrimmon/Tillers (eds.), The Dynamics of Judicial Proof, Heidelberg 2002, 81–117, und *Shapira*, Fuzzy Logic and Its Application to Legal Reasoning – A Comment to Professor Zadeh, in: ebd, 119–133. Skeptisch schon *Bund*, Einführung in die

unscharfer Algorithmen hat erst begonnen«[43], womit klar festgestellt war, dass an eine unmittelbare Anwendung dieses Ansatzes in der Gesetzgebung nicht oder jedenfalls noch nicht zu denken war.

Schließlich sei noch ein weiteres und letztes Schlaglicht auf die Vorschläge geworfen, die Leo Reisinger in seinen »Werkzeugkasten« für die Gesetzgebungstechnik aufgenommen hat, nämlich auf die Simulationsmethode.[44] Reisinger skizziert die Arbeitsschritte, die bei der Entwicklung einer Systemsimulation einzuhalten sind: zunächst die Konstruktion des Simulationsmodells durch Definition der Elemente (endogenen und exogenen Variablen) und Relationen, dann die Bewertung der Güte des Simulationsmodells, schließlich das Experiment am Modell sowie der Rückschluss vom Modell auf die Realität. Dann nennt er die Möglichkeiten der Simulation in der Legistik: Prozesssimulation zur Ablaufoptimierung, Kostensimulation zur Kostenminimierung sowie Verhaltensprognosen.

Reisinger sieht gleichzeitig aber auch die Hindernisse, die der praktischen Anwendung der Simulationsmethode entgegenstanden: den Mangel an Rechtstatsachenforschung, die mangelnden quantitativen Variablen und natürlich – und da greift er zurück auf seine auch in anderen Zusammenhängen geäußerte Kritik an der akademischen Welt, in der er gelebt hat – die mangelnde interdisziplinäre Zusammenarbeit, die er auch zwischen Legisten und Informatikern beobachtet hat, ausgenommen selbstverständlich die Projekte, in denen diese Zusammenarbeit schon damals gut funktioniert hat.

Immerhin haben schon zu Reisingers Zeit große, auf der Simulationsmethode aufbauende Systemmodelle beachtlichen politischen Einfluss ausgeübt, insbesondere natürlich die Modelle des Club of Rome, die ein

---

Rechtsinformatik, Berlin 1991, 299.

43 *Reisinger*, Anwendungsmöglichkeiten, 156; ders, Begriffstheorie, 165; ders, Grundlagen, 183.

44 *Lachmayer/Reisinger*, Analyse, 79–88; *Reisinger*, Planspiel und Simulation im Recht, in: Winkler (Hrsg), Rechtstheorie und Rechtsinformatik, Wien 1975, 148–166; ders, Rechtsinformatik, 170–173; siehe auch ders, Einsatz formaler Planungstechniken in der Legistik, in: Schäffer (Hrsg), Theorie der Rechtssetzung, Wien 1988, 373–391, hier 374–376, 385–387; vgl zum zeitgenössischen Diskussionsstand zB *Hopt*, Simulation und Planspiel in Recht und Gesetzgebung, in: DVR 1, 1972, 1–39, ders, Simulation und Planspiel in Recht und Gesetzgebung, in: Arbeitsgemeinschaft Rechtsinformatik (Hrsg), Gesetzesplanung – Beiträge der Rechtsinformatik, Berlin 1972, 33–81, sowie *Noll*, Gesetzgebungslehre, 120ff., und zur Simulationsmethode grundsätzlich *Schefbeck/Stefko*, Modellierung und Simulation in der Rechtsfolgenabschätzung, in: Linzer Legistik-Gespräche 2015, Linz 2016, 37–65 mwH.

langfristiges Umdenken im ökonomischen System im Blick auf dessen ökologische Herausforderungen ausgelöst haben.[45] So großartig diese Systemmodelle für ihre Zeit gewesen sind, so beruhen sie doch, verglichen mit heutigen »Big Data Sets«, nur auf rudimentären Daten; umgekehrt bieten heute sowohl die Datenverfügbarkeit als auch die Techniken der »Big Data Analytics« Voraussetzungen für Anwendungen der Simulationsmethode, von denen Leo Reisinger nur träumen konnte.

Aufbauend auf seinen Vorschlägen für den Einsatz EDV-unterstützter Werkzeuge in der Gesetzgebungstechnik, gelangt Leo Reisinger zu seiner Vision für ein umfassendes computergestütztes System zur Unterstützung der Gesetzgebung, das er »Legistik-Informations- und Planungssystem« oder kurz LIPS nennt.[46] Ein solches System stellt sich als ein Gegenstück zu den Management-Informations-Systemen dar, die damals, in ihren frühen Formen, schon in betriebswirtschaftlichen Umgebungen verfügbar waren.

Als Systemelemente eines solchen Systems sah Reisinger: Datenbank, Modellbank und Methodenbank. In der Datenbank sollten Informationen über die bisherigen Regelungen – das wäre also das Rechtsinformationssystem, wie es in Österreich im folgenden Jahrzehnt verwirklicht worden ist – sowie über zu regelnde soziale Subsysteme enthalten sein; dieser zweite Datenbereich würde natürlich schon Datenmengen enthalten, die leicht auszuufern drohen, aber wenn man sozioökonomische Modelle entwickeln will, braucht man eben auch sozioökonomische Daten, wie sie sich heute auf verschiedene Datenbanksysteme, etwa jene der statistischen Anstalten, verteilen, aber leichter miteinander vernetzbar sind, als dies zu Reisingers Zeit der Fall gewesen wäre. Die Modellbank sollte in der legistischen Planung einsetzbare Modelle enthalten, ein modularer Aufbau sollte ihre Kopplung erlauben. Die Methodendatenbank schließlich sollte Algorithmen zur Lösung von legistischen Formalproblemen beinhalten, also sozusagen abstrakte »Design Patterns«, aus denen je nach Art des zu lösenden Problems auszuwählen wäre. Für den Betrieb dieses Systems hätte nach Leo Reisingers Vision, und da wurde er wieder ganz organisatorisch konkret, eine Stabstelle im Bundeskanzleramt eingerichtet werden sollen.

---

45 Vgl insb *Meadows* et al, The Limits to Growth, New York 1972, und dazu *Herrington*, Update to limits to growth: Comparing the World3 model with empirical data, in: Journal of Industrial Ecology 25, 2021, 614–626.

46 *Reisinger*, Einsatz, 388–391.

3. Theorie und Praxis der Gesetzgebung

Theorie und Realität der Gesetzgebung begegnen einander dann doch manchmal: in Projekten oder auf Konferenzen, wie sie zu Reisingers Zeit wiederholt abgehalten wurden. Als ein Beispiel für diese Begegnung sei eine Konferenz aus dem Jahr 1980 herausgegriffen: die Wiener Tagung zur »Planung der Gesetzgebung«, die nicht zuletzt deswegen organisiert worden ist, um die »Legistischen Richtlinien 1979« vorstellen zu können.[47] Auch Leo Reisinger hat im Rahmen dieser Tagung einen Vortrag gehalten und die Gelegenheit benützt, um zu kritisieren, dass insbesondere die von ihm vorgeschlagenen Flussdiagramme in den Legistischen Richtlinien nicht berücksichtigt worden seien.[48] Im Übrigen sollten sie sich auch in der nächsten, bis heute in Geltung stehenden, Fassung von 1990 nicht finden.

Interessant an der Konferenz war, dass auch Praktiker der Gesetzgebung, jedenfalls in der analytischen teilnehmenden Beobachtung versierte Praktiker, zur Teilnahme eingeladen waren: Heinz Fischer, damals schon habilitiert an der Universität Innsbruck, aber als geschäftsführender Klubobmann der Parlamentsfraktion der SPÖ ein langjähriger Praktiker der österreichischen Gesetzgebung, machte sehr klar, woran gute Gesetzgebung scheitert beziehungsweise wodurch sie bedroht ist: In erster Linie nannte er den Zeitfaktor – in der Politik muss alles schnell gehen, heute im Übrigen noch schneller als 1980, als zumindest wichtige Gesetzesvorlagen von den Unterausschüssen des Nationalrates noch in langwierigen, manchmal mehrjährigen Verfahren vorbehandelt wurden. Hinzu kommt nach Fischers Darstellung, dass langfristige Planung in der Politik an sich schwierig und, wenn auch einer Alleinregierung, wie sie damals im Amt war, noch eher möglich als einer Koalitionsregierung, wie sie heute besteht, jedenfalls durch die Dauer einer Gesetzgebungsperiode und den Blick auf den nächsten Wahltermin begrenzt ist. Schließlich verweist Heinz Fischer zur Kritik an der »Gesetzesflut«, die ihrerseits wiederum zur Überlastung des Gesetzgebers, des Parlaments, aber natürlich auch der die Gesetze vorbereitenden Ministerien beiträgt, auf den Wandel von systemstabilisierender zu systemverändernder Gesetzgebung, der

47 Siehe den Tagungsbericht von *Stelzer*, in: ÖJZ 1981, 181, sowie die Publikation von Öhlinger (Gesamtred), Methodik der Gesetzgebung, Wien 1982, die freilich den Vortrag von Reisinger nicht beinhaltet; dieser bildete die Grundlage für den posthum erschienenen Aufsatz: *Reisinger*, Gesetzgebung.

48 Ebd 351.

mittlerweile durch die weitere Dynamisierung sozioökonomischer und technischer Randbedingungen sich noch weiter verstärkt hat.[49]

Schließlich war die Wiener Tagung von 1980 Schauplatz einer interessanten Podiumsdiskussion zwischen drei Abgeordneten zum Nationalrat: Ernst Eugen Veselsky, Heinrich Neisser und Friedhelm Frischenschlager. Diese drei Praktiker der Legislative zeichneten ein, wie das Protokoll der Tagung zeigt, für viele aus dem akademischen Raum kommende Teilnehmer überraschendes, ja erschütterndes Bild von der Machtlosigkeit der Abgeordneten. Das Parlament sei überlastet, die Abgeordneten seien überfordert, nicht in der Lage, die vielen Tausend Seiten normativer Texte, die sie beschließen müssten, auch nur zu lesen. Sie hätten keine legistische Infrastruktur, die wäre, wenn überhaupt, in den Ministerien vorhanden. Und schließlich seien die zur formalen Beschlussfassung berufenen Abgeordneten in vielen Sachbereichen an Sozialpartnerkompromisse gebunden, an denen man nichts mehr verändern könne, wenn sie einmal im vorparlamentarischen Raum getroffen worden wären.[50]

Mit Ausnahme der inhaltlichen Bindung durch Sozialpartnerkompromisse, die mittlerweile viel weniger relevant sind, hat sich an der Geltung dieser Feststellungen auch heute, 40 Jahre später, nicht viel geändert. Weiterhin steht die Quantität der normativen Produktion in einem Missverhältnis zur intellektuellen Verarbeitbarkeit, was ein hohes Maß an inhaltlicher Arbeitsteilung zwischen den Abgeordneten notwendig macht. Weiterhin verfügt das österreichische Parlament – anders als beispielsweise der Deutsche Bundestag, der aber natürlich in seinen Dimensionen kaum mit dem österreichischen Nationalrat vergleichbar ist – über keine nennenswerte legistische Infrastruktur, was die Abgeordneten beziehungsweise die Regierungsfraktionen von der Unterstützung durch die Ministeriallegistik abhängig macht.

An die Stelle der inhaltlichen Bindung an Sozialpartnerkompromisse ist eine andere Bindung getreten, nämlich die Bindung durch das europäische Recht im europäischen Mehrebenensystem, welche die legistische Souveränität der nationalen Gesetzgebungsorgane naturgemäß stark einschränkt. Die Überbrückung zwischen der europäischen und nationalen Rechtsetzungsebene führt in vieler Hinsicht zu Schwierigkeiten, und inwieweit es tatsächlich gewollt ist, eine Harmonisierung zwischen

49 *Fischer*, Planung der Gesetzgebung im politischen System, in: Öhlinger (Gesamtred), Methodik, 87–91.

50 *Veselsky/Neisser/Frischenschlager*, Planung der Gesetzgebung aus der Sicht des Parlaments, in: Öhlinger (Gesamtred), Methodik, 105–128.

diesen beiden Ebenen herbeizuführen, bleibt Diskussionsgegenstand.

Vieles, was von den Abgeordneten als Praktikern der Gesetzgebung im Rahmen der Wiener Tagung 1980 festgestellt worden ist, bleibt also bis heute gültig, insbesondere das Fehlen einer ausreichenden Legistikkompetenz im Parlament. Langfristige Planung ist nicht einfacher geworden, nach wie vor ist die Gesetzgebungsperiode – wenn auch mittlerweile in der Dauer von nunmehr fünf, nicht mehr vier Jahren – die Frist, innerhalb deren (partei)politisch sinnvoll geplant werden kann. Die Geschwindigkeit der Gesetzgebung hat weiter zugenommen; Andreas Khol, damals Klubobmann der ÖVP, hat das schon vor einem Vierteljahrhundert mit seinem Wort »speed kills«, das er dann in »speed wins« umgewandelt hat, prägnant auf den Punkt und damit zum Ausdruck gebracht: Wer schneller ist, kann seinen politischen Kontrahenten einfacher überwinden. Und schließlich sind, anders als im Jahr 1980 mit seiner Alleinregierung einer politischen Partei, die es sich leisten konnte, die Oppositionsparteien in parlamentarische Verhandlungen, insbesondere in den Unterausschüssen, einzubinden, in den mittlerweile bestehenden Koalitionsregierungen die innerkoalitionären Willensbildungen oft schon so schwierig geworden, dass es fast nicht mehr möglich erscheint, dann auch noch mit den Oppositionsparteien über Entwürfe, die innerhalb der Koalition abgestimmt worden sind, weiterzuverhandeln, weil ein legislatives Paket mit all seinen Kompromissen und Junktimierungen nicht mehr aufgeschnürt werden soll.

Somit ist die Problemlage heute eher schärfer zu beurteilen als zu Zeiten Leo Reisingers. Immerhin haben die Legistischen Richtlinien, zuletzt 1990 in überarbeiteter Fassung veröffentlicht,[51] dann noch durch das EU-Addendum 1998 ergänzt,[52] die technische Qualität der Gesetze mit Sicherheit verbessert; zumindest bilden sie einen Maßstab, an dem diese Qualität gemessen werden kann und im vorparlamentarischen Begutachtungsverfahren durch den Verfassungsdienst gemessen wird. Auf die elektronischen Möglichkeiten, die heute zur Verfügung stehen, gehen die Legistischen Richtlinien freilich weiterhin nicht ein – Friedrich Lachmayer hat dies schon vor 20 Jahren gefordert und darauf verwiesen, dass das Land Steiermark mit seinen Legistischen Richtlinien ein besseres

51 https://www.bundeskanzleramt.gv.at/dam/jcr:f4301575-c575-403b-9300-a7dc01ec1a51/legrl1990.pdf [Abruf: 12.02.2025].

52 https://www.bundeskanzleramt.gv.at/dam/jcr:05576711-8715-4c8b-a3e8-fda1f437e861/addendum.doc [Abruf: 12.02.2025].

Beispiel, im Vergleich zum Bund, gibt.[53] Als Fortschritt ist immerhin die Wirkungsfolgenabschätzung zu nennen, die mittlerweile verpflichtend ist[54] – wird sie auch nicht immer sehr liebevoll betrieben, so ist sie doch zumindest als Instrument vorhanden und bietet einen Ansatz zur Evaluierung der Rechtsvorschriften. Der Zeitdruck, unter welchem Rechtsetzung betrieben wird, ist im Vergleich zur Zeit Leo Reisingers noch weiter vergrößert worden, auch durch die im »E-Recht« gegebene informatische Unterstützung, sodass paradoxerweise die Qualität der technischen Unterstützung der inhaltlichen Qualität der Ergebnisse nicht immer zum Vorteil gereichen muss.

Die Herausforderungen, die Leo Reisinger vor einem halben Jahrhundert gesehen hat, bestehen also weiter. Die Lösungsansätze, die er aufgezeigt hat, wird man in die heutigen technischen Möglichkeiten transponieren müssen, also beispielsweise jene Möglichkeiten, welche das unter dem Oberbegriff »Künstliche Intelligenz« bekannte Bündel von Lösungsansätzen bietet.[55] Grundsätzlich erscheinen die von Leo Reisinger entwickelten Ansätze weiterhin diskussionswürdig, wie zum Beispiel der Lösungsansatz der Simulation, für welchen wir ja heute viel bessere Voraussetzungen vorfänden, als sie zu seiner Zeit zur Verfügung gestanden sind.

Freilich hat die Politik gelernt, mit Unvollkommenheit zu leben – mit der Unvollkommenheit der eigenen Entscheidungsgrundlagen und mit der Unvollkommenheit der eigenen Entscheidungen, somit auch mit der Unvollkommenheit der Gesetze. Wenn es aber im Vorblatt vieler Gesetzentwürfe, in welchem unter anderem die Auswirkungen des jeweiligen Entwurfs auf bestimmte Bereiche dargestellt werden, in der für die Nennung von Alternativen vorgesehenen Rubrik so häufig heißt: »Alternativen: keine« oder bestenfalls »Alternativen: Beibehaltung des gegenwärtigen Zustandes«, dann ist doch ein großes Fragezeichen zu setzen.

53 *Lachmayer*, Vom Legistik-Handbuch zur eLegistik, in: Kärntner Verwaltungsakademie (Hrsg), Klagenfurter Legistik-Gespräche 2005, Klagenfurt 2006, 41–49, hier 48.

54 §§ 17, 18 und 68 BHG 2013. Vgl *Rosenbichler/Kranabetter/Schneider*, Wirkungsorientierte Folgenabschätzung – Diversifizierung der Prüfdichte, in: Linzer Legistik-Gespräche 2015, Linz 2016, 9–19; *Rosenbichler/Schreilechner*, Digitalisierung der Wirkungsorientierung – Geschichte einer dynamischen Konstituierung, in: Stember/Eixelsberger/Spichiger (Hrsg), Wirkungen von E-Government, Wiesbaden 2018, 311–343.

55 Vgl *Schefbeck*, Parlamente und KI, in: Janisch et al (Hrsg), Am Glasfaserpuls, FS für Dietmar Jahnel, Wien 2025, 581–604 mwH.

Alternativen gibt es immer. Leo Reisinger hat uns in seinen Arbeiten zur Gesetzgebungslehre einige aufgezeigt, und die sind es auch heute noch wert, diskutiert zu werden.

TEIL II
RECHTSINFORMATIK

LEO REISINGER: PERSPEKTIVEN DER RECHTSINFORMATIK

FELIX GANTNER

infolex Rechtsinformatik, Wien, Österreich, http://www.infolex.at
Dipl.-Ing. Mag. Dr. Felix Gantner, infolex Rechtsinformatik, gantner@infolex.at

Schlagworte: Rechtsinformatik Definition, Leo Reisinger

Abstract: Leo Reisinger war im deutschen Sprachraum ein Pionier der damals im Entstehen begriffenen Disziplin Rechtsinformatik. Er verstand sie »als Schnittpunkt von Rechtswissenschaften, Formalwissenschaften und Informationswissenschaften«. Im Titel zweier seiner Bücher, die im Abstand von zehn Jahren erschienen sind, ist der Begriff »Rechtsinformatik« enthalten. An Hand dieser Publikationen wird die Sicht Reisingers auf diese Fachdisziplin dargestellt.

1. Rechtsinformatik – eine neue Disziplin und ihr Umfeld

In den 1960er-Jahren stieg auch in Österreich die Zahl der eingesetzten ADV-Systeme stark an. Gerade in Recht und Verwaltung sah man viele mögliche Einsatzbereiche und damit verbunden großes Automatisierungs- und Rationalisierungspotential.

Dies führte auch zum Entstehen einer neuen (Wissenschafts)Disziplin: der Rechtsinformatik. Die theoretische Reflexion und Begleitung der technischen Entwicklungen waren eine der Aufgaben dieses neuen Fachgebiets.

Leo Reisinger war im deutschen Sprachraum ein Pionier der damals im Entstehen begriffenen Disziplin, die er methodisch und inhaltlich wesentlich prägte. 1977[1] und 1984[2] publizierte er zwei Bücher, die den Begriff »Rechtsinformatik« im Titel enthalten. An diesen beiden Publikationen lassen sich die Entwicklungen in der Rechtsinformatik und auch die persönlichen Schwerpunktsetzungen Leo Reisingers nachvollziehen.

Bevor hier jedoch auf diese Publikationen eingegangen wird, sollen noch einige Zitate ein Schlaglicht auf die Reaktionen der vom Entstehen der Wissenschaftsdisziplin »Rechtsinformatik« betroffenen Nachbardisziplinen werfen.

Wenn sich eine neue Disziplin herausbildet, dann steht sie sowohl unter einem Rechtfertigungs- als auch unter einem Abgrenzungsdruck.

Rechtfertigen muss sie sich, da die methodischen und inhaltlichen Besonderheiten herausgearbeitet werden müssen, welche die »Abspaltung« von anderen Disziplinen sinnvoll erscheinen lassen. Abgrenzen von diesen muss sie sich, indem sie erklärt, warum ihrer Tätigkeit nicht in deren Rahmen erfolgreich nachgegangen werden kann.

Dass auf Seite der Nachbardisziplinen nicht immer nur positiv regiert wird, sollen die nachfolgende Zitate zeigen. Dabei geht es eher um ein unvollständiges Stimmungsbild als um eine historische Darstellung mit Vollständigkeitsanspruch.

Gleichzeitig zeigen sie im zeitlichen Verlauf auch, dass sich die Rechtsinformatik im Lauf der Jahre als eigenständige Disziplin konsolidiert hat.

1972 publizierte Reisinger eine Untersuchung über grundlegende Fragen der automatisierten Normanalyse und -anwendung[3] in der Schriftenreihe »Arbeitspapiere Rechtsinformatik«. Vorangestellt wurde der gesamten Arbeit auf Seite III folgendes Zitat:

»Rechtsinformatik - ist das überhaupt eine Wissenschaft? Frage eines Wiener Ordinarius an den Verfasser.«

Es ist nicht angegeben, welchem Fachbereich der »Wiener Ordinarius« zuzuordnen ist. Unabhängig davon wird deutlich, dass hier die Akzeptanz der neuen Disziplin noch fehlt und ein sehr hoher Rechtfertigungsdruck empfunden wurde.

Gleichzeitig weist die Existenz einer eigenen Schriftenreihe mit dem Titel »Arbeitspapiere Rechtsinformatik« auf intensive Forschungs- und Publikationstätigkeit hin.

---

1 *Reisinger*, Rechtsinformatik, Berlin – New York 1977.

2 *Reisinger*, Strukturwissenschaftliche Grundlagen der Rechtsinformatik, Graz – Wien 1987.

3 *Reisinger*, Automatisierte Normanalyse und Normanwendung: eine Untersuchung, Arbeitspapiere Rechtsinformatik 7, Berlin 1972.

Anfang der 1970er-Jahre war die Informatik selbst in einer ähnlichen Situation wie die Rechtsinformatik, da sie sich aus anderen technischen Disziplinen wie der Mathematik und der Elektrotechnik heraus zu einem eigenständigen Fach entwickelte. Da war die Freude über eine Abspaltung oder zumindest zusätzliche Differenzierung gering. So schreibt Bauer in einem Artikel, in dem die Informatik als eigenständiges Fachgebiet vorgestellt wird:

»Informatik ist also eine anwendbare und nach Anwendung verlangende Wissenschaft. [...] Sonderfälle der Anwendung bestehen dort, wo die Anwendung auf eine geistige Querverbindung zur Informatik trifft. Dies gilt ... für die Jurisprudenz (einerseits wegen der Rechtsfragen des Rechnereinsatzes, andererseits wegen der Verwendung des logischen Schließens in der Jurisprudenz). [...] Aber selbst diese Sonderfälle rechtfertigen nicht ohne weiteres Wortverbindungen wie ›Rechtsinformatik‹. Es erfordert einen gründlichen Dialog und lange Jahre zweiseitiger Zusammenarbeit, um vielleicht eines Tages zu solch anspruchsvollen Formulierungen zu gelangen. Statt daß jede geachtete Disziplin sich nun einen Ableger zulegt, der durch irgendeine Zusammensetzung mit -Informatik bezeichnet wird, ist vielmehr zu hoffen und zu wünschen, daß in allen Disziplinen, und es sind weit mehr als oben aufgezählt, in denen die Informatik angewandt werden kann, dies auch tatsächlich geschieht und Allgemeingut wird.«[4]

Die Akzeptanz durch die Ursprungsdisziplinen war offensichtlich noch nicht (vollständig) vorhanden. Dies änderte sich im nächsten Jahrzehnt. Die Rechtsinformatik wurde zunehmend als eigenständiges Fach wahrgenommen. So stellt Kaufmann 1989 in einer Fußnote eines Artikels mit einem Überblick zur Rechtsphilosophie als wissenschaftliche Disziplin fest:

»Problematisch ist, ob man auch noch die Rechtsinformatik (elektronische Datenverarbeitung im Recht) zur Rechtsphilosophie zählen kann; sie hat sich in jüngster Zeit sehr stark verselbständigt.«[5]

Die Rechtsinformatik hatte sich damit Ende der 1980er-Jahre als eigenständige Disziplin behauptet.

---

4 *Bauer*, Was heißt und was ist Informatik?, in: Otte (Hrsg), Mathematiker über Mathematik, Berlin – Heidelberg – New York 1974, 349 (355) [= *Bauer*, Was heißt und was ist Informatik? Merkmale zur Orientierung über eine neue wissenschaftlichen Disziplin, in: IBM Nachrichten 223/1974, 333 (337)].

5 *Kaufmann*, Rechtsphilosophie, Rechtstheorie, Rechtsdogmatik, in: Kaufmann/Hassemer, Einführung in Rechtsphilosophie und Rechtstheorie der Gegenwart[5], Heidelberg 1989, 1 (12 FN 22) [Hervorhebung im Original].

Ein Indiz dafür ist auch, dass Fiedler 1984 von dem »Rechtsinformatiker Reisinger«[6] spricht. Mittlerweile war eine solche »Berufsbezeichnung« möglich, ohne erklären zu müssen, was darunter zu verstehen ist.

2.Rechtsinformatik (1977)

In diesem Buch hat sich Leo Reisinger die Aufgabe gestellt, eine umfassende Einführung in die von der Wissenschaftsdisziplin »Rechtsinformatik« abgedeckten Themenbereiche und gleichzeitig einen Überblick über den damals aktuellen Stand der Technik zu geben. Die Wissenschaftsdisziplin ist zu diesem Zeitpunkt noch im Status der Abgrenzung und Rechtfertigung, weshalb grundsätzlichen Begriffsdefinitionen sehr viel Raum gegeben wird. Zum Begriff »Rechtsinformatik« stellt Reisinger gleich zu Beginn in der Einleitung fest:

»Mit einer häufig verwendeten Definition lässt sich Rechtsinformatik als die Theorie der Beziehungen zwischen ADV und Recht bestimmen.«[7]

Nach dieser ersten oberflächlichen Definition kommt im selben Absatz mit »spezielle Rechtsinformatik« eine Differenzierung für einzelne Staaten bzw Rechtsordnungen und die dafür entwickelten konkreten Systeme dazu.

Da bei der jungen Disziplin noch die Notwendigkeit der Abgrenzung und Rechtfertigung besteht, ist es notwendig, Rechtsinformatik noch genauer zu definieren. Es wird eine »Hypothese«, die die theoretische Grundlage für das Buch darstellt, formuliert:

»Wir sehen Rechtsinformatik nicht als Spezialdisziplin der Rechtswissenschaften, sondern als Schnittpunkt von Rechtswissenschaften, Formalwissenschaften und Informationswissenschaften. Die Probleme der Automatisierung im Recht sind zu schwerwiegend, als daß sie Juristen allein überlassen werden könnten.«[8]

Neben Automatisierung ist für Reisinger ein zweiter Aspekt der Rechtsinformatik wichtig:

»Wir sehen nämlich Rechtsinformatik als bislang letzte Stufe des Jahrhunderte alten Prozesses der Einflussnahme formalwissenschaftli-

6 *Fiedler*, Untersuchungen zur Formalisierung im Recht als Beitrag zur Grundlagenforschung juristischer Datenverarbeitung: (UFORED), 1984, 22.

7 *Reisinger*, Rechtsinformatik, Berlin – New York 1977, 11.

8 Ebd 11 [Hervorhebung im Original]. Auf Seite 47 wird diese Abgrenzung von der Rechtswissenschaft nochmals betont und begründet.

chen Denkens auf das Recht. Die Betonung des Aspekts ›Information‹ und die ADV haben dieser Beeinflussung lediglich eine neue Qualität hinzugefügt.«[9]

Reisinger sieht damit die Rechtsinformatik weder als Teil der Informatik noch als Teil der Rechtswissenschaften an. Sie ist für ihn eine völlig eigenständige Disziplin, die auch die Aufgabe hat, die Grundlagen des Rechts zu verändern. Dabei geht er davon aus, dass Juristen allein die Konsequenzen des Einsatzes von EDV im Recht nicht ausreichend verstehen und abschätzen können und daher Hilfe von einer stark an theoretischen Konzepten orientierten Wissenschaftsdisziplin benötigen.

Konsequent lehnt er daher auch Bezeichnungen wie »ADV und Recht (EDV und Recht)«[10] ab, denn:

»ADV und Recht« bezeichnet nur die Ebene des Objektbereichs[11], nicht die Ebene der Theorie über diesen Bereich;

»ADV und Recht« betont zu wenig den informationswissenschaftlichen Bezug und damit den sozialen Kontext (Pragmatik).[12]

Er sieht drei große Entwicklungslinien[13] der Rechtsinformatik:

- Die Algorithmisierung juristischer Entscheidungen, vorrangig im Rahmen der Verwaltungsautomation
- Dokumentation in juristischen Informationssystemen
- Rechtliche Regelung der Auswirkungen des EDV-Einsatzes (Datenschutz, Informationsrecht)

Damit wird auch ein bis heute aktuelles Diskussionsthema angesprochen, nämlich die Frage, wie weit Rechtsdogmatik mit EDV-Bezug Gegenstand der Rechtsinformatik ist. Reisinger bejaht dies scheinbar und thematisiert im Kapitel über Datenschutz auch das Informationsrecht. Doch

---

9 *Reisinger*, Rechtsinformatik 12 [Hervorhebung im Original].

10 *Reisinger*, Rechtsinformatik 37.

11 Es ist davon auszugehen, dass *Reisinger* wegen der großen Bedeutung, die er theoretischen Konzepten beimisst, dem heute häufig verwendeten Begriff »LegalTech« ähnlich wie »ADV und Recht« sehr kritisch gegenüberstehen würde. *Herberger*, Legal Tech, Begriff, in Ebers, StichwortKommentar Legal Tech (Baden-Baden 2023), 798 (801 Rz 15) betont, dass in Bezug auf das Verständnis von diesem Fachbereich »kein Grundkonsens auszumachen« ist. Häufig wird er anwendungsbezogen verstanden und fasst im juristischen Bereich verwendete Software bzw die bei juristischer Arbeit eingesetzte Informationstechnik zusammen (*Martinetz/Maringele*, Quick Guide Legal Tech : Schritt für Schritt zur digitalen Kanzlei und Rechtsabteilung (Wiesbaden 2020), 3f).

12 *Reisinger*, Rechtsinformatik 37.

13 *Reisinger*, Rechtsinformatik 31.

er definiert den Begriff »Informationsrecht« für die Rechtsinformatik einschränkend:

»Es erscheint uns daher zweckmäßiger, uns im Bereich der Rechtsinformatik auf den Problembereich ›Datenschutz‹ zu beschränken. Hierunter lassen sich auch Fragen, welche Organisationen betreffen (zB Fragen des Informationsgleichgewichts) subsumieren, gerade wenn man wie Steinmüller den Begriff ›Datenschutz‹ sehr weit fasst: ›Datenschutz ist die Menge aller Vorkehrungen zur Verhinderung unerwünschter (Folgen von) Datenverarbeitung.‹«[14]

Damit wird die Informationsrechtsdogmatik nicht als Teil der Rechtsinformatik angesehen und ein sehr politischer und an der Wahrung von Grundrechten orientierter Ansatz verfolgt. Dies zeigt sich auch daran, dass Reisinger die Grenzen der Rechtsinformatik in einem Rechtsstaat betont. Diese ergeben sich »vor allem wegen der Besonderheit der Einbeziehung spezifisch juristischer Legitimitätsprobleme (weil ADV im Rechtsbereich sich nur als rechtmäßige vollziehen darf)«[15].

Allgemein sind bei Reisinger eine Betonung hoher Standards in Bezug auf die Rechtsstaatlichkeit und den Beitrag der Rechtsinformatik festzustellen. Dies kann sogar sehr emotional werden zB im Zusammenhang mit juristischen Informationssystemen:

»Es wäre daher unerträglich, wenn ein solches System die Pluralität dokumentierter juristischer Standpunkte reduzieren und deren quantitative Repräsentation verschieben würde; das System müßte gerade umgekehrt zur getreuen Anzeige dieser Verhältnisse dienen können. Aus diesem Grund ist die Frage der ›Objektivität‹ für Juris von entscheidender Bedeutung.«[16]

3.Strukturwissenschaftliche Grundlagen der Rechtsinformatik (1987)

Das zweite Buch Reisingers wird in der Phase, in der sich die Rechtsinformatik als eigenständige Disziplin konsolidiert hat, geschrieben. Es besteht daher nicht mehr die Notwendigkeit einer umfassenden Definition dieser Wissenschaftsdisziplin. Reisinger hat dies bereits in seinem Buch aus dem Jahr 1977 geleistet.

Er reicht daher folgende Feststellung – statt einer umfangreichen Begriffsdefinition – aus:

---

14 *Reisinger*, Rechtsinformatik 276.
15 *Reisinger*, Rechtsinformatik 47.
16 *Reisinger*, Rechtsinformatik 129.

»In diesem Zusammenhang ist auf die Anwendungsmöglichkeiten der EDV im Recht hinzuweisen. Die Disziplin, welche sich mit dieser Fragestellung befaßt, wird gewöhnlich als Rechtsinformatik bezeichnet. [...] Die gesellschaftliche Bedeutung der automatisierten Datenverarbeitung hängt damit eng mit der gesellschaftlichen Bedeutung der Strukturwissenschaften zusammen. Demgemäß ist es zweckmäßig, auch die Rechtsinformatik schwerpunktmäßig als methodenorientiert aufzufassen und in ihrem Kern als Strukturtheorie zu verstehen. Das Interesse der Rechtsinformatik richtet sich damit auf die Struktur rechtlich normierter, zugleich als gesellschaftliche Realität betrachteter Zusammenhänge (zB Organisationen, Verfahren, Regelungen, Dokumente) in Hinblick auf die Datenverarbeitung.«[17]

Diese Sicht auf die Rechtsinformatik ist eine Weiterführung der von Reisinger bereits 1977 formulierten Sichtweise auf diese Disziplin als Schnittpunkt von Rechtswissenschaften, Formalwissenschaften und Informationswissenschaften.

So wie damals für ihn der Begriff »ADV und Recht« zu wenig den sozialen Kontext des Einsatzes von Informationstechnologie berücksichtigte, ist auch hier eine ausgeprägte Betonung der politischen Bedeutung der Rechtsinformatik zu erkennen.

Wenn in diesem Buch auf den nachfolgenden Seiten der Begriff »Rechtsinformatik« kaum mehr verwendet wird, dann deshalb, weil für Reisinger die behandelten strukturwissenschaftlichen Grundlagen den Kern der Rechtsinformatik darstellen.

Auch wenn in diesem Buch Grundlagen der Mengenlehre, Graphentheorie, Aussagenlogik etc beschrieben werden, darf es nicht nur als eine Art »Mathematik-Lehrbuch« angesehen werden. Für Reisinger war die Anwendung und Umsetzung dieser Methoden mittels EDV politisch relevant.

Reisingers Buch Strukturwissenschaftliche Grundlagen der Rechtsinformatik ist damit – auch - als politisches Buch zu lesen und als Aufruf, sich in der Rechtsinformatik der politischen Verantwortung der eigenen Tätigkeit bewusst zu sein.

---

17 *Reisinger*, Strukturwissenschaftliche Grundlagen der Rechtsinformatik, 37.

LEO REISINGER UND DAS PARADIGMA DER KONVERGIERENDEN OPTIONEN – EINE ERWEITERTE WÜRDIGUNG SEINES WERKS UND SEINER RELEVANZ FÜR DIE HEUTIGE RECHTSINFORMATIK

THOMAS HOEREN

Prof. Dr. Thomas Hoeren, Universität Münster, Institut für Informations-, Telekommunikations- und Medienrecht (ITM), hoeren@uni-muenster.de

Schlagworte: Leo Reisinger, Rechtsinformatik, Wissenschaftstheorie

Abstract: Der Beitrag würdigt Leo Reisinger als Pionier der europäischen Rechtsinformatik und ordnet sein Werk in das wissenschaftstheoretische Paradigma der »konvergierenden Optionen« ein. Reisingers interdisziplinäre Herangehensweise, insbesondere seine Faszination für Formalisierungen und Strukturanalysen, wird im Kontext theologischer und sozialwissenschaftlicher Interaktion reflektiert. Dabei wird deutlich, wie sehr sein früher Tod eine Weiterentwicklung der theoretischen Grundlagen der Rechtsinformatik verhinderte. Der Text plädiert für eine Wiederbelebung dieser Disziplin im Zeitalter von KI und Digitalisierung – im Geiste Reisingers.

1. Einleitung

Leo Reisinger gehört zu den vergessenen Pionieren der europäischen Rechtsinformatik. Seine früh verstummte Stimme hinterließ ein Vakuum, das in der akademischen Diskussion bis heute kaum gefüllt wurde. In einer Zeit, in der Digitalisierung und Künstliche Intelligenz juristische Denk- und Arbeitsformen radikal transformieren, ist eine Rückbesinnung auf Reisingers interdisziplinäres und strukturwissenschaftliches Denken nicht nur angemessen, sondern notwendig. Ziel dieser Publikation ist es, Reisingers Werk systematisch aufzuarbeiten, es wissenschaftstheoretisch einzuordnen und seine Bedeutung für gegenwärtige Herausforderungen in Recht und Informatik neu zu bewerten.

2. Biografischer Hintergrund Leo Reisingers

Leo Reisinger, 1944 geboren, wurde 1972 in Wien mit einer staatswissenschaftlichen Dissertation über das chinesische Orakel *I Ging* promoviert, das er aus formalwissenschaftlicher Perspektive untersuchte.[1] Seine interdisziplinäre Ausrichtung, geprägt von einer Faszination für Logik, Struktur und Theorie, führte ihn bald zur Rechtsinformatik. In den 1970er Jahren arbeitete er eng mit der Regensburger Gruppe um Wilhelm Steinmüller zusammen und engagierte sich in der damals entstehenden Debatte um die Formalisierung juristischen Denkens.[2]

3. Hauptwerke und ihre Wirkung

Reisingers Werk kulminierte in zwei zentralen Publikationen: *Rechtsinformatik* (1977) und *Strukturwissenschaftliche Grundlagen der Rechtsinformatik*.

In *Rechtsinformatik* analysiert Reisinger das Verhältnis von juristischen Entscheidungsprozessen zu datenverarbeitungstechnischen Strukturen und schlägt Modelle zur Formalisierung und algorithmischen Bearbeitung rechtlicher Normen vor. Dabei verknüpft er seine fundierte Kenntnis juristischer Dogmatik mit Ansätzen aus der mathematischen Logik, Kybernetik und Informationstheorie. Seine Überlegungen zur maschinellen Normanalyse stellen einen der frühesten systematischen Versuche dar, juristische Regeln in maschinenlesbare Strukturen zu überführen. Das Werk *Strukturwissenschaftliche Grundlagen der Rechtsinformatik* ver-

---

1 *Reisinger*, Das I Ging. Eine formalwissenschaftliche Untersuchung des chinesischen Orakels, Wien 1972.

2 Vgl. *Steinmüller*, EDV und Recht, Einführung in die Rechtsinformatik, Berlin 1970; *ders*, Rechtsinformatik. Elektronische Datenverarbeitung und Recht, in: JR 1971, 1 ff.

tieft diese Perspektiven, indem es explizit eine strukturwissenschaftliche Einbettung des Rechts fordert. Hierbei erkennt Reisinger die Notwendigkeit, Recht nicht nur funktional, sondern strukturell zu analysieren – ein Gedanke, der ihn zu verwandten Konzepten wie Systemtheorie, Semiotik und fuzzy logic führt.[3] Besonders hervorzuheben ist sein Beitrag zur Anwendung unscharfer Mengen im juristischen Kontext: In einem eigenen Aufsatz argumentiert er, dass juristische Begriffe – wie z. B. »angemessen« oder »öffentliches Interesse« – sich oft nicht eindeutig, wohl aber graduell erfassen lassen.[4] Reisingers Ideen beeinflussten nicht nur den juristischen Diskurs, sondern wurden auch in ethnologischen und soziologischen Kontexten rezipiert. Gemeinsam mit Josef Dostal veröffentlichte er etwa eine Untersuchung zur Struktur von Volkskulturen, in der rechtsinformatische Modellbildung auf sozialwissenschaftliche Felder übertragen wird.[5] Seine Ansätze zur Interdisziplinarität zeigen dabei stets eine beachtliche theoretische Tiefe und methodologische Klarheit, die ihn von vielen seiner Zeitgenossen unterschied. Trotz dieser wegweisenden Arbeiten blieb die Rezeption seines Werks fragmentarisch. Sein früher Tod im Jahr 1985 verhinderte eine kontinuierliche Weiterentwicklung seines Denkens und die institutionelle Etablierung seiner Ansätze. Dennoch bleibt Reisingers Werk ein beeindruckendes Zeugnis der Möglichkeiten, juristische Wissenschaft über disziplinäre Grenzen hinaus produktiv zu erweitern.

4. Wissenschaftsverständnis und Methodik

Leo Reisingers wissenschaftlicher Zugang war geprägt von einer seltenen Mischung aus theoretischer Klarheit, methodischer Strenge und interdisziplinärer Offenheit. Er sah die Rechtswissenschaft nicht als abgeschlossene Disziplin, sondern als offenes System, das in vielfältiger Weise von Strukturen anderer Wissenschaften beeinflusst und durchdrungen ist.[6] In diesem Sinne war sein Verständnis von Wissenschaft genuin integrativ und strukturtheoretisch fundiert. Ein zentrales Element seiner Methodik war die konsequente Formalisierung juristischer Prozesse. Rei-

---

3 *Reisinger*, Strukturwissenschaftliche Grundlagen der Rechtsinformatik: Eine Einführung für Juristen, Rechtsinformatiker und Sozialwissenschaftler, Graz-Wien, 1987.

4 *Reisinger*, Über die Anwendungsmöglichkeiten der Theorie unscharfer Mengen (Fuzzy Sets Theory) im Recht, in: DRV 4/1975, 131 ff.

5 *Dostal/Reisinger*, Zeitschrift für Ethnologie 106/1981, Heft 1/2, 43 ff.

6 Reisinger, Anwendungsmöglichkeiten der Theorie unscharfer Mengen, 119 ff.

singer war überzeugt, dass die Komplexität rechtlicher Begriffsbildung und Entscheidungsprozesse durch geeignete formale Modelle – etwa aus der mathematischen Logik, Mengenlehre oder Automatentheorie – nicht nur beschrieben, sondern auch analysiert und kritisch hinterfragt werden könne. Damit stellte er sich gegen eine rein kasuistische oder dogmatische Sichtweise auf das Recht und forderte eine tiefere theoretische Durchdringung, die der Informatik gleichwertig begegnet. Besonders auffällig ist seine Nähe zur Systemtheorie und zur Kybernetik, etwa in seiner Überlegung, juristische Normensysteme als informationsverarbeitende Strukturen zu begreifen. Diese Sichtweise ermöglichte es ihm, Konzepte wie Rückkopplung, Steuerung und Regelkreise auf rechtliche Kontexte zu übertragen. Solche Ansätze öffneten neue Wege für eine dynamische und zugleich formal kontrollierte Rechtstheorie.

Ein weiteres methodisches Kennzeichen war Reisingers Bereitschaft, unscharfe und vage Begrifflichkeiten systematisch zu erfassen – ein Aspekt, der ihn früh zur Fuzzy Logic führte.[7] Er sah in der Theorie unscharfer Mengen eine Möglichkeit, mit dem inhärent ungenauen Charakter vieler juristischer Begriffe wissenschaftlich umzugehen, ohne in Beliebigkeit oder Relativismus zu verfallen. Dabei verfolgte er stets das Ziel, normative Klarheit mit analytischer Präzision zu verbinden. Reisinger verstand die Rolle des Juristen im digitalen Zeitalter nicht als reinen Anwender technologischer Werkzeuge, sondern als Mitgestalter einer neuen epistemologischen Ordnung. Seine Methodik verlangt vom Juristen die Fähigkeit, mit Modellen zu denken, mit Formallogik zu operieren und dabei zugleich die normativen Grundannahmen des Rechts kritisch zu reflektieren. Diese Haltung macht sein Werk nicht nur zu einem Meilenstein der Rechtsinformatik, sondern zu einem bleibenden Appell für eine wissenschaftlich fundierte, kritisch-reflektierende und interdisziplinär anschlussfähige Jurisprudenz. Reisingers Ansatz zeichnete sich durch eine konsequente Formalisierung aus. Er verstand Recht nicht als bloß normatives System, sondern als strukturwissenschaftlich modellierbares Erkenntnisfeld. In seiner Arbeit verband er Elemente der Logik, Mengenlehre und Systemtheorie mit juristischen Fragestellungen. Dabei griff er Konzepte der Informatik wie Automatenmodelle und algorithmische Verfahren auf, ohne dabei die Eigenlogik des Rechts aus dem Blick zu verlieren.

7 Siehe vor allem sein Aufsatz über die Anwendungsmöglichkeiten der Theorie unscharfer Mengen, 119 ff.

5. Das Paradigma der konvergierenden Optionen

Reisingers Denken lässt sich mit dem von Norbert Mette und Hermann Steinkamp entwickelten Paradigma der »konvergierenden Optionen« verknüpfen.[8] Dieses Konzept wurde ursprünglich im theologischen Kontext entwickelt, um die Beziehung zwischen Theologie und Sozialwissenschaften neu zu denken. Mette und Steinkamp unterscheiden dabei zwischen drei wissenschaftstheoretischen Haltungen: dem sogenannten »ancilla«-Paradigma, das andere Disziplinen als bloße Dienerinnen einer Leitwissenschaft (z. B. der Theologie oder des Rechts) versteht; dem »Fremdpropheten«-Paradigma, das fremde Theorien unkritisch übernimmt; und schließlich dem Ideal der »konvergierenden Optionen«, das eine reflektierte, gleichberechtigte und erkenntnisorientierte Kooperation anstrebt.[9]

Überträgt man dieses Modell auf Reisingers Umgang mit der Informatik, wird deutlich, dass sein Ansatz exakt auf letzterem beruht: Reisinger begnügte sich nicht damit, informatische Methoden bloß zur juristischen Anwendung zu übernehmen. Ebenso wenig verstand er die Informatik als ein überlegenes Erklärungssystem. Stattdessen bemühte er sich um eine gegenseitige Verständigung beider Disziplinen auf der Basis geteilter erkenntnisleitender Interessen. Ein konkretes Beispiel hierfür ist seine Integration der Fuzzy Logic in die juristische Entscheidungslehre. Er analysierte nicht nur die theoretischen Grundlagen der unscharfen Mengen, sondern prüfte systematisch ihre Anschlussfähigkeit an juristische Begriffe wie »Zumutbarkeit«, »öffentliches Interesse« oder »Gefährdungslage«. Diese methodologische Verknüpfung war nur möglich, weil Reisinger sowohl die strukturelle Logik der Informatik als auch die normativen Anforderungen des Rechts in ihrer Eigenständigkeit verstand und ernst nahm. Zudem reflektierte er in seinen Schriften wiederholt über die erkenntnistheoretischen Voraussetzungen interdisziplinären Arbeitens. Ihm war bewusst, dass jede Disziplin von spezifischen epistemischen Interessen geleitet ist – eine Einsicht, die im Paradigma der konvergierenden Optionen zentral ist. Daraus ergibt sich die Notwendigkeit, nicht nur die Inhalte, sondern auch die Erkenntnisziele und Denkstile der beteiligten Wissenschaften offen zu legen und abzugleichen. Reisingers Denken kann daher als ein praktisches Beispiel für

8 Vgl. *Mette/Steinkamp*, Sozialwissenschaften und praktische Theologie, Düsseldorf 1983.

9 Ebd 170 ff.

das Gelingen konvergenter Interdisziplinarität gelesen werden – als Versuch, die Eigenlogik zweier Systeme produktiv miteinander in Beziehung zu setzen. In einer Zeit, in der interdisziplinäre Kooperation häufig auf bloßen Methodentransfer reduziert wird, bietet Reisingers Ansatz einen hochaktuellen und theoretisch fundierten Gegenentwurf.

6. Wirkungsgeschichte und Rezeption

Leo Reisingers Werk hat trotz seiner relativ kurzen akademischen Laufbahn eine nachhaltige Wirkung auf die Entwicklung der Rechtsinformatik entfaltet. Unmittelbar nach der Veröffentlichung seiner Hauptwerke in den 1970er Jahren wurde er als innovativer Vordenker in der interdisziplinären Diskussion wahrgenommen. Besonders sein Versuch, juristische Argumentation formalwissenschaftlich zu modellieren, erregte Aufmerksamkeit und polarisierte die Fachwelt und fand neben deutlicher Kritik auch viel Anerkennung, teils sogar Begeisterung.

Herbert Burkert würdigte Reisingers Einsatz für eine fundierte Theoriebildung in der Rechtsinformatik und kritisierte zugleich die allgemeine Vernachlässigung der strukturellen Funktion der Formalwissenschaften im rechtswissenschaftlichen Diskurs.[10] Burkert stellte klar, dass Reisingers Arbeiten ein tieferes Verständnis dafür ermöglichten, wie juristische Entscheidungsfindung algorithmisch erfasst und analysiert werden kann, ohne die normative Eigenart des Rechts zu verlieren. Auch Wilhelm Steinmüller griff wiederholt auf Reisingers Konzepte zurück, insbesondere in seinen Bemühungen um die institutionelle Etablierung der Rechtsinformatik in Deutschland.

Bernd Lutterbeck,[11] ein Schüler Steinmüllers, versuchte in den 1980er Jahren, Reisingers Ideen weiterzuentwickeln, insbesondere durch die Integration politikwissenschaftlicher Theorien in die rechtsinformatische Debatte. Seine Projekte an der Technischen Universität Berlin lassen sich in gewissem Sinne als Fortführung von Reisingers visionärem Ansatz verstehen – auch wenn dieser in der Breite nie die Anerkennung fand, die ihm gebührt hätte.

Trotz dieser punktuellen Rezeption blieb eine kohärente und umfassende Weiterführung von Reisingers Werk aus. Seine frühen Ansätze zur Anwendung formaler Logik, zur juristischen Semantik und zur Strukturmodellierung wurden zwar in Einzelfällen weitergeführt, doch oft fehl-

10 *Burkert*, DVR 4/1975, 226, 240.

11 https://einst-ig.de/mitarbeiter/bernd-lutterbeck.

te die methodologische Tiefe oder das interdisziplinäre Verständnis, das Reisingers Arbeiten auszeichnete.

In der allgemeinen Entwicklung der Rechtsinformatik dominierten in der Folgezeit anwendungsnahe Fragestellungen: Datenbanken, Expertensysteme, rechtliche Informationssysteme. Die theoretische Fundierung wurde dabei oft vernachlässigt. Dieser Wandel führte dazu, dass Reisingers Name zwar in der Fachliteratur erwähnt blieb, seine Ideen jedoch kaum aktiv weiterentwickelt wurden.

Die Wirkungsgeschichte Reisingers zeigt damit exemplarisch, wie fragil der Fortbestand interdisziplinärer Theoriebildung sein kann, wenn sie nicht institutionell verankert und systematisch gepflegt wird. Sie verweist zugleich auf das ungenutzte Potenzial seiner Ansätze für aktuelle Debatten in Legal Tech, Informationsethik und algorithmischem Recht.

7. Rechtsinformatik heute: Krise oder Erneuerung?

Die heutige Rechtsinformatik befindet sich in einer paradoxen Situation: Einerseits ist die Bedeutung technologischer Entwicklungen für das Rechtssystem größer denn je – von Legal Tech über digitale Verwaltung bis hin zu Fragen algorithmischer Normdurchsetzung. Andererseits ist die wissenschaftliche Disziplin der Rechtsinformatik, wie sie in den 1970er und 1980er Jahren unter Reisingers Mitwirkung gedacht wurde, weitgehend marginalisiert.

Viele heutige Forschungsinitiativen im Bereich Digitalisierung und Recht konzentrieren sich auf technische Fragen oder politische Regulierungsvorhaben, ohne ein tragfähiges theoretisches Fundament zu schaffen. Während Institute und Professuren mit Schlagworten wie »KI und Recht« oder »Recht der Digitalisierung« eingerichtet werden, fehlen oft die interdisziplinären und methodologischen Tiefenschichten, wie sie Reisinger einforderte. Häufig dienen solche Stellen primär der Einwerbung von Drittmitteln oder der schnellen Reaktion auf politische Förderprogramme – nicht jedoch der nachhaltigen Entwicklung einer wissenschaftlichen Theorie der Rechtsinformatik.

Gleichzeitig ist der Bedarf an fundierter rechtswissenschaftlicher Reflexion über digitale Transformation unübersehbar. Fragen der algorithmischen Diskriminierung, der automatisierten Rechtsanwendung und der maschinellen Interpretation juristischer Begriffe drängen sich mit wachsender Vehemenz auf. Ohne eine Rückbindung an die erkenntnistheoretischen Grundlagen – etwa über Modelle strukturwissenschaftlicher Analyse – droht die juristische Diskussion jedoch in reaktive Einzelantworten zu zerfallen.

Reisingers Ansatz bietet in dieser Situation einen alternativen Zugang: Er verbindet technische Offenheit mit theoretischer Strenge und interdisziplinärem Dialog. Eine moderne Rechtsinformatik im Geiste Reisingers müsste nicht nur juristische und informatische Methoden verzahnen, sondern auch ethische, soziale und erkenntnistheoretische Perspektiven integrieren. Dazu bedarf es eines Paradigmenwechsels – weg von kurzfristiger Anwendungsorientierung, hin zu langfristiger Strukturreflexion. Ein solcher Wandel ist möglich, aber er verlangt Mut zur Tiefe, methodische Offenheit und institutionelle Unterstützung. Die Wiederbelebung einer kritisch-reflektierten Rechtsinformatik, die an Reisingers Werk anschließt, könnte dabei helfen, das juristische Denken für das digitale Zeitalter neu auszurichten – nicht als Anpassung an technologische Vorgaben, sondern als Mitgestaltung einer gerechten, transparenten und normativ fundierten digitalen Ordnung.

8. Plädoyer für die Wiederentdeckung Reisingers

Leo Reisingers Denken ist aktueller denn je. In einer Welt, in der Blackbox-Algorithmen normative Entscheidungen treffen und digitale Systeme zunehmend autonome Entscheidungen fällen, wird seine Forderung nach methodischer Transparenz, interdisziplinärer Anschlussfähigkeit und normativer Fundierung zur drängenden Zukunftsfrage. Seine Idee, juristische Fragen nicht nur mit dogmatischer Präzision, sondern mit strukturwissenschaftlicher Tiefenschärfe zu analysieren, hat das Potenzial, die gegenwärtige Diskussion über Digitalisierung und Recht grundlegend zu erneuern.

Die von ihm gelebte Verbindung von juristischem Denken, formaler Logik und gesellschaftlicher Verantwortung macht ihn zu einem Vorläufer jener Wissenschaftshaltung, die heute in Debatten über KI-Ethik, algorithmische Governance und Legal Tech eingefordert wird. Seine Arbeiten zur Fuzzy Logic im Recht zeigen exemplarisch, wie unklare, auslegungsbedürftige Begriffe – etwa »Zumutbarkeit« oder »Verhältnismäßigkeit« – in einem formalisierten System modellierbar bleiben, ohne ihren normativen Gehalt zu verlieren. Gerade in einer Zeit, in der mathematische Modelle zunehmend rechtliche Entscheidungen beeinflussen, ist dieser Zugang von großer Relevanz.

Reisingers Ansatz lädt dazu ein, interdisziplinäre Forschung nicht als bloße technische Integration, sondern als echten theoretischen Dialog zu gestalten. Das Paradigma der konvergierenden Optionen bietet hierfür ein tragfähiges Modell: Durch dieses wird es ermöglicht, unterschiedliche disziplinäre Interessen und Erkenntnisziele nicht zu nivellieren, sondern aufeinander zu beziehen. Auf dieser Basis ließen sich neue Forschungsprogramme entwickeln, die Jurisprudenz, Informatik, Ethik und Sozialwissenschaften in einem gemeinsamen Diskursraum verankern. Ein ernst gemeintes Plädoyer für die Wiederentdeckung Reisingers bedeutet daher nicht nur, seine Texte neu zu lesen, sondern seine gedanklichen Ansätze weiterzudenken. Es bedeutet, seine methodische Strenge mit heutiger Problemorientierung zu verbinden, seine theoretische Tiefe mit praktischer Relevanz zu paaren. Es bedeutet auch, institutionelle Räume zu schaffen, in denen ein solcher interdisziplinärer Anspruch nicht nur geduldet, sondern gefördert wird – in Forschung, Lehre und wissenschaftlicher Kommunikation. Leo Reisinger ist kein bloßer »historischer Fall« der Rechtsinformatik. Er ist ein intellektuelles Angebot an die Gegenwart. Die Annahme dieses Angebots ist eine Chance – nicht nur für die Rechtswissenschaft, sondern für das gesamte Projekt einer humanistisch verantworteten digitalen Moderne.

LEO REISINGER: PIONIER DER WIRTSCHAFTSINFORMATIK

WOLF RAUCH

Em. Univ.-Prof. Mag. Dr. Wolf Rauch, Karl-Franzens-Universität Graz, wolf.rauch@uni-graz.at

Schlagworte: Leo Reisinger, Wirtschaftsinformatik, Entwicklung, Universität Wien, Institut für Statistik, Geschichte

Abstract: Leo Reisinger arbeitete die längste Zeit seiner akademischen Laufbahn am Institut für Statistik der Universität Wien. Dort kam er früh mit Computeranwendungen in Wirtschaft und Verwaltung in Berührung. Aufgrund seiner enormen fachlichen Breite war er neben seinen Forschungen zur Rechtsinformatik auch entscheidend am Aufbau der Studienrichtung Wirtschaftsinformatik (gemeinsam mit Prof. Gerhart Bruckmann) beteiligt.

Wenn man »Leo Reisinger« in Wikipedia[1] aufruft, findet man vor allem den »Rechtsinformatiker«. Von den acht in Wikipedia angeführten Schriften sind sechs der Rechtsinformatik zuordenbar. Das ist zwar richtig, greift aber zu kurz. Leo Reisinger war ein ungemein breit gebildeter, sportlich und kulturell aktiver Mensch. Schon seine Dissertation von 1972 über das chinesische Orakel »I Ging«[2] zeigt die Breite seiner Inter-

1 https://de.wikipedia.org/wiki/Leo_Reisinger_(Rechtsinformatiker).

2 Veröffentlichte Dissertation: *Reisinger,* Das I Ging: eine formalwissenschaftliche Untersuchung des chinesischen Orakels, Wien 1972.

essen. Er war historisch versiert, sprachlich vielseitig begabt (als sich Leo mit der jüdischen Kultur beschäftigte, besuchten wir beide gemeinsam den Kurs für Jiddische Sprache bei Jacob Allerhand), sein skifahrerisches Können waren legendär. Bei den zahlreichen Studienreisen des Instituts für Statistik war Leo Reisinger der unabkömmliche allwissende Reiseleiter – um nur einige Facetten dieses umfassend gebildeten Humanisten zu nennen. Leo Reisinger verkörperte in beispielhafter Weise einen Universalgelehrten und Vertreter des Studium Generale.

Der Eintrag in Wikipedia charakterisiert nicht nur den Rechtsinformatiker Leo Reisinger, sondern auch den Pionier der Wirtschaftsinformatik. Im Folgenden soll vor allem diese Seite seines Schaffens beleuchtet werden. Computer und Informatik haben sowohl militärische als auch zivile Wurzeln. Die Computerpioniere Alan Turing, John von Neumann, Konrad Zuse waren eng mit dem Militär verbunden; das Manhattan-Projekt, aus dem die Atombombe hervorging, gilt als der Durchbruch für die elektronische Datenverarbeitung. Allerdings fanden die ersten zivilen Anwendungen von Computern in Wirtschaft und Verwaltung schon früher statt. Die Tabelliermaschine (Hollerith-Maschine) war Ende des 19. Jahrhunderts ein Hilfsmittel der Statistik – ursprünglich zur Erfassung medizinischer Daten, später zur Volkszählung. Ein Detail sei am Rande erwähnt: Als »Computer« bezeichnete man damals die menschlichen Hilfskräfte, die diese Maschinen bedienten.

Die Entwicklung und Anwendung von Informationssystemen für Wirtschaft und Verwaltung erfolgte ab Mitte der 1950er Jahre in großem Stil. Als Lehrinhalte fanden diese Themen in den späten 1960er Jahren erstmals Eingang in betriebswirtschaftliche und statistische Lehrveranstaltungen. Erwin Grochla, Peter Mertens, Hartmut Wedekind gehörten zu den Pionieren im deutschsprachigen Raum. Einer von ihnen, Peter Mertens, erhielt 1968 an der Johannes-Kepler-Universität Linz den ersten betriebswirtschaftlichen Lehrstuhl mit Ausrichtung auf Betriebliche Datenverarbeitung, als Leo Reisinger dort an Gerhart Bruckmanns Institut für Statistik Assistent war.

Reisinger wechselte aber mit Gerhart Bruckmann 1968 von Linz an das Institut für Statistik der Universität Wien, wo er die längste und wichtigste Zeit seiner wissenschaftlichen Karriere verbrachte. Das Institut für Statistik der Universität Wien war damals bereits eine Keimzelle der elektronischen Datenverarbeitung in Wissenschaft und Forschung für Österreich. Es hatte unter der Leitung von Professor Slawtscho Sagoroff bereits 1962 einen »Burroughs 205 Datatron« angeschafft und war räumlich und personell eng mit dem Rechenzentrum der Universität verbunden.[3] Dieses wiederum war (gemeinsam mit dem Rechenzentrum der Technischen Hochschule) federführend für zahlreiche Innovationen in Computereinsatz und elektronischer Vernetzung in Österreich. Professoren des Instituts für Statistik waren in die Leitung des Rechenzentrums eingebunden, Mitarbeiter des Universitätsrechenzentrums unterstützen die Lehre am Institut.

In den 1970er Jahren, als Leo Reisinger im NIG (Neues Institutsgebäude der Universität in der Universitätsstraße) aus und ein ging, waren die charakteristischen langen Lochkartenschachteln, überbreite Computerausdrucke mit perforierten Rändern und Lochkarten als Notizzettel das typische Erkennungszeichen der Professoren und Assistenten am Institut für Statistik. Die Räume der Lochkartenstanzer im Keller des NIG wurden neben dem zentralen Rechenzentrum der Universität, die Bibliotheken ablösend, zu Aufenthaltsräumen für die Studierenden und jungen Assistenten. Die Einführung der »IBM 360 Modell 44«, die ersten externen Terminals und die elektronische Vernetzung mit der Technischen Hochschule Wiens waren wichtige weitere Schritte und boten spannende Gesprächsstoffe. Höhere Programmiersprachen wie FORTRAN, COBOL und ALGOL wurden Lehrinhalte am Institut für Statistik. Leo Reisinger war ein wichtiger Träger dieser Entwicklung.

Eine wesentliche Rolle in dieser Entwicklung spielte das 1962 eröffnete »Neue Institutsgebäude« (NIG) in der Universitätsstraße 7. Dieser erste große Universitätsneubau der Zweiten Republik war beim Einzug des Instituts noch relativ neu. Im Keller wurde das Rechenzentrum der Universität untergebracht, im Erdgeschoß das Institut für Statistik. Zur großen Mensa im Dachgeschoß führten damals ein Paternoster für Studierende und daneben ein Lift für Professoren. Der feine Klassenunterschied zwischen den von Leo ironisch »Proletenbagger« und »Bonzenheber« genannten Transportmitteln amüsierte Leo Reisinger. Der legendäre Paternoster wurde 2007 demontiert und ist heute im Technischen Museum zu bewundern.

In diesem Umfeld begannen Gerhart Bruckmann und Leo Reisinger Anfang der 1970er Jahre in Zusammenarbeit mit der Technischen Hochschule den Aufbau einer Studienrichtung »Betriebs- und Wirtschaftsinformatik« (im deutschen Sprachraum wurde daraus allmählich »Wirtschaftsinformatik«). Ich durfte als Student (und erster Absolvent) ab 1972 an dieser Entwicklung teilnehmen. Entsprechend der fächerübergreifen-

3 Vgl https://geschichte.univie.ac.at/de/artikel/wie-sich-eine-universitaet-informatisiert.

den Natur dieser Studienrichtung war die Bündelung der Angebote der Universität Wien und der Technischen Hochschule Wien von Anfang an sinnvoll. Nach ersten Studienversuchen wurden 1975 die ersten einschlägigen Studiengänge in Wien, »Betriebsinformatik« und »Wirtschaftsinformatik« angeboten. Zeitgleich eröffnete Linz den Studiengang »Betriebs- und Verwaltungsinformatik«.

Der Computer war nicht nur ein wichtiges Werkzeug für Statistiker, die Methoden der Statistik waren auch entscheidend für die Weiterentwicklung des Computers und die Ausweitung seiner Anwendungen. Dabei war neben den numerischen Verfahren von Beginn an auch die nichtnumerische Datenverarbeitung ein wichtiges Forschungsfeld, insbesondere die Textverarbeitung. In den USA etablierte sich für die technische Anwendung und Weiterentwicklung des Computers neben »Computer Science« (im deutschen Sprachraum »Informatik« bzw »Kybernetik«) schon früh auch »Information Science« (zu Deutsch »Informationswissenschaft«). Letztere konzentrierte sich zunächst auf Informationswiedergewinnung (Information Retrieval), Sprachanalyse inklusive Maschinelles Übersetzen sowie semantische und statistische Inhaltsanalyse – um nur einiger Beispiele zu nennen. Viele Arbeiten Leo Reisingers zur automatisierten Messung juristischer Begriffe oder zur automatisierten Normanalyse sind diesen Bereichen der Informationswissenschaft zuzuordnen.

Maschinlesbare Texte waren zu dieser Zeit noch kaum vorhanden. Da sie in der Regel von den Wissenschaftlern selbst auf Lochkarten gestanzt werden mussten, waren sie wertvoll gehütete Schätze. Leo Reisinger war einer von wenigen Wissenschaftlern in Österreich, die sich in den 1970er Jahren auf diesem Gebiet auskannten. So war es naheliegend, dass er als Doktorvater meine Dissertation über »Automatisches Exzerpieren«[4] betreute. Dass dieses Nischenfach »Informationswissenschaft« die Grundlage für eine gesellschaftsverändernde Technologie und ein wirtschaftliches Milliardengeschäft werden sollte, konnte damals noch niemand ahnen.

Leo Reisinger stand damit am Anfang einer Entwicklung, die 40 Jahre nach seinem Tod mit Microsoft, Apple, Alphabet, Amazon und Meta zu den größten Technologiekonzernen der Welt führt. Jedes dieser fünf Unternehmen gibt heute jährlich für Forschung und Entwicklung zweistellige Milliardenbeträge aus, 2023 waren das zusammen mehr als 200 Milliarden Dollar. Das ist mehr als das Doppelte der gesamten For-

4 *Rauch*, Automatisches Exzerpieren, Diss., Univ. Wien 1975.

schungsausgaben Deutschlands oder das 15-fache der gesamten österreichischen Forschungsausgaben.

Rankings, Evaluierungen, Impact-Faktoren und ähnliche Leistungsparameter haben die Wissenschaft seit Leo Reisingers Zeit zwar leistungsorientierter, aber auch enger werden lassen. Wer außerhalb klar umrissener Forschungsfelder disziplinübergreifend arbeitet, hat es heute schwerer denn je. Die wirklich wichtigen Fortschritte finden aber gerade zwischen den Disziplinen und außerhalb der ausgetretenen Pfade der Wissenschaft statt. Die Entwicklung der Informatik in den letzten vierzig Jahren zeigt das deutlich: Die Informatisierung war in technischer, wirtschaftlicher und gesellschaftlicher Hinsicht bahnbrechend – fand aber zum größten Teil außerhalb der Universitäten statt. Der Statistiker und Rechtsinformatiker Leo Reisinger wurde zu einem Pionier der Informationswissenschaft und Wirtschaftsinformatik im deutschen Sprachraum, weil er auf Grund seiner breiten humanistischen Bildung über die fachlichen Grenzen seines Faches hinaus denken und arbeiten konnte.

DIE AUSWIRKUNGEN DER DIGITALEN TRANSFORMATION AUF DIE RECHTSINFORMATIK

REINHARD RIEDL

Prof. Dipl. Ing. Dr. phil. Reinhard Riedl, Forschungsprofessor am Departement Wirtschaft der Berner Fachhochschule, reinhard.riedl@bfh.ch

Schlagworte: Digitale Transformation, Rechtsinformatik, Formale Wissenschaften, Forschung

Abstract: Dieser Beitrag untersucht die Auswirkungen der digitalen Transformation auf die Rechtsinformatik. Mit Rückblick auf Leo Reisingers Monografie zur Rechtsinformatik (1977) wird gezeigt, dass sich die ursprünglichen Axiome zur Rechtsinformatik bestätigt haben, ebenso wie die ursprünglichen Inhalte, gleichzeitig aber der Technologiefortschritt und der Fortschritt in der Technologienutzung ergänzende Sichtweisen verlangen. Die ursprünglichen Hoffnungen auf die Rolle der Formalwissenschaften haben sich nur teilweise bewahrheitet und spielen heute eine marginale Rolle. Die Rechtsinformatik konzentriert sich aktuell auf das Kommentieren von Regulierungen und das Untersuchen von populären Digitalthemen, klammert aber substanzielle Aspekte der stattfindenden digitalen Transformation weitgehend aus. Der Beitrag betont deshalb die Notwendigkeit einer transdisziplinären Forschung und einer stärkeren Integration der Sozialwissenschaften in die Rechtsinformatik. Er schlägt vor, dass Design Science und empirische Forschung mehr Aufmerksamkeit zu schenken, um eine technisch und organisatorisch informierte Rechtssetzungspraxis zu entwi-

ckeln. Und er schliesst mit einem Blick auf zukünftige Herausforderungen, respektive Themen der Rechtsinformatik.

Die Informatik ändert sich, die Welt ändert sich, viele Gewissheiten von Gestern sind heute Makulatur, nur die Rechtsinformatik ändert sich kaum. Sie ist vielbeschäftigt mit der Interpretation und Analyse von Gesetzen zur digitalen Gesellschaft. Einige Rechtsinformatiker*innen führen die logische Modellierung von Recht aus alter Tradition noch weiter, einige entwickeln neue Frameworks, einige führen radikale Experimente mit digitalen Technologien durch, einige forschen versuchsweise empirisch, einige versuchen den Graben zwischen Recht und technischer Umsetzung mit methodischen Instrumenten zu schließen, vor allem aber schreitet die kommerzielle Nutzung früherer Forschungs- und Entwicklungsergebnisse tatsächlich zügig vorwärts. Doch legt man die Rechtsinformatiklandkarte über die Digitalisierungslandkarte, bleibt viel Terra incognita. Viele Transformationsformen finden im Rechtsinformatikdiskurs (noch) keinen Niederschlag. Frei nach Brecht: Denn die Digitalisierung im Dunkeln sieht man nicht.

Das Ergebnis ist, dass Regulierungsdebatten von Lobbyisten beherrscht werden und letztlich im fast theoriefreien Raum Regulierungen formuliert werden, welche bei vielen Konzepten vage bleiben und in der Struktur alles andere als geordnet erscheinen. Ausgerechnet die digitale Transformation hat den Einfluss der Formalwissenschaften zurückgedrängt im Recht.

Sporadisch werden die grossen Umbrüche in Buchpublikationen tiefgreifender reflektiert[1], aber nur ganz wenige Forschende folgen diesen Anregungen, deren Einfluss damit auch sehr beschränkt bleibt. Neue digitale Praktiken – beispielsweise die Verlagerung des Problemlösens in die Mathematik mittels digitaler Zwillinge – werden überhaupt nur selten besprochen. Eine Ausnahme bilden Hypes wie jener um die generative KI, zu der es viele Experimente gab.

Ist dieses »*Business as Usual, nur diverser*« die unvermeidbare Folge der Überforderung durch die Werkzeug-, Wissens- und Ideenexplosion? Oder ist die Überforderung mit diesem ungeheuren Wachstum an neuen Handlungsoptionen umgekehrt die Folge des Verharrens im Üblichen. Ist der Rückzug früherer Visionen in Bezug auf die zukünftige Rolle der

1 Siehe zB *Mayer-Schönberger/Gasser*, Guardrails: Guiding Human Decisions in the Age of AI, Oxford University Press, 2022.

Formalwissenschaften pragmatisch? Oder erscheint der Rückzug nur notwendig, weil wir linear denken und die mögliche Abstraktion althergebrachter Traditionen gar nicht erst probieren?

Einschub: Ich habe es erlebt, dass die Unterschiedlichkeit des Papiers von Wahl- und Abstimmungszetteln als substanzielle Qualität der halbdirekten Demokratie der Schweiz gewiesen wurde – von einer fachlich in der Sache führenden Persönlichkeit. Leider war ich im öffentlichen Streitgespräch so entsetzt, dass ich gleich den argumentativen Totschläger ausgepackt und auf die sehr besonderen Umstände bei den Wahlen zur Gründung der modernen Schweiz hingewiesen habe. So habe ich nie erfahren, ob hinter der schrägen Behauptung eine Überlegung steckt, die zumindest früher relevant war. Das Streitgespräch fand zu einer Zeit statt, als die Spekulationen der Rechtsinformatik-Community längst Geschichte waren, dass durch die fehlenden Möglichkeiten, digitale Stimmzettel zu zerreißen, zu signieren oder unflätig zu beschmieren, eventuell die Demokratie verändert werden könnte. Was einst Forschende kindlich begeisterte, war schon damals kein Thema mehr. Umso mehr illustriert das Erlebnis, wie sich Systeme durch ihr Verharren auf alten Praktiken delegitimieren können. Einschub Ende.

Doch konkret zur aktuellen Lage der Rechtsinformatik: Vieles erinnert an das Prinzip von langfristigen Online-Games. Die digitale Transformation versorgt die Rechtsinformatik regelmäßig mit neuen Themen, welche dann bestenfalls halb bewältigt werden, bevor das nächste Thema neuen Klärungsbedarf schafft, beispielsweise in Form einer neuen, widersprüchlichen und in manchen Teilen unklar formulierten Regulierung. Eine Durchdringung der Materie ist so kaum möglich und akademisch belohnt werden die Sofort-Publizierer*innen.

Wenn wir uns aus dieser Situation in der Rechtsinformatik emanzipieren wollen, müssen wir etwas erreichen, was unmöglich scheint: noch klarer im Grundsätzlichen werden und aus dieser Klarheit heraus neue disziplinäre Instrumente für die Gegenwart entwickeln. Das eine ist primär die Gabe der Erfahrenen, das andere die Gabe der Jungen, aber nur das Zusammenbringen kann uns wirksame neue disziplinäre Instrumente bringen. Instrumente, die uns befähigen, rechtliche Leitplanken für die dynamischen Entwicklungen zu setzen, welche die Gegenwart prägen und viele Menschen verängstigen oder/und wütend machen.

Dieser Beitrag ist ein rein theoretischer, genauer ein wirklichkeitsinformierter theoretischer. Die Musik kennt seit langem die historisch informierte Aufführungspraxis. Die Wissenschaft tut sich dagegen aus guten und aus schlechten Gründen mit der wirklichkeitsinformierten

Forschung schwer. Deshalb hat dieser Beitrag die Form eines philosophischen Essays (angeregt durch Friedrich Lachmayer).

Blick zurück und Analyse des Ist-Zustands

Seit Leo Reisingers Buch über die Rechtsinformatik[2] hat sich die Informatik grundlegend verändert und damit auch die Rechtsinformatik. Es gibt Bedarf, einstige Perspektiven Reisingers wieder mehr ins Zentrum der Forschung zu rücken und darüber hinaus sein ursprüngliches Verständnis der Rechtsinformatik zu erweitern.

Reisingers Auslegeordnung ging von drei Hypothesen aus, die sich bestätigt haben. Erstens befindet sich die Rechtsinformatik im Schnittpunkt von Rechtswissenschaften, Formalwissenschaften und Informationswissenschaften. Sie ist keine eigene Disziplin und wird es bis auf Weiteres auch nicht werden. Tatsächlich gibt es sogar den Bedarf, sie ganz grundsätzlich transdisziplinär zu verstehen und in ihrer Forschung auch die Sozialwissenschaften zu integrieren, vielleicht sogar die historische und die künstlerische Forschung.

Zweitens ist die Rechtsinformatik noch immer die letzte Stufe des Jahrhunderte alten Prozesses der Einflussnahme formalwissenschaftlichen Denkens auf das Recht. Nur dass das, was einst eine Verheißung war, mittlerweile wie Entwicklungsstopp wirkt.

Die von Reisinger und anderen in den Diskurs eingeführte Hoffnung auf eine zentrale Rolle der Formalwissenschaften hat sich nur partiell bewahrheitet – und auf eine sehr andere Weise als ursprünglich antizipiert. Anstelle einer möglichen Automatisierung von Rechtsprozessen steht eine technische Unterstützung der praktischen Arbeit von Jurist*innen heute im Vordergrund. Gleichzeitig haben sich Smart Contracts zu einer prominenten Sackgasse des Automatisierungsdenkens geworden, welche mit den Grundsätzen (und der »Weisheit«) des Obligationenrechts nicht vereinbar ist. So verwundert es nicht, dass die DAOs, die dezentralen autonomen Organisationen, bislang eine Schimäre geblieben sind.

Vor allem aber hat sich die Hoffnung auf mehr Logik im Recht anders erfüllt als erwartet. Die Formalwissenschaften können bis auf Weiteres nur Analysen ermöglichen (was in der Praxis bislang nur sehr rudimentär passiert) und das Designen von Rechtstexten begleiten (was generative KI ziemlich gut unterstützt), nicht aber ein weitgehend formallogisches Formulieren. Dafür gibt es verschiedene Gründe, die wir heute besser

---

2 *Reisinger*, Rechtsinformatik, Berlin 1977.

verstehen als früher, gerade weil wir heute sehr viel weiter sind beim Einsatz von mathematischen Methoden zur Lösung von Echtwelt-Aufgaben.

So scheint es möglich, Richter*innen ebenso wie Ingenieur*innen oder Philosoph*innen in Zukunft durch passende KI zu ersetzen, aber eine mathematische Modellierung des Rechts ist nach heutigem Verständnisstand bis auf Weiteres ausgeschlossen: Ein solches Modell müsste verständlich sein und die Ableitung von Entscheidungen daraus formal deduzierbar und inhaltlich nachvollziehbar. Wäre das möglich, könnte man auch eine KI entwickeln, welche hochkomplexe Urteile so fällt, dass sie nachvollziehbar und logisch zwingend erscheinen – was nicht vereinbar ist mit der aktuell weit verbreiteten Annahme, dass eine solche KI-Entscheidungen trifft, die für Menschen nicht mehr nachvollziehbar sind.

Zwar muss man davon ausgehen, dass auch heute Urteile Rationalisierungen von komplexen, kontingenten, hochparallelen und nicht bewusst wahrgenommenen Entscheidungsprozessen sind – und genau solch ein Rationalisieren wird mit der Forschung zu Explainable AI angestrebt –, aber was genau dabei passiert, ist bislang unzureichend erforscht.

Dies alles schließt nicht aus, dass digitale Zwillinge im Rechtskontext genutzt werden. Dabei geht es aber um die Nutzung datenwissenschaftlicher Methoden – oder um eine Kombination aus logischer Modellierung und datenwissenschaftlichen Methoden. Das heisst, das Modellieren dient neu einerseits der Datengenerierung und Datenanalyse und anderseits dem Trainieren von generativer KI für bestimmte Anwendungszwecke. Die Rechtsinformatik hat diesen Kulturumbruch erst ansatzweise verdaut und steht dementsprechend vor großen Umwälzungen, wenn sie auf der Höhe der Zeit bleiben will.

Drittens ist die Rechtsinformatik, heute mehr denn je, verschieden von der Verwaltungsinformatik, welche mit der Wirtschaftsinformatik eng verwandt ist und eine Zweiteilung in Design Science Orientierung und empirische Orientierung erlebt hat. Design Science hat – von Einzelbeispielen abgesehen – nie den Weg in die Rechtsinformatik gefunden und empirische Arbeit tritt nur sporadisch in spezieller Form auf.

Die Frage stellt sich aber, ob diese IST-Diagnose einen wünschbaren Zustand darstellt. Inhaltlich sind beide Gebiete verschieden, aber sie treffen oft aufeinander. Aus Sicht der Verwaltungsinformatik spielt die Rechtsinformatik sowohl in Bezug auf die Datennutzung als auch in Bezug auf die Prozessintegration eine zentrale Rolle. Und ein höhere IT-Maturität in der Verwaltung kann überhaupt nur über eine gemeinsame Grundlagenforschung angestrebt werden.

Zentral für die Verwaltungsinformatik ist insbesondere die Datenarchitektur, welche idealtypisch ua unter anderem folgende sechs nationale »Komponenten« und eine internationale »Komponente« haben sollte:

1. Drei standardisierte und integrierte staatliche Kernregister für natürliche Personen, nicht natürliche Personen und Objekte – wobei alle staatlichen Register bei entsprechenden Einträgen auf diese Register verweisen, womit Inkonsistenzen vermieden werden.
2. Ein eID-Ökosystem mit verifizierbaren digitalen Zertifikaten, das die staatliche Registerlandschaft als Vertrauensanker nutzt.
3. Datenplattformen für Metadaten und für Instanzen digitaler Zwillinge, welche auf der Registerlandschaft und dem eID-Ökosystem aufbauen und das eID-Ökosystem selbst auch stützen.
4. Sichere Datenräume, welche das Verknüpfen von personenbezogenen Daten so ermöglichen, dass sie als anonymisierte Daten algorithmisch verarbeitet werden können.
5. Private Datenräume (eventuell als Teil personalisierter Portale) von natürlichen und nichtnatürlichen Personen, welche transaktionell teilautomatisiert mit Datenquellen und Datenverarbeitungsinstanzen verknüpft sind.
6. Eine sichere nationale Kommunikationsinfrastruktur, welche Punkt-zu-Punkt und Publish/Subscribe Kommunikation unterstützt und flexibel bedarfsgerecht und fallweise auch adhoc konfiguriert werden kann.
7. Internationale Datenaustauschräume für den länderübergreifenden Informationsaustausch, welche einige der folgenden Komponenten umfassen: semantische Standards für den Austausch zwischen Ländern, sichere Kommunikationsinfrastruktur für den Austausch zwischen Ländern, länderübergreifende Datenplattformen und Governance-Institutionen zur Überwachung des länderübergreifenden Austausches.

Diese Datenarchitektur ist ein zentrales Artefakt für die Verwaltungsinformatik und zugleich von hoher Relevanz für die Rechtsinformatik. Sie muss organisatorisch, technisch und rechtlich den Ansprüchen der Praxis in einem vorgegebenen politisch-regulatorischen Rahmen genügen. Dabei muss sie Lösungen für einen guten Umgang mit der Heterogenität der Daten- und Dokumentenmodelle bieten. Während dabei für die Rechtsinformatik die Einbettung in das regulatorische Umfeld zentral ist, ist für die Verwaltungsinformatik die Einbettung in die vorhandenen technischen Infrastrukturen und in die Verwaltungskultur zentral. Man sollte deshalb das eine nicht ohne das andere adressieren.

Aktuell ist vor allem die Ebene 3 Gegenstand heftiger Rechtsinformatik-Auseinandersetzungen: Stakeholder versuchen einerseits das Mehrfachentstehen zu verhindern und anderseits ihre Design-Aktivitäten durch das Blockieren anderer Design-Aktivitäten zu schützen – beispielsweise im Bereich personenbezogener Gesundheitsdaten.

Auch die Service- und Geschäftsprozessarchitektur ist zentral für die Verwaltungsinformatik. Hier ist die Auslegeordnung noch nicht so klar wie im Fall der Datenarchitektur. Wesentliche »Komponente« sind

– die integrierte Vorgangsbearbeitung, welche die organisationsübergreifende Zusammenarbeit beinhaltet.

– der personalisierte integrierte digitale Zugang zur öffentlichen Verwaltung für natürliche und nichtnatürliche Personen, der die Umsetzung des Once-Only-Prinzips beinhaltet.

– situative Informationsdienste, welche zunehmend auf generative KI setzen, in Zukunft voraussichtlich bestehend aus orchestrierten spezialisierten KI-Agenten.

– ein sicherer und zuverlässiger Kommunikationsbus, welcher Publish-Subscribe-Kommunikation mit beinhaltet.

– ein Broker für die gemeinsame Nutzung von Computing-Infrastruktur, Daten, Applikationen und Services inklusive eines Open-API-Portals.

Ein wichtiges Thema aus Rechtsperspektive ist dabei die länderübergreifende Zusammenarbeit, vom Once-Only-Prinzip bis zur Kooperation in der Verfolgung von Cybercrime und der Eindämmung von Cyberwar. Bislang kaum beachtete Rechtsinformatik-Themen sind das Broker-Konzept und der Open-API-Ansatz. Sie führen zu vielen ungeklärten Infrastrukturfragen – ua bezgl der Rechtmäßigkeit und bzgl der ambivalenten Wirkung einer Harmonisierung. Letztere schränkt nicht nur die lokale Autonomie, sondern auch die situative Qualität von Lösungen ein.

Wichtig wäre deshalb, dass Design Science und empirische Forschung auch in der Rechtsinformatik mehr Aufmerksamkeit finden – einerseits, damit die rechtliche Perspektive und die Rechtsinformatik-Expertise Teil der Designforschung werden und Rechtslage und Rechtspraxis in Bezug auf Rechtsinformatik-Aspekte empirisch untersucht werden, und anderseits, damit eine technisch und organisatorisch informierte Rechtsetzungspraxis entsteht.

Die STORK-Projekte als Vorbereitung der eIDAS-Regulierung sind für eine solcherart informierte Rechtsetzung Vorbild, auch wenn eIDAS letztlich die erwünschten Ziele nicht erreichte. Zum einen war der Umgang mit Heterogenität im ersten STORK-Projekt äußerst erfolgreich (was auch immer die Technikspezialist*innen daran auszusetzen haben), zum anderen zeigte der überschaubare nachfolgende Fortschritt, dass hier das Vorgehen nochmals reflektiert werden sollte. Auch der Versuch einer Parallelisierung von Rechtsetzung und Pilotierung in Bezug auf »Once Only« ist illustrativ und verdient eine tiefere Reflexion, auch wenn diese vielleicht schmerzhaft ist.

Beide Beispiele zeigen, dass wir Fragen der Verwaltungsinformatik auch aus Sicht der Rechtsetzungspraxis betrachten sollten – auf der Basis von empirischer Forschung dazu. Solch eine empirische Untersuchung sollte praktischerweise auch das Vorgehen in Verwaltungsinformatik-Projekten durchleuchten. Denn Design Science hat als Methode anderen Charakter als beispielsweise sozialwissenschaftliche Forschung mittels Experimenten. Sie hat – wie neuerdings Teile der Datenwissenschaft – einen wesentlichen kreativen Aspekt, der bei ähnlicher wissenschaftlich-methodischer Qualität zu sehr unterschiedlich nützlichen Outputs und in der Folge Outcomes führt.

Aktuelle Themen

Drei zentrale Inhalte von Reisingers Lehrbuch zur Rechtsinformatik sind juristische Informationssysteme, die Algorithmisierung von Entscheidungen und Datenschutz. Alle drei sind noch heute aktuell, aber die großen Forschungsfragen haben sich weiterentwickelt.

Informationssysteme und Daten

Die ***soziotechnischen Informationsökosysteme*** von Legislative und Judikative sind komplexer als ursprünglich antizipiert und eng verwoben mit dem soziotechnischen Informationsökosystem der Exekutive (Verwaltungsinformatik!) und mit Informationsökosystemen außerhalb von Legislative, Exekutive und Judikative: Sie umfassen viel mehr Datenrepositorien, Datenverarbeitungsfunktionen, Geschäftsprozesse, Interaktionsmöglichkeiten und ganz generell viel höhere und umfassendere Ansprüche an die Geschäftsfähigkeiten, als man sich einst vorstellen konnte. Trotz großer Erfolge seit damals gibt es großen Entwicklungsbedarf. Dieser lässt sich nicht auf »integrierter, schneller und zugänglicher« reduzieren, sondern muss zugleich vom Kontext und den technischen Möglichkeiten gedacht werden. Zu Beginn könnten die Modellierung der Ökosysteme und ihre Dokumentation sowie die Adaptierung von Evaluationsframeworks und die IST-Zustand-Erhebung stehen. Darauf aufbauend könnten digitale Zwillinge konstruiert werden, um eine empirische Basis für das Re-Design der Ökosysteme zu schaffen und als nächster Schritt wäre eine intensive Architekturdiskussion möglich. Nicht vergessen dabei werden sollten organisatorische Schritte, wie die Vorbereitung von schnellen, kompetenten Reaktionsmöglichkeiten auf Cyberangriffe.

Datenschutz ist aktuell mehrfach in der Krise: Er steht zunehmend in Konflikt mit gleichwertigen Zielen wie einer optimalen Gesundheitsversorgung, schafft in manchen Bereichen ungleich lange Spieße für verschiedene Akteure in der Wirtschaft und steht in einem ungesunden Verhältnis zur mediatisierten Daueraufregungsgesellschaft. Wo die einen abstrakt von seiner Wirtschaftsschädlichkeit überzeugt sind – die Bandbreite der Meinungen reicht vom Ungefähren und Vagen bis zur Überzeugung, dass jede Beschränkung der Wirtschaft Schaden stiftet –, verbreiten andere den Generalverdacht des weit verbreiteten Datenmissbrauchs – wobei hier die Bandbreite vom Konkreten bis zur Überzeugung reicht, dass wahlweise Unternehmen oder der Staat grundsätzlich böse Absichten haben. Bei manchen mischen sich die Extrempositionen beider Seiten sogar.

In dieser Situation ist die Bereitschaft, personenbezogene Daten zur rechtskonformen Datennutzung für Gemeinwohlnutzen bereitzustellen, selbst an Hochschulen gering, weil befürchtet wird, dass jede und jeder eine Entlassung riskiert, der Kritik in den Massenmedien oder den sozialen Medien auf die Hochschule zieht. Der wahrgenommene institutionelle Verfall – unabhängig davon, ob er real ist oder nicht – stellt damit eine weitere Herausforderung für die Regulierung des Datenschutzes dar. Gesucht ist deshalb eine ***einfache, konsistente und de facto gültige Regulierung*** des Datenschutzes, welche unter anderem auch die rechtmäßige Datennutzung zu schützen vermag, in einer hochkomplexen Gemengelage mit dynamischem Wandel des Erkenntnisstands.

Eine solche Regulierung wäre aber für sich noch nicht ausreichend. Die Verfügbarkeit von Daten hat weitreichende Konsequenzen. Bevölkerungsgruppen, zu denen es wenige Daten aus der medizinischen Forschung gibt, werden in der Regel fachlich inkompetenter behandelt. In Zukunft werden aber auch Menschen in Ländern, in denen keine einheimischen personenbezogenen Daten für Therapieentscheide genutzt werden können, weniger vielversprechende Therapien erhalten als anderswo. In der Wirtschaft wiederum wird die/der Einzelne immer mehr zum Markt, der von jenen beherrscht wird, welche über die meisten auf eine Person bezogenen Daten verfügen. Dies führt zu großen wirtschaftlichen Ungleichheiten zwischen Unternehmen mit Zugriff auf viele Daten und anderen. Hier ist nicht der Datenschutz, sondern schlicht die wirtschaftliche Realität Ursache für Chancenungleichheiten.

Weiters ist umstritten, ob durch Large Language Models, für deren Training ohne Erlaubnis Dokumente benutzt werden, Copyright verletzt wird – und welche Formen von Fair Use es im Fall geben könnte. Der Data Act kratzt bislang nur an der Oberfläche der konfliktbehafteten Gemengelage. Das Ziel sollte deshalb ein umfassendes **Datenrecht** sein, das als wesentliches Element einen revidierten Datenschutz enthält, der damit bessere Grundlagen für eine faire Gesellschaft schafft.

Entscheidungen und Transparenz

Das Modellieren juristischer Entscheidungen spielt in der heutigen Rechtsinformatik eine eher untergeordnete Rolle. Und schon Reisinger war sich bewusst, dass es enge Grenzen für das Automatisieren von Entscheidungen in der Rechtspraxis gibt. Doch es gäbe konkreten Bedarf, aus einer Kombination von Modellierung und den verschiedenen Formen von Maschinenlernen viele Aufgaben zu teilautomatisieren: vor allem im Bereich partizipativer Verfahren in in Legislative und Exekutive.

Neu ist das Thema der Nutzung von KI für Entscheidungen allgemeiner Art ein zentrales Rechtsinformatik-Thema. Das Schlüsseldokument hierfür ist der AI Act[3], welcher KI-Anwendungen in Risikoklassen einteilt, einige davon (abseits von speziellen Ausnahmen) generell verbietet, anderen Dokumentations- und Transparenzpflichten auferlegt. Wie dies konkret geschehen soll, was ausreicht dafür und was nicht, ist eine noch weitgehend offene Frage. Transparenz wird so aktuell zu einem Schlüsselthema der Rechtsinformatik, weil sie nicht nur von Algorithmen, sondern auch von Abläufen und Institutionen gefordert wird – oft sogar als Allheil-Wundermittel in komplexen Gemengelagen gilt. Und weil es in manchen Situationen auch die Forderung nach der Einschränkung von Transparenz gibt, zum Schutz von Geschäftsgeheimnissen, Privatsphäre oder Konsensprozessen oder auch aus technischen Überlegungen. So bedeutet in der Informatik Transparenz früher Unsichtbarkeit und ist in dieser Form bis heute ein zentrales Design-Prinzip für verteilte Systeme. Von diesen wissen wir obendrein, dass etwa Beobachtbarkeit ein nichttriviales Konzept ist: Wer es nicht beachtet, kann fiktive Phänomene beobachten und reale übersehen.

Grundsätzlich ist zu unterscheiden, welchem Zweck Transparenz dient und wer ihre Adressaten sind: Geht es um Qualitätsmanagement – ein internes oder ein externes? Geht es um das Vermitteln – und was (System/Algorithmus oder Entscheidung) soll wem (Regulatoren oder Nutzenden) bis in welche Tiefe und zu welchem Zweck vermittelt werden?

---

3 Regulation (EU) 2022/2066 of the European Parliament and of the Council of 14 December 2022 on Artificial Intelligence (AI Act), OJ L 410, 15.12.2022, 1–78.

Beim Einsatz von Algorithmen passiert auf vielen Ebenen Entscheidendes, das gutgehen oder schiefgehen kann:

1. bei der Formulierung der Entscheidung und den Entscheidungskriterien
2. bei der Wahl der Heuristiken zur Entscheidungsvereinfachung
3. bei der Wahl der genutzten Daten
4. bei der Wahl der Algorithmen
5. bei der Programmierung der Algorithmen im Detail
6. bei der Lösungsprogrammierung im Großen
7. beim Design der Benutzer*innenschittstellen
8. beim Qualitätsmanagement der Implementierung insgesamt
9. beim operativen Betrieb und dessen Qualitätsmanagement
10. beim Monitoring bzw. der Supervision

Das klingt nach Differenzierung, wo sie überflüssig ist, aber genau das ist meist die Eintrittspforte für das Desaster. Beispielsweise wenn bei der Softwareimplementierung nur auf den Code zum Algorithmus geschaut wird oder Governance, Governance-Umsetzung und Qualitätsmanagement unter einem Dach stattfinden. Mit dem AI-Act kommen noch zwei Punkte dazu: 11. Bei der Dokumentation und 12. Bei der Vermittlung passiert Entscheidendes und kann viel schiefgehen.

Oft wird Explainable AI (XAI) als zukünftige Lösung angepriesen. Doch das Wechselspiel zwischen unbewussten Entscheidungen und bewussten Begründungen, welches den Homo sapiens ausmacht, muss durch Fortschritte in der KI neu hinterfragt werden, wenn es in Zukunft durch XAI nachgebaut wird. Für dieses Hinterfragen sollten auch die Ergebnisse der Kognitionsforschung zur Kontingenz von individuellen Entscheidungen berücksichtigt werden. Diese Kontingenz ist auch abseits biologischer Fakten – Gerichtsentscheide hängen beispielsweise substanziell davon ab, ob sie vor oder nach dem Mittagessen fallen – beobachtbar als immanente Varianz von Entscheidungen und stellt eine für die Menschheit überlebenswichtige Eigenschaft dar, ähnlich wie die Varianzen im menschlichen Immunsystem. Das im Rahmen von Ethikdiskursen zur autonom agierenden KI oft geäußerte, große Unbehagen liegt darin, dass bei der Delegation von Aufgaben an die KI aus der unvermeidlichen Conditio Humana eine konstruierte Eigenschaft eines Artefakts wird. Dies verlangt Rechtsinformatik-Grundlagenforschung zur von Herbert Simon formulierten **Artefakte-Theorie**.

Dies ist nicht nur von grundsätzlichem Erkenntnisinteresse, sondern auch für ganz konkrete Haftungsfragen notwendig: Angenommen, gemäß Forschung passieren Menschen in der Medizindiagnostik bei der

Beurteilung von Bildern ohne KI-Vorbereitung in der medizinischen Diagnose 20–30% False Negatives. Angenommen weiters, der KI passieren bei der Vorbereitung dieser Entscheidungen gemäß Labortests 2.5% False Negatives, während Menschen bei vorbereiteten Entscheidungen gemäß klinischem Test weitere 2.5% False Negatives passieren. Wie ist es zu bewerten, wenn ein False Negative in der KI-Vorbereitung passiert? Rein statisch ist die Diagnosequalität durch den Einsatz von KI zur Entscheidungsvorbereitung signifikant erhöht. Aber wie schaut die Haftungsfrage aus – wenn in beiden Fällen sorgfältig gearbeitet wird, im zweiten Fall aber eine fehlerhafte Maschine benutzt wird?

Blick nach vorn: Zukünftige Herausforderungen

Die digitale Transformation führt zu zahlreichen neuen wirtschaftlichen Praktiken, die grundsätzliche Rechtsfragen aufwerfen, aber auch neue Optionen aufzeigen. Einige neuere Regulierungen, wie der Digital Services Act[4], der Digital Markets Act[5] und der Data Act[6], haben dies bereits adressiert, aber in Zukunft wird es weiteren Bedarf für regulatorische Leitplanken geben.

Es sind vor allem fünf digitale Megatrends in der legalen Wirtschaft, welche die Entwicklung prägen:

1. Der ONE-WORLD-Trend: Die physische und die digitale Welt werden eins.

a. *Smartifizierung*: Produkte werden mit digitalen Technologien erweitert, als Services angeboten und in manchen Fällen zu einer digitalen Plattform für ein Ökosystem digitaler Services.

b. *Mathematisierung*: Das Problemlösen wird mittels homomorpher Abbildungen in die Datenwelt verlagert (Methode der digitalen Zwillinge).

c. Duale Existenz: Es entstehen verschiedenste Formen von Koexis-

4 Regulation (EU) 2022/2065 of the European Parliament and of the Council of 19 October 2022 on a Single Market for Digital Services (Digital Services Act), OJ L 277, 27.10.2022, 1–102.

5 Regulation (EU) 2022/1925 of the European Parliament and of the Council of 14 September 2022 on contestable and fair markets in the digital sector and amending Directives (EU) 2019/1937 and (EU) 2020/1828 (Digital Markets Act), OJ L 265, 12.10.2022, 1–66.

6 Regulation (EU) 2022/868 of the European Parliament and of the Council of 30 May 2022 on European data governance (Data Governance Act), OJ L 152, 3.6.2022, 1–44.

tenz, einerseits zwischen Echtwelt-Entitäten und besonders umfangreichen digitalen Zwillingen von diesen (was ua dazu führen kann, dass die Originale nur in der digitalen Welt existieren) und anderseits indem einige Aspekte von Echtwelt-Entitäten in der physischen Welt definiert sind und andere in der digitalen Welt (wodurch die digitale Welt Materialitätscharakter für Entitäten der physischen Welt gewinnt).

d. *Datafizierung*: Daten werden zu einem volkswirtschaftlichen Produktionsfaktor und es entstehen neue kostenlose Dienste, welche finanziell valorisierbare Daten generieren.

e. *Augmented & Autonomous Intelligence*: Mittels Algorithmischen Verfahren der Künstlichen Intelligenz können aus den digitalen Zwillingen intelligente digitale Dienste abgeleitet werden, welche zu neuen Automatisierungen und datenbasierten neuen Formen der Mensch-Maschinen-Zusammenarbeit führen, teilweise aber auch zum autonomen Handeln fähig sind.

2. Der LANDLESS-WORLD-Trend: Der Ort verändert seine Bedeutung grundlegend.

a. *Entortung*: Land verliert als volkswirtschaftlicher Produktionsfaktor an Bedeutung, die Verortbarkeit von digitalen Diensten wird in Frage gestellt, es findet eine partielle Entterritorialisierung des Staats statt und Staaten dehnen ihre Rechtssetzung auf andere Staaten aus.

b. *Globalisierung der Geschäftstätigkeit*: Unternehmen verteilen ihre Wertschöpfungskette global und auch nur lokal produzierende Unternehmen vertreiben ihre Produkte und Dienstleistungen global.

c. *Remote Intelligence*: Menschen können in Arbeitsprozesse eingebunden werden, ohne Notwendigkeit, physisch vor Ort zu sein, teils analog über Videokonferenz, teils smart digital, in Zusammenarbeit mit unterstützenden digitalen Technologien, welche Daten sammeln, sie auswerten helfen, und menschliche Anweisungen vor Ort umsetzen.

d. *Re-Zentrierung*: Zentren ziehen wirtschaftliche und soziale Bedeutung aus der Peripherie ab und von der Kultur des jeweiligen Zentrums abhängig gewinnen verschiedene Vernetzungsformen an kritischer Bedeutung: anstelle einer unmittelbaren Ortsabhängigkeit tritt eine mittelbare Ortsabhängigkeit über die ortsgebundenen Kontakt- und Austauschmöglichkeiten.

e. *Neue Infrastrukturen*: Die digitale Infrastruktur bekommt eine kritische Bedeutung, da sie die Kosten für direkten Kontakt über Distanz marginalisiert, wo sie eine hohe Qualität hat.

3. Der WORLD-BEYOND-SIMPLE-STRUCTURES-Trend: In vielen Bereichen werden exzessiv die Präzision, Dynamik und Komplexität des

Handelns erhöht, während gleichzeitig sich Organisationsgrenzen, Ordnung und Normen auflösen.

a. *Vermessbarkeit der Welt*: Präzisere, komplexere und umfassendere Messungen werden ermöglicht, was in der Folge neue Überwachungs- und Steuerungsmöglichkeiten in vielerlei Richtung schafft.

b. *Ressourcenubiquität*: Digitale Systeme werden umfassend integriert und Informationen, Wissen und digitale Dienste können zunehmend situativ massgeschneidert dort bereitgestellt werden, wo sie benötigt werden.

c. *Simplifizierung*: Standardisierung, Wiederverwendung und Öffnung treiben die Entwicklung ganz wesentlich voran, behindern sie aber auch manchmal.

d. *Essentialisierung*: Wesentlicher Treiber einer schnellen Entwicklung sind der Verzicht auf Qualität – respektive eine entweder zweck- oder nutzenorientierte selektive Qualitätspolitik – sowie etablierte Normen – beispielsweise in Bezug auf einen fairen Umgang mit Mitarbeitenden – und Ordnungsprinzipien fördern zusätzliche die Beschleunigung der Entwicklung.

e. *Crowd Intelligence*: Bezahlte und unbezahlte Unternehmensexterne übernehmen zahlreiche Aufgaben, welche früher interne Mitarbeitende ausführten.

f. *Neue Organisationsformen*: Anstelle traditioneller Organisationskonzepte treten in vielen Bereichen erweiterte und neue Organisationsformen – vom Mieten und Teilen von Abteilungen über eine Kombination von hierarchischen und flachen Netzwerkstrukturen, organisationsinternen Wettbewerben, Führung durch Schweigen und soziokratischen Organisationsformen bis dynamischen virtuellen Unternehmen und DAOs (dezentralen autonomen Organisationen, welche durch Algorithmen gesteuert werden).

g. *Coffin Corner Habits*: Dank neuer Messmethoden, aber auch infolge einer kulturellen Radikalisierung in Bereichen mit idealistischen Zielen, welche nur indirekt mit der digitalen Transformation zusammenhängt, gibt es zunehmend Unternehmen, welche eine extreme oder sehr einseitige, nicht ausbalancierte, Unternehmenskultur aufweisen und trotzdem längerfristig bestehen können

h. *Hochkulturelle Kompetenzen*: Angesichts der hohen Vielfalt an Informationsquellen und Information wird die Kuratierung zu einer – digital unterstützten – Kernkompetenz. Angesichts der hohen Komplexität und immer höheren Spezialisierung wird Vermittlung ebenfalls zu einer Kernkompetenz, zu der es aber nur generische digitale Lösungsansätze gibt.

i. *Netzwerkgesellschaft*: Netzwerke spielen für den Zugang zu Informationen und für das Verteilen von Informationen angesichts der unübersichtlichen Vielfalt und der hohen Konkurrenz um Aufmerksamkeit eine zentrale Rolle.

j. *Vertrauensverlust*: Die Vertrauensdividende in Unternehmen erodiert dadurch, dass frühere Verdienste immer weniger Bedeutung haben und sogar auf Spitzenleistungen immer häufiger Entlassungen folgen – wobei sowohl der schnelle Wandel an Anforderungen und als auch die immer häufigeren radikalen Veränderungen diesen Verlust fördern.

4. Der WORLD-OF-PLATFORMS-Trend: Organisierte Netzwerke schaffen Mehrwert und werden zu Attraktoren von Geschäftstätigkeit.

a. *Digital organisierte Vernetzung*: Digitale Plattformen vernetzten Akteure sozial oder/und geschäftlich oder/und politisch und schaffen entsprechende virtuelle Transaktionsräume

b. *Kundenorientierte Geschäftsökosysteme*: Viele dieser Plattformen sind auf den Kund*innennutzen ausgerichtet, ermöglichen Anbietern Zugang zu ihren Kund*innen, wobei sie typischerweise Art der Angebote, Preise und vor allem den Datenfluss kontrollieren und sowohl das Wachstum der Kund*innenzahl und das Wachstum der Zahl an Anbietern ihren Wert als Plattform steigert.

c. *Marktgleichheit/Staatsähnlichkeit*: Plattformen definieren einerseits die Spielregeln und behalten sich Willkürakte vor, anderseits werden sie durch Regulierungen gezwungen hoheitliche Kontrollaufgaben zu übernehmen.

d. *Sharing Economy/Gig Economy*: Eine wesentlich Form von Plattformen sind sogenannte Sharing Economy Plattformen, welche die Zurverfügungstellung von ungenutzten Ressourcen ermöglichen – von ungenützten Objekten bis zur ungenutzten Arbeitskraft.

e. *Firmenersatz*: In vielen Bereichen könnten aufgrund der Plattformen Unternehmen in Zukunft überflüssig werden, weil einerseits die Transaktionskosten auf Plattformen ähnlich gering sind wie in Unternehmen und anderseits die Vertrauensdividende in Unternehmen erodiert (siehe oben) – und dieser Trend durch den Wunsch nach Selbstbestimmung bei höherqualifizierten Arbeitnehmenden gefördert wird.

f. *Entinstitutionalisierung*: Distributed Ledger Plattformen schaffen vertrauenswürdige virtuelle Speicher- und Transaktionsräume, welche durch keine Institution kontrolliert werden und treten damit in Konkurrenz zu staatlichen Institutionen und privatwirtschaftlichen Institutionen.

5. Der I-WORLD-Trend: Es findet eine radikale Personalisierung statt.

a. *Long-Tail-Bedienung*: Mittels digitaler Plattformen können auch sehr seltene Bedürfnisse der Vielen gewinnbringend bedient werden.

b. *Personalisierte Angebote*: Durch Personalisierung von Produkten und Dienstleistungen wird deren Wert für die Kund*innen vergrößert/ maximiert.

c. *Personalisierte Preise*: Durch Personalisierung der Preise gelingt es, mit den Preisen der effektiven Zahlungsbereitschaft von Kund*innen nahe zu kommen.

d. *Personalisierte Werbung*: Durch personalisierte Werbung gelingt es wesentlich erfolgreicher als bisher den Kampf um die Aufmerksamkeit der Kund*innen oder Wähler*innen zu gewinnen.

e. *Daten der Vielen*: Personalisierung basiert im Wesentlichen darauf, dass Eigenschaften von Adressat*innen aufgrund der Daten über die Adressat*innen und der Daten von Vielen abgeschätzt werden.

f. *Online-Tracking*: Menschen werden in allen Online-Aktivitäten getrackt und auch im Fall, dass ihre Identität jeweils nicht bekannt ist, wird es möglich ihre unterschiedlichen Online-Spuren mit hoher Zuverlässigkeit zusammenzufügen und sehr präzise »fast sicher weitgehend richtige« Profile ihres Online-Verhaltens zu erstellen – das geht bis hin zu Deanonymisierung von anonymen Datenspuren.

g. *Standardisierungsvoraussetzung*: Neben den Daten der Vielen ist fast immer eine partielle Standardisierung eine notwendige Voraussetzung für eine radikale Personalisierung.

h. *Aushebeln von Marktmechanismen*: Eine bessere Abschöpfung der Zahlungsbereitschaft wird auch durch den Aufbau stabiler Beziehungen ermöglicht – so rechnet es sich, einfache Dienste kostenlos anzubieten, weil bei den erweiterten Diensten höhere Preise verlangt werden können, wenn Kund*innen sich an Produkte gewöhnt haben.

i. *Kund*innen als Märkte* (siehe auch oben): Im Kontext der radikalen Personalisierung werden einzelne Kund*innen potenziell zum Markt, den Anbieter – meist digitale Plattformen – datenbasiert dominieren oder zumindest sehr weitgehend abschöpfen wollen.

j. *Personalisierte Präzisionsmedizin:* In der Gesundheitsversorgung wird datenbasiert der durchschnittliche Unterschied zwischen der im Durchschnitt besten und der individuell vielversprechendsten Versorgung immer größer und die personalisierte Präzisionsversorgung – von der Vorsorge über die Diagnose und Therapie bis zum Monitoring und der Nachsorge – kann davon signifikant profitieren.

k. *Social Scoring:* Personalisierung und Diskriminierung sind zwei Seiten derselben Medaille. Das Tracking des Verhaltens kann genutzt werden, Menschen sozial zu bewerten, um sie entweder positiv oder negativ zu diskriminieren.

Dies zeigt, dass eine allgemeine Betrachtung in Form von »Die digitale Transformation befähigt alle zu erfolgreicherem Handeln in ihrem Interesse«, respektive »Die digitale Transformation bringt für alle neue Affordances« zu abstrakt ist. Zwar ist es vernünftig, sich bewusst zu werden, dass die kriminelle Wirtschaft (die »Underground Economy«) ebenso profitiert wie die legale Wirtschaft, die Parteien mit Committment zur liberalen Demokratie ebenso profitieren wie die Parteien mit Wunsch nach autokratischer Herrschaft, die Leistungsträger*innen ebenso profitieren wie die Leistungsverweiger*innen, aber die konkreten Phänomene, wie sie oben auszugsweise ohne Anspruch auf Vollständigkeit aufgezählt werden, lassen sich nicht aus der Befähigungsbeobachtung ableiten.

Stattdessen erscheint es vielmehr notwendig, auch die digitalen Megatrends der kriminellen Szene, des Terrorismus und der zwischenstaatlichen Feindseligkeit ebenfalls zu identifizieren, um ein umfassendes Bild der digitalen Transformation zu bekommen. Mutatis mutandis sind die obigen Trends natürlich für alle gesellschaftlichen Bereiche relevant und prägend, konkret auch für politisches Handeln im Rahmen von liberalen Demokratien, aber je nach Bereich stehen jeweils auch Aspekte im Vordergrund, die in anderen Bereichen irrelevant oder unzulässig sind. Die digitalen Werkzeuge, mit denen autokratische Staaten ihre Einwohner*innen (und ihre Tourist*innen) überwachen, sind nicht grundverschiedenen von legalen Methoden der Polizei in liberalen Demokratien – es gilt das Multiple-Use-Prinzip – aber trotzdem ist jeweils ein genaues Studium der Praktiken für ein adäquates Verständnis notwendig.

Wichtig ist auch das Bewusstsein, dass neue digitale Praktiken oft auch einschränken. So fördert der Open-API-Hype auch eine Reduzierung der Handlungsmöglichkeiten durch De-Facto-Standardisierung, während ein Social Scoring zu Verhaltensanpassungen führt, welche die gesellschaftlichen Problemlösungsfähigkeiten signifikant beschränken.

Wichtig ist auch, sich bewusst zu sein, dass die digitale Transformation auch die Wertvorstellungen verändert, weil Neues möglich und Anderes als bisher üblich wird. Der Bedarf nach Regulierung entsteht nicht nur aus objektiver, sondern auch aus subjektiver Perspektive, so wie umgekehrt auch die Akzeptanz für Regulierungen sich verändert.

Eine besondere Herausforderung stellt die durch die Folgen der digitalen Transformation wesentlich verstärkte Bedrohung der liberalen Demokratie durch autokratische Tendenzen dar. Neue Praktiken der Informationsverbreitung und des Informationskonsums – inklusive der Möglichkeit der Besitzer großer sozialer Medien, durch Nachrichtenkuratierung politische Meinungen zu beeinflussen – stellen den Weiterbestand der liberalen Demokratien in Frage.

Neue *digitale Informationszugangs-, Interaktions- und Partizipationsmöglichkeiten* schaffen aber auch Chancen, die liberale Demokratie weiterzuentwickeln und das Vertrauen in sie zu sichern.

Neue Ideen zur Bewältigung der Aufgaben der Rechtsinformatik

Digitale Zwillinge sind einerseits ein Thema, das voraussichtlich neue gesetzliche Regelungen in vielen Bereichen verlangen wird, anderseits stellen sie auch eine Möglichkeit für die Analyse von Rechtssituationen und Rechtswirkungen dar. Darüber hinaus sind sie voraussichtlich notwendig für verschiedenste rechtliche Beurteilungen, beispielsweise um zu beurteilen, ob systematisch Fake News auf einer digitalen Plattform verbreitet werden. Deshalb lautet eine der aktuellen Grundsatzfragen der Rechtsinformatik, ob es möglich ist, auch solche Fragestellungen in den Datenraum zu transferieren und dort mit mathematischen Algorithmen zu bearbeiten.

Eine zentrale Frage bei vielen Regulierungen der EU ist beispielsweise, wie weit sie auf nationaler Ebene umgesetzt sind, beziehungsweise in welchem Ausmaß nationale Gesetze ihnen aktuell widersprechen. Hier gibt es den Bedarf, Werkzeuge zur Beantwortung solcher Fragen zu entwickeln. Mögliche Technologien dafür sind auf Rechtstexte spezialisierte Formen generativer KI und auf Ontologien und Thesauri basierende digitale Zwillinge plus mathematische Analysewerke. Diese Werkzeuge müssen erst entwickelt werden, könnten aber für die Rechtsinformatik einen formalwissenschaftlichen Quantensprung bedeuten. Mögliche Optionen sind die Analyse des Gebiets, welches von Nachrichten im Wörter-Vektorraum aufgespannt wird (Dimension, Volumen, Nachrichtendichte), die Analyse des durch Generierung und Weiterleitung von Nachrichten erzeugten Graphen oder auch die Analyse der Beziehungen zwischen Clustern als Halbgruppen. Geometrie, Graphentheorie oder abstrakte Algebra könnten so neue Impulse für die formalisierte Rechtsinformatik liefern mit Anwendungen in Rechtsprechung und Rechtsetzung. In den letzten Jahren hat in den Sozialwissenschaften die »Network Science« neue Perspektiven aufgezeigt, die eine besser informierte

Rechtsetzung ermöglichen, aber möglicherweise kann sich auch helfen abstrakte Rechtskonzepte so weit zu konkretisieren, dass sie vom Verdacht der Tür zur Willkür befreit werden.

Für die Auseinandersetzung mit Regulierungsvorschlägen und Regulierung braucht es aber neben formalwissenschaftlichen Methoden auch Methoden zur inhaltlichen Konkretisierung. Vor allem muss es möglich sein, wirklichkeitsnahe Simulationen durchzuführen. Bei Themen wie der elektronischen Identität (eID) kann solch eine »Simulation« auf fünf Ebenen durchgeführt werden:

1. Überprüfung mittels IT-Architekturentwurfs
2. Papiersimulation des Architekturentwurfs mit synthetischen Daten oder -besser noch - mit Echtweltdaten
3. Digitale Simulation des Architekturentwurfs, wobei auch hier Echtweltdaten vorzuziehen sind
4. Labortests mit einem technischen Prototypen
5. Pilotierung im Praxiskontext

Mit diesem aus der Design Science stammenden Ansatz kann überprüft werden, ob es sinnvolle Umsetzungen der abstrakten Rechtsprinzipien gibt.

Bei vielen anderen Themen ist ein szenario-basiertes Durchspielen der Regulierung sinnvoll. Dafür empfiehlt es sich mit Mustern von digitalen Praktiken zu arbeiten - sinnvollerweise Mustern, welche vernünftigem, unvernünftigem und bösartigem Verhalten entsprechen. Diese sollten empirisch fundiert sein, das heißt aus qualitativer empirischer Forschung in Form von Beobachtungen, Interviews und Fokusgruppengesprächen sowie eventuell der Analyse von Logdaten abgeleitet werden.

Mit diesem Ansatz, der vom Konzept der Use Cases ebenso inspiriert ist wie von der breiten Nutzung von Pattern Languages in der Informatik (welche ursprünglich auf den Architekten Christopher Alexander und sein Team zurückgehen), kann zuerst der Bedarf nach Regulierung anhand existierender Gesetze überprüft werden und die Entwicklung von Gesetzten validierend begleitet werden.

Fazit

Philosophische Diskussionen ethischer Fragestellungen sind wichtig. Sie müssen aber beides aufweisen: Klarheit im Konzept und Konkretheit im Praxisbezug. Halbe Konzepte und Viertel-Praxisbezüge sind angesichts der umfassenden digitalen Transformation der Gesellschaft - und das schließt den Staat und die Wirtschaft mit ein - unbefriedigend. Auch der hier vorgelegte Beitrag greift in vielerlei Hinsicht zu kurz. Er vermag nur aufzuzeigen, dass vieles neu gedacht werden muss. Eine umfassende Auslegeordnung müsste viel weiter gehen, ist aber derzeit noch nicht in Sicht.

Notwendig sind neben den richtigen Fragen auch die richtigen Methoden zur fundierten Entwicklung von rechtlichen Leitplanken für die digitale Transformation. Hier sollte die Rechtsinformatik bereit sein, von der Wirtschafts- und Verwaltungsinformatik methodisch zu lernen, sich aber darüber hinaus der philosophischen Auseinandersetzung mit den Paradigmenwechseln stellen, wie sie in diesem Beitrag skizziert wurden. Eine vielversprechende neue formalwissenschaftliche Untersuchungsmethode stellen digitale Zwillinge dar. Eine vielversprechende inhaltliche Validierungsmethode stellen die Simulation technischer Umsetzungen und das Durchspielen von musterhaften Szenarien dar.

AVANT-GARDE – WIE LEO REISINGER DIE REGULIERUNG VON INHALTSMODERATION AUF ONLINE-PLATTFORMEN UNTER DEM DIGITAL SERVICES ACT VORAUSGRIFF

MARIE-THERESE SEKWENZ

MSc. Marie-Therese Sekwenz, Faculty of Technology Policy and Management, TU Delft, m.t.sekwenz@tudelft.nl[7]

Schlagworte: Leo Reisinger, Rechst-Informatik, Digital Services Act, Content Moderation

Abstract: Leo Reisinger war ein Vordenker auf dem Gebiet der Rechtsinformatik, der schon in den 1970er Jahren die Relevanz der Verknüpfung von Rechtswissenschaft und Informatik erkannte. In seinem Werk betonte er die Notwendigkeit, die juristische Praxis durch den Einsatz von Informationssystemen zu unterstützen, insbesondere in Hinblick auf die Automatisierung rechtlicher Entscheidungen. Reisingers Konzepte wie die »Algorithmisierung juristischer Entscheidungen« sind heute besonders relevant, da sie viele der Spannungsfelder vorwegnahmen, die nun bei der Moderation von Inhalten auf Online-Plattformen unter Regulierungen wie dem Digital Services Act eine zentrale Rolle spielen. Diese Arbeit beleuchtet Reisingers Beiträge und zeigt auf, wie seine visionären Ideen auf die Herausforderungen der Inhaltsmoderation in digitalen sozio-technischen Systemen angewendet werden können.

---

7 https://www.tudelft.nl/staff/m.t.sekwenz/?cHash=b0a8362b6688cb6a1f4219f1bfea8469.

1. Zwischen den Disziplinen

Leo Reisinger betonte bereits 1977 in seinem Werk »Rechtsinformatik«, wie wichtig es ist, die Brücke zwischen den Disziplinen der Rechtswissenschaften und den Informationswissenschaften zu schlagen. Er bezeichnete den zunehmend relevanten Querschnittsbereich als »Bindestrich-Informatik« – also eine Disziplin, die sich aus einer komplexen Gemengelage speist und sich nicht mehr in einem monolithisch definierten Feld allein verorten lässt.[1] Laut Reisinger sind »die Probleme der Automation im Recht zu schwerwiegend, als dass sie Juristen allein überlassen werden könnten«.[2]

Nicht nur die Disziplinen, die wir heute vielleicht als »Legal Tech«,[3] oder »Empirical Legal Studies«[4] bezeichnen würden, sind ineinander verzahnt – auch die Wissenschaftler, die diese untersuchen, haben oft eine multidisziplinäre Ausbildung genossen, wie auch Reisinger, der sowohl Jurist als auch Informatiker war.[5] Diese hybriden, vielseitig einsetzbaren Vordenker, zu denen Reisinger zählt, schufen das Fundament für einen cross-disziplinären Diskurs zwischen der Juristerei und der Informatik. Als Vertreter zweier Fachrichtungen beschrieben sie die »hyphenated science«[6] in einer Weise, die sowohl die trennenden Elemente als auch das Verbindende so ausdrückt, dass das jeweilige Zielpublikum in ihrem Vokabular angesprochen wird.

Reisingers Fokus liegt dabei auf der »Algorithmisierung juristischer Entscheidungen«, die als Lösung für die »Bewältigung der Informationskrise des Rechts« dienen soll.[7] Laut Reisinger soll die Unterstützung in juristisch geprägten Informationssystemen gefunden werden, die primär zwei Funktionen haben: einerseits der automatisierte Vergleich von Rechtsfällen (Automatisierung der Case-Law-Analyse) und andererseits

1 *Reisinger*, Rechtsinformatik, Reprint, Berlin – New York 2016, 37.
2 Ebd 11.
3 *Susskind/Susskind*, Tomorrow's Lawyers: An Introduction to Your Future, Oxford 2023.
4 *Epstein/Martin*, An Introduction to Empirical Legal Research, Oxford 2014.
5 *Lachmayer/Čyras*, Visualization-of-Legal-Informatics.pdf, Legal Knowledge and Information Systems: http://dx.doi.org/10.3233/FAIA210310.
6 *Lachmayer/Čyras*, Visualization of Legal Informatics, in: Legal Knowledge and Information Systems. JURIX 2021: The Thirty-fourth Annual Conference, Vilnius, Lithuania, 8–10 December 2021, Amsterdam, 2021, 3–10: https://ebooks.iospress.nl/doi/10.3233/FAIA210310
7 *Reisinger*, Rechtsinformatik, Reprint, Berlin – New York 2016, 31.

die Unterstützung bei der rechtlichen Recherche durch spezialisierte Systeme (Automatisierung der Informationssuche). Der Einsatz solcher Systeme soll »in der Rechtswissenschaft mathematische Gewissheit durch ein Operieren mit Begriffen und Grundsätzen nach mechanisch-sicherer Methode« bringen.[8] Doch der Umgang mit Begriffen ist häufig mit Unschärfen, Zweideutigkeiten und schwer quantifizierbarer Offenheit verbunden. Dies kann allgemein dazu verleiten, Abstraktionen vorzunehmen, wie etwa die Erfassung denkbarer Fälle durch begriffliche Schemata – insbesondere im Hinblick auf technische Kalibrierung und die Schaffung operationalisierbarer Bedingungen.[9]

Die Computer, die Reisinger in seiner Arbeit in den späten Siebzigern beschreibt, waren natürlich in ihrer Funktionsweise limitiert im Vergleich zu heutigen Systemen, die Gegenstand von Regulierung sind, wie Künstlicher Intelligenz,[10] Social Media,[11] oder zielgerichtete politische Werbung.[12] Dennoch griff Reisinger in seiner Arbeit viele Spannungen voraus, die sich auch auf heutige Fragen anwenden lassen und neue Perspektiven auf komplexe sozio-technische Systeme ermöglichen.

2. Reisingers juristische Systembeschreibung am Beispiel von Inhaltsmoderationen auf Online-Plattformen

Das Beispiel Social Media und die darin stattfindende Inhaltsmoderation ist eine anschauliche Illustration von »Jurimetrie«[13] oder der Formalisierung des Rechts. Die Plattformen nehmen eine quasi staatliche Aufgabe in der Abwägung zwischen der Meinungsäußerungsfreiheit und der potenziellen Gefährdung anderer Rechtsgüter wahr, wie zum Beispiel dem

8 Ebd 21.

9 Ebd 30.

10 Regulation (EU) 2024/1689 of the European Parliament and of the Council of 13 June 2024 laying down harmonised rules on artificial intelligence and amending Regulations (EC) No 300/2008, (EU) No 167/2013, (EU) No 168/2013, (EU) 2018/858, (EU) 2018/1139 and (EU) 2019/2144 and Directives 2014/90/EU, (EU) 2016/797 and (EU) 2020/1828 (Artificial Intelligence Act) (Text with EEA relevance).

11 Regulation (EU) 2022/2065 of the European Parliament and of the Council of 19 October 2022 on a Single Market For Digital Services and amending Directive 2000/31/EC (Digital Services Act) (Text with EEA relevance) OJ L 277.

12 Regulation (EU) 2024/900 of the European Parliament and of the Council of 13 March 2024 on the transparency and targeting of political advertising (Text with EEA relevance).

13 *Reisinger*, Rechtsinformatik, Reprint, Berlin – New York 2016, 31.

Schutz vor der Verbreitung illegaler Inhalte. [14] Dieser Prozess ist ein relevantes Beispiel der Automatisierung von Fällen sowie deren Detektion,[15] was bedeutend ist, um Plattformen nicht von schädlichen Inhalten überfluten zu lassen. Online-Plattformen sind dabei jedoch bestimmten Restriktionen unterworfen, wie dem Bedürfnis, gewisse Schritte juristischer Entscheidungen (teilweise) zu automatisieren, um der Flut an Uploads Herr zu werden. Solche juristischen Entscheidungen können einerseits auf Grundlage von internationalen Normen, Europäischem Recht, nationalen Bestimmungen, oder vertraglichen Bedingungen wie Allgemeinen Geschäftsbedingungen begründet werden.[16]

2.1 Reisingers Systemanalyse

Bei der Automatisierung der (juristischen) Moderation von Inhalten unterscheidet Reisinger zwei Gesamtsysteme:[17] System eins als konstante Koppelung zwischen »Ist-System« und »Rechtssystem« und System zwei als »Anwendungssystem« und »Rechtssystem«. Diese Unterteilung ist auch im Falle von Content-Moderation-Systemen nützlich,[18] um die Unterscheidung zwischen juristisch klassifizierten Entscheidungen und der täglichen Anwendung durch technische Systeme oder menschliche Content-Moderatoren zu verdeutlichen.[19] Diese zeigen die Spannungen zwischen der rechtlichen Sphäre und der praktischen Umsetzung durch sozio-technische Systeme und die Evaluierung von potentiellen rechtlichen oder vertraglichen Verstößen der Nutzer mit der Durchsetzung des Rechts oder Vertrages durch zum Beispiel das Löschen von Inhalten.

---

14 Art. 34 Abs. 1 Z 1 Digital Services Act (Regulation 2022/2065).

15 *Gillespie*, Custodians of the Internet: Platforms, Content Moderation, and the Hidden Decisions That Shape Social Media, New Haven 2018, 74.

16 *Wagner et al*, Mapping Interpretations of the Law in Online Content Moderation in Germany, 22.12.2023: https://doi.org/10.1016/j.clsr.2024.106054.

17 *Reisinger*, Rechtsinformatik, Reprint, Berlin – New York 2016, 65.

18 Art. 3 Z t Digital Services Act (Regulation 2022/2065).

19 *Gillespie*, Content moderation, AI, and the question of scale, in: Big Data & Society 7/2020: https://doi.org/10.1177/205395172094323

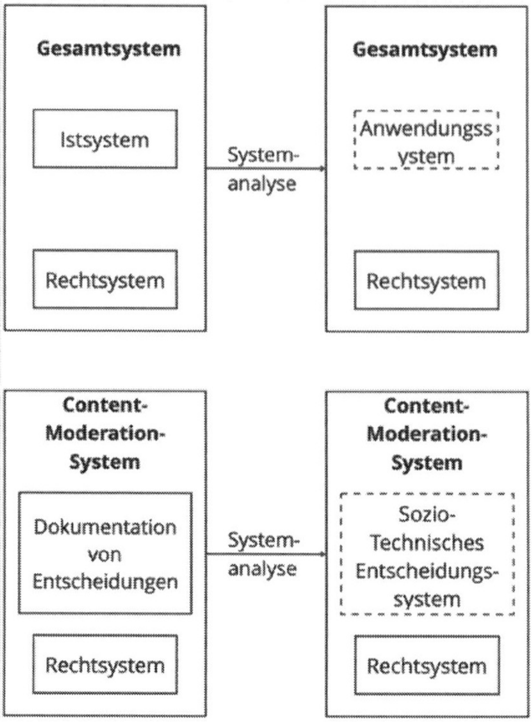

Abbildung 1: Reisingers Systemanalyse am Beispiel von Content-Moderation-Systemen[20]

2.2 Content-Moderation-Systeme als Informationssysteme

Social Media Plattformen sind auch ein Beispiel für Reisingers Begriff der Informationssysteme die eine Relation zwischen Sender und Empfänger darstellen.[21] Der Interaktionsprozess auf Online-Plattformen weist eine zusätzliche Ebene an Komplexität auf: Nutzer:innen stehen nicht nur in direkter Beziehung zur Plattform selbst, sondern auch die von ihnen hochgeladenen Inhalte können weitere Beziehungen herstellen – etwa zu anderen Nutzer:innen (wie im Fall des Meldens problematischer Inhalte),[22] zu Nutzer:innen mit besonderen Rechten[23] oder zu Behörden.[24] Reisinger unterscheidet drei Grundarten der juristischen Information: Normen, Rechtsprechung und wissenschaftliche Literatur.[25] Einschlägige Normen für den Anwendungsfall der Inhaltsmoderation für Social

20 *Reisinger*, Rechtsinformatik, Reprint, Berlin – New York 2016, 64.

21 Ebd 78.

22 Art. 16 Digital Services Act (Regulation 2022/2065).

23 Art 22 Digital Services Act (Regulation 2022/2065).

24 Art 9–10 Digital Services Act (Regulation 2022/2065).

25 *Reisinger*, Rechtsinformatik, Reprint, Berlin – New York 2016, 73.

Media Plattformen in der Europäischen Union sind zum Beispiel: der Digital Services Act, die Audio Visual Media Service Directive,[26] Verordnung zur Bekämpfung terroristischer Online-Inhalte[27] oder die General Data Protection Regulation.[28] Ein prominentes Beispiel im Bereich der Inhaltsmoderation ist das Urteil des EuGH in der Rechtssache *Glawischnig-Piesczek / Facebook Ireland* (C-18/18),[29] das eine Löschpflicht von Plattformen für inhaltlich gleichartige Beiträge mit globaler Wirkung festschreibt. Wissenschaftliche Literatur bildet andererseits Nährboden für noch ungeklärte Rechtsfragen und unterfüttert Diskurse über die Auslegung von Normen zueinander oder das Verständnis von Erwägungsgründen in nicht final ausjudizierten Fällen, wie zum Beispiel bei Deplatforming von Nutzer Accounts.[30]

2.3 Content-Moderation-Systeme als juristische Entscheidungssysteme

Eine andere Reisinger-Kategorisierung die auf Inhaltsmoderationssysteme zutrifft ist das Juristische Entscheidungssystem. [31] Kanäle im Kontext sozialer Medien sind die unterschiedlichen Formen, die Inhalte annehmen können – etwa als »Reel«, regulärer Post, geplanter Beitrag oder Kurzvideo (»Short«). Hinzu kommen Aspekte der Zielgruppenauswahl oder -einschränkung, beispielsweise durch gezielte Adressierung einzelner Personen, spezifischer Freundesgruppen oder der gesamten Nutzerschaft einer Plattform.

Als »Träger der Initialinformation« fungiert die Plattform, indem sie die Verbindung zwischen Nutzer:in und dem Onlinedienst herstellt. Auch die »Erstellung des Entscheidungssatzes« für Moderationsentscheidungen wird durch das Design der Benutzeroberfläche sowie durch

26 *OV*, Directive (EU) 2018/ 1808 of the European Parliament and the Council - of 14 November 2018 - amending Directive 2010/ 13/ EU on the coordination of certain provisions laid down by law, regulation or administrative action in Member States concerning the provision of audiovisual media services (Audiovisual Media Services Directive) in view of changing market realities.

27 Regulation (EU) 2021/784 of the European Parliament and of the Council of 29 April 2021 on addressing the dissemination of terrorist content online (Text with EEA relevance) OJ L 172.

28 General Data Protection Regulation OJ L 119.

29 European Court of Justice 3. 10. 2019, ECLI:EU:C:2019:821.

30 *Kettemann./Rachinger/Sekwenz*, Deplatforming, in: Regulierung von Kommunikationsplattformen Aktuelle Fragen der Umsetzung, Wien 2022, 78.

31 *Reisinger*, Rechtsinformatik, Reprint, Berlin – New York 2016, 98.

die in den Allgemeinen Geschäftsbedingungen festgelegten Regeln bestimmt – etwa jene, die in den Community Standards der Plattformen näher definiert sind.[32] Die Benutzeroberfläche sowie die zugrunde liegende Architektur der Plattformen bilden in Reisingers Klassifikation den sogenannten »Entscheidungssatz«, der die Übertragung von Informationen (Inhalten) ermöglicht.

Als »Träger des Entscheidungssatzes« gelten die Plattformen selbst. Sie erfüllen ihre Funktion durch den Einsatz sowohl automatisierter Systeme zur Inhaltsmoderation als auch menschlicher Moderator:innen, die in diesem Modell als »Verarbeiter des Entscheidungssatzes« fungieren. Durch das Design der Plattformen werden die technischen Mittel »(Über-)Träger des Entscheidungsergebnisses« gegenüber den Usern, die entweder ihre Inhalte uploaden können, oder über negative Entscheidungen in der Moderation informiert werden. Fakten und Ereignisse wie Moderationsentscheidungen werden weiters in der Statement of Reason Database eingetragen[33] und in aggregierter Form in der Transparenz Berichten der Plattformen zusammengefasst.[34] Die »Evaluation von Informationen«[35] folgt einer plattform-zentrierten Logik, in welcher die Evaluation unter den Allgemeinen Geschäftsbedingungen oft einer rechtlichen Analyse vorgezogen wird, was seinerseits wiederum Auswirkungen auf die berichteten Werte in den Statements of Reason haben, sowie das Reporting der Transparenzberichte.[36] Diese genauen »Entscheidungsregeln« und eingesetzten Programme die Plattformen verwenden um den Prozess der Inhaltsmoderation zu unterstützen sind jedoch nicht öffentlich zugänglich und bieten daher nur einen limitierten Blick auf »präskriptive Informationen«.[37]

Unter diesen Gesichtspunkten die Reisinger determiniert können die juristischen Entscheidungssysteme die Content Moderation Systeme darstellen abgebildet werden und benannt werden. Durch die Einteilung in Kanäle und Instanzen werden damit nicht nur Verbindungen in ei-

32 Meta, Community Standards | Transparency Center https://transparency.meta.com/policies/ad-standards/community-standards (Stand 2024).

33 Art 17 Digital Services Act (Regulation 2022/2065).

34 Art. 15, 24, 42 Digital Services Act (Regulation 2022/2065).

35 *Reisinger*, Rechtsinformatik, Reprint, Berlin – New York 2016, 98.

36 *Wagner et al*, Regulating transparency? Facebook, Twitter and the German Network Enforcement Act, in: Proceedings of the 2020 Conference on Fairness, Accountability, and Transparency, 2020, 261: https://doi.org/10.1145/3351095.3372856.

37 *Reisinger*, Rechtsinformatik, Reprint, Berlin – New York 2016, 99.

nem Multi-Actor System darstellbar, sondern auch die Hierarchie, die die Rangordnung der Akteure aufzeigt und prozessual ordnet. Dabei ist die Moderation von Inhalten nicht nur besonders illustrativ als juristisches Entscheidungssystem durch die rechtliche Seite, sondern auch durch den hohen Grad der Automatisierung die notwendig ist, um ein Funktionieren der Services überhaupt gewährleisten zu können. Die rechtliche und technische Ausgestaltung solcher Strukturen wird durch den Digital Services Act einheitlich normiert. Damit einher geht eine Standardisierung von Melde- und Aufsichtsmechanismen für Plattformen.

Diese geben ihrerseits wieder neue Einblicke in die komplexen juristisch relevanten soziotechnischen Systeme die die Moderation von Inhalten möglich machen.

3. Reisingers Relevanz in der heutigen Regulierung von Online-Inhaltsmoderation: ein vorausschauender Blick auf die Schnittstelle von Recht und Technologie

Reisinger hat also schon Jahrzehnte vor der fast flächendeckenden Nutzung von Social Media die Relevanz beschrieben, die fest verankert ist zwischen der Informatik und den Rechtswissenschaften, wie die Moderation von Inhalten auf Online-Plattformen und dem Digital Services Act. Reisingers Arbeit war ihrer Zeit voraus: Er erkannte bereits früh die Komplexität der Automatisierung juristischer Entscheidungen sowie die damit verbundenen sozio-technischen Spannungen moderner Systeme. In seinen Konzepten der Informations- und Entscheidungssysteme stellt er zentrale Spannungsfelder dar – insbesondere den Widerspruch zwischen rechtlicher Genauigkeit und der Notwendigkeit zur Skalierung.

Zudem verweist er auf grundlegende Problembereiche wie die Unschärfe juristischer Begriffe und beschreibt technische Herausforderungen, etwa im Hinblick auf das Training künstlicher Intelligenz. Solche Systeme, die mit Unsicherheiten schwer umgehen können, gelten jedoch als zentraler Bestandteil moderner Inhaltsmoderation, insbesondere wenn es um die automatisierte Erkennung von Rechtsverstößen geht.[38] Dabei wird deutlich, dass technische Systeme, so effizient sie auch sein mögen, nicht ohne (menschliche) juristische Kontrolle auskommen können. Wie eine effiziente Balance zwischen genug rechtlich qualitativer

38 *Hanif et al*, Navigating the EU AI Act Maze using a Decision-Tree Approach, in: ACM Journal on Responsible Computing 1/2024: https://doi.org/10.1145/3677174.

Automatisierung von Inhaltsmoderation und menschlich (juristisch geschulter) Moderation *en détail* ausgestaltet werden kann, bedarf genauer Kalibrierung und genug Transparenz für regulierende Behörden des Digital Services Act um die Einhaltung dieser neuen Regeln prüfen zu können. Reisingers visionäre Arbeit zeigt uns, dass die Lösung für die heutigen Herausforderungen im Bereich der Inhaltsmoderation in einer engeren Zusammenarbeit zwischen Juristen, Informatikern und weiteren relevanten Disziplinen liegt. Dabei bedarf es nicht nur einer gemeinsamen Sprache, sondern vor allem einer engen interdisziplinären Zusammenarbeit. Nur so kann die Beschaffenheit technischer Systeme gewährleistet werden, die den Anforderungen neuer Regulierungen entsprechen und die Herausforderungen der Inhaltsmoderation auch aus technischer Perspektive realistisch abbilden.

Ziel ist es, konstruktiv an neuen Lösungsansätzen zu arbeiten, die zur Schaffung sicherer digitaler Räume beitragen – Räume, die europäischen Standards genügen und rechtliche Vorgaben ernst nehmen sowie präzise umsetzen.

»RECHTSINFORMATIK GRAZ« – EIN UPDATE

ELISABETH STAUDEGGER

Univ.-Prof. Mag. Dr.iur. Elisabeth Staudegger, Universität Graz, Institut für Rechtswissenschaftliche Grundlagen (Fachbereich Recht und IT), elisabeth.staudegger@uni-graz.at

Schlagworte: Rechtsinformatik, Studium, Rechtswissenschaften, Universität Graz

Abstract: Leo Reisinger war mit seiner akademischen Qualifikation in den Bereichen Informatik, Statistik und Rechtswissenschaften ein ausgewiesener Experte für die neuen Fragestellungen der 1970er Jahre.

Leo Reisinger sollte die »Rechtsinformatik« als Fach an der Rechtsfakultät Graz aufbauen; dazu ist es nie gekommen. Ebenso wenig kam es zu einem Treffen zwischen ihm und mir. Ich kann daher in diesem Band nichts beitragen, das dem Gedenken an ihn förderlich wäre. Doch kann ich berichten, wie sich der Grazer Ansatz tatsächlich entwickelt hat.

Der Beitrag mag zunächst Gelegenheit zur Entschleunigung geben, zum Atemholen; zum Rückblick und zur Rückbesinnung, dem Anlass des Gedenkens angemessen. Er mag in der Folge aber anregen, den Stellenwert von Bildung und Ausbildung, von Wissen und Können in den juristischen Berufen zu hinterfragen. Denn die Professur, die Leo Reisinger unter dem Titel »Rechtsinformatik« in Graz ausfüllen sollte, war neben Forschungsagenden unmittelbar auch der Lehre über und mit Informationstechnologien gewidmet. Beginnend mit dem extracurricularen

»Hochschullehrgang für Rechtsinformatik« hat sich Rechtsinformatik – verstanden im weiten Sinn unter Einschluss des IT-Rechts – an der REWI Fakultät Graz als Pflichtfach im rechtswissenschaftlichen Diplomstudium etabliert, das mit der »Professur für Rechtsinformatik« nachhaltig gefestigt wurde. So wurde sowohl sichergestellt, dass die rechtswissenschaftliche Sicht in der Beforschung der gesellschaftlich so wichtigen Themen der sozialadäquaten Regulierung der Informationstechnologie vertreten war; die Befassung mit diesen Fragen hat im Zuge forschungsgeleiteter Lehre aber auch Eingang in das Denken ganzer Generationen von Jus-Studierenden, von Absolvent:innen der REWI Graz und später praktizierenden Jurist:innen gefunden.

1. Intro: »Rechtsinformatik Graz – RI + IT-Recht« (1975–2014)

Die Erinnerung an Leo Reisinger führt unweigerlich zu den Anfängen der Rechtsinformatik in Graz zurück, war er doch persönlich am Aufbau des Fachs in Graz beteiligt. Um diesen mehr als 40-jährigen Rückblick ein wenig abzukürzen und bei der Gelegenheit an einen weiteren Pionier dieses Wissenschaftsbereichs zu erinnern, soll an einem Aufsatz aus der Festschrift für Friedrich Lachmayer angeknüpft werden, der aus dem Jahr 2014 stammt.[1] Der Text zeichnet den Bogen von den Anfängen in den 1970er Jahren durch Ota Weinberger, die Teilhabe Leo Reisingers um 1980, den Aufbau des Lehrgangs für Rechtsinformatik durch Alfred Schramm, die Einbindung des Fachs in das Curriculum als Pflichtfach 1998 bis hin zur Besetzung der – soweit ersichtlich bis heute in Österreich einzigartigen – »Professur für Rechtsinformatik« an der Rechtsfakultät Graz im Jahr 2011 durch die Verfasserin jenes wie auch dieses Textes sowie die ersten Jahre dieser Professur.

Anknüpfend an jenen Aufsatz wird schnell deutlich, dass und wie viel sich in den vergangenen zehn Jahren verändert hat: Die Universität Graz nennt die beiden gründungsrelevanten Kaiser nicht mehr in ihrem Namen; das »Institut für Rechtsphilosophie, Rechtssoziologie und Rechtsinformatik« besteht nicht mehr, sondern ist im »Institut für Rechtswissenschaftliche Grundlagen« aufgegangen; selbst der Terminus »Rechtsinformatik« ist heute weitgehend verschwunden und wird inzwischen meist als »Legal Tech« bezeichnet, wenn man nicht gleich dieses

1 *Staudegger*, Rechtsinformatik Graz – »RI + IT-Recht«, in: Schweighofer/Handstanger/Hoffmann/Kummer/Primosch/Schefbeck/Withalm (Hrsg), Zeichen und Zauber des Rechts, FS für Friedrich Lachmayer, Bern 2014, 575.

Detail überspringen und auf KI, also »Künstliche Intelligenz« fokussieren möchte. Die um 2010 themendominante Finanzkrise wurde 2015 von der Flüchtlingskrise überschattet, der nach einem neuerlichen medialen Bewusstwerden der Klimakrise die COVID19-Pandemie folgte; anhaltend macht der russisch-ukrainische Krieg die Fragilität des Friedens ebenso deutlich wie die Abhängigkeit von fossilen Ressourcen, die nach der Abwendung von Nuklearenergie im Zuge der Katastrophe von Fukushima im März 2011 letztlich an Bedeutung nichts eingebüßt hat. In dieses Zeitfenster fällt 2017 ein Text,[2] der KI in einem unglaublichen Maß beschleunigte und Large Language Models (LLM) insbesondere in Form Generativer Pretrained Transformer (GPT) in den – auch juristischen und rechtswissenschaftlichen – Alltag brachte. Mit dieser aktuellen Entwicklung der Informationstechnologie ist die Aufmerksamkeit wieder auf unser Thema gelenkt, die »Professur für Rechtsinformatik« ab 2014.

Da die Professur an der rechtswissenschaftlichen Fakultät der Universität Graz etabliert wurde und so beiden, der Fakultät und der Universität, dienen sollte, soll der Rückblick zunächst den Entwicklungen an der Fakultät gewidmet sein, danach aber auch den gesamtuniversitären Impact schildern.

2. Die Entwicklung der Professur für Rechtsinformatik an der Rechtsfakultät Graz (2014–2024)

An der Fakultät hat sich die Rechtsinformatik als Fach manifestiert und zwar institutionell als »Fachbereich Recht und IT«, personell mit einer weiteren einschlägigen Habilitation, in der Lehre durch curriculare Einbettung, in der Forschung im Rahmen von Drittmittelprojekten und in über den akademischen Bereich hinausragenden Veranstaltungen.

a) Institutionelle und personelle Neuerungen an der Fakultät

Im vergangenen Jahrzehnt wurde das Fach Rechtsinformatik an der REWI Fakultät Graz auf mehreren Ebenen inhaltlich verankert: Auf Fakultätsebene wurde unter intensiver Mitwirkung der Professur für Rechtsinformatik im Jahr 2014 das Austrian Law Journal (ALJ)[3] gegründet, das mit open access und double-blind peer review sämtlichen Fächern der

2 *Vaswani/Shazeer/Parmar/Uszkoreit/Jones/Gomez/Kaiser/Polosukhin*, Attention is All You Need NIPS, 2017: https://arxiv.org/pdf/1706.03762.

3 https://alj.uni-graz.at.

Rechtswissenschaften eine verlagsunabhängige Publikationsplattform bietet. Aufsätze und Artikel werden in deutscher und englischer Sprache angenommen, soweit sie Bezug zu österreichischem oder europäischem Recht haben. Diese Ausrichtung führte in weiterer Folge zur aktiven Beteiligung an der jurOA,[4] einer DACH-Initiative zur Etablierung des Open Access Gedankens auch in den deutschen, schweizerischen und österreichischen Rechtswissenschaften.

Ebenfalls 2014 habilitierte sich Christian Bergauer an der Schnittstelle von Strafrecht und Datenschutzrecht; die Universität Graz verlieh ihm die Venia »im Fach Rechtsinformatik und IT(Informationstechnologie)-Recht, Strafrecht und Strafprozessrecht sowie Datenschutzrecht«. Damit wurde Rechtsinformatik neuerlich formal als Fach anerkannt. Christian Bergauer ist seither assoz. Professor am Fachbereich Recht und IT und seit Ende des vergangenen Jahres Mitglied des 2024 eingerichteten Parlamentarischen Datenschutzkomitees (PDK). Als im Jahr 2016 mehrere Institute – darunter auch das Institut für Rechtsphilosophie, Rechtssoziologie und Rechtsinformatik – zu einem Großinstitut für Rechtswissenschaftliche Grundlagen[5] mit einzelnen Fachbereichen zusammengelegt wurden, konnte sich der »Fachbereich Recht und IT« eigenständig etablieren. Auch wenn der Name »Rechtsinformatik« dabei zurücktritt, wurde doch die materielle Ausrichtung und Sichtbarkeit des Themas deutlich bestätigt und verstärkt. Christian Bergauer ist seither assoz Professor am Fachbereich Recht und IT und seit Ende vergangenen Jahres Mitglied des 2024 eingerichteten Parlamentarischen Datenschutzkomitees (PDK).

b) Lehre im rechtswissenschaftlichen Diplomstudium

Im Curriculum des rechtswissenschaftlichen Diplomstudiums vertiefte sich »Rechtsinformatik« sowohl im Bereich des Information-Retrieval, also insbesondere der professionellen Nutzung einschlägiger Datenbanken, als auch im IT-Recht, das mit den Jahren zunehmend an Bedeutung gewann. Dem Bedarf folgend wurden am Fachbereich »Recht und IT« zwei sog »Ausbildungsschwerpunkte« (ASP) entwickelt und angeboten, nämlich der sowohl Rechtinformatik als auch IT-Recht umfassende ASP »Recht und IT« (2014); und der auf rasche Ausbildung ausreichend qualifizierter Jurist:innen nach Art 37 DSGVO abstellende ASP »Datenschutzbeauftragter« (2016). Mit der Neuaufstellung des Diplomstudiums durch

4 https://juroa.de/.

5 https://rewi-grundlagen.uni-graz.at/de/.

das REWI-Curriculum 2022 wurde »Recht und IT« als Spezialisierungsschwerpunkt fortgesetzt, der eine Vertiefung rechtswissenschaftlicher Kenntnisse mit Fokus auf Digitalisierung im Ausmaß von 21,5 ECTS ermöglicht. Den Kern des Angebots umfasst die – verpflichtend zu absolvierende – Vorlesung »Normative Grundsätze der Digitalisierung (VO)«, die vertiefend Kenntnisse des IT-Rechts, aber auch die Bedeutung von Ethik und Normung für den Regulierungsrahmen der Digitalisierung vermittelt. Neben zwei Seminaren aus dem IT-Recht ist im Rahmen des Spezialisierungsschwerpunkts auch ein Seminar zu klassischen Themen der Rechtsinformatik zu bestreiten, »Legal Tech/juristische Medienkompetenz«.

Die Lehrveranstaltungen werden überwiegend als Kombinations-LV abgehalten, also unter aktiver Einbeziehung weiterer Lehrender aus anderen Fächern bzw Disziplinen. Das zeigt sich an oben genannter VO personell mit der seit 2020 am Fachbereich lehrenden Praxisprofessorin Elisabeth Hödl, die hier auf die Digitalisierung der Medienlandschaft konzentriert und der Philosophin Barbara Reiter, die die Gelegenheit nutzt, Fragen aus dem langjährig angebotenen Seminar zu »Computerethik« am Institut für Philosophie nun mit Studierenden der Rechtswissenschaften zu diskutieren. Dass Normung seit der Einführung des New Approach im Jahr 1985 für die Regulierung von Gesellschaften, die in hoch-technisierten Umgebungen leben, eine unübersehbare Bedeutung hat und auch im rechtswissenschaftlichen Studium thematisiert werden sollte, muss hier nicht weiter ausgeführt werden. Zu ergänzen bleibt, dass im Zuge des aktuellen Curriculums 2022 die bisher bestehende Einbettung von Rechtsinformatik und IT-Recht in einem Kurs aufgegeben wurde; seither wird juristische Medienkompetenz ganz am Beginn des Studiums vermittelt, während dem IT-Recht eine eigene Vorlesung gewidmet ist; beide Lehrveranstaltungen sind Pflicht-LV und somit von allen REWI-Studierenden zu absolvieren.

Neben diesem kernjuristischen Studienangebot an der Rechtsfakultät soll noch eine Initiative erwähnt sein, an deren Entwicklung die Professur für Rechtsinformatik maßgeblich beteiligt war, nämlich die Kooperation mit der TU Graz im Rahmen von »Computational Social Systems«. In einem 120 ECTS umfassenden Vollzeit-Masterstudium kann Informatik (angeboten von Lehrenden der TU Graz) mit einer von vier Disziplinen der Universität Graz (Angeboten von Lehrenden der Universität Graz aus den Bereichen BWL, Soziologie, Psychologie und Rechtswissenschaften) verschränkt werden; das Studium schließt mit dem MSc ab.[6]

6 https://www.uni-graz.at/de/studium/masterstudien/computational-so-

c) Veranstaltungsreihen

Von Anfang an stand neben forschungsgebundener Lehre inter- und transdisziplinäre Wissenschaftskommunikation im Fokus der Professur. Dem diente insbesondere auch die Veranstaltungsreihe »Recht und IT«, die – allen akademischen und nichtakademischen Interessierten offenstehend – stets dem Zusammenwirken von Recht, Informationstechnologie und weiteren Wissenschaftszweigen, Unternehmen und Behörden, aber eben explizit auch Mitgliedern der Zivilgesellschaft gewidmet war. Ab 2014 wurden in diesem Rahmen zB ELGA, die österreichische elektronische Gesundheitsakte,[7] Whistleblowing,[8] das (österreichische) Angebot an Rechtsdatenbanken von RIS (und EUR-Lex) über RIDA, RDB und Linde bis hin zu Lexis 360 oder die European Open Science Cloud (EOSC)[9] in Graz vorgestellt sowie intensiv diskutiert. Mit der DSGVO und der enormen Relevanz des Datenschutzrechts ging diese Veranstaltungsreihe letztlich in den »Grazer Datenschutzgesprächen«[10] auf, die von *Christian Bergauer* zu einem äußerst nachgefragten Angebot mit Alleinstellungsmerkmal entwickelt wurden.

d) Neue einschlägige Professuren

Die Bedeutung der Digitalisierung, Omnipräsenz und Ubiquität der Informationstechnologien und dem folgend die Verbreitung technischer Produkte im gesellschaftlichen Alltag hat in diesen Jahren ein Ausmaß angenommen, das die auch nur annähernd erschöpfende Behandlung in einem Fachbereich sprengt. Erfreulicherweise wurden und werden an der Fakultät gerade in letzter Zeit zunehmend Professuren eingerichtet, die aus den traditionellen Kategorien Zivilrecht, öffentliches Recht und Strafrecht stammend, sich – im Titel der Professur deutlich sichtbar – den neuen Technologien widmen. Die REWI Fakultät Graz zeigt damit ein seit den 1980er Jahren bestehendes, von aktuellen Hypes losgelöstes Interesse an der Befassung mit Digitalisierung.

---

cial-systems/.

7 https://www.uni-graz.at/de/neuigkeiten/glaeserne-gesundheit-2/.

8 https://www.uni-graz.at/de/veranstaltungen/vortragsreihe-whistleblowing/.

9 https://static.uni-graz.at/fileadmin/projekte/digital-transformation/EOSC-Symposium-HFDT-20181024.pdf.

10 https://datenschutzgespraeche.uni-graz.at/de/.

3. Interdisziplinarität und Internationalität der »Rechtsinformatik Graz«: HFDT

Leo Reisinger promovierte 1966 zum Doktor der Rechte; er war aber ab 1972 auch promovierter Wirtschaftsinformatiker und damit per se interdisziplinär ausgerichtet. Obwohl die Bezeichnung der Grazer Professur als »Rechtsinformatik« die Zielrichtung auf Informatik und Recht deutlich macht, setzte die Ausschreibung neben einschlägigen IT-Kenntnissen explizit die Habilitation in einem geltend-rechtlichen Fach (Zivilrecht) voraus und legte den Schwerpunkt so in die Rechtswissenschaften. Bei dieser Ausgangslage ist es naheliegend, dass sich die Professur inhaltlich maßgeblich in enger Zusammenarbeit mit weiteren Wissenschaftsdisziplinen entwickelt hat.

Bereits 2011, also unmittelbar nach Aufnahme der Tätigkeiten, erfolgte die Einladung in die Curricula-Kommission des Joint Master Degree »EuroMACH«, getragen von den Digitalen Geisteswissenschaften (Digital Humanities) und die Einbindung in die fakultätenübergreifende »Plattform Informationswissenschaft«, die in der Folge auch Lehrinitiative bewies und den Wahlfachschwerpunkt »Digitale Wissenschaften« begründete. Aus dieser Zusammenarbeit entstand das Forschungsnetzwerk »Human Factor in Digital Transformation« (HFDT), das 2019 an der Universität Graz institutionalisiert wurde und Vertreter:innen aller sechs Fakultäten der Universität Graz umfasst.[11] Das Forschungsnetzwerk unterhält Veranstaltungsreihen, die monatliche »Brown-Bag-Foren«, Lectures und Symposien bzw Fachtagungen umfassen.[12]

Aus dem losen Netzwerk interessierter Forscher:innen aus über zehn Disziplinen[13] – darunter Bildungswissenschaften, Digitale Geisteswissenschaften, Ethik, Philosophie, (Zeit-)Geschichte, Psychologie, Soziologie, Systemwissenschaften, Theologie, Volkswirtschaftslehre und eben auch die Rechtswissenschaften – haben sich interdisziplinäre Projektideen entwickelt, die erfreulicherweise drittmittelfinanziert umgesetzt werden konnten. So wurde – mit Fokus auf die hier interessierende Entwicklung der Professur für Rechtsinformatik – beispielsweise und neben anderen das Horizon 2020 Projekt TRUESSEC.eu,[14] in dem die Rah-

---

11 https://digital-transformation.uni-graz.at.

12 https://digital-transformation.uni-graz.at/de/unsere-veranstaltungen/.

13 https://digital-transformation.uni-graz.at/de/ueber-das-netzwerk/.

14 https://cordis.europa.eu/project/id/731711/reporting>; <https://rewi.uni-graz.at/de/neuigkeiten/eu-projekt-trust-enhancing-certified-solutions-for-security-and-protection-of-citizens-rights-in/.

menbedingungen für »Vertrauen in Digitalisierung« untersucht wurden, maßgeblich von Rechtsinformatik mitgetragen; ebenso im als »proof of concept« am Beispiel automatisierten Fahrens angelegte Folgeprojekt VERDI.[15] Aus internationaler Sicht erwähnenswert scheint auch die Beteiligung im Atomium European Institute für Science, Media and Democracy, Atomium-EISMD[16] im Committee on Legal Services Industry.[17]

Aktuell ist an hochrangigen Drittmittelprojekten insb das Horizon Europe Projekt »EDU4Standards.eu« zu nennen, in dem das Ziel breiter gesellschaftlicher Mitwirkung an Normung durch Bildung verfolgt wird; zudem soll Normung an EU-Werte und Interessen rückgekoppelt werden.[18] Dem HFDT-Team unter Leitung der Professur für Rechtsinformatik und Beteiligung der Bildungswissenschaften, Ethik, Soziologie, Systemwissenschaften und VWL kommt dabei die Aufgabe zu, das Kernstück, nämlich die Intended Learning Outcomes (ILOs), für ein umfassendes innovatives Lehrkonzept wertebasierter, menschenzentrierter Standardisierung zu definieren.

Ein zweitens aktuelles und spannendes Vorhaben entwickelte sich aus einer Anfrage der STOA[19] zu gesellschaftlichen, ethischen, rechtlichen und psychologischen Aspekten sog »Neurorights«. Die Studie[20] für das Europäische Parlament wurde unter Leitung der Neuropsychologie unterstützt und ergänzt durch Sozialethiker, Soziologinnen und Rechtswissenschafterinnen ausgearbeitet. Auch hier schloss mit »MemorAI Styria«[21] ein use case orientiertes Folgeprojekt an, in dem gerade würdevolles Altern unter den Rahmenbedingungen Demenz und Neurotechnologie untersucht wird. In den genannten Projekten liegt der Beitrag des HFDT-Teams der Universität Graz in der die technische Expertise ergänzenden, dringend benötigten SSH-Kompetenz,[22] eben gerade auch aus den Rechtswissenschaften.

Interdisziplinärer und internationaler Austausch beschränkt sich in HFDT nicht auf wissenschaftliche Projekte und Veranstaltungen; von

15 https://digital-transformation.uni-graz.at/de/unsere-forschung/verdi/.

16 https://eismd.eu.

17 https://eismd.eu/ai4people/committees/committee-on-legal-services-industry/.

18 http://edu4standards.eu/.

19 https://www.europarl.europa.eu/stoa/en/about/stoa-network.

20 https://www.europarl.europa.eu/RegData/etudes/STUD/2024/757807/EPRS_STU(2024)757807_EN.pdf.

21 https://memorai.uni-graz.at.

22 Social Sciences and Humanities.

Anfang an war die Diskussion mit Studierenden unverzichtbarer Teil des Netzwerks. Noch vor der förmlichen Einrichtung als Forschungsnetzwerk wurden im HFDT-Seminar Fragen interdisziplinär diskutiert. Im HFDT-Gründungsjahr 2019 konnte in Fortsetzung des bereits seit mehreren Semestern angebotenen und äußerst intensiv nachgefragten Seminars das Doktoratsprogramm HFDT begründet werden.[23] Seit Jänner 2022 ist HFDT als Konsortium der Doctoral Academy eingerichtet und damit Teil der strukturierten Doktoratsausbildung an der Universität Graz.[24] Die Professur für Rechtsinformatik war in der Gründungsphase des HFDT-Forschungsnetzwerks in der Funktion der Sprecherin maßgeblich beteiligt und hat bis heute die Funktion der Sprecherin des HFDT-Doktoratsprogramms und des HFDT-Konsortiums der Doctoral Academy der Universität Graz inne.

4. Zusammenfassung und Ausblick

Der Rückblick auf die Auswirkungen jener Initiative, die *Ota Weinberger* zusammen mit *Leo Reisinger* als »Rechtsinformatik Graz« grundgelegt hat, erfolgte in zwei Teilen: Erstens in der Darstellung der Jahre 1980 bis 2014 aus Anlass der Festschrift für *Friedrich Lachmayer*; und zweitens in der hier verfassten Fortsetzung der tatsächlichen Entwicklung der 2011 eingerichteten Professur für Rechtsinformatik an der REWI Graz, die man auf diese Initiative zurückführen mag. Zusammen beschreiben beide Texte den Versuch einer Rechtsfakultät, sehr früh den Anforderungen einer wirkmächtigen Technologie aktiv zu begegnen.

Man darf in Erinnerung rufen, dass das Internet wie wir es heute kennen zu der Zeit, als Leo Reisinger sein Verständnis von Rechtsinformatik erarbeitete (1977/1987),[25] ebenso wenig existierte wie der inzwischen in jedem Haushalt selbstverständliche Personal Computer, das Smartphone, die Cloud oder ein Internet der Dinge (IoT). Künstliche Intelligenz war zwar als Begriff seit 1956 bekannt, die »KI-Winter«, die zum

---

23 https://digital-transformation.uni graz.at/de/doktoratsprogramm/.

24 https://doctoral-academy.uni-graz.at.

25 *Reisinger*, Rechtsinformatik, Berlin – New York 1977; sein weiteres von ihm verfasstes und weitgehend bereits fertiggestelltes Werk, Strukturwissenschaftliche Grundlagen des Rechtsinformatik, wurde von *Rauch/Schramm* 1987 posthum herausgegeben: *Reisinger*, Strukturwissenschaftliche Grundlagen der Rechtsinformatik: eine Einführung für Juristen, Rechtsinformatiker und Sozialwissenschafter, Graz-Wien 1987.

Einfrieren insbesondere der Geldflüsse geführt haben sollen,[26] ließen die heutige Präsenz und Relevanz damals aber wohl nicht vermuten. Mit der Ausbreitung der Informationstechnologie in den menschlichen und gesellschaftlichen Alltag und der wachsenden Bedeutung des Themas haben sich auch die Begriffe verändert. So wie »EDV« und »ADV« von »IT« abgelöst wurden, wich »Rechtsinformatik« zunächst »Recht und IT« und zunehmend »Legal Tech«; die Namen aktuell ausgeschriebener Professuren fokussieren oft (mE unzweckmäßig verkürzend) auf »KI«. Erhalten hat sich die Bezeichnung »Rechtsinformatik« heute letztlich im Namen eines Symposions, dem »IRIS – Internationales Rechtsinformatik Symposion«, das seit 30 Jahren in Salzburg unter maßgeblicher Betreuung von Peter Mader, Dietmar Jahnel und Erich Schweighofer ausgetragen wird, sowie in der Bezeichnung der von Letzterem seit dem Jahr 1988 geführten »Arbeitsgruppe Rechtsinformatik« an der Universität Wien. Erfreulich, und auf den Anlass dieses Rückblicks zurückführend ist, dass »Rechtsinformatik« in Wikipedia, der zu Leo Reisingers Zeiten ebenfalls nicht existenten, global abrufbaren digitalen Enzyklopädie, einen Eintrag erfahren hat, in dem – unter anderen Werken – Leo Reisingers Rechtsinformatik aus 1977 angeführt ist.

Zum Ausblick gehört es, in die nächsten Jahre zu blicken. Bei aller Emergenz und damit induzierten Unvorhersehbarkeit der Entwicklungen und in standhafter Verweigerung von »Glaskugel-Vorhersagen«, lässt sich doch zweierlei mE mit einiger Gewissheit festhalten:

Erstens, ein Generationenwechsel. Die im Lauf dieses Rückblicks genannten Mitwirkenden, die maßgeblich zur Implementierung des Themas in den österreichischen Rechtswissenschaften beigetragen haben, sind durchwegs bereits aus dem aktiven akademischen Berufsleben ausgeschieden oder stehen nahe davor. Umso erfreulicher ist, dass die Nachfolge in Graz bereits gesichert ist

Zweitens, und das erfüllt die Verfasserin dieses Beitrags und Inhaberin der »Professur für Rechtsinformatik« mit uneingeschränkter Freude, zeigt sich die zunehmende faktische Implementierung des Themas an den Instituten nicht nur der Grazer Rechtsfakultät, sondern in den Rechtswissenschaften querbeet.

26 Instruktiv dazu unlängst *Helga Novotny* auf dem Wissenschaftstag der ÖFG.

5. Fazit

Leo Reisinger hat zusammen mit Ota Weinberger ein Konzept von Rechtsinformatik für die Rechtsfakultät der Universität Graz entworfen. Es wurde früh, schon in den 1980er Jahren, in Form des postgradualen Lehrgangs für Rechtsinformatik umgesetzt und führte 1998 zur Integration des Fachs »Rechtsinformatik« als Pflichtfach im rechtswissenschaftlichen Diplomstudium der REWI Graz. In der Folge bekannte sich die Grazer Rechtsfakultät mit der »Professur für Rechtsinformatik«, besetzt ab 2011, nachhaltig zum Thema. Als »§-98er-Professur«eingerichtet und mit Anerkennung eines eigenständigen Wirkungsbereichs als Fach ausgestattet, ermöglichte die Fakultät den Aufbau einschlägiger Forschungsstrukturen. Dem Fach inhärent ist deren interdisziplinäre Ausrichtung, die zu Fächer, Disziplinen, Fakultäten und Universitäten übergreifenden Kooperationen, aber auch zu außeruniversitärem, gesamtgesellschaftlichem Engagement geführt hat.[27]

Abschließend soll noch erzählt sein, dass die Nachfolgeprofessur in Graz den Titel »Business, Law and Digital Innovation« trägt; diese Volte,[28] könnte dem Wirtschaftsinformatiker in Leo Reisinger Freude bereitet haben.

27 Der 2014 mit Fokus auf Recht und Informationswissenschaften gegründete Verein »Recht und IT« wurde inzwischen zur Forschungsgemeinschaft »Gesellschaft, Recht und IT« ausgeweitet: https://www.rechtundit.at/.

28 Und damit ist hier nicht VoLTE, sondern die zirkuläre Reitübung gemeint.

TEIL III
KÜNSTLICHE INTELLIGENZ

WISSENSCHAFT ALS ERKENNTNISPROZESS: »NEUE AUFKLÄRUNG« AUF DEN SPUREN VON LEO REISINGER

PETER EBENHOCH

Dr. iur. Peter Ebenhoch, pe@peterebenhoch.com, CISM®-, CIPP/E®-, PMP®-zertifizierter Experte für Digital Governance und Information Security. Ressourcen: peterebenhoch.com, systemic-advisor.com, rechtsinformatik.at

Schlagworte: Leo Reisinger, Wissenschaft, Erkenntnis, I-Ging

Abstract: Dieser Beitrag basiert auf dem Referat »Erstarrung und Veränderung. Abjektivität, Feti-Sets und das I-Ging«, das ich am 01. Februar 2024 auf der Gedenkveranstaltung zu Ehren von Dr. Dr. Leo Reisinger, veranstaltet vom Universitätslehrgang Informations- und Medienrecht der Universität Wien, gehalten hatte.

Teil 1: Die Situation der Wissenschaft

Weltweit steigen die Forschungsausgaben und die Zahl an Forschenden seit Jahren an; die Covid-19-Pandemie hatte diese Entwicklung weiter verstärkt.[1]

---

1 *Naujokaitytė*, Number of Scientists Worldwide Reaches 8.8M, as Global Research Spending Grows Faster than the Economy, in: Science Business:

Unsere Gesellschaft wurde durch die Corona-Pandemie vor große Herausforderungen gestellt. Die Wissenschaft hat darauf souverän reagiert, ihre Forschungsaktivitäten intensiviert und in Rekordzeit neuartige Impfstoffe geliefert.

Die Öffentlichkeit hat diese Ergebnisse allerdings nur bedingt akzeptiert. Es zeigte sich, dass wissenschaftliche Erkenntnisse eher schlecht als recht direkt politisch umgesetzt werden können und nur bedingt als gesamtgesellschaftliche Handlungsanleitungen taugen.

Es blieb ein schaler Nachgeschmack zurück, der die in Österreich verbreitete Wissenschaftsfeindlichkeit weiter befördert hat und bis heute nachwirkt.

Wissenschaftskrise zur Unzeit

Gerade in kritischen Situationen ist es wichtig, sachlich zu analysieren, umsichtig zu diskutieren und gemeinsam rationale Entscheidungen zu treffen, um die komplexen Probleme zu verstehen und geeignete Lösungswege zu entwickeln.

Angesichts einer Vielzahl globaler Herausforderungen und Krisen wie der Klimakrise, globaler Migrationsbewegungen und kriegerischer Konflikte als Folge neuer geopolitischer Spannungen, angesichts zunehmender sozialer Spannungen als Folge eines zunehmenden weltweiten Ungleichgewichts von Ressourcen und Kompetenzen kommt eine solche Wissenschaftsfeindlichkeit gerade zur Unzeit.

Die Wissenschaft sieht sich allerdings nicht nur dumpfer Skepsis ausgesetzt, sie sieht sich zunehmend eigenen systemischen Problemen gegenüber, die berechtigte Kritik nach ihren eigenen wissenschaftlichen Maßstäben laut werden lassen.[2]

Wissenschaft als »social media«?

Qualitative Probleme durch Zitierhäufigkeit als Messgröße

Es ist ein bekanntes systemisches Muster, dass sich incentivierte Messwerte gegenüber anderen Kriterien unverhältnismäßig stark in den Vor-

---

https://sciencebusiness.net/news/number-scientists-worldwide-reaches-88m-global-research-spending-grows-faster-economy.

2 *Hosesnfelder,* Science Is in Trouble and It Worries Me, https://www.youtube.com/watch?v=QtxjatbVb7M.

dergrund drängen.[3]

Werden konkrete Messgrößen als relevant bestimmt, so stellt deren Optimierung das neue Ziel dar und verdrängen sie die ursprüngliche Zielsetzung.[4]

Wenn Unternehmen beispielsweise nur nach quantitativen Schlüsselindikatoren geführt werden, richtet sich der Fokus auf die Erreichung dieser »Benchmarks« und nicht mehr auf die Bereitstellung werthaltiger Leistungen. Auf diese Weise wird zwar die Erfolgsrechnung optimiert, aber kein nachhaltiger Erfolg sichergestellt.

Anfang der 1980er Jahre hat Edward William Deming mit seinem »Red Bead Experiment«[5] auf dieses Phänomen aufmerksam gemacht: Die Teilnehmenden konnten in einen simulierten Qualitätssicherungsprozess eingreifen, ihre Interventionen hatten aber nur scheinbar einen Einfluss auf die Qualität der Ergebnisse.

Angewandt auf unser Thema bedeutet dies, dass die wissenschaftliche Bewertung von Fachbeiträgen nach Ranglisten wie der Zitierhäufigkeit nicht sinnvoll ist und ein starres Belohnungssystem die Teilnehmenden daran hindert, echte Verbesserungen einzubringen.[6]

Wissenschaftliches Publizieren wird auf diese Weise zum Selbstzweck, das nur mehr Messkriterien zuarbeitet. Wenn nur mehr die Zahl wissenschaftlicher Veröffentlichungen und die Referenzierungshäufigkeit durch die eigene Kolleginnen- und Kollegenschaft den akademischen Erfolg einer Wissenschaftlerin bestimmt, fehlt sowohl eine laufende Verortung im und eine Einordnung in den gesamten wissenschaftlichen Horizont als auch ein Abgleich mit der eigentlich zu erforschenden Realität außerhalb der lokalen Wissenschaftskohorte.

Im schlimmsten Fall entstehen autonome Themenbiotope, die erst mit Verzögerung wieder Anschluss an die Realität finden[7] – falls überhaupt.

---

3 *Hoverstadt*, The Grammar of Systems: From Order to Chaos & Back, 2022, »Feedback Dominance Theorem«.

4 *Reinboth*, Sinnvoll Erfolg Messen Ist schwierig, https://www.golem.de/news/goodharts-gesetz-sinnvoll-erfolg-messen-ist-schwierig-2411-188246.html.

5 *Deming*, Red Bead Experiment with Dr. W. Edwards Deming, 1980.

6 *Deming*, Red Bead Experiment, Wikipedia: https://de.wikipedia.org/wiki/Rote-Perlen-Versuch.

7 *Kuhn*, Die Struktur wissenschaftlicher Revolutionen, 27. Auflage, Frankfurt am Main 1966.

Nach Owen Barfield[8] kann es auch so formuliert werden, dass wissenschaftliche Veröffentlichungen sich als »Phänomene« von der Realität bzw. jedem realen Erfahrungsbezug zunehmend entkoppeln.

Dies kann, ähnlich wie in sozialen Netzwerken, die auf gegenseitige Anerkennung durch »Likes« aufbauen, zu Meinungsblasen, zur Verunsicherung durch tatsächliche und erfundene Plagiatsvorwürfe[9] bis zu systematischen Betrugsversuchen mit gefälschten Daten führen, bis hin zur Erosion ganzer Wissenschaftsgebiete.[10]

Quantitative Probleme

Aber sogar dann, wenn die quantitative Zunahme die Kreativität und Qualität nicht senken, sondern steigern würde, sodass immer mehr seriöse wissenschaftliche Arbeiten entstehen, führt dies zu einem Problem, das Stanislaw Lem als »Informationsbarriere«[11] bezeichnet hatte: Die Kapazität des »wissenschaftlichen Informationskanals« (so seine Worte) steigt mit weiteren Forschungsaktivitäten und Forschenden an, aber nur eine gewisse Zeit lang.

Der Erkenntnisgewinn der Wissenschaft basiert auf Unterscheidungen und Differenzierungen, so dass deren Zahl laufend zunimmt. Je mehr Unterscheidungen und Differenzierungen es gibt, umso schwieriger wird es, den Überblick zu behalten und die Relevanz der neuen Erkenntnisse einzuordnen und zu verwerten. Der wissenschaftliche Fortschritt nimmt quantitativ stärker zu, als er sich nutzen lässt, und bremst sich so immer weiter ein, bis er schließlich steckenbleibt.

Systemisch wird dies als »Wachstums-Stillstands-Prinzip« bezeichnet: Je mehr Komplexität ein System aufbaut, umso mehr Beschränkungen erfährt es, die es behindern bzw. es dank der selbstorganisierten Kritikalität zerstören können – ähnlich wie die systemeigene Dynamik einer

---

8 *Barfield*, Saving the Appearances: A Study in Idolatry (1957). *Ders*, The Rediscovery of Meaning and Other Essays, Wesleyan 1977.

9 *Ebbinghaus*, »Ins Knie geschossen. Blamierte Plagiatsjäger«, in: FAZ 09.02.2025, https://www.faz.net/aktuell/feuilleton/debatten/plagiatsjaeger-strafprozess-in-muenchen-110285570.html.

10 *Weber/Rüschemeyer*, Verschwendete Millionen, Gefährdete Patienten und Enttäuschte Hoffnung Auf Heilung: Ein Fälschungsskandal erschüttert die Alzheimerforschung, in: NZZ, https://www.nzz.ch/wissenschaft/gefaelschte-alzheimer-studien-eliezer-masliahs-taten-erschuettern-demenzforschung-ld.1851998.

11 *Lem*, Die Technologiefalle, 5. Auflage, Frankfurt am Main 2002, 30 ff.

Welle im Meer, die sich erschöpft.[12]

Wissenschaftliche Ergebnisse verlieren dadurch ihre Lösungsdienlichkeit und vergrößern selbst den Problembereich, Forschungsaktivitäten erzeugen selbst wissenschaftliche Schulden, sie werden zum eigenen Forschungsobjekt.

»Metastudien« schaffen scheinbar Abhilfe, indem sie wissenschaftliche Studien selbst zum Forschungsgegenstand machen, Überblick verschaffen und Einordnung ermöglichen. Sie können das Grundproblem der überhöhten Informationszunahme aber nicht lösen, tragen vielmehr dazu bei, so dass sie selbst Gefahr laufen, Teil des Problembereichs zu werden und die Notwendigkeit von Metameta-Studien zu bewirken, usw.

Allein der Aufwand, den aktuellen Stand zu einem Thema zu klären, überschreitet häufig verfügbare Zeitbudgets. Die Wahrheit wird durch einen Überfluss an wissenschaftlicher Einsicht verschüttet, da sie nicht mehr auffindbar ist, so Stanislaw Lem.[13]

Davon abgesehen schafft die zunehmende Flut an wissenschaftlicher Information bösartigen Akteuren weiteren Spielraum, der sich schwer erkennen und noch schwerer eindämmen lässt.[14]

Künstliche Intelligenz als Scheinlösung

An dieser Stelle soll es nun künstliche Intelligenz (KI) richten. Seit dem Erfolg von ChatGPT reißen die Erfolgsmeldungen durch den Einsatz sogenannter »Large Language Models« (LLMs) nicht ab. Derartige KI-Anwendungen haben allerdings system- und kontextbedingt immer einen unvermeidbaren, inhärenten Bias, also eine verzerrte Wahrnehmung. Dies gilt selbst bei einer optimalen »neutralen« Datengrundlage.[15]

Auch die sogenannten »Halluzinationen« sind keine Einzelprobleme. Sie sind systemimmanent und lassen sich lediglich einschränken, aber nicht eliminieren.[16]

---

12 *Hoverstadt*, The Grammar of Systems, »Scaling Stasis Principle« und »Self Organised Criticality«.

13 *Lem*, Die Technologiefalle.

14 *Heller*, Mir wurde gesagt, ich solle mich nicht mit diesem Mann anlegen«, in: FAZ, https://www.faz.net/aktuell/wissen/forschung-politik/betrug-in-der-wissenschaft-anna-abalkina-deckt-paper-mills-auf-110171170.html.

15 *Schwartz et al*, Towards a Standard for Identifying and Managing Bias in Artificial Intelligence, in: NIST Special Publication 1270, nvlpubs.nist.gov/nistpubs/SpecialPublications/NIST.SP.1270.pdf.

16 *Minhyeok*, A Mathematical Investigation of Hallucination and Creativity in

Wie Köszegi treffend anmerkt,[17] sind auch nicht einzelne Halluzinationen das Problem, sondern ist »Halluzination« auf der Grundlage von Wahrscheinlichkeiten die einzige und zentrale Kernfunktion LLM-basierter KI-Systeme, sodass sich auch behaupten lässt, »ChatGPT ist Bullshit.«[18]

Weitere Verbesserungen lassen sich immer schwieriger erzielen, da die benötigten Trainingsdaten in den nächsten Jahren ausgehen werden.[19]

Die Idee, doch einfach KI-generierte Daten für das Training zu verwenden, verdeutlicht die konzeptionelle Beschränkung der aktuellen LLM-basierten Systeme. Bei rekursiver Verwendung von durch KI-generierten Inhalten für das eigene Training kollabieren sie letztendlich.[20]

LLM-basierte KI-Systeme können nicht aus ihren eigenen Ausgaben lernen und ersticken damit, einfach ausgedrückt, an ihren eigenen Mutmaßungen.

Durch KI erstellte Inhalte sind zudem aus diesen und weiteren Gründen nicht objektiv, sondern im kombinatorischen Wahrscheinlichkeitsraum der KI lediglich Realitätsoptionen, was ich an anderer Stelle als »abjektiv« bezeichnet habe. Damit ist gemeint, dass alle KI-generierten Inhalte erfahrungsfrei sind und deshalb erst von einem menschlichen Bewusstsein als subjektiv, intersubjektiv oder objektiv eingeordnet werden müssen.

Da eine LLM-basierte KI immer und ausschließlich halluziniert muss die Sinnzuschreibung immer durch die Menschen erfolgen, die das KI-System einsetzen: »Da die KI nicht bewerten kann, braucht es den Faktor Mensch.«[21]

Für unser Eingangsproblem, der massiven Zunahme an wissenschaftlicher Information und der zunehmenden Unmöglichkeit, diese erkenntnis- und handlungsrelevant einordnen zu können, hilft uns KI also auch nicht weiter.

GPT Models, in: Mathematics 11, 2023, https://doi.org/10.3390/math11102320

17 *Gutschi/Hess/Kappacher*, Journalismus aus der Maschine, https://oe1.orf.at/programm/20250109/787514/Journalismus-aus-der-Maschine.

18 *Hicks/Townfries/Salter*, ChatGPT is bullshit, in: Ethics & Information Technology, Vol 26, Article No 38, 2024, https://link.springer.com/article/10.1007/s10676-024-09775-5.

19 *Villalobos et al*, Will We Run out of Data? Limits of LLM Scaling Based on Human-Generated Data, arXiv:2211.04325 [cs.LG].

20 AI Produces Gibberish When Trained on Too Much AI-generated Data, https://www.nature.com/articles/d41586-024-02355-z.

21 Köszegi, in: *Gutschi/Hess/Kappacher*, Journalismus aus der Maschine.

Der blinde Fleck der Naturwissenschaften

Vor 100 Jahren war die Physik noch in Ordnung: Mit der Relativitätstheorie wurde die klassische Newtonsche Mechanik zwar durchgerüttelt. Es schien zunächst aber so, als könnten diese neuen Erkenntnisse als einfacher Überbau über der etablierten kartesianischen Weltsicht einsortiert und dem Weltbild hinzugefügt werden.

Dieses Paradigma bestand – und besteht über weite Strecken nach wie vor – in der Annahme, dass Materie aus physischen Teilchen besteht, die miteinander in Kraftfeldern interagieren und die durch Menschen über ihre wahrnehmbaren Eigenschaften »von außen« beobachtet und damit wissenschaftlich objektiv beschrieben werden können.

Der beobachtende Mensch bleibt dabei als Einflussfaktor außerhalb des beobachteten Experiments außen vor, wie ein Gott, der seine Schöpfung beobachtet.[22]

Whitehead hat schon 1919 diese Annahme als unzutreffend kritisiert. »Natur« ist für ihn alles, was wir in der Wahrnehmung durch die Sinne beobachten. Wir können nach ihm über die (so wahrgenommene) Natur nachdenken, diese Gedanken sind aber gerade keine Natur. Genau dieser Bezug auf die Sinneswahrnehmung ist dem Wissenschaftsbetrieb weitgehend abhanden gekommen.[23]

Die Quantenphysik räumte mit dieser allzu einfachen Vorstellungwelt radikal auf: Nach ihr verschwimmt nicht nur die genaue Position eines Teilchens, je genauer man sie bestimmen möchte. Tatsächlich könnte das Teilchen auch erst durch die Beobachtung entstehen. Und es interagiert möglicherweise mit anderen, weit entfernten Teilchen schneller als in Lichtgeschwindigkeit.

Das Bewusstsein als Erkenntnisfaktor, als Vorbedingung für jede Wahrnehmung bringt sich hier mit Macht in die Diskussion ein und untergräbt das Dogma wissenschaftlicher allgemeingültiger Objektivität, das nicht mehr gehalten werden kann.

Ein Erklärungsmodell, das beispielsweise ernsthaft jedem einzelnen Beobachtungsvorgang die Entstehung eines Paralleluniversums zuordnet und so inflationär die beliebige Multiplikation von Universen annimmt, verdeutlicht mehr die Sehnsucht nach ontologischer Konsistenz, als dass es mangels jeder empirischen Nachweisbarkeit ernst genommen werden könnte.

---

22 *Frank/Gleiser/Thompson*, The Blind Spot. Why Science Cannot Ignore Human Experience, [Birmingham] 2024, 42–43.

23 *Whitehead,* The Concept of Nature, 1919, 5.

Der Herausforderung angemessener wirkt die Quantum-Bayesianismus-Theorie, (QBism).[24] Nach ihr wird die Messsituation und ihr Ergebnis durch die bewusste Durchführung real, die erzielte Objektivität ist damit »nur mehr« situativ und lokal, nicht mehr allgemeingültig und universell.

Was sich noch vor kurzer Zeit als radikal subjektiver Ansatz angehört hätte, »[…] Puts the Scientist Back into Science«[25] und erscheint als eine zeitgemäße wissenschaftstheoretische Antwort auf die erkenntnistheoretischen Beschränkungen, in die sich die moderne Physik manövriert hat,[26] und nimmt damit nebenher die vorangehende Sichtweise von Whitehead direkt wieder auf.

Solche plausiblen Erklärungsversuche erkennen die Notwendigkeit an, das erkennende Subjekt nicht als Problem, sondern als erkenntnisfördernden Teil des Wahrgenommenen einzubeziehen.

Evidenzbasierte Medizin und der Confirmation Bias

Evidenzbasierte Medizin zielt auf eine medizinische Versorgung, die sich nicht allein auf Meinungen und Übereinkünfte stützt, sondern auf Belege (»Evidenz«).[27]

Diese Belege sollen mit möglichst objektiven wissenschaftlichen Methoden erhoben worden sein und verlässliche Ergebnisse liefern.

Evidenzbasierte Medizin ist umfassend zu begrüßen. Ihre Schwachstelle ist die Tatsache, dass es für ökonomisch interessante medizinische Behandlungen eher Evidenzen gibt als für ökonomisch uninteressantere Themen.

Die evidenzbasierte Medizin unterscheidet Evidenzgrade und kommt deshalb nicht umhin, für unerforschte Themen auch heuristische Erfahrungen gelten zu lassen.[28]

Dabei können sich etablierte Behandlungsmethoden unter Umständen länger halten, ohne jede wissenschaftliche Rechtfertigung, so dass sich eine – nach wissenschaftlichen Kriterien definitiv notwendige – geschlechtsspezifische Medizin beispielsweise nur sehr langsam durchsetzt.

---

24 *Frank/Gleiser/Thompson*, The Blind Spot, 104ff.

25 *Mermin*, QBism Puts the Scientist Back into Science, in: Nature 507, 2014, 421–423.

26 *Frank/Gleiser/Thompson*, The Blind Spot, 104ff.

27 *Kunz et al*, Lehrbuch Evidenzbasierte Medizin in Klinik und Praxis, Köln 2000.

28 Zum Begriff der Evidenz: *Kühlein/Forster*, Welche Evidenz Braucht Der Arzt?, in: *Kunz et al*, Lehrbuch Evidenzbasierte Medizin in Klinik und Praxis, 39–50.

Eine Ursache dafür ist der sogenannte »Confirmation Bias«, der für die Dominanz der vorherrschenden Meinung sorgt.[29]

Wir neigen demnach dazu, lieber eine bestehende Hypothese bestätigt zu bekommen als eine neue aufzustellen und zu akzeptieren.[30] Die Ursache dafür dürfte auch im sozialen Rechtfertigungsdruck liegen, der bei einer abweichenden Meinung höher ist als bei einer gleichlautenden.[31]

Damit gerät auch die angestammte Falsifikationshypothese als Objektivitätsgarant[32] unter Druck, weil die Hypothesenauswahl nicht neutral ist, sondern eine vorherrschende Meinung eher bestehen bleibt als sich eine korrektere neue Aussage durchsetzt.

Mit solchen Erklärungsmustern wie dem »Confirmation Bias« und dem »Peer Pressure« lässt sich wohl auch die verblüffende Tatsache erklären, dass der Unternehmenswert der KTM-Firmengruppe noch im Jahr 2022 auf rund zwei Milliarden Euro geschätzt worden war und 2024 von mindestens zwei Milliarden Überschuldung die Rede ist.

Abnehmende Innovationskraft wissenschaftlicher Forschung

Hossenfelder führt in ihrem deutlich formulierten Beitrag[33] zahlreiche Nachweise an, die zeigen, dass sowohl die wissenschaftliche Innovationskraft und darauf basierende Patente und Innovationen in quantitativer und qualitativer Hinsicht seit Jahren abnehmen: So nimmt die Zahl neuer wissenschaftlicher Grunderkenntnisse, die sich als Bausteine für neue Entwicklungen eignen, nur mehr sehr langsam zu,[34] es nimmt nicht nur die Zahl der durch neue Patente induzierten Folgepatente (seit 1940) ab,[35] sondern auch die Zahl von Innovationen (seit 1873).[36]

29 Mit weiteren Beispielen: *Endler*, Das Patriarchat der Dinge, Köln 2024, 234ff.

30 *Wason,* Reasoning about a Rule, in: Quarterly Journal of Experimental Psychology 1968, 273–281.

31 *Asch,* in: *Guetzkow* (Hrsg), Groups, Leadership and Men, 1951. Effects of Group Pressure upon the Modification and Distortion of Judgments, vgl auch das Asch-Experiment.

32 *Popper,* Logik Der Forschung. Zur Erkenntnistheorie der modernen Naturwissenschaft, Wien 1935.

33 *Hosesnfelder,* Science Is in Trouble.

34 *Youn et al,* Invention as a Combinatorial Process: Evidence from US Patents, in: journal of the Royal Society Interface, https://doi.org/10.1098/rsif.2015.0272

35 *Park/Leahey/Funk,* Papers and Patents Are Becoming Less Disruptive over Time, in: Nature 613, 2023, 138–144.

36 *Huebner,* A possible declining Trend for Worldwide Innovation, in: Techno-

Zwischenergebnis

Nicht nur die praktische Nutzbarmachung wissenschaftlicher Erkenntnis ist angesichts ihrer gewachsenen Selbstbezüglichkeit, falschen Zielsystemen und einer Abgehobenheit und Fragilität gegenüber unlauteren Beeinflussungen zum Problem geworden, selbst einige ihrer theoretischen Grundlagen sind unsicher geworden.

Sowohl die Zunahme selbstreferenzieller Bezüge durch die Maßgeblichkeit der Zitierquote als Qualitätskriterium als auch die wahrnehmungstheoretischen Grenzen physikalischer Forschung stellen Nutzen und Wert wissenschaftlichen Vorgehens auf die Probe.

Auch die Künstliche Intelligenz bietet keinen Ausweg, sie vervielfältigt nur abstrakt die weiteren Möglichkeiten, ohne den fehlenden Realitätsbezug nachliefern zu können.

Teil 2: »Neue Aufklärung« auf den Spuren von Leo Reisinger

Das Œuvre, das uns Leo Reisinger hinterlassen hat, ist (zumindest) unter diesen zwei Aspekten beachtlich:

- Einerseits hat Reisinger trotz seiner kurzen aktiven Wirkungszeit zahlreiche Publikationen und zwei Standard-Lehrbücher[37] verfasst.
- Andererseits beeindruckt die thematische Vielfalt der Publikationen, die unter anderem die Rechtswissenschaft, Betriebswirtschaft, Mikrobiologie und die Sozial- bzw. Kulturwissenschaften umfassen: Dass ein und derselbe Autor über »Die Länge der Arteria lienalis im Angiogramm«,[38] über das I Ging[39] und über Fuzzy-Thesauri[40] schreibt, um einige Beispiele herauszugreifen, erscheint schwer nachvollziehbar.

Wie ist es möglich, in so verschiedenen Disziplinen interdisziplinär aktiv zu sein und in den diversen Fachgebieten jeweils substanzielle Beiträge zu liefern?

---

logical forecasting & social change 72, 2005, 980–986.

37 *Reisinger,* Rechtsinformatik, Berlin – New York 1977, *Reisinger,* Betriebsinformatik, Wien 1978.

38 *Reisinger et al,* Länge und Verlauf der Arteria linealis im Angiogramm, in: Acta anat, 1972, 123–136.

39 *Reisinger,* Das I Ging. Eine formalwissenschaftliche Untersuchung des chinesischen Orakels, Acta Ethnologica et Linguistica 25, Wien 1972.

40 *Reisinger,* On Fuzzy Thesauri, Compstat Symposium, Wien 1974.

These 1: Themenfokussierung

»Um den Begriff der Strukturwissenschaften näher herauszuarbeiten, empfiehlt es sich, kurz auf die von der Wissenschaftstheorie üblicherweise genannten Kriterien einzugehen, die der Definition des Begriffs ‚Wissenschaft' und der Abgrenzung wissenschaftlicher Disziplinen dienen sollen.«[41]

Der gestalttherapeutische Grundsatz,[42] dass Kontakt an der Grenze entsteht, gilt auch in der Wissenschaft insofern, als sich jeder wissenschaftliche Beitrag auf ein bestimmtes Fachgebiet (Fokus) beziehen muss und nur durch diese Beschränkung wirksam werden kann.

Systemisch entsteht erst durch die Wahl des Gegenstands- und des Problembereichs[43] eine bewusste Abgrenzung eines wissenschaftlichen Fachbeitrags von seiner »Umwelt«[44] (»Law of Calling«:[45] »We cannot make an indication without drawing a distinction«).

Ohne eine solche Kontextsetzung kann weder Sinn als inhaltliche Bedeutung entstehen noch wissenschaftliche Erkenntnis gewonnen werden.[46] Dem entsprechend beginnt wissenschaftliches Arbeiten mit der Themensetzung und Fokussierung auf ein konkretes Arbeits- und Fachgebiet.

»Mit Hilfe dieses Kriteriums lassen sich – theoretisch – alle gegenwärtig etablierten Disziplinen voneinander abgrenzen.« schreibt Reisinger weiter und betont, dass dies praktisch freilich nicht immer eindeutig möglich sei.[47]

Diese praktische Schwierigkeit der Einordnung wissenschaftlicher Erkenntnisse gilt heute umso mehr, und zwar vor allem aus zwei Gründen: Erstens hat sich in den letzten Jahrzehnten seit Reisingers Wirken in den 1970er und 1980er Jahren das vorhandene wissenschaftliche Material vervielfacht, zum anderen herrscht im Wissenschaftsbetrieb mit der Zahl der Veröffentlichungen ein betont quantitatives Erfolgskriterium vor.

---

41 *Reisinger,* Strukturwissenschaftliche Grundlagen der Rechtsinformatik, Graz-Wien 1987, 17 ff.

42 *Polster/Polster,* Gestalt therapy integrated: contours of theory and practice, New York 1973, 102.

43 *Reisinger,* Strukturwissenschaftliche Grundlagen, 17 ff.

44 *Hoverstadt*, The Grammar of Systems.

45 *Spencer-Brown,* Laws of Form, London 1969.

46 *Luhmann*, Systemtheorie der Gesellschaft, Berlin 2017, 17 zur Abgrenzung von Umwelt und System als Sinngebung.

47 *Reisinger, Leo,* Strukturwissenschaftliche Grundlagen, 17.

These 2: Modellbildung und methodische Konsequenz

So tiefschürfend wissenschaftliche Erkenntnisse auch sein mögen, so gründen sie doch auf Denkmodellen,[48] die lediglich eine qualifizierte Untermenge bzw. einen Ausschnitt aus der gesamten Wirklichkeit darstellen.

Der wissenschaftliche Ansatz und die von Reisinger ins Spiel gebrachte und perfektionierte »Formalisierung« und »Strukturierung« sind für ihn deshalb kein Selbstzweck, der sich in tautologischen Elfenbeintürmen von der Realität entkoppelt und inhaltsleer verselbständigt.

Sein Ziel ist vielmehr die »Reduktion von Komplexität« mit der »im Original schwer durchschaubare Zusammenhänge durchschaubarer gemacht werden« können.[49]

Er nimmt damit den Ball auf, den Alchourron und Bulygin Anfang der 1970er Jahre ins Rollen gebracht hatten: »One of the sources of this perplexity lies in the absence of a well established pre-analytical basis for formal studies.«[50]

Reisinger hat diesen Ball aufgenommen und konsequent ins Spiel gesetzt. Seine wissenschaftlichen Aktivitäten blieben dabei immer an konkrete Problemstellungen und den jeweiligen Erkenntnis- und Erfahrungshorizont gekoppelt, ohne blinde Flecken.[51]

Eine solche wissenschaftstheoretische Klarheit und Umsicht erfordert Konsequenz und eine selbstreflexive Einordnung der eigenen Aktivitäten. Sie erfordert auch eine aktive Selbstbeschränkung und Zurückhaltung. Gleichzeitig wird damit die eigene intellektuelle Redlichkeit gefördert und den Auswirkungen des Dunning-Kruger-Effekts entgegengewirkt, nach dem zu wenig Übersicht und fehlende Einsicht regelmäßig zu Selbstüberschätzung führt.[52]

Zudem steigt laut einer aktuellen Untersuchung durch Bescheidenheid das Vertrauen in die Wissenschaft.[53]

---

48 Ebd, zur Modellbildung, 26.

49 Ebd 26.

50 *Alchourrón/Bulygin*, Normative Systems, Wien 1979.

51 Frank/Gleiser/Thompson, The Blind Spot.

52 *Kruger/Dunning*, Unskilled and Unaware of It: How Difficulties in Recognizing One's Own Incompetence Lead to Inflated Self-Assessments, in: Journal of Personality and Social Psychology 77, 1999, 1121–34.

53 *Koetke et al*, The effect of seeing scientists as intellectually humble on trust in scientists and their research, in: Nature Human Behaviour 9, 2025, 331–344.

These 3: Strukturwissenschaft kann durch Formalisierung »in the proper sense« verschiedenartige Fachgebiete erfolgreich interdisziplinär erschließen und miteinander verknüpfen

»Strukturwissenschaftliche Methoden sind einem hochspezialisierten Werkzeug vergleichbar, das nur für eine bestimmte, eng umgrenzte Menge von Problemstellungen verwendet werden kann; für diese ist allerdings die Wirksamkeit dieses Werkzeugs unübertroffen.«[54]

Wissenschaftliche Fachgebiete unterscheiden sich durch ihre Fachsprache, das jeweilige fachspezifische Vokabular und die angewandten Methoden voneinander. Das Studium einer Fachrichtung besteht deshalb vor allem darin, sich die jeweiligen Fachbegriffe anzueignen und mit ihnen vertraut zu werden. Auch deshalb ist interdisziplinäres Arbeiten einfacher gesagt als getan.

Umso höher die sprachliche Bezugnahme eines Fachbeitrags zu seinem Fachgebiet ist, umso einfacher und nachvollziehbarer liest sich der Fachbeitrag für die jeweiligen wissenschaftlichen »Insider«, umso mehr wissenschaftliche Anknüpfungspunkte und Resonanz wird es geben.[55]

Leo Reisinger hat sich nicht nur mit der ihm eigenen methodischen Akribie und Bescheidenheit mühelos und konsequent in verschiedenen wissenschaftlichen Disziplinen betätigt und sich jeweils durch Assimilierung der jeweiligen Fachsprache konstruktiv eingebracht.

»Formalisierung« verstand er als »Beschreibung eines substanzwissenschaftlichen Objektbereichs mittels eines Kalküls«.[56]

Damit konnte er Formalisierung und Strukturierung als fachgebietsagnostische Methode in verschiedenen »substanzwissenschaftlichen« Fachgebieten erkenntnisfördernd einsetzen und fachgebietsüberschreitend wirken, ohne seinen eigenen methodischen Schwerpunkt verlassen zu müssen: »Die Erkenntnisobjekte der einzelnen wissenschaftlichen Disziplinen werden in zunehmendem Masse Gegenstand interdisziplinärer Zusammenarbeit. Gerade die vorliegende Arbeit ist ein Beweis dafür.

54 *Reisinger,* Strukturwissenschaftliche Grundlagen, 38.

55 *Hoverstadt,* The Grammar of Systems nach *Spencer-Brown,* Laws of Form, formuliert dazu: «the more perfece the fit on the communication level, the less needs to be communicated».

56 *Reisinger,* Probleme der logischen Struktur von Rechtsnormen und die Möglichkeiten des logischen Ausdrucks von unscharfen Rechtsbegriffen, in: Informatica e Diritto 2, 1977, 337–350; erweitere Fassung in Tammelo (Hrsg), Strukturierungen und Entscheidungen im Rechtsdenken, Wien-New York 1978, 119–146.

Sie zeigt, das formalwissenschaftliche Methoden mit Erfolg auf Gebieten anwendbar sind, die bislang Gegenstand rein geisteswissenschaftlicher Betrachtungsweise waren.«[57]

Damit zeigt uns Leo Reisinger, wie wir dem Problem der zunehmenden Differenzierung und Zersplitterung der Wissenschaft methodisch begegnen und interdisziplinär dagegenhalten können.

Sein Ansatz der pragmatischen Relativität der Formalisierung funktioniert gerade bei der vorherrschenden Zersplitterung von wissenschaftlichen Fachgebieten.

Damit liefert Reisinger ein Beispiel dafür, wie wir »diesen Begriff [der Orientierung, Anm PE] noch mehr erweitern« können, um uns »nicht bloss in Raume [...] sondern überhaupt im Denken [...] logisch zu orientieren«.[58]

These 4: Eigenschaften und Grenzen der Modellbildung und der Formalisierung

Wissenschaftliches Arbeiten muss bestimmten äußeren und inneren Kriterien genügen, um sich als solches qualifizieren zu können.

Universitäten und Studiengänge legen dazu eigene Kriterienkataloge fest.[59] Maßgebliche Kriterien sind zum Beispiel Unvoreingenommenheit, Nachvollziehbarkeit, Klarheit, Transparenz, Verständlichkeit.

Dazu ist es notwendig, die jeweils relevanten Informationen zu recherchieren und entsprechend einzuordnen:[60] Nur wenn die richtigen Informationen vorliegen, können sie für eine komplexe Fragestellung genutzt und kann adäquat argumentiert werden.

Die so gewonnenen Erkenntnisse sind dabei allerdings immer nur vorläufig und unvollständig. In jedem wissenschaftlichen Fachgebiet, so wie in jedem System, verbleiben unerschlossene und nicht reflektierte Bereiche, bis hin zu Tabus und Sperrzonen.[61] Gödel hat darüber hinaus sogar gezeigt, dass sogar formal definierte Regelwerke zwangsläufig nicht beweisbare Axiome enthalten.[62]

---

57 *Reisinger*, Das I Ging, aao, im Vorwort.

58 *Kant*, Was heißt: sich im Denken orientieren?, in: Berlinische Monatsschrift 1786, 304–330.

59 Universität Wien, Studienprogrammleitung Geschichte, Merkmale des Wissenschaftlichen Arbeitens.

60 *Hoverstadt*, The Grammar of Systems, »redundancy of potential command«.

61 Ebd.

62 *Gödel*, Über formal unentscheidbare Sätze der Principia Mathematica und

Nachhaltiges wissenschaftliches Arbeiten ist sich dieser Beschränkungen bewusst. Leo Reisinger war sich nicht nur der Mächtigkeit, sondern auch der Beschränkungen der Wahrscheinlichkeitsrechnung bewusst, wenn er formulierte:

»The problem of practical application of fuzzy set theory to judicial decisions consists in the definition of interpersonal procedures to determine .«

»Diese komplexen Zusammenhänge [...] stärken die Zweifel an den Möglichkeiten eines umfassenden operationalisierbaren Modells der juristischen Einzelentscheidung.«

»Weil wir zeigen wollten, dass schon sehr einfache Modellannahmen der juristischen Einzelentscheidung zu Ergebnissen führen, die sich relativ weit von logischen Kalkülen entfernen.«

»Es handelt sich um Konditionalprogramme. Die pragmatische Dimension wird überhaupt nicht und die semantische nur in Einzelaspekten berücksichtigt.«[63]

Damit hat er sehr früh die Grenzen aktueller KI-Anwendungen aufgezeigt, die heute in aktuellen Entscheidungen diskutiert werden: »Im Licht des 71. Erwägungsgrundes der DSGVO müssen solche Maßnahmen insbesondere die Verpflichtung des Verantwortlichen umfassen, geeignete mathematische oder statistische Verfahren zu verwenden, technische und organisatorische Maßnahmen zu treffen, mit denen in geeigneter Weise sichergestellt wird, dass das Risiko von Fehlern minimiert wird und Fehler korrigiert werden, und personenbezogene Daten in einer Weise zu sichern, dass den potenziellen Bedrohungen für die Interessen und Rechte der betroffenen Person Rechnung getragen wird, und insbesondere zu verhindern, dass es ihr gegenüber zu diskriminierenden Wirkungen kommt.«[64]

Umso wichtiger ist es, die untersuchten und explizit gemachten Bereiche eindeutig zu benennen und in logische und kausale Beziehung zu setzen und dies nachvollziehbar (resonant) darzustellen.

Verwandter Systeme, in: Monatshefte für Mathematik und Physik 1931, 173–198.

63 *Reisinger*, On Fuzzy Thesauri, in: Compstat 1974, Proceedings in Computional Statistics, Wien 1974; Reisinger, Probleme der logischen Struktur von Rechtsnormen und die Möglichkeiten des logischen Ausdrucks von unscharfen Rechtsbegriffen, in: Tammelo (Hrsg), Strukturierungen und Entscheidungen im Rechtsdenken, Wien-New York 1978, 119–146.

64 *Vgl* EuGH, C-634/21, Urteil, 07/12/2023, SCHUFA Holding (Scoring), https://curia.europa.eu/juris/liste.jsf?language=de&td=ALL&num=C-634/21.

Logisches Denken beschränkt sich bei Reisinger nicht auf logische Schlussbildungen. Er bezieht, wie bei der im vorherigen Punkt erwähnten pragmatischen Relativität der Formalisierung, auch semantische und linguistische Aspekte mit ein.

These 5: Visualisierung und Symbolisierung sorgt für Verständlichkeit, Nachvollziehbarkeit und Anschlussfähigkeit

Neben Formalisierung hat Leo Reisinger auch durch konsequente Strukturierung und Visualisierung dafür gesorgt, dass komplexe Sachverhalte einfach und nachvollziehbar aufbereitet werden und dass wir auf allen Fachgebieten einen klaren Blick auf das »Erkenntnisobjekt« erhalten und dadurch erkenntnis-, anschluss- und handlungsfähig werden.

Symbolisierung und Visualisierung sind bei Reisinger das Ergebnis eines formalisierten und strukturierten Vorgehens und ermöglichen auch für abstrakte Themen und Problemstellungen intuitive Verständlichkeit und eine unmittelbare Anschlussfähigkeit.

Die Konsequenz, mit der das Leo Reisinger verfolgt hat, erinnert nicht zufällig an Friedrich Lachmayer als den Pionier und Doyen dieses Ansatzes in der österreichischen Rechtstheorie und Rechtsinformatik.[65] Nicht zufällig haben Reisinger und Lachmayer gemeinsam ein Buch veröffentlicht[66] und lassen sich Parallelen zur Symbolisierung bei Theodor Geiger erkennen.[67]

Das Bestechende an dieser Verbindung von Formalisierung, Strukturierung und Visualisierung ist die dadurch ermöglichte Erschliessung von komplexen Tiefenstrukturen bei gleichzeitig hoher Anschaulichkeit und Verständlichkeit.

Das erinnert auch an die Piktogramme von Otl Aicher[68] und an die früheren Isotypen von Otto Neurath[69] mit ähnlichen Ansprüchen aus heutiger Sicht fast wie die Antithese zu Social Media-Plattformen wie Instagram oder TikTok, bei denen lediglich die visuelle Oberfläche algorithmisch aktiviert wird, um leicht verdauliche Sachverhalte ohne Tiefenstruktur eingängig anzubieten.

---

65 *Lachmayer/Vytautas*, Essays on the Visualisation of Legal Informatics, Cham 2023.

66 *Lachmayer/Reisinger*, Legistische Analyse der Struktur von Gesetzen, Wien 1976.

67 *Geiger*, Vorstudien zu einer Soziologie des Rechts 65, 4. Auflage, Berlin 1987.

68 https://de.wikipedia.org/wiki/Isotype.

69 https://de.wikipedia.org/wiki/Isotype.

Zum Abschluss

Dass man sich sowohl mit methodischer Festlegung als auch mit konkreten Arbeitssituationen je eigene Beschränkungen auferlegt, hat Leo Reisinger in diesem Gedicht zum Ausdruck gebracht, das er am 10. März 1983 knapp zwei Jahre vor seinem Tod anlässlich eines beruflichen Wechsels formulierte:

»Nun jäh erschlafft, zurück man bleibt
Und stumpf Kaffee sich einverleibt.
Weil um die Ohr'n man nur bekommt
Was der DV-Anlage frommt.
Mit Fortran, B(i)STAM, Files und Code
Belegt man mir das Mittagsbrot
Da nichts von Dauer ist hienieden,
Wird's nun Zeit mich verabzuschieden«[70]

Zusammenfassung und aktuelle methodische Bezugspunkte

Es ist aus heutiger Sicht faszinierend, mit welcher Akribie und Selbstverständlichkeit Leo Reisinger sowohl in methodischer Hinsicht als auch in inhaltlicher die Problemstellungen und Herausforderungen unserer heutigen Zeit vorwegnahm.

Mit seiner umsichtigen Fokussierung auf verschiedene Fachthemen, seinem konsequenten und perfektionierten strukturwissenschaftlichen Formalisierungs- und Strukturierungsansatz, der damit möglichen Verständlichkeit, Anschaulichkeit, Visualisierung und Anschlussfähigkeit hat er Maßstäbe für interdisziplinäres und wertschöpfendes wissenschaftliches Arbeiten gesetzt und vorgeführt, wie – frei nach Kant – Orientierung im wissenschaftlichen Denken ausschauen kann und sollte.

Sowohl seine Einsicht in die Beschränktheit von formalen Modellen, die mit Bezug auf die Regulierung von aktuellen Sprachmodellen als sogenannter Künstlicher Intelligenz hoch aktuell ist, als auch sein wissenschaftsmethodisches Vorgehen erschienen state-of-the-art.

Der Zeitgeist weht heute allerdings in eine andere Richtung: der Verkürzung, der Projektion aktueller Aufgabenstellungen in die Zukunft (»Hypecycles«), der Oberflächlichkeit, der algorithmischen orchestrierten und emotional geleiteten Vereinfachung. Bis hin zur konzertierten Fälschung und Täuschung über wissenschaftliche Erkenntnisse.

70 Zitat aus dem Nachlass von *Reisinger*, im Privatarchiv des Autors.

Es gibt erfreulicherweise dennoch gleich mehrere moderne Ansätze, die aus unterschiedlicher Perspektive und mit unterschiedlichen Zielsetzungen gewissermaßen den gleichen erkentnisoffenen und forschenden Geist atmen, den Leo Reisinger versprüht hat:

- The Logical Thinking Process[71]
- Die Grammatik der Systeme[72]
- The Cynefin Framework[73]
- Wardley Maps[74]
- Metamodernity[75]
- Neue Aufklärung[76]
- System of Profound Knowledge[77]

---

71 *Dettmer*, The logical thinking process: a systems approach to complex problem solving, Milwaukee 2007.

72 *Hoverstadt*, The Grammar of Systems.

73 *Snowden*, Cynefin – Weaving Sense-Making into the Fabric of Our World, Colwyn Bar 2020.

74 *Wardley*, Wardley Mapping, The Knowledge: Part One, Topographical Intelligence in Business, 2020.

75 *Freinacht*, The Listening Society: A Metamodern Guide to Politics 1 & 2, 2017.

76 *Gabriel et al*, Auf dem Weg zu einer neuen Aufklärung, Bielefeld 2022.

77 Vgl. dazu *Bloomberg/Willis et al*, Deming's Journey to Profound Knowledge: How Deming Helped Win a War, Altered the Face of Industry, and Holds the Key to Our Future, 2024.

GENERATIVE KÜNSTLICHE INTELLIGENZ ALS WERKZEUG FÜR DIE RECHTSINFORMATIK UND DIE WIRTSCHAFTSINFORMATIK

HANS-GEORG FILL

Forschungsgruppe Digitalisierung und Informationssysteme, Universität Freiburg, Boulevard de Pérolles 90, 1700 Fribourg, Schweiz, https://www.unifr.ch/inf/digits/en/
Univ.-Prof. Mag. Dr. Hans-Georg Fill, Ordentlicher Professor für Wirtschaftsinformatik, hans-georg.fill@unifr.ch

Schlagworte: Rechtsinformatik, Wirtschaftsinformatik, Künstliche Intelligenz

Abstract: Die aktuellen Entwicklungen im Bereich der generativen künstlichen Intelligenz eröffnen für die Fachgebiete der Rechtsinformatik und der Wirtschaftsinformatik zahlreiche Chancen. Gleichzeitig führen sie auch zu Herausforderungen, insbesondere in der Lehre und bei der Aneignung von grundlegenden Methoden. Im vorliegenden Beitrag wird eine kurze Erläuterung der generativen künstlichen Intelligenz gegeben und ihre Bedeutung für die Rechtsinformatik und die Wirtschaftsinformatik skizziert.

1. Generative Künstliche Intelligenz – ein Paradigmenwechsel?

Seit der Vorstellung von ChatGPT im November 2022 werden Ansätze, Methoden und Auswirkungen der sogenannten generativen künstlichen Intelligenz (KI) in vielen Bereichen von Wissenschaft und Praxis diskutiert. Ob es sich dabei im Sinne der bisherigen Forschung zu künstlicher Intelligenz tatsächlich um eine solche handelt oder ob es sich bei den neuen Ansätzen lediglich um einen, wenn auch sehr eindrucksvollen, stochastischen Generator von Informationen in Form von Text, Bildern, Modellen, Video oder Audio auf Basis von trainierten Mustern handelt, soll an dieser Stelle nicht näher erläutert werden[1]. Tatsache ist, dass es sich bei diesem Phänomen um eine neuartige Technologie handelt, die aktuell in vielen Anwendungsbereichen auf ihr Potential zur Verbesserung von Prozessabläufen untersucht wird. Das umfasst beispielsweise die automatisierte Erstellung, Analyse oder Klassifikation von beliebigen Texten, wie zB Vertragstexten oder Zusammenfassungen von Gerichtsurteilen[2], die Generierung und Interpretation von Code in vielen Programmiersprachen, wie zB in Java, Python, etc. oder die Anwendung von unmittelbar erlernten Inhalten im Rahmen von sogenannten »Few-Shots Prompts« bzw. »In-Context Learning«, beispielsweise bei der Anwendung von neuen domänen-spezifischen Sprachen.[3] Somit soll in diesem Beitrag ein instrumentalistischer Ansatz verfolgt werden, der generative künstliche Intelligenz als ein neues Werkzeug zum Einsatz in der Rechtsinformatik und Wirtschaftsinformatik betrachtet.

Generative künstliche Intelligenz basiert auf Methoden des sogenannten Deep Learning, ein Verfahren des maschinellen Lernens auf Basis von

---

1 Siehe dazu *Jovanović/Campbell*, () Generative Artificial Intelligence: Trends and Prospects, in: Computer, 55(10), 2022, 107–112: IEEE. https://doi.org/10.1109/MC.2022.3192720; *Coeckelbergh/Gunkel*, ChatGPT: Deconstructing the debate and moving it forward, in: Ai & Society, 39(5), 2024, 2221–2231: https://doi.org/10.1007/s00146-023-01710-4; *Bender et al*, On the Dangers of Stochastic Parrots: Can Language Models Be Too Big?. Proceedings of the 2021 ACM Conference on Fairness, Accountability, and Transparency, 2021, 610–623: https://doi.org/10.1145/3442188.3445922; *Fill/Fettke/Köpke*, Conceptual Modeling and Large Language Models: Impressions From First Experiments With ChatGPT, in: Enterp. Model. Inf. Syst. Archit. Int. J. Concept. Model., 18, 3., 2023: https://doi.org/10.18417/EMISA.18.3

2 Siehe zB *Mielke/Wolff*, Verständliche Rechtstexte mit Hilfe grosser Sprachmodelle?, in: Jusletter-IT, 15. Februar 2024: https://doi.org/10.38023/0778983c-5593-4ba3-a7d6-1208d445efd4

3 Vgl *Baumann et al*, Combining Retrieval-Augmented Generation and Few-Shot Learning for Model Synthesis of Uncommon DSLs, 2024: https://doi.org/10.18420/MODELLIERUNG2024-WS-007; *Muff/Fill*, Limitations of ChatGPT in Conceptual Modeling: Insights from Experiments in Metamodeling, 2024: https://doi.org/10.18420/MODELLIERUNG2024-WS-008

künstlichen neuronalen Netzen, die ihrem Vorbild in der Natur nachgebildet sind. Als Eingabe bei diesen Verfahren werden sehr große Mengen an Text-, Bild-, Audio- oder Videodaten verwendet. Diese werden numerisch, dh in Form von Zahlen repräsentiert. Ein Lernalgorithmus verarbeitet dann diese Daten im Rahmen eines Trainings und erzeugt als Ausgabe künstliche neuronales Netze, die aufgrund von Eingabeparametern Ausgaben erzeugen. Generative Deep Learning Modelle erzeugen auf Basis von Eingaben in der gleichen Form wie die Trainingsdaten (zB Text in Form eines sogenannten Prompts), Ausgabedaten in Form von Text-, Bild-, Audio- oder Videodaten.[4] Sie versuchen dabei, die für die Eingabedaten am besten passenden Ausgabedaten zu erzeugen, wobei eine Zufallsauswahl angewandt wird, die auf einer durch das neuronale Netz gelernten Wahrscheinlichkeitsverteilung beruht.[5]

Wie bei früheren technologischen Innovationen stellt sich dabei die Frage, ob diese neue Technologie einen Paradigmenwechsel in Lehre, Forschung und Praxis in den beiden betrachteten Wissenschaftsdisziplinen darstellt oder lediglich eine Anpassung bestehender Theorien und Verfahrensweisen erforderlich macht.[6] Um dies zu beantworten, müssen die Folgen des Einsatzes dieser Technologie abgeschätzt werden. Es ist allerdings zum jetzigen Zeitpunkt noch keine vollständige, sondern nur eine vorläufige Beantwortung möglich. Dies resultiert einerseits aus der rasch fortschreitenden technologischen Entwicklung und andererseits aus der Tatsache, dass die Funktionsweise von generativer künstlicher Intelligenz selbst von Experten auf diesem Gebiet noch nicht vollständig verstanden wurde. Manche Eigenschaften von generativer KI und insbesondere der großen Sprachmodelle (Large language models – LLM) wurden bei ihrer Erstellung, dh dem Training auf sehr großen Datenmengen, nicht beabsichtigt, sondern sind emergent – siehe zB die jüngsten Fortschritte in Experimenten von Kosinski[7] zur Theorie des

---

4 Siehe für eine detaillierte Beschreibung: *Banh/Strobel*, Generative artificial intelligence, in: Electronic Markets, 33(1), 63, 2023: https://doi.org/10.1007/s12525-023-00680-1

5 Vgl *Jurafsky/Martin*, Speech and Language Processing. An Introduction to Natural Language Processing, Computational Linguistics and Speech Recognition (Third Edition Draft), 2023; *Goldberg*, Neural Network Methods in Natural Language Processing, 2017.

6 Vgl dazu *Kuhn*, Die Struktur wissenschaftlicher Revolutionen, Frankfurt am Main 1973.

7 Siehe *Kosinski*, Evaluating large language models in theory of mind tasks, in: Proceedings of the National Academy of Sciences, 121(45), 2024: https://doi.

Mentalen (Theory of Mind), die offenbar als unbeabsichtigte Nebenprodukte von LLMs entstanden sind, die aber weder bei deren Training intendiert noch zuvor von anderen, ähnlichen KI-Modellen erzielt werden konnten. Derartige KI-Modelle werden daher als sogenannte Basismodelle (Foundation Models)[8] bezeichnet, wobei sich »Basis« sowohl auf deren Unvollständigkeit bezieht als auch auf deren zentrale Rolle in der Entwicklung von KI durch emergente Verhaltensweisen und Fähigkeiten, die nicht Teil des Designs und des Trainings waren. Vor einer Analyse der Chancen und Risiken der generativen KI soll im Folgenden noch auf die Verwandtschaft und einige Charakteristika der beiden Fachgebiete Rechtsinformatik und Wirtschaftsinformatik eingegangen werden, die den Rahmen für die Analyse bilden.

2. Die Verwandtschaft von Rechtsinformatik und Wirtschaftsinformatik

Wie von Prof. A Min Tjoa im Rahmen der Gedenkveranstaltung zu Prof. Leo Reisinger angemerkt, hatte Leo Reisinger schon sehr früh die Betrachtung eines Betriebes als Informationssystem propagiert, was für die damalige Zeit nicht selbstverständlich war. Heute ist diese Sichtweise in der Wirtschaftsinformatik allgegenwärtig, wobei der Begriff »Informationssystem« als ein sozio-technisches System[9] verstanden wird. Dieses beinhaltet aus einer aktuellen Sicht die Interaktion von menschlichen Akteuren und IT-Services[10], eingebettet in einen organisationalen Rah-

org/10.1073/pnas.2405460121.

8 *Bommasani*, On the Opportunities and Risks of Foundation Models (arXiv:2108.07258). Center for Research on Foundation Models (CRFM) at the Stanford Institute for Human-Centered Artificial Intelligence (HAI), 2022: https://doi.org/10.48550/arXiv.2108.07258.

9 Vgl *Ferstl/Sinz*, Grundlagen der Wirtschaftsinformatik, Oldenbourg 2015: https://doi.org/10.1524/9783486719178; Österle et al, Memorandum zur gestaltungsorientierten Wirtschaftsinformatik, in: Schmalenbachs Zeitschrift für betriebswirtschaftliche Forschung, 62(6), 2010, 664–672: https://doi.org/10.1007/BF03372838

10 Der Begriff »IT-Service« wird hier als umfassende Bezeichnung von fachlichen als auch technischen, gekapselten Funktionalitäten oder Prozessen verstanden, die als Dienstleistung gegenüber Kunden unter genauer Spezifikation und Messung der erbrachten Leistung mit Hilfe von Informationstechnologie erbracht werden. IT-Services stellen damit eine Weiterentwicklung der traditionellen betrieblichen und juristischen Anwendungssysteme dar, die die Informations- und Kommunikationssysteme und Software für bestimmte Aufgaben von Informationssystemen bereitstellen und die so-

men und beeinflusst durch rechtliche Rahmenbedingungen. Damit ergibt sich eine Brücke zur Rechtsinformatik, die sich als interdisziplinäre Wissenschaft zwischen Recht und Informatik versteht und in aktuellen Studienplänen[11] entsprechende Grundlagen der Wirtschaftsinformatik integriert.

Sowohl in Wirtschaftsinformatik als auch Rechtsinformatik sind für die Konzeption, das Design und die Implementierung von Informationssystemen solide Kenntnisse der Informatik und speziell der Programmierung und Systementwicklung, der Erhebung von Anforderungen (Requirements Engineering) und der Integration der resultierenden IT-Services in bestehende Organisationsstrukturen und Prozesse (Business-IT Alignment) notwendig. Die Wirtschaftsinformatik hat hierzu ein breites Spektrum an Methoden entwickelt.[12] Insbesondere die Methoden der konzeptuellen Modellierung betrieblicher Informationssysteme erlauben es, Anforderungen an Informationssysteme in grafischer und gleichzeitig formaler bzw. semi-formaler Form zu erheben und in technische Systeme zu überführen bzw. als Grundlage für exakte Anforderungsspezifikationen zu verwenden.[13] Die Rechtsinformatik greift teilweise auf diese Methoden zurück, allerdings sind diese noch nicht zum Kernbestandteil geworden. Darüber hinaus stellt in beiden Disziplinen der Umgang mit Literaturquellen und Texten in Wissenschaft und Praxis eine zentrale Komponente der akademischen Lehre und Forschung dar,[14] wobei die

---

wohl in einer Organisation selbst als auch durch externe Dienstleister erbracht werden.

11 Siehe zB die 2023 eingerichteten Studien Bachelor of Laws Legal Tech (https://www.uni-passau.de/fileadmin/dokumente/fakultaeten/jura/studieninformationen/Modulkatalog_LLB_Legal_Tech.pdf) und LL.M. Rechtsinformatik (https://www.uni-passau.de/fileadmin/dokumente/fakultaeten/jura/studieninformationen/Modulkatalog_LLM_Rechtsinformatik.pdf) an der Universität Passau.

12 Vgl *Wilde/Hess*, Forschungsmethoden der Wirtschaftsinformatik, in: Wirtschaftsinformatik, 49(4), 2007, 280–287: https://doi.org/10.1007/s11576-007-0064-z.

13 Vgl »Semantics-Driven Systems Engineering« und »Model-driven Systems Engineering in *Buchmann et al*, Large language models: Expectations for semantics-driven systems engineering, in: Data & Knowledge Engineering, 152, 2024: https://doi.org/10.1016/j.datak.2024.102324; *Bork/Fill*, Formal Aspects of Enterprise Modeling Methods: A Comparison Framework, 2014, 47th Hawaii International Conference on System Sciences, 3400–3409: https://doi.org/10.1109/HICSS.2014.422.

14 Siehe dazu die aktuellen Rahmenempfehlungen für die Studiengänge in

Anforderungen im juristischen Bereich aufgrund der starken Fokussierung auf Sprache deutlich umfassender sind.[15] Neben diesen Inhalten sind darüber hinaus in der Wirtschaftsinformatik noch Kenntnisse der Betriebs- und Volkswirtschaftslehre erforderlich, um die Funktionsweise von Betrieben zu verstehen. In der Rechtsinformatik kommen umfassende juristische Kenntnisse hinzu, die in der Wirtschaftsinformatik meist nur in rudimentärer Form gelehrt werden, auch wenn sie häufig in der Praxis hochrelevant sind, beispielsweise im Bereich Datenschutz oder Compliance. In beiden Disziplinen sind in jedem Fall mathematische und statistische Grundlagen erforderlich, unter anderem als Basis für das Design von Algorithmen oder Anwendungen im Bereich der künstlichen Intelligenz.

3. Chancen durch Generative KI

Im Folgenden sollen zuerst mögliche Chancen und anschließend die Risiken von generativer KI für Anwendungsfälle in der Praxis von Rechtsinformatik und Wirtschaftsinformatik sowie in Lehre und Forschung skizziert werden.

Im juristischen Kontext wurden bereits einige Anwendungsfälle zum Einsatz von generativer künstlicher Intelligenz diskutiert:[16] Darunter fallen beispielsweise die Klassifikation und Aufbereitung von Dokumentinhalten, das Erstellen von Textvergleichen oder die Nutzung zur Anonymisierung.[17] Im Rahmen der ganzheitlichen Betrachtung in der Rechtsinformatik und Wirtschaftsinformatik kommen weitere Anwendungsfälle hinzu, die den Umgang mit IT-Services betreffen. So kann generative KI die Konzeption und die Implementierung von Softwareanwendungen unterstützen, indem beispielsweise Codefragmente oder

---

Wirtschaftsinformatik an Hochschulen: https://wirtschaftsinformatik.de/uploads/Rahmenempfehlung%20f%C3%BCr%20Studieng%C3%A4nge%20in%20Wirtschaftsinformatik_09_20.pdf.

15 Siehe dazu die Ausführungen in *Röhl*, Die Bilderscheu der Jurisprudenz. Ruhr-Universität Bochum Lehrstuhl für Rechtssoziologie und Rechtsphilosophie, 1999: https://www.ruhr-uni-bochum.de/rsozlog/daten/pdf/visuelle_rk/Roehl%20-%20VRK%20-%20II02%20-%20Bilderscheu.pdf.

16 Vgl *Mielke/Wolff*, Künstliche Intelligenz und Large Language Models in der Rechtsprechung, in: LRZ-E-Zeitschrift für Wirtschaftsrecht und Digitalisierung, 2023: https://lrz.legal/2023Rn560.

17 Vgl dazu auch erste kommerzielle Angebote wie Lexis+AI™, URL: https://www.lexisnexis.at/produkte/lexis-plus-ai/ (Abruf 2025-01-28)

Architekturdesigns auf Basis von textuellen Beschreibungen generiert werden.[18] Weiterhin konnte gezeigt werden, dass die Erstellung und Interpretation von konzeptuellen Modellen von Abläufen und Strukturen mit Hilfe von generativer KI möglich ist.[19] Diese kommen häufig in der Spezifikation von Anforderungen an Informationssysteme zum Einsatz und dienen sowohl der Kommunikation und Abstimmung der Sichtweisen unterschiedlicher Anspruchsgruppen als auch als Grundlage für die technische Umsetzung. Weiterhin können mit Hilfe von generativer KI symbolische Wissensrepräsentationen aus Texten erstellt werden, wie zB Ontologien.[20] Ontologien dienen unter anderem dem gemeinsamen Verständnis und der formalen Strukturierung einer Domäne ebenso wie als Grundlage für die Anwendung von maschineller Inferenz, semantischen Suchen oder semantischer Interoperabilität zwischen Systemen.[21] Es wird erwartet, dass generative KI die Erstellung solcher Ontologien erleichtert, da ähnlich wie bei der Generierung von Code die Benutzer nicht mehr selbst die formalen Beschreibungen erstellen, sondern nur noch deren Korrektheit überprüfen müssen.[22] Gleichzeitig bieten Onto-

18 Vgl *Fakhoury et al*, LLM-Based Test-Driven Interactive Code Generation: User Study and Empirical Evaluation. IEEE Transactions on Software Engineering, 50(9), 2024, 2254–2268: https://doi.org/10.1109/TSE.2024.3428972; *Fill et al*, CMAG: A Framework for Conceptual Model Augmented Generative Artificial Intelligence, in: Gallinucci et al (Hrsg), Companion Proceedings of the 43rd International Conference on Conceptual Modeling, Pittsburgh, Pennsylvania, USA, October 28-31, 2024, Bd 3849, 56–69: https://ceur-ws.org/Vol-3849/forum5.pdf; *White et al* (2023). ChatGPT Prompt Patterns for Improving Code Quality, Refactoring, Requirements Elicitation and Software Design (Version 1), 2023: https://doi.org/10.48550/ARXIV.2303.07839.

19 Vgl *Fill/Fettke/Köpke*, Conceptual Modeling and Large Language Models: Impressions From First Experiments With ChatGPT, in: Enterp. Model. Inf. Syst. Archit. Int. J. Concept. Model., 18, 2023, 3: https://doi.org/10.18417/EMISA.18.3.

20 Vgl *Babaei Giglou/D'Souza/Auer*, LLMs4OL: Large Language Models for Ontology Learning, in: Payne et al (Hrsg), The Semantic Web - ISWC 2023, S. 408–427: https://doi.org/10.1007/978-3-031-47240-4 22.

21 Siehe dazu *Rodrigues et al*, Legal ontologies over time: A systematic mapping study, in: Expert Systems with Applications, 130, 2019, 12–30: https://doi.org/10.1016/j.eswa.2019.04.009

22 Ein aktuelles Beispiel dazu findet sich in: *Fill et al*, CMAG: A Framework for Conceptual Model Augmented Generative Artificial Intelligence, in Gallinucci et al (Hrsg), Companion Proceedings of the 43rd International Conference on Conceptual Modeling: ER Forum, Special Topics, Posters and Demos Co-located with ER 2024, Pittsburgh, Pennsylvania, USA, October

logien als symbolische Form der Wissensrepräsentation im Vergleich zu den aktuellen sub-symbolischen Ausprägungen der generativen KI den Vorteil der exakten Nachvollziehbarkeit und der Stabilität der Ergebnisse bei der automatischen Ableitung von Schlussfolgerungen.[23]

Neben der Erforschung des Phänomens der generativen KI in Rechtsinformatik und Wirtschaftsinformatik bietet sich diese Technologie auch als Werkzeug für die Forschung selbst an. Auch wenn die Zusammenfassung von Texten mit generativer KI wie oben beschrieben aufgrund möglicher Fehler und des mit einem Zufallsmoment behafteten Charakters mit Vorsicht zu betreiben ist, kann sie ein Hilfsmittel für eine erste Aufbereitung von Quellen sein. Es ist anzunehmen, dass Verfahren, die auf generativer KI basieren, zunehmend in entsprechende Suchmaschinen, Literaturverwaltungs-, Rechtsinformations-, Textverarbeitungs- oder Kanzleiverwaltungssysteme integriert werden. Andererseits kann die Zufälligkeit, dh das stochastische Moment, das generativer KI inhärent ist, gezielt genutzt werden. Beispielsweise kann sie so zur Generierung von Ideen zu beliebigen Themen oder als Diskussionspartner von neuen Ideen dienen. In der akademischen Lehre kann generative KI nicht nur bei der Aufbereitung von Lehrmaterialien unterstützen, ua zur Generierung von Vorschlägen für die Erklärung komplexer Konzepte, beispielsweise in Form von Visualisierungen des Rechts oder für Übungs- und Prüfungsaufgaben. Vorstellbar ist ebenso der Einsatz als Übungsumgebung im Rahmen eines Metaverse für angehende Jurist:innen bzw. Wirtschaftsinformatiker:innen, wo beispielsweise die Interaktion mit Rechtsuchenden oder Auftraggebern von Software in einer virtuellen Umgebung erprobt werden könnte.[24]

4. Risiken durch Generative KI

Seit Beginn des Hypes um generative KI wurde intensiv über die Risiken des Einsatzes der Technologie diskutiert.[25] Es soll an dieser Stelle daher

---

28–31, 2024, Bd 3849, 56–69: https://ceur-ws.org/Vol-3849/forum5.pdf.

23 Für eine grundlegende Einführung von symbolischer und sub-symbolischer künstlicher Intelligenz siehe *Karagiannis/Telesko*, Wissensmanagement: Konzepte der künstlichen Intelligenz und des Softcomputing 2021.

24 Siehe dazu *Chamola* et al, A Comprehensive Survey on Generative AI for Metaverse: Enabling Immersive Experience, in: Cognitive Computation, 16(6), 2024, 3286–3315: https://doi.org/10.1007/s12559-024-10342-9.

25 Vgl *Bommasani* et al, On the Opportunities and Risks of Foundation Models, 2022: https://doi.org/10.48550/arXiv.2108.07258.

primär auf die Risiken für den Einsatz von generativer KI als Werkzeug aus Sicht der Rechtsinformatik und Wirtschaftsinformatik eingegangen werden. Analog zu anderen neuen Technologien und Verfahren ist zunächst das Verständnis der Funktionsweise dieser Systeme essenziell. Ohne entsprechende Kenntnisse, zumindest der grundlegenden Mechanismen und Eigenschaften können weder die Grenzen noch möglichen Risiken beurteilt werden, noch kann eine Abschätzung erfolgen, in welche Prozesse dieses neue Werkzeug erfolgreich integriert werden kann. Aus akademischer Sicht besteht daher Bedarf, das entsprechende Grundlagenwissen in der Lehre zu verankern, nicht nur um eine adäquate Ausbildung, sondern auch *Bildung* auf diesem Gebiet sicherzustellen. Auch wenn, wie bereits oben erwähnt, die genauen Mechanismen, die zu den oft erstaunlichen und unbeabsichtigten Verhaltensweisen von generativer KI führen, noch nicht vollständig verstanden wurden, können zumindest die bekannten Fakten vermittelt werden. Die Grundlage von generativer KI besteht aus einer extrem großen Menge an Daten, die aus einer Vielzahl von Quellen stammen. Bisher ist in den meisten Fällen nicht exakt nachvollziehbar, welche Quellen dazu genutzt wurden und in welcher Qualität die Daten vorlagen bzw. wie diese ausgewählt und aufbereitet wurden.[26] Dies führt dazu, dass aktuelle KI-Modelle, die auf diesen Daten basieren, unrichtige oder unerwünschte Ergebnisse produzieren. Dies reicht von der falschen Wiedergabe von weithin anerkannten Fakten, gesellschaftlich oder politisch unerwünschten und mitunter sogar illegalen Inhalten bis zu Software-Code, der anfällig für Fehler ist oder Schadfunktionen beinhaltet.[27] Durch entsprechende Maßnahmen seitens der Ersteller der KI-Modelle wird versucht, diese Effekte zu minimieren oder zu verhindern. Ob ein bestimmtes generatives KI-Modell tatsächlich für eine bestimmte Aufgabe geeignet ist und wie gut seine Ergebnisse sind, kann daher schon allein aufgrund der Größe der Daten-

26 Vorschläge, um dies in Zukunft zu ermöglichen, wurden bereits gemacht, siehe zB *Fill/Härer*, Supporting Trust in Hybrid Intelligence Systems Using Blockchains, in: Martin et al (Hrsg), Proceedings of the AAAI 2020 Spring Symposium on Combining Machine Learning and Knowledge Engineering in Practice, AAAI-MAKE 2020, Palo Alto, CA, USA, March 23–25, 2020, Volume I (Bd 2600): https://ceur-ws.org/Vol-2600/paper9.pdf.

27 Vgl *Waldo/Boussard*, GPTs and Hallucination: Why do large language models hallucinate?, in: Queue, 22(4), 10, 2024, 19–10:33 : https://doi.org/10.1145/3688007; *Navigli/Conia/Ross*, Biases in Large Language Models: Origins, Inventory, and Discussion, in: J. Data and Information Quality, 15(2), 2023, 10:1–10:21: https://doi.org/10.1145/3597307.

mengen erst ex-post, bei Vorliegen des fertigen Modells festgestellt werden. Dazu kommt, dass die aktuellen Verfahren der generativen KI auf Methoden des maschinellen Lernens basieren. Diese beinhalten sowohl bei ihrer Erstellung, d.h. dem Trainieren zum Erkennen von Mustern in Daten und der Vorhersage von bestimmten Ergebnissen, ein Zufallsmoment. Dies ergibt sich unter anderem durch die Reihenfolge der erfassten Daten, als auch bewusst während des Lernvorganges zur Optimierung des Lernverhaltens. Gemeinsam mit der Komplexität der resultierenden Modelle wird es so für menschliche Benutzer praktisch unmöglich zu verstehen, aufgrund welcher Strukturen in den Modellen bestimmte Ergebnisse erzeugt werden. Die Erklärbarkeit der von Modellen des maschinellen Lernens erzeugten Ergebnisse ist daher aktuell Gegenstand der Forschung, vielfach ist es jedoch noch nicht möglich, Aussagen dazu zu treffen (Black-Box Problematik). Bei Modellen der generativen KI kommt hinzu, dass auch bei der Generierung der Ergebnisse ein Zufallsmoment einfliesst, da die Generierung im Wesentlichen eine Fortsetzung eines von einem Benutzer vorgegebenen Musters (Prompt) darstellt, die auf Basis einer angenommenen Wahrscheinlichkeitsverteilung von Elementen in den Grunddaten durch Zufallsauswahl bestimmt wird.[28] Praktisch zeigt sich das darin, dass exakt gleiche Anfragen an ein solches KI-Modell zu unterschiedlichen Ergebnissen führen können. Das Verständnis über dieses nicht-deterministische Verhalten und seine Herkunft ist essenziell zur Beurteilung des Einsatzes von generativer KI. Da bisherige betriebliche und juristische Anwendungssysteme kein solches Verhalten gezeigt haben, sondern – wenn auch möglicherweise fehlerhafte – deterministische Ergebnisse geliefert haben, muss hier ein Umdenken auf Anwenderseite stattfinden. Ein Risiko, das sich unmittelbar daraus ergibt, ist, dass sich Benutzer zu sehr auf die Ergebnisse der generativen KI verlassen und diese zu wenig hinterfragen.

Auch wenn diese Technologie beeindruckende Leistungen zeigt, sollten deren Ergebnisse immer auf ihre Korrektheit geprüft werden.[29] Diese Prüftätigkeiten erfordern je nach Einsatzgebiet und Verwendungszweck gegebenenfalls besondere Expertise, wodurch sich die Produktivitätsge-

28 Für Details dazu siehe zB *Goldberg*, Neural Network Methods in Natural Language Processing, 2017.

29 Im Bereich des Software Engineerings wurde dies schon in frühen Studien zu dem Thema erkannt, siehe zB *Ross et al*, The Programmer's Assistant: Conversational Interaction with a Large Language Model for Software Development, in: Proceedings of the 28th International Conference on Intelligent User Interfaces, 2023, 491–514: https://doi.org/10.1145/3581641.3584037

winne durch den Einsatz von generativer KI zum Teil wieder relativieren. Aus Sicht der Forschung ist daher die Kombination von Methoden der generativen KI mit solchen der symbolischen KI verfolgenswert. Bei diesen sogenannten neuro-symbolischen Ansätzen wird unter anderem versucht, die Ergebnisse von generativer KI mit Hilfe von Ontologien zu überprüfen.[30] Ein anderer Ansatz ist, generative KI nur für die Benutzerinteraktion einzusetzen, während beispielsweise die Abfrage von Daten im Hintergrund über traditionelle Systeme der Wissensverarbeitung oder Datenbanken abläuft.

In Zusammenhang mit der akademischen Lehre stellt sich die Frage, welche Fähigkeiten im Zeitalter der generativen KI notwendig sein werden und wie sichergestellt werden kann, dass diese in der erforderlichen Form erworben werden. Ähnlich wie schon bisher die Verwendung von Taschenrechnern im mathematischen Schulunterricht zu Beginn limitiert ist, sind Regelungen zum Einsatz von generativer KI notwendig. Vermeintliche Basisfähigkeiten wie die Erfassung von sprachlichen Details in Texten oder das Schreiben von Rechtstexten können zwar durch generative KI unterstützt werden. Zur Beurteilung der Ergebnisse ist es aber nach wie vor erforderlich, dass die jeweiligen Anwender selbst über die entsprechenden sprachlichen und fachlichen Fähigkeiten verfügen. Gerade im juristischen Kontext, in dem eine grosse Menge von Konzepten und deren Beziehungen untereinander verstanden werden müssen, müssen diese Fähigkeiten nach wie vor erlernt werden, um solche Beurteilungen durchführen zu können. Sprachmodelle, wie sie heute zum Beispiel bei generativer KI eingesetzt werden, besitzen dieses tiefe Verständnis nicht und es besteht daher die Gefahr, dass es beim Einsatz dieser Technologie zu subtilen und von Nicht-Experten möglicherweise nicht erkennbaren Fehlern kommt. Das gleiche trifft auf die Generierung von Code-Bestandteilen zu, wo ebenso das Risiko besteht, Fehler in Software zu integrieren, die nur durch entsprechendes Expertenwissen gefunden werden können. Dass die Systeme Fehler verursachen, liegt in deren Natur, das Risiko besteht allerdings, dass sich die Anwender zu sehr auf die Fähigkeiten der Systeme verlassen und die Ausbildung ihrer eige-

30 Siehe dazu die jährlichen AAAI-MAKE Symposia, bspw. *Martin et al* (Hrsg), Proceedings of the AAAI 2023 Spring Symposium on Challenges Requiring the Combination of Machine Learning and Knowledge Engineering (AAAI-MAKE 2023), USA, 2023 (Bd 3433): https://ceur-ws.org/Vol-3433 – sowie *Harmelen/Teije*, A Boxology of Design Patterns for Hybrid Learning and Reasoning Systems, in: J. Web Eng., 18(1–3), 97–124: https://doi.org/10.13052/JWE1540-9589.18133

nen Fähigkeiten, die zur Beurteilung der Ergebnisse unabdingbar sind, vernachlässigen.[31]

5. Fazit

Die generative künstliche Intelligenz ist ein beeindruckendes neues Werkzeug, das viele Einsatzmöglichkeiten in der Rechtsinformatik und der Wirtschaftsinformatik bietet und möglicherweise zu einem Paradigmenwechsel im Umgang mit Informationen führen wird. In der Zusammenschau seiner Eigenschaften kann es derzeit sowohl als Unterstützung für Tätigkeiten zur Gestaltung und Analyse von Informationssystemen dienen, als auch für direkte Anwendungsfälle in den Rechtswissenschaften. Wie bei jeder Technologie sollten angehende Rechtsinformatiker:innen und Wirtschaftsinformatiker:innen durch entsprechende Inhalte in der Lehre in die Lage versetzt werden, die technologischen Grundlagen von generativer KI zu verstehen, um ihre Chancen und Risiken einschätzen zu können. Daneben müssen in der akademischen Lehre weiterhin grundlegende Fähigkeiten und der manuelle Umgang mit fachlichen Konzepten vermittelt werden, um die Beurteilung der Ergebnisse von generativer KI aus Expertensicht beurteilen zu können.

31 Im Fachbereich der Hochschuldidaktik wird dieses Phänomen als »Deskilling« bezeichnet – siehe *Reinmann*, Deskilling durch Künstliche Intelligenz? Potenzielle Kompetenzverluste als Herausforderung für die Hochschuldidaktik (Deskilling through AI. Potential loss of competencies as challenge for HE didactics). Diskussionspapier Nr. 25/Oktober 2023. https://hochschulforumdigitalisierung.de/sites/default/files/dateien/HFD_DP_25_Deskilling.pdf.

RECHTSINFORMATION UND ALGORITHMISIERUNG BEI REISINGER UND IN KI-RECHTSORDNUNGEN

Felix Gantner

infolex Rechtsinformatik, Wien, Österreich, http://www.infolex.at
Dipl.-Ing. Mag. Dr. Felix Gantner, infolex Rechtsinformatik, gantner@infolex.at

Schlagworte: Rechtsinformatik, KI-Rechtsordnung, Rechtsinformationssysteme, Algorithmisierung juristischer Entscheidungen, legal singularity

Abstract: Leo Reisinger definierte »Rechtsinformatik nicht als Spezialdisziplin der Rechtswissenschaften, sondern als Schnittpunkt von Rechtswissenschaften, Formalwissenschaften und Informationswissenschaften«. Neben der Entwicklung von Rechtsinformationssystemen war für ihn die Algorithmisierung juristischer Entscheidungen ein zentraler Gegenstand dieser Wissenschaftsdisziplin. Die Bedeutung dieses Bereichs der Rechtsinformatik steigt in letzter Zeit durch die technischen Fortschritte auf dem Gebiet der KI und vor allem durch die Verfügbarkeit generativer LLM-Systeme. Von Vertretern der Idee einer KI-Rechtsordnung wird inzwischen eine neue Form des Rechts angestrebt. Im Anschluss an die legal singularity soll durch Maschinen jede rechtliche Unbestimmtheit und Unsicherheit, aber auch die Gewaltenteilung verschwinden. Solche Ideen zeigen, dass für die wissenschaftliche Begleitung der aktuellen technischen Entwicklungen in Bezug auf Recht und auf Informatik eine kritische Distanz bei gleichzeitigem Verständnis für und Fachwissen aus beiden Disziplinen notwendig ist. Resingers Definition von Rechtsinformatik als eigenständige Spezialdisziplin, die weder Teil der Rechtswissenschaften noch der Informatik ist, erscheint damit moderner und zukunftsweisender als je zuvor.

1. Rechtsinformatik – ist das überhaupt eine Wissenschaft?

Leo Reisinger stellte seiner 1972 veröffentlichten Untersuchung über grundlegende Fragen der automatischen Normanalyse und -anwendung eine »Frage eines Wiener Ordinarius an den Verfasser« voran. Diese Frage lautete: »Rechtsinformatik – ist das überhaupt eine Wissenschaft?«[1]

Diese Frage macht deutlich, dass Anfang der 1970er-Jahre die Rechtsinformatik als Wissenschaftsdisziplin nicht anerkannt war. Und sie macht natürlich auch deutlich, wie schwer es damals gewesen sein muss, akademische Anerkennung für wissenschaftliche Analysen der »Beziehungen zwischen ADV und Recht«[2] zu erhalten. Die Frage des anonymen Wiener Ordinarius spricht letztlich der Rechtsinformatik jede akademische Legitimation ab.

Da der Ordinarius anonym zitiert wurde, kann nicht festgestellt werden, ob dieser dem Bereich der Rechtswissenschaften oder der Informatik zuzuordnen war.

Wenn es sich um einen Juristen gehandelt hat, dann war die in dem Zitat ausgedrückte kritische Grundhaltung nicht überraschend, da damals vielfach eine sehr zurückhaltende Position in Bezug auf die Möglichkeiten des Einsatzes von EDV im Recht eingenommen wurde.

Aber auch auf Seite der Informatik, die damals den Entwicklungsprozess zur eigenständigen und anerkannten akademischen Disziplin abschloss, war man über Ansätze zur interdisziplinären Ausdifferenzierung nicht immer sehr erfreut.

So stellt Bauer 1974 die Informatik als eigenständiges Fachgebiet vor und beschreibt ihr grundlegendes methodisches Ansinnen so: »Informatik ist also eine anwendbare und nach Anwendung verlangende Wissenschaft.«[3]

Diese Aussage muss in erster Linie als Abgrenzung der Informatik von *anwendungsfernen* Wissenschaften wie der Mathematik verstanden werden.

1 *Reisinger*, Automatisierte Normanalyse und Normanwendung, Berlin 1972, III.

2 *Reisinger*, Rechtsinformatik, Berlin – New York 1977, 11.

3 *Bauer*, Was heißt und was ist Informatik? Merkmale zur Orientierung über eine neue wissenschaftlichen Disziplin, in: IBM Nachrichten 223, 1974, 337.

Gleichzeitig wirft sie aber auch ein Schlaglicht auf eine in der Informatik weit verbreitete Grundhaltung, die technischer Umsetzung und Anwendung einen Vorrang einräumt vor einem theoretischen Diskurs über nicht oder nur schwer formalisierbare Inhalte bzw. unbestimmte Begriffe.

Bereits Turing, der komplexe, mathematische und formale Modelle auf dem Gebiet der Maschinen- und Algorithmentheorie wie zB die Turing-Maschine[4] entwickelte, empfand einen solchen Diskurs als sinnlos. In Bezug auf eine Begriffsdefinition von *Intelligenz* stellte er fest: »I propose to consider the question ›Can machines think?‹ This should begin with definitions of the meaning of the terms ›machine‹ and ›think‹. The definitions might be framed so as to reflect so far as possible the normal use of the words, but this attitude is dangerous.«[5]

Der Versuch einer Begriffsdefinition sollte in der Folge auch durch einen anwendungsorientierten Bewertungsvorgang, das heute meist als *Turing-Test* bezeichnete *imitation game* ersetzt werden: »Instead of attempting such a definition I shall replace the question by another, which is closely related to it and is expressed in relatively unambiguous words. The new form of the problem can be described in terms of a game which we call the ›imitation game‹.«[6]

Da eine Funktion dieses Tests gerade die Vermeidung von Diskurs über den unbestimmten Begriff *Intelligenz* ist, wurde dieser Test auch als »philosophical conversation-stopper«[7] oder als »conversational showstopper«[8] bezeichnet.

Wenn Bauer die Informatik als »nach Anwendung verlangende Wissenschaft« bezeichnet, dann steht er in dieser Tradition.

In Bezug auf eine Differenzierung der Informatik in Teildisziplinen stellt er sogar konkret zur Rechtsinformatik fest:

»Sonderfälle der Anwendung bestehen dort, wo die Anwendung auf eine geistige Querverbindung zur Informatik trifft. Dies gilt ... für die Jurisprudenz (einerseits wegen der Rechtsfragen des Rechnereinsatzes,

---

4 *Turing*, On Computable Numbers, with an Application to the Entscheidungsproblem, in: Proceedings of the London Mathematical Society 1937, 230–265.

5 *Turing*, Computing Machinery and Intelligence, in: Cooper/van Leeuwen (Hrsg), Alan Turing: His Work and Impact, Amsterdam 2013, 552.

6 Ebd.

7 *Dennet*, Can Machines Think?, in: Shafto/Edelman (Hrsg), How we know, Harper & Row, San Francisco 1985, 121.

8 *Cohen*, If Not Turing's Test, Then What?, in: AI Magazine 26, 2005, 62.

andererseits wegen der Verwendung des logischen Schließens in der Jurisprudenz). … Aber selbst diese Sonderfälle rechtfertigen nicht ohne weiteres Wortverbindungen wie »Rechtsinformatik«. Es erfordert einen gründlichen Dialog und lange Jahre zweiseitiger Zusammenarbeit, um vielleicht eines Tages zu solch anspruchsvollen Formulierungen zu gelangen. Statt daß jede geachtete Disziplin sich nun einen Ableger zulegt, der durch irgendeine Zusammensetzung mit -Informatik bezeichnet wird, ist vielmehr zu hoffen und zu wünschen, daß in allen Disziplinen, und es sind weit mehr als oben aufgezählt, in denen die Informatik angewandt werden kann, dies auch tatsächlich geschieht und Allgemeingut wird.«[9]

Angesichts solcher kritischen Grundhaltungen gegenüber den als »Bindestrich-Informatiken« bezeichneten Teildisziplinen ist es durchaus auch möglich, dass der anonyme Wiener Ordinarius auf dem Gebiet der Informatik tätig war.

Die Freude über das Entstehen einer eigenständigen Querschnitts-Disziplin war anscheinend in beiden betroffenen Fachgebieten nicht ungetrübt.

Es ist daher nicht verwunderlich, dass Reisinger für die Rechtsinformatik als Wissenschaft eine methodische Distanz sowohl zur Rechtswissenschaft als auch zur Informatik anstrebt. Zwar beginnt er sein Buch mit »einer häufig verwendeten Definition« der Rechtsinformatik als »Theorie der Beziehungen zwischen ADV und Recht«[10]. Er formuliert dann aber eine eigene, stark abweichende Definition dieser Disziplin: »Wir sehen *Rechtsinformatik* nicht als Spezialdisziplin der Rechtswissenschaften, sondern als *Schnittpunkt von Rechtswissenschaften, Formalwissenschaften und Informationswissenschaften*. Die Probleme der Automatisierung im Recht sind zu schwerwiegend, als daß sie Juristen allein überlassen werden könnten.«[11]

Rechtsinformatik ist damit für Reisinger eine eigenständige Wissenschaft, die weder eine Teildisziplin der Rechtswissenschaften noch der Informatik ist. Denn die Rechtsinformatik erweitert für ihn eine bereits vor der Entwicklung von Computern existierende Formalwissenschaft um den Anwendungsbereich der Datenverarbeitung: »Wir sehen nämlich *Rechtsinformatik als bislang letzte Stufe des Jahrhunderte alten Prozesses der Einflussnahme formalwissenschaftlichen Denkens auf das Recht*. Die Be-

9 *Bauer*, Informatik? 355.
10 *Reisinger*, Rechtsinformatik, 11.
11 Ebd (Hervorhebungen im Original).

tonung des Aspekts »Information« und die ADV haben dieser Beeinflussung lediglich eine neue Qualität hinzugefügt.«[12]

Zehn Jahre später vertieft er diese Sicht in seinem Buch über strukturwissenschaftliche Grundlagen der Rechtsinformatik: »In diesem Zusammenhang ist auf die Anwendungsmöglichkeiten der EDV im Recht hinzuweisen. Die Disziplin, welche sich mit dieser Fragestellung befaßt, wird gewöhnlich als Rechtsinformatik bezeichnet. [...] Die gesellschaftliche Bedeutung der automatisierten Datenverarbeitung hängt damit eng mit der gesellschaftlichen Bedeutung der Strukturwissenschaften zusammen. Demgemäß ist es zweckmäßig, auch die Rechtsinformatik schwerpunktmäßig als methodenorientiert aufzufassen und in ihrem Kern als Strukturtheorie zu verstehen. Das Interesse der Rechtsinformatik richtet sich damit auf die Struktur rechtlich normierter, zugleich als gesellschaftliche Realität betrachteter Zusammenhänge (zB Organisationen, Verfahren, Regelungen, Dokumente) in Hinblick auf die Datenverarbeitung.«[13]

Reisinger sieht auch die Notwendigkeit der inhaltlichen Beschäftigung mit unterschiedlichen, einander teilweise widersprechenden rechtstheoretischen Ansätzen: »Die Entscheidung darüber, in welchen Rechtsbereichen die juristische Entscheidung ›automatisiert‹ werden kann und/oder soll, ist von Rechtstheorie und Rechtsdogmatik zu treffen. Allerdings hat die Rechtsinformatik die Voraussetzungen und Folgen der Automation aufzuzeigen. Solange eine strukturelle Klärung der Rolle des urteilenden Juristen im allgemeinen und des Richters im besonderen noch aussteht, hat die Rechtsinformatik von diesem unterschiedlichen Rollenverständnis auszugehen und die verschiedenen Modelle des juristischen Problemlösungsverhaltens auf ihre Algorithmisierbarkeit zu prüfen.«[14]

Damit ist Reisinger bereit, sich inhaltlich auch mit offenen, vielleicht sogar unentscheidbaren Fragen des Fachbereichs *Recht* auseinanderzusetzen. Dies im Unterschied zu prägenden Vordenkern der Informatik wie Turing, der ja in Bezug auf eine Auseinandersetzung mit Definitionen unbestimmter Begriffe feststellt: *this attitude is dangerous.*

Es zeigen sich damit auch methodische Unterschiede zur Informatik, was Reisingers Idee, die Rechtsinformatik als eigenständige wissenschaftliche Disziplin einzuordnen, stützt. Aber auch wenn man die Rechtsinformatik als Teildisziplin der Informatik einstuft, muss jedenfalls davon

12 Ebd 12 (Hervorhebungen im Original).

13 *Reisinger*, Strukturwissenschaftliche Grundlagen, 37.

14 *Reisinger*, Rechtsinformatik, 52.

ausgegangen werden, dass »Recht« als Gegenstand dieser Disziplin auch Einfluss auf ihre Methoden hat.

2. Gegenstand der Rechtsinformatik

Reisinger stellt fest, dass »im wesentlichen drei Entwicklungslinien der Rechtsinformatik unterschieden werden:

• die Algorithmisierung juristischer Entscheidungen, insbesondere in der Verwaltung (›Verwaltungsautomation‹);

• die Bewältigung der Informationskrise des Rechts durch juristische Informationssysteme;

• die Regelung der Auswirkung der ADV auf Staat und Gesellschaft, insbesondere im Hinblick auf die Privatsphäre des Einzelnen (Datenschutz, ADV-Recht, Informationsrecht).«[15]

Der dritten Entwicklungslinie, also Informationsrechtsdogmatik, wird von Reisinger nur geringe Beachtung geschenkt. Für ihn hat diese Entwicklungslinie »ihren Kern im Begriff ›*Datenschutz*‹«[16]. »Es erscheint uns daher zweckmäßiger, uns im Bereich der Rechtsinformatik auf den Problembereich ›Datenschutz‹ zu beschränken. Hierunter lassen sich auch Fragen, welche Organisationen betreffen (zB Fragen des Informationsgleichgewichts) subsumieren, [...]«[17]. Sein Interesse gilt damit vor allem Fragen des Schutzes von Grundrechten und den damit verbundenen Vorgaben für die Entwicklung von Daten- und Informationsstrukturen sowie von Anwendungen. Sein Hauptinteresse gilt aber Rechtsinformationssystemen und der Algorithmisierung juristischer Entscheidungen.

2.1 Rechtsinformationssysteme

Rechtsinformationssysteme sind für Reisinger die zentralen Anwendungen, die durch die Rechtsinformatik ermöglicht werden. »Juristische Informationssysteme stellen den für die Praxis wichtigsten Teil des strukturalen Aspekts der Rechtsinformatik im engeren Sinn dar.«[18]

Diese Systeme haben eine herausragende Bedeutung, weil sie einerseits »dem urteilenden Juristen Entscheidungsunterlagen zur Verfügung« stellen.

---

15 Ebd 31.
16 Ebd 32 (Hervorhebung im Original).
17 Ebd 276.
18 Ebd 97.

Andererseits sind die in den Rechtsinformationssystemen gespeicherten Daten die Grundlage für die Entwicklung von Anwendungen, »welche den juristischen Entscheidungsvorgang oder Teile hiervon zu formalisieren und zu algorithmisieren versuchen«. Reisinger betont aber, dass solche Subsumtionsautomaten 1977, als er sein Buch veröffentlicht, in der Praxis kaum eingesetzt werden. »Bis auf wenige Ausnahmen – insbesondere die Verwaltungsautomation – handelt es sich hier um Forschungsbereiche, die bisher noch keine Anwendung in der Praxis erlangt haben.«[19]

Reisinger ist die zukünftige Bedeutung der Rechtsinformationssysteme für den Rechtsstaat bewusst. Im Zusammenhang mit dem Aufbau der deutschen Rechtsdatenbank *Juris* betont er die Bedeutung der »Objektivität« solcher Systeme und geht darauf ein, was das in diesem Zusammenhang bedeutet: »Ein umfassendes, einem breiten Publikum zur Verfügung stehendes juristisches Informationssystem würde durch die Kanalisierung des Zugangs und eine gewisse Monopolstellung zwangsläufig in hohem Grade meinungsbildende Bedeutung besitzen. Es wäre daher unerträglich, wenn ein solches System die Pluralität dokumentierter juristischer Standpunkte reduzieren und deren quantitative Repräsentation verschieben würde; das System müßte gerade umgekehrt zur getreuen Anzeige dieser Verhältnisse dienen können. Aus diesem Grund ist die Frage der ›Objektivität‹ für *Juris* von entscheidender Bedeutung.

»Objektivität« bedeutet für Reisinger bei einem Dokumentationssystem, dass das in diesem technischen System realisierte »Modell« die Gesamtheit der Dokumente aus dem Gebiet, das in dem technischen System dokumentiert werden soll, abbildet. Er verwendet dabei die mathematischen Begriffe homomorph bzw. isomorph.[20] Homomorphismus bedeutet in diesem Zusammenhang, dass jedes Element der Ausgangsdaten eindeutig auf einem Element des Modells abgebildet wird. Wenn die Ein-

---

19 Ebd 207.

20 Vgl Ebd 56 (Hervorhebungen im Original): »Zwei Systeme S_1 und S_2 werden als *strukturell homomorph* oder *strukturell isomorph* bezeichnet, wenn sich ihre Strukturen eindeutig bzw. umkehrbar eindeutig aufeinander abbilden lassen. Genauer: Das System S_1 heißt homomorph zum System S_2, wenn ihre Strukturen analog sind, d.h. sich die Elemente von S_1 den Elementen S_2 vermittels einer eindeutigen Abbildung, die dann Homomorphismus heißt, so zuordnen lassen, dass jeder Beziehung zwischen Elementen von S_1 eine bestimmte Beziehung zwischen den diesen Elementen zugeordneten Elementen von S_2 entspricht. Ein umkehrbar eindeutiger Homomorphismus wird Isomorphismus genannt.«

deutigkeit in beide Richtungen sichergestellt ist, dann spricht man von Isomorphismus.

Für eine Judikaturdokumentation bedeutet Homomorphismus, dass alle relevanten Entscheidungsdokumente nachvollziehbar in dem Dokumentationssystem enthalten sind. Ein Verstoß gegen das Gebot der Objektivität und ein Verstoß gegen die Anforderung einer homomorphen Abbildung wäre zB, wenn relevante Dokumente willkürlich nicht in das System übernommen würden. Denn dann würde nicht jedes Element der Ausgangsdaten im technischen System abgebildet.

Problematisch wäre aber auch, wenn man einzelnen Dokumenten in diesem technischen System zB keine Geschäftszahl als Suchkriterium zuordnete. Dadurch wären sie nicht wie andere Dokumente auffindbar. Damit würde gegen die Anforderung einer eindeutigen und nachvollziehbaren Abbildung verstoßen werden.

Da häufig schwer zu entscheiden ist, was ein relevantes Dokument ist, wird dem Gebot der Objektivität am einfachsten entsprochen, wenn alle in Frage kommenden Dokumente im technischen System dokumentiert werden. In diesem Sinn würde für Reisinger der Homomorphismus des RIS sichergestellt zB durch § 20 Bundesverwaltungsgerichtsgesetz: »Erkenntnisse und Beschlüsse, die nicht bloß verfahrensleitend sind, sind in anonymisierter Form im Rechtsinformationssystem des Bundes (RIS) zu veröffentlichen.«

Isomorphismus – also eine vollständige, nachvollziehbare und eindeutige Abbildung in beide Richtungen – würde bedeuten, dass jedes Dokument des einen Bereichs eindeutig genau einem einzigen im anderen Bereich zugeordnet ist.

Wenn in juristischen Judikaturdokumentationen nur die »Originaldokumente« abgebildet werden, dann können diese Systeme isomorph sein. Werden hingegen zusätzlich zB Entscheidungsbesprechungen in Fachliteratur den Entscheidungsdokumenten zugeordnet, dann ist eine Beziehung mehrerer Dokumente zu einer Entscheidung möglich. Es können einem Dokument mehrere andere zugeordnet sein. Das bedeutet nur Homomorphismus und nicht Isomorphismus.

Für Reisinger erfordert die Objektivität eines Rechtsdokumentationssystems:

- »Falls die Gesamtheit der einschlägigen Dokumente nicht voll im System aufgenommen wird: Repräsentative Auswahl, Erhaltung der quantitativen Relation unter den juristischen Meinungen.
- Falls Dokumente nicht unverändert aufgenommen, sondern bearbeitet werden: Erhaltung des Sinnes, des Gewichts zwischen den wesentlichen Komponenten.

• Für die Erschließung und Abfrage: Erhaltung der internen Relationen der gespeicherten Dokumentenmenge im Abfrageergebnis.«[21]

Mit der Forderung, dass die in objektiven Rechtsinformationssystemen tatsächlich enthaltenen Dokumente die Gesamtheit der einschlägigen Daten *homomorph oder isomorph* abbilden, wird ein sehr hoher Qualitätsanspruch für diese Anwendungen definiert. Dies vor allem auch deshalb, weil nicht nur die Auswahl der in das System übernommenen Daten, sondern auch die Ergebnisse von Datenaufbereitungen und die Darstellung von Rechercheergebnissen am Maßstab der Objektivität gemessen werden. Auch für diese Bereiche gilt die Forderung nach einer *homomorphen oder isomorphen* Abbildung.

2.2 Algorithmisierung juristischer Entscheidungen

Die Automatisierung von juristischen Entscheidungen ist für Reisinger eng mit dem Begriff »Algorithmus« verbunden. Er betont, »daß die Existenz eines Algorithmus die wesentliche Vorbedingung für die Automatisierung eines Aufgabenbereichs durch ADV bedeutet. Automatisierung kann in diesem Sinn als hardware- oder softwaremäßige Realisierung eines Algorithmus gedeutet werden.«[22]

Heute ist es im Zusammenhang mit KI (Künstlicher Intelligenz) üblich geworden, den Begriff »Algorithmus« allgemein als Synonym für Computerprogramme oder zumindest im Sinn von »computational method«[23] ohne strenge formale Anforderungen zu verwenden. Für Reisinger aber hat dieser Begriff noch die ursprünglich von der theoretischen Informatik definierte Bedeutung. Er umschreibt ihn vereinfachend so: »Unter einem *Algorithmus* versteht man ein schematisches Verfahren zur Lösung bestimmter Klassen von Aufgaben, wobei jeder einzelne Schritt dieses Verfahrens genau definiert ist. Heuristisch läßt sich ein Algorithmus als eine eindeutig bestimmte Folge von Grundoperationen auffassen. Hierbei sind zwei Fälle möglich:

• Die Reihenfolge der Operationen ist ein für allemal festgelegt.

• Die Reihenfolge hängt zum Teil von den Ergebnissen bestimmter vorausgegangener Operationen ab. Es müssen dann jeweils bestimmte logische Bedingungen auf ihr Gegebensein oder Nichtgegegebensein

21 Ebd 129 (Hervorhebungen im Original).

22 Ebd 210.

23 *Knuth*, The Art of Computer Programming: 1: Fundamental Algorithms, 3. Auflage, Boston Massachusetts 1997, 1ff.

hin überprüft werden, damit der nächste Operationsschritt festzustellen ist.«[24]

Ausgehend von dieser Algorithmus-Definition können Rechtsnormen mit Hilfe von Logik-Kalkülen als Wenn-Dann-Regeln formalisiert und in Computerprogrammen für automatisierte Normanwendung genutzt werden. Reisinger ist überzeugt, »daß logische Schlußregeln der notwendige Bestandteil anspruchsvoller Frage-Antwort-Systeme sind«[25].

Aus den Prädikaten der Wenn-Dann-Regeln ergeben sich die notwendigen Eingabedaten, im juristischen Kontext die Tatbestandsmerkmale.

Für Reisinger waren solche Systeme realisierbar, aber in erster Linie noch Teil von Forschungsvorhaben. Eine weite praktische Verbreitung war noch nicht absehbar.

Heute sind derartige Systeme weiter verbreitet. Während in Bereichen wie dem Steuerrecht die Automatisierung erfolgreich war und akzeptiert ist, werden Frage-Antwort-Systeme in anderen Bereichen kritisch gesehen. So zB VioGén, ein in Spanien genutztes System zur Beurteilung der Gefährdung bei Fällen von häuslicher Gewalt. Kritisiert wird, dass sich die Anwender:innen bei der Nutzung des Systems kritiklos auf das Ergebnis verlassen und die Grundlagen der Entscheidung nicht transparent nachvollziehbar sind. Vor allem ist nicht allgemein bekannt, auf Grund welcher juristisch relevanter Daten wie zB Rechtsnormen oder Sachverhaltsbeschreibungen die Wissensbasis des Systems definiert wurde. Der Einsatz von VioGén wird wie folgt beschrieben: »A police officer clicked through 35 yes or no questions – Was a weapon used? Were there economic problems? Has the aggressor shown controlling behaviors? - to feed into an algorithm called VioGén that would help generate an answer.«[26]

Wenn Reisinger in Zusammenhang mit Rechtsinformationssystemen der »Objektivität« der Systeme besondere Bedeutung beimisst, dann geschieht dies im Bewusstsein für die Probleme, die bei Anwendungen wie VioGén beobachtbar sind. Denn wenn die »Objektivität« der Daten, die die Grundlage für die Formalisierung darstellen, nicht ausreichend sichergestellt ist, dann gilt das auch das darauf aufbauende System zur Automatisierung von juristischen Entscheidungen.

Doch auch auf juristische Informationssysteme wirkt sich die Algorithmisierung der Benutzerinteraktion aus. Reisinger sieht eine techni-

---

24 *Reisinger*, Rechtsinformatik, 210 (Hervorhebung im Original).

25 Ebd 207.

26 *Satariano/Pifarré*, An Algorithm Told Police She Was Safe. Then Her Husband Killed Her, in: The New York Times 18.7.2024.

sche Entwicklung in diesem Bereich voraus: »ein ›erweitertes‹ juristisches Informationssystem hat daher auch Elemente des ›Fakten-Retrieval-Systems‹ und des ›Frage-Antwort-Systems‹ einzubeziehen«[27].

Damit hat er die aktuellen Entwicklungen im Bereich der Rechtsdatenbanken teilweise vorweggenommen, bei denen LLM (Large Language Model)-Systeme Benutzereingaben und Dokumente analysieren. Die Benutzerinteraktion über ein durch statische Regeln definiertes »Frage-Antwort-System« wird abgelöst von einem Informationssystem, das natürlichsprachliche Dialoge – je nach Sichtweise – führt bzw. simuliert. Dies war auch für Reisinger erstrebenswert: »Es wäre wünschenswert, wenn der Benutzer seine Frage möglichst mit eigenen Worten frei formulieren könnte.«[28]

3. KI-Rechtsordnungen

In den fast 50 Jahren, die seit dem Erscheinen von Reisingers Grundlagenwerk »Rechtsinformatik« vergangen sind, haben sich die technischen Rahmenbedingungen natürlich substanziell geändert.

Für den Bereich der Rechtsinformationssysteme hat der faktische Wegfall von technischen Begrenzungen wie der verfügbare Datenspeicher dazu geführt, dass diese nicht mehr der Grund sind, Dokumente nicht in Rechtsdokumentationssysteme zu übernehmen.

Reisinger forderte, dass *Objektivität* in Bezug auf Rechtsdokumentationssysteme bedeuten müsste, die juristische Wirklichkeit *homomorph oder isomorph* abzubilden. Dieser Problembereich wurde entschärft, da heute meist *die Gesamtheit der einschlägigen Dokumente voll im System* und – abgesehen von Anonymisierungen – *unverändert aufgenommen* werden.

Auf dem Gebiet der Algorithmisierung juristischer Entscheidungen haben statistische Ansätze auf dem Gebiet des machine learning sehr große Bedeutung erlangt und logik- bzw. regelbasierte Ansätze zumindest in der öffentlichen Wahrnehmung verdrängt. Sie werden nicht mehr als KI-Systeme wahrgenommen[29].

---

27 *Reisinger*, Rechtsinformatik, 169.

28 Ebd 130.

29 *Verheij*, Artificial intelligence as law, in: Artificial Intelligence and Law 28, 2020, 186: »[...] but I consider the tax system just discussed to be a proper AI system. It has expert knowledge of tax law and it applies that legal expertise to your specific situation. True, this is largely good old-fashioned AI already scientifically understood in the 1970s, but by its access to relevant databases of the interconnected-big-data kind, it certainly has a modern twist. One

Die Verfügbarkeit generativer statistischer Anwendungen (LLM-Systeme wie ChatGPT, DeepSeek, ...) hat für den Rechtsbereich sehr hohe Erwartungen geweckt. Es werden teilweise sogar Begriffe wie »generativer Rechtsstaat«[30] geprägt.

Methoden der daten-orientierten Systementwicklung wie machine learning (ML) sind im Gegensatz zur code-orientierten Anwendungsentwicklung von der digitalen Verfügbarkeit von Lern-, also Trainings- und Testdaten abhängig. Dabei gilt im Allgemeinen, je mehr Daten verwendet werden können, desto besser sind die technischen Ergebnisse.

Die in Rechtsinformationssystemen verfügbaren Daten sind damit eine wesentliche Grundlage für juristische ML-Systeme. Vielfach genügt der Umfang der Daten noch nicht, weshalb gerade im Zusammenhang mit KI-Anwendungen auf die Erfassung und/oder Bereitstellung von noch mehr Daten, die für Jurist:innen vielfach keinen Mehrwert in Bezug auf juristische Argumentation haben würden, gedrängt[31] wird.

Der Wechsel von logisch-deduktiven Methoden zu statistisch-abduktiven Ansätzen des ML führt auch dazu, dass der Begriff der *Objektivität* von juristischen Informationssystemen iSv *homomorpher oder isomorpher* Abbildung juristischer Wirklichkeit an Bedeutung verliert. Statistische Verfahren tendieren dazu, in Daten selten vorkommende Inhalte als irrelevant einzuordnen oder gänzlich zu ignorieren.

Gerade erfolgte Änderungen in der Rechtsprechung oder abweichende Meinungen werden daher, weil sie (noch) selten in den Daten enthalten sind, ohne Änderung der statistischen Häufigkeit beim Training von ML-Systemen nicht ausreichend berücksichtigt. Im Rahmen

---

could even say that the system is grounded in real world data, and is hence an example of situated AI, in the way that the term was used in the 1990s (and perhaps before). But also this is clearly not an adaptive machine learning AI system, as is today expected of AI.«

30 *Lukas*, Der generative Rechtsstaat, in: AnwBl 2024, 23–28.

31 *Adrian/Evert/Keuchen/Heinrich/Dykes*, Anonymisierung von Gerichtsentscheidungen - Eine wesentliche Voraussetzung für E-Justice, in: Schweighofer/Kummer/Saarenpää/Eder/Hanke (Hrsg), Cybergovernance, Tagungsband des 24. Internationalen Rechtsinformatik Symposions IRIS 2021, Editions Weblaw, Bern 2021, 138f: »Obwohl im beA entsprechende Schriftsätze und auch aufgrund der in der Justiz eingesetzten Software die daraus resultierenden Urteile bereits digital vorliegen, können diese (noch) nicht in ausreichender Zahl für NLP-Analysen genutzt werden, was aber eine wesentliche Voraussetzung für die Entwicklung weiterführender LegalTech-Tools wäre.«

einer Interpretation und Änderung vorhandener Daten müssen daher die statistischen Verhältnisse in den Daten angepasst werden. Bei der Entwicklung von juristischen ML-Systemen kann die Anforderung der *Objektivität* iSv *homomorpher oder isomorpher* Abbildung nur sehr schwer erfüllt werden.

Dies zeigte sich schon bei den ersten Versuchen, Rechtsprechung in ML-Systemen abzubilden. Bei einem System zur Vorhersage von Entscheidungen des EGMR wird das Abgehen von *homomorpher oder isomorpher* Abbildung detailliert beschrieben: »For example, we might want to train a program that predicts whether there is a violation of Article 13, and feed it all 170 ›non-violation‹ cases together with all 1230 ›violation‹ cases. With such a clear imbalance in the number of cases per type, it is likely that the program will learn that most of the cases have a violation and then simply predict ›violation‹ for every new case (the performance will be quite high: 88% correct). In order to avoid this problem, we instead create a balanced dataset by including the same number of violation cases as the number of non-violation cases. We randomly removed the violation cases such that the distribution of both classes was balanced (i.e. 170 violation cases vs. 170 non-violation cases). The excluded violation cases were subsequently used to test the system.«[32]

Fraglich ist, ob den Entwicklern solcher Systeme bewusst ist, dass mit einer solchen Veränderung der Daten ungeachtet der statistischen Notwendigkeiten immer auch eine juristische Interpretation und eine Wertung verbunden ist.

Aus der Tatsache, dass bei der daten-orientierten Systementwicklung mit den Techniken des machine learning die Qualität der technischen Ergebnisse in großem Ausmaß von der Menge der verfügbaren Lern-Daten abhängt, leiten Vertreter der Idee einer KI-Rechtsordnung in einer einfachen linearen Extrapolation das Erreichen einer *legal singularity* ab. »The legal singularity will arrive when the accumulation of massively more data and dramatically improved methods of inference make legal uncertainty obsolete.«[33] Ab dem Moment des Erreichens dieser Singularität gibt es keine unbestimmten Rechtsbegriffe mehr, sondern nur mehr »artificially intelligent legal meaning«[34]. Maschinelle Rechtsinterpreta-

32 *Medvedeva/Vols/Wieling*, Using machine learning to predict decisions of the European Court of Human Rights, Artificial Intelligence and Law 28, 2020, 247.

33 *Alarie*, The path of the law: Towards legal singularity. University of Toronto Law Review 66, 2016, 3.

34 *Zekos*, Advanced Artificial Intelligence and Robo-Justice, Cham 2022, 390.

tion »will be available for every hypothetical situation, eradicating the grey area of law«[35].

Inhaltlich soll die *legal singularity* erreicht sein, »when machines can perfectly predict the outcomes of cases before they are filed which means the emergence of ›robo-lawyers‹, ›robo-judges‹«[36]. Die juristischen KI-Systeme sollen dann den Menschen überlegen sein und können nur mehr in geschlossenen KI-Entwicklungskreisläufen bewertet, überwacht und angepasst werden. »AAI algorithms have to be checked by AAI technology for any malfunction or any AAI bias in order to avoid the emergence of legal problems«[37]. Die Idee der Gewaltenteilung wird dabei aufgegeben, denn eine KI-Rechtsordnung ist als geschlossene, selbst-referenzierende Struktur ein »automated system for legislation and adjucation«[38].

Mit der Etablierung einer KI-Rechtsordnung ändert sich die Idee, was Recht ist oder sein soll, grundlegend. Generelle Rechtsnormen, die interpretiert werden müssen, werden ersetzt durch Einzelregelungen zur Steuerung des Verhaltens konkreter Personen. »Moreover, the law, in application, morphs from a standard (for the legislature) to a set of complex rules (within the machine process) to a simple command (to the citizen).«[39] »A new form of law – the micro-directive – will emerge.«[40]

Dass die Idee einer KI-Rechtsordnung und einer *new form of law* verknüpft ist mit der Hoffnung, dass *legal uncertainty obsolete* wird, kann mit der Unterscheidung zwischen smarten und normativen Ordnungen erklärt werden. Gerade die Fähigkeit zum Umgang mit Unbestimmtheit ist dabei ein wesentliches Unterscheidungskriterium. »Smarte Ordnungen, welche die Anwendung von Normen durch technische Prozesse substituieren oder lenken, sind dagegen mit der Offenheit und Interpretationsbedürftigkeit vieler Normen strukturell überfordert.«[41] Smarte Ordnungen sind letztlich Maschinenordnungen, in denen Freiheit, mit

35 *Casey/Niblett*, Self-Driving Laws, in: University of Toronto Law Review 66, 2016, 433.

36 *Zekos*, Artificial Intelligence, 358.

37 Ebd 358.

38 *Sheppard*, Warming Up to Inscrutability: How Technology Could Challenge Our Concept of Law, in: University of Toronto Law Journal 68, 2018, 46.

39 *Casey/Niblett*, Self-Driving Laws, in: University of Toronto Law Review 66, 2016, 100.

40 Ebd 431.

41 *Günther*, Von normativen zu smarten Ordnungen?, in: Forst/Günther(Hrsg), Normative Ordnungen, 2. Auflage, Berlin 2021, 542.

der immer auch (*legal*) *uncertainty* verbunden ist, durch Steuerung ersetzt wird. Dabei kann eine Maschinenordnung ein Regelungssystem für Maschinen oder ein System, das Menschen wie Maschinen behandelt, sein. »Automated laws also affect human autonomy. Human autonomy may be increasingly constrained as more and more ethical decisions are shifted from the purview of flawed humans to consistent machines. Moral atrophy may ensue. Individual citizens who simply follow rules and directives may become robotic, mere automatons who fail to appreciate the moral choices that should underlie their actions.«[42]

Hildebrandt weist im Zusammenhang mit KI-Rechtsordnungen darauf hin, dass normative Ordnungen mehr sind als nur ein Sammlung von Regeln. »Law is not a bran tub of rules but an architecture with independent layering, which requires acuity and vigilance to remain sustainable.«[43]

In KI-Rechtsordnungen geht es um die Steuerung »by means of law«[44]. Je nach technischer Umsetzung kann dabei zwischen »code-driven« oder »data-driven regulation« gesprochen werden. Dies steht im Gegensatz zum Konzept des »text-driven law«[45] in normativen Ordnungen, das über reine Verhaltenssteuerung hinausgeht.

In einer KI-Rechtsordnung, also einer smarten Ordnung, wird Recht nur mehr als ein Werkzeug zur technischen Steuerung (*regulation*) angesehen. Ähnlich zB einem Heizsystem, das über unterschiedliche Befehle ein Ziel wie zB eine bestimmte Raumtemperatur sicherstellt. »With microdirectives, however, the law looks quite different. The legislature merely states its goal. Machines then design the law as a vast catalog of context-specific rules to optimize that goal. From this catalog, a specific microdirective is selected and communicated to a particular driver (perhaps on a dashboard display) as a precise speed for the specific conditions. [...] The legislation remains constant, but the microdirective updates as quickly as conditions change.«[46] »Micro-directives, based on these pre-

42 *Casey/Niblett*, Self-Driving Laws, 438.

43 *Hildebrandt*, Smart Technologies and the End(s) of Law, Northampton 2016, 136.

44 Ebd 163.

45 *Hildebrandt*, Algorithmic regulation and the rule of law, in: Philosophical Transactions of the Royal Society A: Mathematical, Physical and Engineering Sciences 376, 2018, 2.

46 *Casey/Niblett*, The Death of Rules and Standards, in: Busch/Franceschi (Hrsg), Algorithmic Regulation and Personalized Law, München 2021, 99. Vgl auch *Ben-Shahar/Porat*, Personalized Law, New York 2021, 19f.

dictive algorithms, will update automatically as the state of the world changes. Laws will update automatically.«[47]

Da in einer solchen smarten Ordnung keine generellen Rechtsnormen mehr existieren und die persönlichen Normen zur Verhaltenssteuerung durch das KI-System permanent verändert werden (können), ist die konkrete für jede einzelne Person angepasste und unterschiedliche Rechtsordnung nur mehr diesem System vollständig bekannt. Es ist daher auch notwendig, die Idee einer Gewaltenteilung zur Gänze zu verwerfen.

Das KI-System ist in einer KI-Rechtsordnung auch für die Überwachung der Einhaltung der von ihm definierten Regeln und natürlich für die Verfolgung von Regelverstößen zuständig. »In this world of command, fact gathering and verification technologies may permit immediate notification of a violation of a micro-directive. Here, citizens' actions could attract scrutiny and punishment irrespective of the ultimate consequences. Penalties could become immediately payable for individuals not following the micro-directive.«[48]

Das Aufgeben des Konzepts der generellen Rechtsnormen hätte zur Folge, dass der für die Rechtsinformatik zentrale Bereich der Normendokumentation und die Notwendigkeit der Entwicklung von Rechtsinformationssystemen verschwindet. Es gibt ja nichts mehr zu dokumentieren und das normsetzende und gleichzeitig überwachende KI-System informiert die Rechtsunterworfenen laufend als letzte Instanz über deren aktuelle rechtliche Situation.

Damit würde genau jener Bereich der Rechtsinformatik, der die Voraussetzungen für das Erreichen der *legal singularity* geschaffen hat, durch deren Eintreten bedeutungslos werden. Es würde sich die Situation im Vergleich zu den Anfängen der Rechtsinformatik umkehren. Für Reisinger war die Entwicklung juristischer Dokumentations- und Informationssysteme eine technische Realität. In Bezug auf die Algorithmisierung juristischer Entscheidungen und die »Konstruktion formaler Modelle der Rechtsordnung insgesamt oder eines ihrer Teilbereiche« hingegen stellt er fest: »Bisher ist dieser Gegenstand allerdings vorwiegend Programm geblieben. Realisiert konnten im allgemeinen nur spezielle Teilbereiche der Vorstufe dieses Vorhabens werden, nämlich die Erforschung spezifischer Strukturen juristisch relevanter Informations- und Entscheidungsprozesse.«[49]

47 *Casey/Niblett*, Self-Driving Laws, 433.

48 *Casey/Niblett*, Self-Driving Laws, 439.

49 *Reisinger*, Rechtsinformatik, 32.

4. … zu schwerwiegend, als dass sie Juristen oder Informatikern allein überlassen werden könnten.

Die technischen Fortschritte auf dem Gebiet der KI und vor allem die Verfügbarkeit generativer LLM-Systeme als Werkzeuge im Alltag rufen nicht nur Begeisterung hervor. Je »intelligenter« diese Anwendungen werden, desto weiter verbreitet wird die Angst vor dem Moment der *Singularität*[50], in dem sie »intelligenter« sind als Menschen bzw. die Menschheit und damit eine existenzielle Bedrohung[51] werden. Da im Bereich der KI in Anlehnung an Turing (siehe oben) keine allgemein akzeptierte Definition des Begriffs »Intelligenz« entwickelt wurde, ist natürlich nicht messbar, ob und wann dieser Moment eingetreten ist.

Doch gerade beim Einsatz von Maschinen scheint eine Bedrohung nicht nur vom technischen Fortschritt, sondern auch von der Rezeption und Gewöhnung an die Nutzung der Systeme durch Anwender:innen auszugehen. Denn »a very plausible path to a society of human subjugation by unintelligent machines. (…) We are drifting toward a new singularity - the subjugation of humans to networks of low-intelligence, uncaring machines«[52]. Eine solche Unterwerfung könnte gerade für den Bereich des Rechts hervorgerufen werden durch einen Verlust an theoretischem und praktischem Wissen, der mit einer Übertragung von Aufgaben an KI-Systeme verbunden sein könnte. Gerade die Erfahrungen der Flugindustrie im Zusammenhang mit der Einführung von Autopiloten zeigten ähnliches schon, denn Piloten waren im Zusammenhang mit diesen Systemen »overly reliant and overtrusting« bzw. »blindly accepted its output«. Es wurde »de-skilling through automation« beobachtet: »not only physical skills deteriorating, but also cognitive skills waning when processes are increasingly automated«[53].

Vertreter der Idee von KI-Rechtsordnung betonen auch die Bedeutung der Gewöhnung an die Nutzung von KI-Anwendungen und des damit verbundenen Aufbaus von Vertrauen in die berechneten Ergebnisse: »At

50 *Kurzweil*, Menschheit 2.0: Die Singularität naht, 2. Auflage, Berlin 2014.

51 *Holland*, »So gefährlich wie Pandemien und Atomkrieg«: Nächste Warnung aus KI-Branche, heise online 30.05.2023, https://www.heise.de/news/Ein-Risiko-fuer-Menschheit-wie-Pandemien-und-Atomkrieg-KI-Branche-warnt-erneut-9068973.html.

52 *Denning/Lewis*, An AI Learning Hierarchy, in: Communications of the ACM 6727, 2024.

53 *Sellen/Horvitz*, The Rise of the AI Co-Pilot: Lessons for Design from Aviation and Beyond, in: Communications of the ACM 67, 2024, 20f.

first, technology will be used to provide general information to citizens. Then, with increasing acceptance from citizens and lawmakers, the predictions will become the law.«[54] Es wird zwar wegen der angenommenen *legal singularity* davon ausgegangen, dass die KI-Systeme fehlerfrei Fälle rechtlich beurteilen, Voraussetzung für eine *subjugation by unintelligent machines* ist das aber nicht.

Dies zeigt das Beispiel des bereits genannten Systems VioGén: »Spanish police are trained to overrule VioGén's recommendations depending on the evidence, but accept the risk scores about 95 percent of the time, officials said.«[55] Der Gefahr einer nicht erwünschten Gewöhnung an die Software, deren Rechenergebnisse kritisch (»trained to overrule«) bewertet werden sollten, und von *de-skilling through automation* ist hier gegeben.

Am Anfang diese Beitrags wurde festgestellt, dass Reisinger für die Rechtsinformatik als Wissenschaft eine methodische Distanz sowohl zur Rechtswissenschaft als auch zur Informatik anstrebt. Dabei wurde eine Definition dieser Disziplin zitiert, die vor allem eine Abgrenzung zur Rechtswissenschaft enthält:

»Wir sehen *Rechtsinformatik* nicht als Spezialdisziplin der Rechtswissenschaften, sondern als *Schnittpunkt von Rechtswissenschaften, Formalwissenschaften und Informationswissenschaften*. Die Probleme der Automatisierung im Recht sind zu schwerwiegend, als daß sie Juristen allein überlassen werden könnten.«[56]

Für Reisinger »stellt sich die Rechtsinformatik als Anwendung des strukturellen Denkansatzes auf den Problembereich der automationsunterstützten Datenverarbeitung im Recht dar«[57]. Er betont, dass »erfahrungsgemäß dieses [= formalwissenschaftliches Instrumentarium] dem Juristen die größeren Schwierigkeiten bereitet«[58].

Wenn er feststellt, die »Probleme der Automatisierung im Recht sind zu schwerwiegend, als daß sie Juristen allein überlassen werden könnten«, dann ist dies auch im Sinn einer Bewusstseinsbildung für die Wichtigkeit des Verständnisses der technischen Grundlagen und der Grenzen der automationsunterstützten Datenverarbeitung im Recht zu verstehen.

Für den Bereich der *Algorithmisierung juristischer Entscheidungen* und den Einsatz von KI im Recht kann heute festgestellt werden, dass bei den

54 *Casey/Niblett*, Self-Driving Laws, 435.
55 *Satariano/Pifarré*, An Algorithm.
56 *Reisinger*, Rechtsinformatik, 11 (Hervorhebungen im Original).
57 *Reisinger*, Strukturwissenschaftliche Grundlagen, 12.
58 Ebd 21.

Entwicklern von KI-Systemen die Begeisterung über die technischen Fortschritte hoch, das Interesse an den Auswirkungen auf das Rechtssystem deutlich weniger ausgeprägt ist. Die Informatik als *nach Anwendung verlangende Wissenschaft* legt das Hauptaugenmerk meist auf die technische Weiterentwicklung.

Reisinger würde daher heute vielleicht schreiben: »Die Probleme der Automatisierung im Recht sind zu schwerwiegend, als daß sie *Juristen oder Informatikern* allein überlassen werden könnten.«

Eine Aufgabe der Rechtsinformatik als Wissenschaft ist es heute, sowohl Recht als auch Informatik die Methoden und Inhalte des jeweils anderen Bereichs nahezubringen und die Konsequenzen der *Algorithmisierung juristischer Entscheidungen* zu diskutieren. Dabei müssen sowohl die technischen als auch die inhaltlichen Grenzen für die Gestaltung und den Einsatz solcher Anwendungen diskutiert und kritisch begleitet werden. Auch für Reisinger ist eine zentrale Aufgabe der Rechtsinformatik »die Voraussetzungen und Folgen der Automation aufzuzeigen«[59].

Dazu ist in Bezug auf Recht *und* Informatik eine kritische Distanz bei gleichzeitigem Verständnis und Fachwissen aus beiden Disziplinen notwendig. Reisingers Ansatz der Definition von Rechtsinformatik als eigenständige Spezialdisziplin, die weder Teil der Rechtswissenschaften noch der Informatik, aber an deren *Schnittpunkt* angesiedelt ist, erscheint damit moderner und zukunftsweisender als je zuvor.

Dass Reisingers Definition von Rechtsinformatik sehr aktuell ist, könnte auch aus Kritiken an aktuell diskutierten Ideen im Zusammenhang mit KI im Recht herausgelesen werden. ZB wenn Auer im Zusammenhang mit Konzepten wie KI-Rechtsordnung und micro-directives feststellt:

»To paraphrase Oliver Wendell Holmes, the man – or the woman – of the future will be the lawyer who is also a master of legal Tech and the algorithmic sciences, and be it only a master of their limits.«[60]

---

59 *Reisinger*, Rechtsinformatik, 52.

60 *Auer*, Granular norms and the Concept of Law: A Critique, in: Busch/Franceschi (Hrsg), Algorithmic Regulation and Personalized Law, München 2021, 154.

AVANTGARDE-ANWENDUNGEN DER RECHTSINFORMATIK: AKTUELLE PRAXISENTWICKLUNGEN IM BEREICH LEGAL TECH UND GENERATIVER KÜNSTLICHER INTELLIGENZ (KI)

SOPHIE MARTINETZ

Mag. Sophie Martinetz, CEO Future-Law und Director WU Legal Tech Center, https://future-law.eu/, s.martinetz@future-law.at

Schlagworte: Rechtsinformatik, künstliche Intelligenz, Large Language Models, LLM

Abstract: Der vorliegende Beitrag analysiert die Entwicklung und aktuelle Anwendungsmöglichkeiten generativer künstlicher Intelligenz im Rechtsbereich. Seit dem Erscheinen von ChatGPT im Jahr 2021 hat die Entwicklung im Bereich der künstlichen Intelligenz ein beispielloses Momentum erfahren. Der Artikel untersucht die strategischen Implikationen dieser Technologie für juristische Berufe, identifiziert konkrete Anwendungsfälle und diskutiert deren praktische Umsetzung. Besonderes Augenmerk liegt auf dem Einsatz von Large Language Models (LLMs) in der täglichen Arbeit von Juristinnen und Juristen, der Entwicklung von KI-Agenten sowie den zukünftigen Herausforderungen bezüglich Datensouveränität, Preismodellen und technischer Infrastruktur. Der Beitrag betont die Notwendigkeit eines verantwortungsvollen Einsatzes dieser Technologien und unterstreicht, dass die KI als Unterstützungswerkzeug für menschliche Expertise konzipiert sein sollte, nicht als deren Ersatz.

1. Einleitung: Die beschleunigte Entwicklung der KI

Die Rechtsinformatik hat durch das Auftreten generativer künstlicher Intelligenz (KI), insbesondere durch ChatGPT im Jahr 2021, eine signifikante Transformation erfahren. Was heute als Legal Tech bezeichnet wird, hat durch diese Entwicklung ein erhebliches Momentum erlangt. Es ist bemerkenswert und motivierend zu beobachten, wie ein einzelnes Thema wie generative KI eine so starke Beschleunigung in der gesamten Digitalisierung bewirken kann.

Die Entwicklungsgeschwindigkeit der KI hat sich dramatisch verkürzt: Von den Anfängen der KI im Jahr 1956 dauerte es 40 Jahre bis zum Einsatz des Machine Learning (1997). Weitere 20 Jahre vergingen bis zum Durchbruch des Deep Learning im Jahr 2017 mit neuen Modellen wie BERT. Von diesem Zeitpunkt an verkürzte sich der Innovationszyklus erneut drastisch – nur 4 Jahre später folgte der Launch von ChatGPT (2021), was einer Verkürzung des Entwicklungszeitraums um den Faktor 10 entspricht. Die gegenwärtige Entwicklungsgeschwindigkeit ist so rasant, dass nahezu täglich neue Durchbrüche zu verzeichnen sind. Das erste sogenannte »Einhorn« der Legal Tech Welt gibt es seit 2024 – das KI-Tool Harvey (www.harvey.io) wurde in der Finanzierungsrunde mit 1 Milliarde USD bewertet.

2. Durchdringung der Rechtspraxis

Trotz des technologischen Fortschritts stellt sich die Frage, wie diese Veränderungen in der Rechtspraxis tatsächlich Fuß fassen können. Das Momentum für die Einführung dieser Technologien hat erheblich zugenommen. Juristinnen und Juristen entwickeln zunehmendes Interesse daran, wie sie generative KI in ihrer täglichen Arbeit einsetzen können.

Wissensarbeiterinnen und Wissensarbeiter, insbesondere jene, die mit juristischen Texten und Sprache arbeiten, rücken als primäre Anwendungsfälle für diese Technologie in den Fokus. Obwohl der juristische Berufsstand traditionell nicht als Innovationsführer bekannt ist, sondern eher in der zweiten oder dritten Phase technologischer Adoption aktiv wird, lässt sich seit 2022 ein wachsendes Interesse beobachten. Im Jahr 2025 hat sich dieses Interesse zu einem regelrechten Trend entwickelt, nicht zuletzt aufgrund des zunehmenden Drucks von Führungskräften und Kanzleieigentümerinnen und -eigentümern.

Der strategische Haupttreiber für die Adoption ist die Effizienzsteigerung. Allerdings sind Wissensarbeiterinnen und Wissensarbeiter bereits heute stark auf Effizienz ausgerichtet. Die Frage ist daher, wo noch weitere Produktivitätsgewinne erzielt werden können. Hier zeigt sich ein wesentlicher Vorteil generativer KI, insbesondere der Large Language Models (LLMs): Sie stellen eine »Killer-Anwendung« dar, da sie eine natürlichsprachliche Kommunikation ermöglichen, ähnlich wie bei der Kommunikation zwischen Menschen. Diese Eigenschaft macht die Technologie extrem niederschwellig und erfordert keine umfangreichen organisatorischen Veränderungen für den Einsatz im Arbeitsalltag. Eine aktuelle Umfrage des Rechercheanbieters LexisNexis ergibt, dass User ihrer Gen AI getriebenen Plattform angeben, bis zu elf Stunden in der Woche[1] durch den Einsatz sparen – das ist ein enormer Effizienzgewinn.

3. Aktueller Stand der KI-Fähigkeiten

Der Status der KI-Adoption in der juristischen Branche im Jahr 2025 zeigt, dass sich viele Projekte bereits im sogenannten »Tal der Tränen« befinden – einer Phase nach dem initialen Hype, in der realistischere Erwartungen entstehen. Die Branche insgesamt befindet sich jedoch noch in der Hype-Phase – das bedeutet, dass hier ein erhebliches Potenzial für die kommenden Jahre besteht, verbunden mit aktuell großen Investmentsummen.

Betrachtet man die verschiedenen Anwendungsbereiche der KI, so zeigt sich folgendes Bild: Die Bildgenerierung ist mittlerweile ausgereift, während die Programmierung (Coding) stark entwickelt ist. Die Textgenerierung stellt den primären Anwendungsbereich dar und ist besonders relevant für Juristinnen und Juristen. Im Bereich Video sind die Fortschritte bereits weit vorangeschritten, sodass Videos mit nur zwei bis drei Prompts generiert werden können. Die Sprachverarbeitung erweist sich für juristische Anwendungen als besonders interessant, da das Diktieren eine der effizientesten Arbeitsweisen darstellt.

Der Stanford AI Index Report von 2022[2] belegt die Leistungsfähigkeit dieser Systeme: Bei der Bilderfassung erreichen Menschen durchschnittlich eine Genauigkeit von 95%. Die KI übertraf diese Rate bereits 2017 während des großen Sprungs zum Deep Learning. Beim sinnerfassenden Lesen und der Beantwortung von Fragen liegen Menschen bei einfachen Fragen bei etwa 91% und bei komplexen Fragen bei 89% Genauigkeit.

---

1 https://www.lexisnexis.at/blog-post/was-sagen-kundinnen-nach-einem-jahr-lexis-ai/.

2 https://hai.stanford.edu/ai-index/2022-ai-index-report.

Selbst wenn man Juristinnen und Juristen aufgrund ihrer Ausbildung einen Bonus von 2% zugesteht, erreicht die KI seit 2017 bei einfachen Fragen über 95% und bei komplexen Fragen knapp 95%, was ihre Nützlichkeit für juristische Anwendungen unterstreicht.

Die Large Language Models sind für die Rechtswissenschaft besonders relevant, da sie für sprachliche Aufgaben konzipiert sind – genau die Art von Tätigkeiten, die im juristischen Bereich dominieren. Studien prognostizieren, dass etwa 25% aller beruflichen Aufgaben potenziell von KI übernommen werden könnten. Während Bauarbeiterinnen und Bauarbeiter oder Pflegekräfte weniger betroffen sein werden (obwohl auch dort administrative Aufgaben betroffen sein können), werden Management- und juristische Tätigkeiten mit etwa 44% deutlich stärker beeinflusst sein. Nur Büro- und Verwaltungstätigkeiten weisen mit 46% einen noch höheren prognostizierten Einfluss auf.

Dies bedeutet jedoch nicht, dass die KI Juristinnen und Juristen ersetzen wird – es geht aktuell vielmehr um die Übernahme spezifischer Aufgaben. Zu diesen Aufgaben gehören das Duplizieren von Vorlagen, das Identifizieren von Klauseln, das Ausfüllen von Feldern, das Abgleichen mit Standards wie etwa die Überprüfung, ob ein Vertrag den Qualitätsstandards entspricht, die Überprüfung von Quellen sowie kontextuelle Vorschläge.

Die Kernkompetenzen juristischer Arbeit, für die Menschen tatsächlich studieren, bleiben aktuell beim Menschen: das Aushandeln von Konditionen, geschäftliche Erwägungen, juristische Strategien sowie legislative Überlegungen wie beispielsweise die Entwicklung guter Gesetzgebung.

Angesichts der demografischen Entwicklung in Europa, wo zukünftig die Babyboomer Arbeitnehmerinnen und Arbeitnehmer den Arbeitsmarkt verlassen (also jede Dritte – 33,9% der derzeitig Beschäftigten)[3] und nur eine neue Arbeitskraft nachrückt, wird es zunehmend wichtig, dieses bestehende Wissen anders abzubilden, beispielsweise durch Digitalisierung.

4. Anwendungspotenzial der KI im juristischen Bereich

Die KI kann in vielen Aufgabenbereichen unermüdlich und schnell rund um die Uhr unterstützen. Es ist jedoch wichtig zu unterscheiden, für welche Anwendungsfälle generative KI geeignet ist und für welche nicht. Für

3 https://www.wko.at/oe/news/der-arbeitsmarkt-der-zukunft.

automatisierte Entscheidungsfindungen sollten regelbasierte KI-Systeme mit klaren Algorithmen eingesetzt werden, da bei diesen nachvollziehbar ist, welche Kriterien verwendet wurden und wie diese gewichtet wurden. Bei generativer KI ist hingegen aktuell nicht vollständig verstanden, warum sie so gut funktioniert, weshalb sie nicht für automatisierte Entscheidungen mit Konsequenzen eingesetzt werden sollte (ist aktuell auch zB in der Justiz nicht in Planung).

Die generative KI eignet sich am besten für Anwendungsfälle, bei denen menschliche Expertise weiterhin eingebracht werden kann und keine automatisierten Entscheidungen getroffen werden. Die Stärken generativer KI liegen in ihrem Sprachverständnis, der Fähigkeit, konzipierte Antworten zu liefern, und dem systematischen Clustern von Informationen.

Die Anwendungsbereiche der generativen KI lassen sich in einer Pyramide visualisieren:

4.1 Persönliche Arbeitsoptimierung (Basis der Pyramide)

Dies umfasst die Optimierung der täglichen Arbeit, insbesondere im Umgang mit Texten (Word, PDFs):

Bei der persönlichen Arbeitsoptimierung geht es primär darum, die tägliche Korrespondenz zu erleichtern, Texte besser und schneller zu verstehen und zu durchforsten sowie Reality Checks durchzuführen. Bei gutem Einsatz kann generative KI mehr als 20% Zeitersparnis bringen. Typische Beispiele hierfür sind das Diktieren von Memos nach Gesprächen, die schnelle Suche in rechtlichen Dokumenten, die Ideengenerierung etwa für Mitarbeiterinnen- und Mitarbeiterrichtlinien sowie die Erstellung von Präsentationen.

4.2 Überprüfung rechtlicher Anforderungen

Die nächste Ebene beinhaltet den Abgleich von Texten mit eigenen Standards und rechtlichen Anforderungen. Als Expertin oder Experte muss man weiterhin wissen, was man braucht und ob die Ergebnisse korrekt sind. Tools, die mit juristischen Daten vortrainiert wurden, schneiden tendenziell besser ab.[4]

4 https://www.legalbenchmarks.ai/accuracy.

4.3 Wissensmanagement

Auf dieser Ebene geht es um die Erschließung des eigenen Wissens mit Hilfe von RAG-Technologie (Retrieval-Augmented Generation) oder Agenten. »Frag den Akt« ermöglicht es, eigenes Wissen zugänglich zu machen, beispielsweise zum Erwachsenenschutzgesetz. Es bietet Zugriff auf die eigene Wissensbasis und ermöglicht die Zusammenstellung rechtlicher Informationen aus Gutachten, Schriftsätzen, Memos und Verträgen.

4.4 Zusammenfassendes Bearbeiten (Spitze der Pyramide)

Die oberste Ebene umfasst das selbstständige Formulieren und Verbessern von Texten basierend auf dem erschlossenen Wissen sowie den Zugriff auf die eigene Arbeit mit verbesserter Qualität.

5. Praktische Integration in den Arbeitsalltag

Ein typischer Arbeitstag einer Juristin oder eines Juristen mit KI-Unterstützung könnte wie folgt aussehen: Am Morgen beginnt der Tag mit der Analyse der E-Mails und der Identifikation von Aufgaben und Verantwortlichkeiten. Es folgt die Vorbereitung auf Meetings mit Hilfe von KI-Zusammenfassungen des bisherigen Stands. Nach den Meetings werden automatisch Zusammenfassungen und Memos erstellt. Gegen 11:00 Uhr erfolgt die Analyse neuer Regelungen, beispielsweise zur NIS2, und deren Auswirkungen auf das Unternehmen. Am Nachmittag lässt man sich einen Überblick über offene Aufgaben erstellen, und am Abend werden E-Mail-Updates über die Tagesarbeit verfasst.

Es ist wichtig zu betonen, dass Large Language Models keine Suchmaschinen sind, sondern Sprachmaschinen. Sie sind nicht primär für Recherche gedacht (zB die Frage »Wer ist der aktuelle Bundeskanzler in Österreich?« kann richtig oder falsch beantwortet werden), sondern für die Generierung neuer Texte aus bestehenden Informationen. LLMs berechnen im Wesentlichen das wahrscheinlichste nächste Wort und fügen dieses hinzu. Für eine Recherche sollten daher auch mit generativer KI angereicherte Recherche Tools eingesetzt werden.

Beim Einsatz von KI-Tools im juristischen Kontext ist der Datenschutz besonders wichtig. Im Geschäftsumfeld (einer Kanzlei oder Rechtsabteilung) sollten Enterprise-Lösungen eingesetzt werden, bei denen das Learning und die Daten den eigenen Bereich nicht verlassen. Dies ist zwar mit Kosten verbunden, die aber angesichts der Verantwortung gegenüber dem Unternehmen oder der Verschwiegenheit der Kanzlei gegenüber ihren MandantInnen gerechtfertigt sind.

Ein bekanntes Problem von Sprachmodellen sind Halluzinationen – Fälle, in denen das System eine Antwort erfindet, wenn es keine hat. Diese Halluzinationsrate kann beeinflusst werden:

1. In Enterprise-Lösungen kann die »Temperatur« (Kreativität) eingestellt werden
2. Die Qualität und der Umfang der Daten können beeinflusst werden, zB indem das System nur auf eigene, eingespielte Daten zugreifen darf
3. Validierung der Ergebnisse durch ExpertInnen

Dieses Problem ist kein Grund für den Nicht-Einsatz von Technologie – es ist eher eine Ausrede.

6. Einsatzmöglichkeiten von LLMs in der juristischen Arbeit

Large Language Models können in der täglichen juristischen Arbeit vielfältig eingesetzt werden. Sie ermöglichen die Vorverfassung und Erstellung von Gliederungsvorschlägen für Dokumente und Texte, insbesondere für die Korrespondenz. Zudem erleichtern sie die Zusammenfassung und Gliederung großer Textmengen und unterstützen bei der Verhandlungsvorbereitung, beispielsweise durch die Entwicklung von Gegenargumenten. Darüber hinaus eignen sie sich für einfache Recherchen zu Rechtsfragen, die Übersetzung juristischer Dokumente sowie die Analyse, Umformulierung und Interpretation juristischer Texte. Nicht zuletzt können sie basierend auf historischen Daten wertvolle Empfehlungen generieren.

7. Die Zukunft: Workflows und Agenten

Als nächster Entwicklungsschritt stehen Workflows und Agenten im Fokus. Agenten sind autonome Softwareeinheiten, die in einer Umgebung agieren, Entscheidungen treffen und Aufgaben ausführen, um ein bestimmtes Ziel zu erreichen. Im Gegensatz zu generischen Anfragen werden Agenten für spezifische Aufgaben definiert, zB: »Du bist ein NIS2-Spezialist oder eine NIS2-Spezialistin und beantwortest alle Fragen im juristischen Ton, basierend ausschließlich auf den in deinem Assistenten enthaltenen Daten.«

Zukünftig werden auch Multi-Agenten-Systeme an Bedeutung gewinnen. Ein Beispiel wäre die Kontoeröffnung bei einer Bank:

1. Ein Agent fragt die Identität der Kundin oder des Kunden ab

2. Ein zweiter Agent evaluiert die Produktebene und schlägt passende Produkte vor

3. Ein dritter Agent ist für Geldwäschevorgaben zuständig

4. Ein vierter Agent kommuniziert das Gesamtergebnis zurück an die Kundin oder den Kunden

Für ein effektives Agenten-Design sind folgende Aspekte wichtig:

1. Reflexion: Ergebnisse müssen nachkontrolliert und optimiert werden

2. Tooluse: Nutzung weiterer Daten und Quellen (mit Berücksichtigung möglicher Bias)

3. Planung: Konzepte für zukünftige Entwicklungen

4. Zusammenarbeit: Sequenzielle, hierarchische, hybride, parallele oder asynchrone Kooperation mehrerer Agenten

Ein weiterer Trend sind sogenannte »Operators«, die der KI ermöglichen, bestimmte Schritte nacheinander auszuführen, zB: »Wenn du eine E-Mail von Sophie Martinetz erhältst, antworte automatisch ›Vielen Dank, wir freuen uns‹ und speichere die Nachricht am definierten Ort.«

Prompting: Der Schlüssel zum Erfolg

Für effektives »Prompting« (die Formulierung von Anfragen an KI-Systeme) sind vier Elemente entscheidend:

1. Ziel: Was möchte ich erreichen? (zB »Erstelle 3–5 Ideen«)

2. Kontext: Welche zusätzlichen Informationen sind für das erwartete Ergebnis relevant? (zB »Ich bin eine Juristin in der Rechtsabteilung einer Bank und möchte einen Artikel zum Thema Prompting für Juristinnen und Juristen erstellen«)

3. Erwartungshaltung: Wie soll das LLM antworten? (zB »Konzentriere dich auf den Aufbau und die Anatomie eines Prompts, stelle die Ergebnisse auf Deutsch in professionellem Ton dar«)

4. Datenquelle: Welche Informationsquellen oder Muster soll das LLM verwenden? (zB »Verwende www.future-law.at als Quelle für deine Beispiele«)

Diese Struktur ist auch als Basis für die Erstellung von eigenen KI-Agenten nützlich, wenn sie gut formuliert ist.

9. Die Verbindung zu Legal Tech

Generative KI hat den Legal-Tech-Hype zweifellos befeuert, ist jedoch nur ein Teilbereich der gesamten Digitalisierung im Rechtsbereich. Das Thema Nachvollziehbarkeit und Prozessoptimierung bleibt weiterhin ein wesentlicher Aspekt bei allen digitalen Projekten. KI-Tools müssen richtig eingesetzt werden, und innerhalb optimierter Workflows kann die KI einen hohen Hebel entfalten.

Ein Beispiel ist die automatisierte Ablage: Wenn KI Metadaten aus Dokumenten extrahiert und diese direkt in das System einspielt, reduziert dies einen der Hauptgründe, warum CLM-Systeme (Contract Lifecycle Management) aktuell nicht optimal genutzt werden – die Notwendigkeit der manuellen Dokumentenerfassung. Der Trend geht eindeutig weg von manueller Erfassung hin zu automatisierten Workflows, was auch neue Arbeitsformen erfordert.

Die Herausforderung besteht darin, Prozesse so zu gestalten, dass sie nachvollziehbar sind und Menschen bei der Erledigung ihrer Aufgaben unterstützen. In Zukunft könnte KI dabei helfen, diese Systeme besser und automatischer abzubilden, etwa durch Low-Code-Lösungen oder durch Sprach- und Textanweisungen.

10. Strategische Entwicklungsperspektiven

Für die strategische Weiterentwicklung sind folgende Aspekte wichtig:

Grundlagen schaffen: Prozessorientiertes Denken und Changemanagement für Rechtsabteilungen und Kanzleien entwickeln

1. Legacy-Systeme: Eine große Herausforderung sind bestehende Altsysteme. In Rechtsabteilungen ist man oft an unternehmensweite Systeme gebunden, während in Kanzleien besonders in Österreich bestimmte Legacy-Systeme den Markt dominieren. Es gilt, kleine, gut integrierbare Lösungen zu finden oder sicherzustellen, dass die bestehenden Systeme technisch fit sind und Schnittstellen zu neuen Systemen bieten.

2. Zugriff auf Daten und Wissen: Eine durchschnittliche Kanzlei verfügt über 3–10 Millionen Dokumente. Die Herausforderung besteht darin, auf eigene Klauseln und Wissen zugreifen zu können, das sich in diesem Bestand befindet. Generative KI kann helfen, dies durch semantische Suche zu verbessern.

3. Zukünftige Arbeitsweise: Ein wichtiger Megatrend ist die Standardisierung – mit derselben Anzahl von Mitarbeiterinnen und Mitarbeitern mehr leisten zu können. Der Fokus liegt dabei auf der Standardisierung häufig vorkommender, mittelkomplexer bis nicht komplexer Themen, der Spezialisierung auf mittelkomplexe bis komplexe Themen, die häufig vorkommen, sowie dem Einsatz von KI zur Produktivitätssteigerung.

4. Datenschutz: Datenschutz ist sicher ein strategisches Thema von herausragender Bedeutung. Bei der Einsetzung von KI wird das Konzept

des Datenschutzes neu zu bewerten sein, insbesondere die Frage, ob alle Informationen gleich wichtig und gleich schützenswert sind. Hierbei geht es nicht darum, den Datenschutz und seinen grundlegenden Anspruch zu schwächen, sondern eine ausgewogene Lösung zu finden, die einerseits die Nutzung modernster Technologien ermöglicht und andererseits den Schutz relevanter Daten für Privatpersonen und Unternehmen gewährleistet. In den kommenden Jahren werden wir mit hoher Wahrscheinlichkeit strategische Bewegungen und Veränderungen in diesem Bereich erleben.

Es ist wichtig zu beachten, dass das Ziel nicht darin besteht, dass die KI die anspruchsvollen Aufgaben übernimmt, während Menschen nur noch als »Machine Monkeys« Daten aufbereiten. Vielmehr sollte der Fokus auf den Stärken der Menschen liegen: Empathie, Kommunikation, Verständnis von Sachverhalten und Strategieentwicklung.

11. Culture eats strategy for breakfast: Die Bedeutung der Organisationskultur

Während strategische Aspekte zweifelsohne wichtig sind, gilt in der Praxis oft der Satz »Culture eats strategy for breakfast«. Der Umgang mit Digitalisierung und KI ist letztlich eine Frage der Organisationskultur und des Wissenstransfers. Hier besteht eine doppelte Herausforderung: Einerseits müssen jungen Menschen das notwendige Handwerkszeug und das erforderliche Verständnis vermittelt werden. Andererseits stehen erfahrene Expertinnen und Experten vor der Herausforderung, zu echten Führungskräften zu werden, die ihr Wissen weitergeben und sinnvoll einbringen. Das Feedback vieler junger Juristinnen und Juristen zeigt, dass der Ausbildungsprozess im juristischen Beruf derzeit nicht sehr intensiv von Seiten der erfahrenen Praktikerinnen und Praktiker gestaltet wird.

Diese Situation wird sich ändern müssen. Die Themen Leadership, Führungskompetenz und Ausbildung werden an Bedeutung gewinnen. Die Entwicklung von »People Skills« und neuen Fähigkeiten ist von entscheidender Bedeutung. Ein Vorteil der generativen KI ist, dass das erforderliche Skill-Level für ihre Anwendung relativ niedrig ist – was auch ihren großen Erfolg bei den Anwenderinnen und Anwendern erklärt. Es ist nicht notwendig, jedes technische Detail zu kennen, aber ein grundlegendes Verständnis dafür, was die Tools können, wie KI oder Legal Tech eingesetzt werden können und worauf zu achten ist, wird unverzichtbar.

Diese Entwicklung führt zu neuen Berufsbildern wie Legal Engineers oder Legal Operations Spezialistinnen und Spezialisten – Menschen, deren Expertise an der Schnittstelle zwischen Technologie und juristischem Domänenwissen liegt. Obwohl es vereinzelt Personen geben wird, die beide Bereiche vereinen, wird dies überwiegend ein neuer, spezialisierter Aufgabenbereich sein, der die Zusammenarbeit zwischen verschiedenen Fachrichtungen erfordert.

Dies wirft neue organisatorische Fragen auf: Wie bewertet man die Leistungsfähigkeit dieser neuen Rollen? Sind sie gleichwertig mit den »traditionellen« juristischen Positionen wie dem Fee Earner in der Kanzlei oder der rein juristisch arbeitenden Person in der Rechtsabteilung? Wie gestaltet sich die hierarchische Einordnung? Gibt es flachere Hierarchien?

Die organisatorischen Veränderungen werden sich auch im Bereich der Justiz, unter Richterinnen und Richtern, bemerkbar machen. Wie wird die Technologie die Organisationsstruktur verändern und welche Kultur wird gelebt werden?

Aktuelle Studien zeigen, dass bis zu 75% aller Wissensarbeiterinnen und Wissensarbeiter KI einsetzen, aber weniger als 50% dies zugeben, weil sie befürchten, als ersetzbar angesehen zu werden. Hier liegt eine weitere wichtige Aufgabe für Führungskräfte, Partnerinnen und Partner sowie Rechtsabteilungsleiterinnen und -leiter: Wenn wir durch diese neuen Technologien Produktivitätsgewinne von 20–30% erzielen können, wie nutzen wir diese gewonnene Zeit sinnvoll?

Die Erfahrung mit früheren Technologiesprüngen zeigt, dass Menschen deswegen nicht früher nach Hause gehen werden. Vielmehr könnte die Antwort in verstärkter Kommunikation, Beziehungspflege und größerer Nähe zum Business und zu den Menschen liegen. Die genaue Ausgestaltung wird sich in den kommenden Jahren zeigen.

12. Ausblick auf die Zukunft

Essentiell ist, dass der Mensch die Kontrolle behält – die Technologie sollte als Diener des Menschen fungieren. Und wir können das bestimmen und aktiv beeinflussen. In bestimmten Bereichen, wie der Justiz, könnten regelbasierte Systeme helfen, einfache und standardisierte Verfahren zu beschleunigen (zB Mahnverfahren). Dies muss jedoch unter Wahrung rechtsstaatlicher Prinzipien wie der individuellen Würdigung des Sachverhalts geschehen.

Weitere Zukunftsthemen sind:

1. Ängste gegenüber KI: Laut einer Microsoft-Umfrage geben 75% der Befragten an, KI zu verwenden, aber nur die Hälfte würde dies zugeben.

2. Preismodelle: Die Frage, wofür in Zukunft bezahlt wird, gewinnt an Bedeutung. Ein Beispiel: Mit KI kann eine Anwältin oder ein Anwalt NIS2-Anwendungsbereiche in 30 Sekunden erfassen, während dies traditionell 3–4 Stunden dauert. Stellt die Anwältin oder der Anwalt nun die 30 Sekunden, die Zeit ihres Expertenwissens oder die traditionellen 4 Stunden in Rechnung? Diese Frage könnte in den nächsten 5 Jahren das traditionelle »Billable Hour«-Modell in Frage stellen.

3. Kriterien für die Auswahl von KI-Tools: Gemäß EU-Vorgaben zur verantwortungsvollen KI (Responsible AI) sind verschiedene Aspekte wichtig, darunter Sicherheit und Robustheit, Performance und Funktionalität, Zuverlässigkeit, Datenqualität und -management, Erklärbarkeit sowie Fairness und Nicht-Diskriminierung. AnwältInnen unterliegen hier auch den Regeln der Standesvertretungen.

4. Technologieverständnis: Der Vorteil generativer KI ist ihre Einfachheit in der Anwendung. Sobald Menschen Zugang zur Technologie haben und verstehen, wie sie funktioniert, sind sie oft begeistert. Allerdings zeigt das Future-Law Legal Tech Barometer von 2025,[5] dass manche Juristinnen und Juristen nicht einmal mit dem Begriff »Prompting« vertraut sind, was die Heterogenität innerhalb der Branche verdeutlicht.

5. Wissensgefälle: Es zeichnet sich ein Gefälle zwischen großen Kanzleien mit Technologiewissen und kleineren Kanzleien ab, die den Auswahlprozess nicht durchführen können. Gerade für kleine Einheiten mit bis zu 5 Anwältinnen und Anwälten könnten generative KI-Tools jedoch extrem hilfreich sein.

6. Preisentwicklung: Entgegen mancher Behauptungen ist KI auch für Anwältinnen und Anwälte erschwinglich. Allein zwischen 2024 und 2025 sind die Kosten für LLMs um 900% gesunken.

7. Technische Infrastruktur: Die Datensouveränität gewinnt an Bedeutung – insbesondere die Frage, wem Daten gehören, wo sie liegen und wer Zugriff hat. Der Trend geht zu lokalen Lösungen, bei denen Sprachmodelle auf eigenen Servern betrieben werden. Hier wird sich in Europa hoffentlich noch einiges entwickeln.

8. Allgemeine KI (General AI): Obwohl manche Szenarien wie aus »Terminator« klingen, ist es wichtig, dass die Entscheidungsträgerinnen und Entscheidungsträger – nicht die Jungen, sondern die Älteren – sich für die richtigen Dinge einsetzen, insbesondere für Datensouveränität in Europa.

---

5 https://future-law.eu/uncategorized/legal-tech-barometer-2025-zwischen-tradition-und-transformation-im-rechtswesen/.

Fazit

Die generative KI stellt eine revolutionäre Entwicklung für den juristischen Bereich dar, die das Potenzial hat, die Arbeitsweise von Rechtsexpertinnen und Rechtsexperten grundlegend zu verändern. Der Fokus sollte dabei auf der Unterstützung menschlicher Expertise liegen, nicht auf deren Ersatz. Die größten Hebel liegen in der persönlichen Produktivitätssteigerung, dem verbesserten Wissensmanagement und der Automatisierung standardisierbarer Prozesse.

Angesichts der demografischen Herausforderungen und des zunehmenden Effizienzdrucks werden die Technologien nicht als Bedrohung, sondern als notwendige Unterstützung betrachtet werden müssen. Die juristische Profession steht vor der Aufgabe, diese Tools verantwortungsvoll in ihre Arbeitsprozesse zu integrieren, während sie gleichzeitig ihre Kernkompetenzen – rechtliche Strategie, Verhandlung und Empathie – weiter ausbaut.

Der Übergang wird Anpassungen in Bezug auf Ausbildung, Unternehmenskultur und Preismodelle erfordern. Letztendlich wird jedoch die Kombination aus menschlicher Expertise und KI-Unterstützung die Zukunft des Rechtsberufs prägen.

VON REISINGERS KONZEPTEN ZUR KÜNSTLICHEN INTELLIGENZ

MANFRED SCHÜTTENGRUBER

Dr. Manfred Schüttengruber, Unternehmensberater mit Schwerpunkt ERP und Business Intelligence, sm@smedv.com, https://www.smedv.com

Schlagworte: Rechtsinformatik um 1990, automatisierte Normanalyse, Entscheidungstabellen, funktionale Abhängigkeiten, künstliche Intelligenz

Abstract: Diese Arbeit beleuchtet die frühen Konzepte von Leo Reisinger zur automatisierten Normanalyse in der Rechtsinformatik und deren Bedeutung für moderne Entwicklungen in der Künstlichen Intelligenz. Ausgehend von den Recherchen und praktischen Erfahrungen des Autors während seiner Dissertation zwischen 1988 und 1990 wird die historische Entwicklung von Entscheidungstabellen und funktionalen Abhängigkeiten in der juristischen Informatik nachgezeichnet. Der Artikel diskutiert, wie Reisingers Methoden zu Beginn der digitalen Rechtsinformatik richtungsweisend waren und zeigt die Verbindungen zu heutigen KI-basierten Systemen wie ChatGPT auf. Im Vergleich zur heutigen Technologie werden sowohl die Potenziale als auch die Herausforderungen und Grenzen intelligenter Systeme im rechtlichen Kontext analysiert.

1. Meine Berührungspunkte mit LEO REISINGER

Ausgangspunkt

Nachdem mich Dr. Holzweber gebeten hat, ein paar Worte anlässlich der Gedenkveranstaltung 2024 für Leo Reisinger (Reisinger wäre 80 Jahre alt geworden) zu schreiben, war ich gerne bereit, diesen interessanten Bogen der Rechtsinformatik von 1988 bis heute 2024 zu spannen.

Nachdem ich das Studium der Rechtswissenschaften und der Wirtschaftsinformatik 1988 abgeschlossen hatte, wollte ich bei meiner Dissertation etwas Verbindendes zwischen den beiden Studien finden.

Das Juridicum war damals ein moderner Bau im zarten Alter von vier Jahren. Es war eine Freude, in einem so modernen Gebäude studieren zu dürfen. Da störte auch nicht das künstliche Licht im Untergeschoß (UG1), in dem die meisten Hör- und Seminarräume lagen. Das sonnige Dachgeschoß war nur für Sonderveranstaltungen vorgesehen.

Während früher die »strengen« Rigorosen zur Erlangung des Doktorates notwendig waren, kam seit 1978 eine wissenschaftliche Arbeit in Form der Dissertation dazu. Das Bindeglied zwischen meinen beiden Studien war daher »Rechtsinformatik« – damals eine recht junge Wissenschaft und das ideale Thema für meine Dissertation.[1] Das Recherchieren und Verfassen der wissenschaftlichen Arbeit konfrontierte mich mit dem Stand der Rechtsinformatik um 1990.

Meine ersten Recherchen im Rahmen der Dissertation führten mich, wie damals üblich, in die Bibliothek. Bei den Recherchen über den Begriff »Rechtsinformatik« führte eine der ersten Quellen zu Leo Reisingers Publikationen über »Automatisierte Normanalyse und Normanwendung«[2], »Die automatische Messung juristischer Begriffe«[3] sowie die »Strukturwissenschaftliche Grundlagen der Rechtsinformatik«[4]. Von seinem frühen Tod 1985 erfuhr ich auch erst, als ich mehrere Personen gefragt hatte, an welcher Universität ich ihn finden könnte. Ein Internet im heutigen Sinne gab es nicht, einfach nach Rechtsinformatik oder Leo Reisinger »googeln« war unmöglich. Google wurde schließlich erst zehn Jahre später, im Jahr 1998, gegründet.

---

1 *Schüttengruber*, Rechtsinformatik, Wien 1990.

2 *Reisinger*, Automatisierte Normanalyse und Normanwendung, Berlin 1972.

3 *Reisinger*, Die automatisierte Messung juristischer Begriffe, Berlin 1973.

4 *Reisinger*, Strukturwissenschaftliche Grundlagen der Rechtsinformatik, Graz – Wien 1987.

Die Arbeiten am Artikel

Die Arbeiten an diesem Artikel begannen zunächst mit der Suche nach der Dissertation. Ich fand die Dissertation einerseits im Word Perfect-Format auf meinem Rechner und im Keller als ausgedrucktes gebundenes Exemplar. Trotz meiner Informatikkenntnisse fand ich es einfacher, die gedruckte Version aus dem Keller zu durchblättern als die Word Perfect-Datei zu öffnen. Word Perfect war damals noch ein ernst zu nehmender Konkurrent zu Microsoft Word, ist aber heute – wie viele andere Programme – bedeutungslos.

2. Rechtsinformatik um 1990

Grundsätzlich gab es damals drei große Themenbereiche der Rechtsinformatik:

- Verwaltungsinformatik
- Rechtsdatenbanken und
- Automatisierte Normanalyse

Die automatisierte Normanalyse war das interessanteste Forschungsgebiet. Hier konnte man die Methoden der Informatik mit denen der Rechtswissenschaften in Einklang bringen.

Verwaltungsinformatik

Die Automatisierungen der Verwaltungsinformatik waren auch um 1988 schon sehr fortgeschritten. Die letzten Schreibmaschinen wurden gegen PC-Textverarbeitung getauscht, Strafverfügungen wurden im Sinne einer Massenverarbeitung computerunterstützt erstellt, das Grundbuch wurde gerade digital erfasst. Der übliche Digitalisierungsprozess hatte hier mit den üblichen IT-Techniken begonnen. Alles war eher unspektakulär und bedeutete die typische Ablöse manueller Tätigkeiten durch IT.

Rechtsdatenbanken

Rechtsdatenbanken wurden damals unter anderem noch in Online- und Offline-Datenbanken sowie Volltextdatenbanken und recherchierte Datenbanken unterschieden. Bei Letzteren wurden die Texte manuell beschlagwortet.

Eine der Volltextdatenbanken wurde von der österreichischen Staatsdruckerei (OeSD) herausgegeben. Auf einer einzigen Compact Disc konnten ca. 300.000 Maschinschreibseiten Platz finden. Im Jahr 1987 erschien die CD »VfGH 1919–1986«, die mehr als 10.000 Entscheidungen des Verfassungsgerichtshofes in Kurzfassung enthält. Die Kosten betrugen umgerechnet ca. 5.000 Euro für PC und CD. Es handelte sich um eine Offline-Datenbank und die Texte waren alle auf der CD verfügbar.

In diese Zeit fiel die Gründung des Rechtsinformationssystems des Bundes (RIS) 1986 sowie der Rechtsdatenbank (RDB). Sie war eine der ersten Online-Datenbanken, damals noch mit Modem in der Regel über Telefonanschluss. Sie ermöglichte den digitalen Zugriff auf juristische Fachzeitschriften, Entscheidungssammlungen und Kommentare. Das erleichterte die Recherche für Juristen erheblich und sie zählt auch heute noch zu den führenden Informationssysteme.

Bei der Suche in Volltextdatenbanken gab es damals kaum Verfahren zur Ähnlichkeitsanalyse. Die abgefragten Silben mussten im Text einfach exakt vorhanden sein. Berühmt dafür war beispielsweise die Suche nach »Pferd«, zB wenn es einen Reitunfall gab und man die dafür notwendigen Entscheidungen suchen wollte. Dann kamen neben den relevanten Texten plötzlich auch Rechtsinformationen über das Kupferdach. Ganz einfach, weil die Silbe »pferd« enthalten war.

Automatisierte Normanalyse

Alles rund um die automatisierte Normanalyse war das wirklich Faszinierende an der Rechtsinformatik. Hier geht es um automatisierte Entscheidungsprozesse und hier können die Methoden der Informatik mit rechtlichen Methoden verbunden werden.

Eine der Methoden war die Verwendung von Entscheidungstabellen. Diese sind in der Informatik einfach zu programmieren. Die Entscheidungstabellen konnten auch zur Analyse juristischer Sachverhalte gut verwendet werden. In der einfachsten Form werden die Bedingungen mit Ja, Nein oder Egal (leer) beurteilt und führen zu diversen Entscheidungsregeln. Die letzte Entscheidungsregel dient dabei als Auffangbecken für alle nicht berücksichtigten Kombinationen. Entsprechend der Kombinatorik gibt es 3^b Varianten, wobei b für die Anzahl der Bedingungen steht. Je nach Entscheidungsregel gibt es dann einen oder mehrere Handlungssätze.[5]

In einer vereinfachten Form habe ich hier die Voraussetzungen für die Gewährung von Schadenersatz in einer Entscheidungstabelle dargestellt:

5 *Reisinger*, Rechtsinformatik, Berlin 1977, 240 ff.

Wenn:	*Entscheidungsregel 1*	*Entscheidungsregel 2 (Rest, else-Zweig)*
Schaden	Ja	
Kausalität	Ja	
Verschulden	Ja	
Rechtswidrigkeit	Ja	
Dann:		
Ergebnis: Schadenersatz?	Berechtigte Schadenersatzforderung	Keine Schadenersatzforderung

Mit den damals bereits verfügbaren Hochsprachen konnten derartige Entscheidungstabellen und logischen Funktionen gut umgesetzt werden.

In C++ lautet eine adäquate Funktion ganz einfach:

```
bool pruefeSchadenersatz(bool schaden, bool kausalität,
bool rechtswidrigkeit, bool verschulden) {
    return schaden && kausalität && rechtswidrigkeit &&
    verschulden;
  }
```

Erweiterungen des Modells führten einerseits in Richtung erweiterter Eingänge, die nicht nur die drei Zustände ja, nein und egal erlaubten. Andererseits wurde die Quantifizierung einzelner Merkmale vorgenommen. So wäre auch die Höhe der Schadenersatzsumme berechenbar, indem zB der prozentuelle Verschuldensgrad Höhe und Umfang des Schadenersatzes bestimmt.

Jetzt folgt noch ein Beispiel für einen komplexeren Zusammenhang:

Aus dem Waffengesetz (Fassung 1988)

»Die Behörde hat einer verlässlichen Person, die das 21. Lebensjahr vollendet hat und die öst. Staatsbürgerschaft besitzt, eine Waffenbesitzkarte auszustellen. Die Ausstellung einer Waffenbesitzkarte an andere verlässliche Personen, die das 21. Lebensjahr vollendet haben, liegt im Ermessen der Behörde, ebenso die Ausstellung an Personen, die das 18. Lebensjahr vollendet haben, soweit diese den Nachweis des beruflichen Bedarfes erbringen.«

Das konnte man gut in einer etwas umfangreicheren Entscheidungstabelle aufbauen.

Entscheidungstabelle: Waffenbesitzkarte (1988)

Wenn	*Entscheidungs-regel 1*	*Entscheidungs-regel 2*	*Entschei-dungsregel 3 (Rest, else-Zweig)*
Verlässlich	Ja	Ja	
Über 21 Jahre alt	Ja	Nein	
Mind. 18 Jahre alt	Egal	Ja	
Öst. Staatsbürger	Ja	Ja	
Beruflicher Bedarf	Egal	Ja	
Dann			
Ergebnis: Waffenbesitz-karte	Ist auszustellen	Ausstellung im Ermessen der Behörde	Keine Aus-stellung

Laut Reisinger ist »verlässlich« ein normierter Prädikator.[6] Während in der Umgangssprache Gebrauchsprädikatoren allgemein verständlich sind, benötigt man für die sogenannten normierten Prädikatoren im Recht spezielle Legaldefinitionen, damit sie verständlich sind. »Verlässlich« muss daher noch durch Judikatur etc näher erläutert werden.

Ein C++-Programm könnte folgendermaßen aufgebaut sein:

```
std::string waffenbesitzkarteEntscheidung(
bool verlaesslich,
bool ueber_21,
bool mindestens_18,
bool oesterreichischeStaatsbuergerschaft,
bool beruflicherBedarf) {
  if (!verlaesslich)
    return »Keine Erlaubnis«; // rasche Entscheidung
  if (ueber_21 && oesterreichischeStaatsbuergerschaft)
    return »Ausstellung erforderlich«;
  if (ueber_21)
    return »Ermessensentscheidung«;
  if (mindestens_18 && beruflicherBedarf)
```

6 *Reisinger*, Automatisierte Normanalyse und Normanwendung, Berlin 1972, 67ff.

```
    return »Ermessensentscheidung«;
  return »Keine Erlaubnis«;
  }
```

Dieses Beispiel habe ich im Rahmen meiner Dissertation in Form eines Frage-, Antwortbaumes und einer logischen Eingabedatei in meinem Pascal-Programm JurAnalyse als universelles Entscheidungssystem implementiert.[7]

3. Wohin geht die Reise?

Kritische Würdigung

Reisinger erkannte das Potential des Computers, der tausende Entscheidungsregeln in Sekundenschnelle durchgehen konnte – unmöglich für eine noch so schnelle menschliche Arbeitskraft.

Weitere Forderungen waren sinngemäß auch, zukünftige Gesetzestexte »logischer« aufzubauen, um sie automatisieren zu können.

Die formalen Analysen im Sinne funktionaler Abhängigkeiten, boolescher Algebra und Entscheidungstabellen waren bemerkenswert und am Stand der damaligen Technik. Funktionale Abhängigkeiten sind auch heute noch beim Aufbau relationaler Datenbanken für die Aufteilung der Daten in redundanzfreie Tabellen maßgeblich.

Abschließend hatte ich Leo Reisingers Werke in meiner Dissertation folgendermaßen beurteilt:

»Die Zerlegung der Gesetzestexte bzw von Rechtsfällen an Hand der Prädikatenlogik kann dem Benutzer selbst nicht zugemutet werden. Für einen Computer der heutigen Generation ist aber eine Automatisierung eines derartigen Zerlegungsprozesses fast ausgeschlossen, sodass die praktische Anwendbarkeit dieses Modells gering bleibt.

Während Reisingers Lösungsansatz aufgrund allgemeiner logischer Kalküle sehr klar und durchdacht erscheint, so wird im Rahmen der automatisierten Normanalyse oft eine Zerlegung nach sprachlichem Verständnis ohne komplexe und klare logische Aufteilung vorgenommen, die mit weniger Vorarbeiten zu dem gewünschten Ergebnis führt.

Beeindruckend ist dennoch, dass die logische Analyse von Rechtsnormen immer wieder ergibt, dass die juristische Fachsprache über einen ausgefeilten logisch durchdachten Begriffsapparat verfügt.«[8]

---

7 *Schüttengruber*, Rechtsinformatik, Wien 1990, 179 ff.

8 Ebd 148.

Meine eigene Kritik finde ich heute komplett überholt. In weiterer Folge gewannen im IT-Bereich neuronale Netze zunehmend an Bedeutung. Heutige KI-basierte Systeme, allen voran ChatGPT, liefern beeindruckende Ergebnisse. Dabei funktionieren sie mit neuronalen Netzen und Token, Token werden dabei durch eine eindeutige Zahl dargestellt. Das Ganze hat große Ähnlichkeiten mit der Formalistik, deren auch Leo Reisinger sich bedient hat. Nur die Bedeutung der neuronalen Netze konnte man damals noch nicht erahnen.

Grenzen künstlicher Intelligenz?

ChatGPT ist sehr hilfreich, stößt aber gerade im juristischen Bereich noch an seine Grenzen. Bei diversen Recherchen fehlt es an der Genauigkeit der Antworten, manchmal kommt es zu einer seltsamen Vermischung unterschiedlicher staatlicher Normensysteme (zB Österreich und Deutschland).

Abschließend ein kleines Bonmot, das zeigt, dass auch die heutige KI mit Vorsicht zu genießen ist. Ja, Sie haben mich ertappt, dass ich auch für diesen Artikel ChatGPT verwendet habe. So wusste ich nicht exakt, ab wann es die Dissertation an der Uni Wien im Rahmen des Doktoratsstudiums für Juristen gibt. Mein Dialog mit ChatGPT, Modell 40 am 1.11.2024 führte erst nach Rückfrage zum richtigen Ergebnis:

Meine Frage: Seit wann gibt es eine Dissertation beim Studium der Rechtswissenschaften an der Uni Wien?

ChatGPT: Die Einführung der Dissertation als verpflichtender Bestandteil des Studiums der Rechtswissenschaften an der Universität Wien erfolgte im Zuge der Studienreform von 1855. Diese Reform, initiiert von Bildungsminister Leo Graf Thun-Hohenstein, zielte darauf ab, die juristische Ausbildung zu modernisieren und wissenschaftlicher zu gestalten. Seitdem ist die Anfertigung einer Dissertation ein fester Bestandteil des juristischen Studiums an der Universität Wien.

Meine Antwort: Das stimmt so nicht, das war viel später

ChatGPT: Die Dissertation wurde an der Universität Wien im Jahr 1978 als verpflichtender Bestandteil des Doktoratsstudiums der Rechtswissenschaften eingeführt. Zuvor war für den Erwerb des Doktorgrades lediglich das Ablegen von Rigorosen (mündlichen Prüfungen) erforderlich. Mit der Studienreform von 1978 wurde die Erstellung einer Dissertation als Nachweis eigenständiger wissenschaftlicher Forschung zur Voraussetzung für den Abschluss des Doktoratsstudiums.

Meine Eingabe: na eben

ChatGPT: Danke für die Rückmeldung! Es stimmt, die Dissertation wurde tatsächlich erst 1978 im Zuge der Studienreform als verpflichtender Teil des Doktoratsstudiums in den Rechtswissenschaften an der Universität Wien eingeführt.

Schlussbemerkung

Ich vermute, dass Programmierer viel früher als Juristen durch KI-Systeme ersetzt werden. Aber auch in der Programmierung treten noch Fehler auf, weshalb ein Grundwissen im Umgang mit ChatGPT sowie ein kritisches Hinterfragen der generierten Ergebnisse unerlässlich sind. In diesem Sinne bleibt menschliches Wissen und Grundlagenforschung – wie Leo Reisinger sie im Bereich der automatisierten Normanalyse eindrucksvoll geleistet hat – unverzichtbar, um den gewünschten Fortschritt zu erzielen.

GRENZEN DES EINSATZES VON KI IN DER ZIVILJUSTIZ AM BEISPIEL DES STREITIGEN VERFAHRENS

HERMANN SCHWARZ

Mag. Hermann Schwarz, Rechtsanwalt, rechtsanwalt@schwarz-auf-weiss.at

Schlagworte: Ziviljustiz, Zivilprozessordnung, ZPO, Digitalisierung, Justiz 3.0, Künstliche Intelligenz, KI, AI Act, Assistenz-, Substitutionssysteme

Abstract: Der Rechtsinformatiker Leo Reisinger, der durch einen Unfall Mitte der 1980er Jahre aus Leben und Wirken gerissen wurde, hätte am Stand der Technik, 40 Jahre später, seine Freude. Die technische Entwicklung in dieser Zeitspanne war kolossal, gab es etwa zu Lebzeiten von Leo Reisinger weder als PCs täglich verfügbare Hochleistungsrechner noch Laptops oder Smartphones, geschweige denn das aus unserem Alltag nicht mehr wegzudenkende Internet. Als »next level« ist Künstliche Intelligenz (KI) in aller Munde. Die Phantasien für ihren Einsatz in der Justiz reichen bis zu computerbasierter Rechtsfindung. Inwieweit nach Ansicht des Autors einem solchen Zukunftsszenario nicht nur technische, sondern auch rechtliche Grenzen gesetzt sind, will dieser Beitrag am Beispiel des streitigen zivilgerichtlichen Verfahrens skizzieren.

1. Digitalisierung der Justiz

»Eine moderne Justiz ist digital.«[1]

Im Rahmen der Initiative »Justiz 3.0« wird die digitale Akten- sowie Verfahrensführung an allen österreichischen Gerichten und Staatsanwaltschaften etabliert.[2] Die Funktionalitäten sind vielschichtig. Elektronischer Rechtsverkehr oder JustizOnline, Ediktsdatei, ferner elektronische Akteneinsicht, um einige seit einiger Zeit bewährte Beispiele zu nennen,[3] standen am Anfang, sind für viele Verfahrensarten implementiert und erleichtern den Involvierten die Verfahrensteilnahme. Die Entwicklung geht in Richtung Verfahrensautomation.

Erwähnenswert erscheint, dass Österreich nicht zuletzt dank »Justiz 3.0« europaweit zu den führenden Ländern bei Digitalisierung und technischer Modernisierung der Justiz zählt.[4]

Indem die Einschätzung verbreitet ist, dass insbesondere die Rechtswissenschaften und die Rechtsanwendung für den Einsatz von Künstlicher Intelligenz prädestiniert sein sollen,[5] stellt sich die Frage, wie weit der Einsatz reichen kann, ob etwa sogar die richterliche Rechtsfindung von einer Künstlichen Intelligenz wahrgenommen werden dürfte bzw. was dagegen spricht; dies umso mehr, als durch Digitalisierung, Stichwort Initiative »Justiz 3.0«, nicht nur die Voraussetzungen geschaffen wurden bzw. werden, sondern im Rahmen dieser Initiative der Einsatz von digitalen Assistenten und KI zur Entlastung der Justizmitarbeiter:innen eines der Vorhaben ist.[6]

Diese Frage soll am Beispiel des streitigen zivilgerichtlichen Verfahrens überblicksartig untersucht werden, so dass einleitend dessen Aufgabe und Grundzüge kurz dargelegt werden.

---

1 *Gesek*, Stand und Ausblick von Justizanwendungen mit KI-Technologie zur Unterstützung der Rechtsprechung, in: RZ 2024, 11.

2 Vgl https://www.bmj.gv.at/themen/Justizverwaltung/justiz-3.0.html.

3 Siehe nähere Details in IT-Anwendungen in der österreichischen Justiz, Stand: Juli 2023, Broschüre herausgegeben von BRZ, Justiz- und Finanzministerium.

4 Vgl https://www.bmj.gv.at/themen/Justizverwaltung/justiz-3.0.html.

5 *Briggs et al*, Global Economic Analyst: The Potential Large Effects of Artificial Intelligence on Economic Growth, 2023, Übersichtstabelle auf Seite 7 zitiert in *Aschauer*, (Juristische) Anwendungsmöglichkeiten von Large Language Models, RZ 2024, 15.

6 Vgl IT-Anwendungen in der österreichischen Justiz, Stand: Juli 2023, Broschüre herausgegeben von BRZ, Justiz- und Finanzministerium, Seite 47 f.

2. Streitiges Verfahren

2.1 Ziviljustiz als Dienst an der Gesellschaft

Im Zivilrecht herrscht Privatautonomie. Demgemäß ist dem Einzelnen weitgehend die Möglichkeit eingeräumt, »seine rechtlichen Beziehungen« zu seiner »Umwelt« bzw. zu seinen Mitmenschen »nach seinem eigenen Willen frei zu gestalten«[7].

Die Regeln für die Interaktion der Privatrechtssubjekte untereinander (Zivilrechtswesen) stellt der Bundesgesetzgeber[8] nach Maßgabe der gesellschaftlichen Wertvorstellungen zur Verfügung. Innerhalb der so erlassenen Privatrechtsordnung ist der Einzelne frei, zivilrechtlich zu disponieren, an seinen Dispositionen innerhalb der Schranken der Rechtsordnung besteht kein öffentliches Interesse.

Die Privatautonomie gilt für die Rechtsbegründung, nicht allerdings für die Rechtsdurchsetzung. Erachtet sich jemand in seinen privaten Rechten verletzt, ist ihm im Interesse des Rechtsfriedens untersagt, eigenmächtig vorzugehen (Selbsthilfeverbot). Stattdessen steht ihm ein Rechtspflegeanspruch zu, dh ein Anspruch, dass das zuständige, zur Unparteilichkeit verpflichtete Zivilgericht in Vollziehung der Gesetze (Privatrechtsordnung) über seine Rechtssache entscheidet (Erkenntnisverfahren). Die richterliche Entscheidung bindet die Parteien und kann nötigenfalls zwangsweise durchgesetzt werden (Vollstreckungsverfahren); dies wiederum nur durch das dazu anzurufende Gericht, denn nur staatliche Organe dürfen »Zwangsgewalt« ausüben (Gewaltmonopol).

Die unabhängige Ziviljustiz ist demnach als Dienst an der Gesellschaft anzusehen, ein Service unmittelbar für jeden Einzelnen, mittelbar überdies auch im Interesse der Allgemeinheit, und zwar zur Wahrung von Rechtsfrieden und Rechtssicherheit als Ausgleich für die verbotene Selbsthilfe.

2.2 Grundzüge des streitigen Verfahrens

Das zivilgerichtliche Verfahren dient der Beilegung von privatrechtlichen Streitigkeiten. Das Verfahren wird durch das Rechtsschutzbegehren des Klägers (Klageschrift) eingeleitet. Das Begehren richtet sich gegen den Beklagten. Indem Kläger sowie Beklagter die Entscheidung in ihrer per-

---

7 *Welser/Kletečka*, Bürgerliches Recht I[15], Wien 2018, Rz 310.

8 Vgl Art. 10 Abs. 1 Z 6 B-VG.

sönlichen Zivilrechtssache begehren und daran kein öffentliches Interesse besteht, herrscht das Antragsprinzip, wonach das erkennende Gericht nur auf Antrag, nicht hingegen von Amts wegen tätig wird. Das Gericht hat nur jene Tat-, Beweis- und Rechtsfragen zu lösen, welche Kläger und Beklagter durch ihr Vorbringen und ihre Anträge an das Gericht herantragen.

Das tatsächliche Vorbringen muss schlüssig sein, was dann der Fall ist, wenn sich das gestellte Begehren aus dem behaupteten Sachverhalt ableiten lässt. Im Interesse leichter Verständlichkeit erscheint rhetorische Kompetenz vorteilhaft, denn es gilt, dass die Parteien durchaus auch auf Ebene des tatsächlichen Vorbringens (Klagserzählung und Beantwortung) ihre Position plausibel darzulegen haben (Punkt 2.3). Rhetorische Figuren zu verwenden, macht Vorbringen eindringlich.

Im Interesse der Unparteilichkeit darf das Gericht nicht selbständig[9] Prozessstoff ermitteln und zum Gegenstand der Entscheidung machen. Im streitigen Verfahren gilt der abgeschwächte Untersuchungsgrundsatz.[10] Indem die Parteien den Prozessstoff bestimmen, gehen Prozessführungsfehler, die ihnen unterlaufen, zB etwa unzureichendes Vorbringen oder unterbliebene Beweisanträge, zu ihren Lasten. Die grundsätzliche Bindung[11] des Gerichts an Vorbringen und Anträge zeigt sich in einer Reihe von Zusammenhängen. Etwa dürfen überschießende Feststellungen, das sind Feststellungen, die im Parteienvorbringen keine Deckung finden, nur dann berücksichtigt werden, wenn sie sich im Rahmen des geltend gemachten Klagsgrundes oder der erhobenen Einwendungen halten.[12] Das Gericht ist nicht befugt, einer Partei etwas zuzusprechen, was nicht beantragt ist.[13]

Dem Grundsatz der formellen Wahrheit entsprechend, wird Vorbringen, welches nicht bestritten wird, für wahr gehalten,[14] zudem ist das Gericht daran gebunden, was Kläger und Beklagter übereinstimmend als wahr außer Streit stellen,[15] mögen die außer Streit gestellten Umstände objektiv allenfalls auch unwahr sein.

---

9 Zu beachten allerdings die Prozessleistungspflicht bzw. »diskretionäre Gewalt« des Zivilrichters; vgl *Tanczos,* Von alternativen Fakten zum Wahrspruch: Tatsachenfeststellung im Zivilprozess, in: Sachverständige 2019, 141 ff.

10 Dazu *Deixler-Hübner/Klicka,* Zivilverfahren[13], Wien 2023, 17.

11 Siehe aber §§ 182, 183 ZPO.

12 Vgl RIS-Justiz RS0040318.

13 Vgl § 405 ZPO, dessen Verletzung einen Verfahrensmangel darstellt.

14 Vgl Wahrheitsfiktion des § 396 Abs. 1 ZPO (Versäumungsurteil).

15 Vgl § 255 Abs. 1 ZPO; RIS-Justiz RS00400072.

Von grundlegender Bedeutung ist, dass jede Partei die für sie günstigen Tatsachen zu behaupten (Vorbringen) und zu beweisen hat (Beweisanträge und -aufnahme). Das Beweisverfahren ist der zentrale Abschnitt des Verfahrens und dient der Feststellung des für die richterliche Entscheidung relevanten Sachverhalts (Tatfragen) durch Aufnahme der Beweise.[16]

Eine Tatsache ist bewiesen, wenn das Gericht von deren Vorliegen überzeugt ist. Jene Tatsachenfeststellungen, welche das Gericht durch Verwertung der Beweisergebnisse nach seiner Überzeugung trifft, bilden die Grundlage für den Urteilsspruch, worunter die Conclusio (urteilsmäßige Rechtsfolge) aus den Feststellungen zu verstehen ist.

2.3 Zwischen Wahrheit und Plausibilität

Der auf eine Entscheidung des Obersten Gerichtshofs aus dem Jahr 1954 zurückgehende Rechtssatz, wonach »Ziel des modernen Zivilprozesses [...] die Erforschung der Wahrheit«[17] ist, erscheint nach wie vor richtungsweisend. Die Erforschung erfolgt durch Aufnahme und Würdigung der Beweise.

Die Zivilprozessordnung regelt neben den Personalbeweisen – der Einvernahme der Zeugen (§§ 320 ff ZPO) und Parteien (§§ 371 ff ZPO) – zudem ausdrücklich den Beweis durch Urkunden (§§ 292 ff ZPO), Auskunftssachen (§§ 318 f ZPO), Sachverständige (§§ 351 f ZPO) und den Augenschein. Neben diesen ausdrücklich genannten Beweismitteln kommen allerdings auch sämtliche sonstigen Erkenntnisquellen in Betracht, denn die ZPO regelt die Beweismittel nicht taxativ.[18]

Die Einvernahme der Parteien und Zeugen ist meist von wesentlicher Bedeutung, zugleich aber heikel, denn Personalbeweise beruhen auf unvollständigen,[19] durchwegs rein subjektiven Wahrnehmungen, nicht selten verbunden mit Erinnerungsfehlern, wenngleich diese durchaus ungewollt sein mögen. Zusätzliche Unschärfen können insoweit hinzutreten, als die Parteien- und Zeugenaussagen zumeist unter Verwendung eines Tonträgers (§ 209 ZPO) durch Diktat des die Verhandlung leitenden Richters protokolliert und dabei für die Übertragung zusammenfassend

16 Dazu *Deixler-Hübner/Klicka,* Zivilverfahren[13], Wien 2023, 17.
17 RIS-Justiz RS0037299.
18 Vgl *Albiez/Pablik/Parzmayr,* Handbuch Zivilprozess[2], Wien 2016.
19 Vgl *Maderthaner,* Psychologie[3], Wien 2021, 131: »Erstellung eines ›inneren Modells‹ und Informationsmenge«.

festgehalten werden (Resümeeprotokoll), wodurch die Gefahr besteht, dass wichtige Aussageteile allenfalls gar nicht in das Verhandlungsprotokoll Eingang finden. Das kann die Wahrheitsermittlung beeinträchtigen, denn das Gericht darf grundsätzlich nur Aktenkundiges berücksichtigen, demnach keine Umstände außerhalb des gesammelten Prozessstoffs.

Vor dem Hintergrund des beschriebenen Settings (Antragsbindung, Bindung an Vorbringen und Außerstreitstellungen, zudem Eintritt von Säumnisfolgen) gibt bei der Streitbeilegung durch Zivilurteil nicht die »absolute« materielle Wahrheit den Ausschlag, sondern die schlüssige sowie plausibel argumentierte Verwertung des von den Parteien gelieferten Prozessstoffs. Der Zivilprozess, mag er im Grunde zwar auf Wahrheitsfindung ausgerichtet sein, ist im Ergebnis Konfliktlösungsinstrument, fußend auf »Sachverhalts(re)konstruktion«[20]. Es kommt letzten Endes nicht darauf an, ob die getroffenen Feststellungen objektiv wahr sind, sondern nur, ob die Beweisergebnisse nach der Aktenlage schlüssig gewürdigt wurden, also ob die Feststellungen angesichts des vorliegenden Beweismaterials unter Anlegung von Plausibilitätsgrundsätzen nachvollziehbar und vertretbar sind.[21]

Eine unschlüssige oder unrichtige Würdigung der Beweisergebnisse liegt nicht vor, wenn das Gericht einem von zwei einander widersprechenden Erkenntnisquellen Glauben geschenkt hat, nicht jedoch der anderen, solange es seiner Begründungspflicht nach § 272 Abs. 3 ZPO nachkommt und die Gründe darlegt, aus denen es die festgestellten Tatsachen als erwiesen, andere behauptete Tatsachen demgegenüber als nicht erwiesen angenommen hat.[22] Der Umstand, dass nach den Beweisergebnissen allenfalls auch andere Feststellungen möglich gewesen wären, reicht noch nicht aus, eine unrichtige oder bedenkliche Beweiswürdigung aufzuzeigen.[23] Diese Rechtslage hat, wenn man so will, eine gewisse Logik, denn steht konfliktauslösend »Aussage gegen Aussage«, kann dieser Widerspruch, falls keine Bereitschaft der Parteien zu Kompromiss,[24] Schlichtung oder Mediation und dgl. besteht, nur aufgelöst werden, indem einer Aussage zu Lasten der anderen gefolgt wird. Gemäß dem gesellschaftlichen Grundkonsens im Rechtsstaat hat die im Verfahren unterliegende Partei die in letzter Instanz gefällte Entscheidung zu akzeptieren.

20 Vgl *Tanczos,* Von alternativen Fakten zum Wahrspruch: Tatsachenfeststellung im Zivilprozess, in: Sachverständige 2019, 141 ff.

21 Vgl *Zechner* in *Fasching/Konecny*[2] § 503 ZPO 146.

22 Vgl *Klauser/Kodek,* ZPO[16], Wien 2006, § 272 E 31.

23 OLG Linz 12.10.2017, 3 R 109/17 w.

24 Vgl § 258 Abs. 1 Z 4 ZPO: Vergleichsversuch in der vorbereitenden Tagsatzung.

2.4 Exkurs: Streitbeilegung durch Vergleich

Ganz generell birgt der Grundsatz der freien Beweiswürdigung für die Parteien stets das Risiko, durch nachteilige Würdigung und daraus folgende negative Feststellungen im Prozess zu unterliegen, noch dazu, wo ungeachtet des auf Wahrheitserforschung gerichteten Ideals eine plausible Begründung der Beweiswürdigung durchaus genügt (Punkt 2.3), um diese, von seltenen Ausreißerfällen abgesehen, mehr oder weniger unanfechtbar zu machen. Diesem Risiko können die Parteien durch beiderseitiges Nachgeben begegnen, indem sie sich auf einen Kompromiss in Form eines Vergleichs verständigen. Der gerichtliche Vergleich ist, abgesehen vom Fall des Vergleichs über einzelne Streitpunkte, auf Beendigung des Prozessverhältnisses zwischen den Parteien gerichtet,[25] Die Fakten- und Beweislage tritt in den Hintergrund. Der Prozessvergleich ist ein vor Gericht geschlossener Vertrag, mit dem im Kompromisswege durch konsensuale Bestimmung von Rechtsfolgen der Rechtsstreit gütlich beendet wird.

2.5 Kategorien von Daten

Nach dem zuvor Gesagten scheint es ein weitgehend formaler Vorgang zu sein, aus dem zur Prozessstoffsammlung gewordenen Akteninhalt das Urteil abzuleiten, zumal sich der Prozessstoff in Teilmengen halbwegs einfach strukturieren lässt. Eine Teilmenge ist etwa im Vorbringen des Klägers (Klagserzählung) zu erblicken, eine weitere im Beklagtenvorbringen; dies jeweils verbunden mit deren entgegengesetzten Anträgen als weiteren Teilmengen. Dazu kommen die Beweisergebnisse und die richtungsweisende Rechtslage. All diese jeweils begrenzten Teilmengen lassen sich als Kategorien von Daten auffassen, welche in entsprechender Abfolge bzw. Verknüpfung verarbeitet werden müssen, um zur richterlichen Entscheidung zu gelangen.

Indem von Datenkategorien und Verarbeitung von Daten gesprochen werden kann, stellt sich die Frage, ob nicht eine mit dem Akteninhalt »gefütterte« KI die Rechtsfindung besorgen könnte, noch dazu, wo die Gerichte Akten ja bereits weitgehend digital führen, Stichwort Initiative »Justiz 3.0« (Punkt 1). Dazu mangelt es allerdings nicht nur an den rechtlichen Grundlagen, sondern nach Ansicht des Autors zudem an Eigenschaften, welche den Menschen, somit jeden Richter auszeichnen, den Maschinen nach derzeitigem Stand der Technik jedoch fehlen.

25 Vgl RIS-Justiz RS0037210.

2.6 Aufnahme und Würdigung der Beweise

Zur Feststellung jener Tatsachen, welche der rechtlichen Beurteilung einer Streitsache zugrunde zu legen sind, hat das Gericht gemäß § 272 Abs. 1 ZPO unter sorgfältiger Berücksichtigung der Ergebnisse der gesamten Verhandlung und Beweisführung nach freier Überzeugung zu beurteilen, ob eine tatsächliche Angabe für wahr zu halten sei oder nicht. Für die Erbringung des Beweises reicht es nicht aus, dass eine Tatsache nur wahrscheinlich ist. Vielmehr sind an die zum Beweis erforderliche Wahrscheinlichkeit hohe Anforderungen zu stellen. Das Regelbeweismaß der Zivilprozessordnung ist die hohe Wahrscheinlichkeit. Es bedarf jedoch grundsätzlich nicht einer an Sicherheit grenzenden Wahrscheinlichkeit.[26]

Nach der Judikatur kann sich der Richter weder auf abstrakt-logische Deduktionen im Sinne mathematischer Gewissheiten noch auf schablonenhafte Anwendung von Wahrscheinlichkeitsformeln beschränken.[27] Ob jener Wahrscheinlichkeitsgrad erreicht ist, welcher es rechtfertigt, die fragliche Tatsache für wahr zu halten, hat der Richter nach bestem Wissen und Gewissen aufgrund seiner Lebenserfahrung und Menschenkenntnis zu prüfen. Entscheidend sind sein persönlicher Eindruck, seine Kenntnis der Lebensvorgänge und seine Erfahrungen in der Gemeinschaft.[28] Die gesamten Ergebnisse der Verhandlung sind einzubeziehen, auch das Verhalten der Parteien während der Verhandlung.[29] Diese Anforderungen an die Wahrheitserforschung erscheinen nicht nur für die Würdigung der Beweise essentiell, sondern schon für deren Aufnahme, zumal es insbesondere bei den Personalbeweisen darauf ankommt, die »richtigen« Fragen zu stellen, und zwar von Lebenserfahrung und Menschenkenntnis getragene Fragen, die den sich im Zuge der Vernehmung einstellenden persönlichen Eindruck in die Befragung einfließen lassen.

Das Urteil muss klar und zweifelsfrei nicht nur sämtliche erforderlichen Tatsachenfeststellungen enthalten, sondern zudem eine Begründung dafür, warum es die festgestellten Tatsachen als erwiesen angenommen hat, andere behauptete Tatsachen hingegen nicht.[30] Eine Begründung der Beweiswürdigung durch Leerformeln entspricht der Begründungspflicht nicht.[31]

---

26 Vgl *Klauser/Kodek*, ZPO[16], Wien 2006, § 272 E 23.

27 OLG Linz 4 R 86/00 w; EFSlg. 94.532.

28 Vgl *Klauser/Kodek*, ZPO[16], Wien 2006, § 272 E 24 und E 24c.

29 LG Salzburg 21 R 234/03 p und LG Linz 15 R 70/03 z; EFSlg. 105.841.

30 Vgl *Klauser/Kodek*, ZPO[16], Wien 2006, § 272 E 31.

31 LGZ Wien 43 R 376/02 s; EFSlg. 102.010.

3. Einsatz von Künstlicher Intelligenz

3.1 Initiative »Justiz 3.0«

Die in praktisch alle Lebensbereiche vordringende Digitalisierung bedeutet auch für das staatliche Handeln, im gegebenen Zusammenhang für die Staatsfunktion der Gerichtsbarkeit, ohne Zweifel ein beachtliches Automatisierungspotential.

Das zeigen die im Rahmen der Initiative »Justiz 3.0« teils umgesetzten, teils geplanten Anwendungen, »wobei hier allen voran Algorithmen aus den Bereichen Machine Learning bzw. Deep Learning sowie Natural Language Processing (NLP) zum Einsatz gebracht werden«, wie BRZ, Justiz- und Finanzministerium in einer eigens herausgegebenen Broschüre informieren,[32] wo weiter folgende Vorhabenspunkte genannt werden:

- »Analyse von Aktenstücken zur Erleichterung der Bearbeitung (Erkennung von Dokumenten, Extraktion von Metadaten; geplant: Erzeugung von Erfassungsvorschlägen, Erkennen von Zuständigkeiten, Entscheidungsunterstützung durch kontextbezogene Rechtsrecherche)«
- »Unterstützung der Anonymisierung von Gerichtsentscheidungen und damit künftig Erhöhung der Transparenz durch breitflächige Publikationsmöglichkeiten«
- »Analyse von riesigen Datenbeständen im Ermittlungsverfahren der Staatsanwaltschaften in Zusammenarbeit mit der Polizei und in umfangreichen Gerichtsverfahren zur strukturierten Aufbereitung der Faktenlage«
- »Unterstützung der Bürger:innen auf JustizOnline mit gezielter Führung durch einen ChatBot«
- »automatisierte Spracherkennung im Rahmen der Protokolls- und Urteilserstellung.«[33]

Indem jedoch nicht alle im Computer ablaufenden Prozesse eine Erscheinungsform von Künstlicher Intelligenz sind,[34] bedarf es einer Differenzierung.

32 Vgl IT-Anwendungen in der österreichischen Justiz, Stand: Juli 2023, Broschüre herausgegeben von BRZ, Justiz- und Finanzministerium, Seite 47.

33 Vgl IT-Anwendungen in der österreichischen Justiz, Stand: Juli 2023, Broschüre herausgegeben von BRZ, Justiz- und Finanzministerium, Seite 47.

34 Vgl *Adrian/Schröder/Maier*, Sogenannte Künstliche Intelligenz (KI) und ihr Nutzen für Juristen, in: Adrian/Kohlhase/Evert/Zwickel (Hrsg), Digitalisierung von Zivilprozess und Rechtsdurchsetzung, Schriften zum Prozessrecht, Band 284, Berlin 2022, 199.

3.2 Begrifflichkeit

Ein Definitionsversuch zum Begriff der Künstlichen Intelligenz muss nach Ansicht des Autors vom Begriff der Intelligenz ausgehen. Darunter versteht man die Fähigkeit, »aus Erfahrung zu lernen, Probleme zu lösen und Wissen einzusetzen, um sich an neue Situationen anzupassen«[35]. Darauf aufbauend, lässt sich die Funktionsweise von Künstlicher Intelligenz in den verständlichen Worten eines Philosophen, namentlich von Christian Uhle, etwa folgendermaßen beschreiben: »Im Gegensatz zu herkömmlicher Software gibt es keine Entwicklerin, die für jeden Einzelfall festgelegt, wie sich die Software verhalten soll. Stattdessen bauen Menschen ein Grundgerüst, um die Datenverarbeitung zu lenken, und überlassen es der KI, innerhalb dieses Rahmens selbständig Anpassungen vorzunehmen. [...] Der KI wird nichts explizit erklärt, sondern ihr werden Informationen gezeigt[36] – und die KI analysiert diese Informationen eigenständig, um Muster zu erkennen.«[37]

Die Mustererkennung, dh die Fähigkeit in einer Menge von Daten Regelmäßigkeiten, Wiederholungen, Ähnlichkeiten oder Gesetzmäßigkeiten zu erkennen, erfolgt aber, was die textbasierte Rechtsanwendung betrifft, ohne dass die Maschine die semantische Bedeutung der natürlichen Sprache verstehen würde.[38]

3.3 Status quo und Ausblick

Ganz generell sind KI-Systeme in unserem Alltag längst angekommen, man denke an ChatGPT, virtuelle Assistenten, selbstfahrende Fahrzeuge oder die Erstellung von täuschend echten Medieninhalten uvm. Dem Einsatz von KI-Systemen wird weltweit enormes Potential zugeschrieben, was sich etwa in der Medienpräsenz von KI-Themen widerspiegelt, nicht nur in Fachmedien, sondern auch in Tagespresse und Boulevardmedien. Enorme Geldsummen sind im Spiel, beispielsweise kündigt Mark Zuckerberg, Gründer von Facebook, an, bis zu 65 Milliarden USD in KI-Projekte zu investieren,[39] während der aktuelle US-

35 Vgl *Myers,* Spektrum-Lexikon (2020) 2005, 460, zitiert in *Maderthaner,* Psychologie³, Wien 2021, 279.

36 Hierzu von Bedeutung Annotation: Hinzufügung von Informationen oder Markierungen zu Daten, um sie für KI-Algorithmen verständlicher zu machen.

37 Vgl *Uhle,* Künstliche Intelligenz und echtes Leben, Frankfurt 2024, 117.

38 Vgl *Adrian/Schröder/Maier,* Sogenannte Künstliche Intelligenz, 212.

39 Siehe etwa https://www.nachrichten.at/wirtschaft/bis-zu-65-milliarden-dollar-

Präsident Donald Trump für eine KI-Offensive gar 500 Milliarden USD aufzubringen gedenkt.[40]

Bei aller Aufbruchstimmung wird die Entwicklung nicht nur euphorisch, sondern von nicht wenigen sehr kritisch gesehen, etwa würde es der Künstlichen Intelligenz an Verlässlichkeit[41], Nachprüfbarkeit[42] und an emotionaler Erfahrung[43] mangeln. Dass der Einsatz von KI-Systemen unter Umständen mit beträchtlichen Gefahren verbunden sein kann, war der Auslöser für ein innerhalb der Europäischen Union geschaffenes Regelwerk, das erste seiner Art weltweit.

4. Erste Regulierung der KI weltweit

4.1 AI Act (KI-Verordnung) der Europäischen Union

Dem Umstand Rechnung tragend, dass der Einsatz von KI bei allem Potential sehr wohl auch Gefahren in sich bergen kann, hat man sich in der Europäischen Union auf ein entsprechendes Regelwerk geeinigt, und zwar auf die mit 1. August 2024 in Kraft getretene Europäische Verordnung über Künstliche Intelligenz (KI-VO)[44]. Sie zielt darauf ab, »die verantwortungsvolle Entwicklung und Verwendung künstlicher Intelligenz in der EU zu fördern.«[45]

---

meta-chef-zuckerberg-kuendigt-megainvestition-in-ki-an;art15,4019315.

40 Siehe dazu https://www.derstandard.at/story/3000000253967/500-milliarden-dollar-schwer-trump-kuendigt-ki-offensive-stargate-an?ref=article.

41 Vgl *Kommenda,* Wissen nicht, was in der KI-Blackbox passiert, Die Presse – Recht 2024, Heft vom 03.06.2024.

42 Vgl *Zweig,* Die KI war's! – Von absurd bis tödlich: Die Tücken der Künstlichen Intelligenz, München 2023, 149.

43 Musiker (Australien) Nick Cave zitiert in *Slancar,* Alles Zukunftsmusik? Wie KI schon jetzt die Musikindustrie umkrempelt, Online-Standard, abrufbar unter https://www.derstandard.at/story/3000000253153/alles-zukunftsmusik-wie-ki-schon-jetzt-die-musikindustrie-umkrempelt.

44 Verordnung (EU) 2024/1689 des Europäischen Parlaments und des Rates vom 13. Juni 2024 zur Festlegung harmonisierter Vorschriften für künstliche Intelligenz und zur Änderung der Verordnungen (EG) Nr. 300/2008, (EU) Nr. 167/2013, (EU) Nr. 168/2013, (EU) 2018/858, (EU) 2018/1139 und (EU) 2019/2144 sowie der Richtlinien 2014/90/EU, (EU) 2016/797 und (EU) 2020/1828 (Verordnung über künstliche Intelligenz).

45 KI-Verordnung tritt in Kraft, Online-Presseartikel der Europäischen Kommission, abrufbar unter https://commission.europa.eu/news/ai-act-enters-force-2024-08-01_de.

4.2 Risikobasierter Ansatz

Die KI-Verordnung unterscheidet vier Risikostufen für KI-Systeme, für die unterschiedliche Regeln bzw. Anforderungen vorgesehen sind, reichend von Systemen mit inakzeptablem Risiko (verboten) über solche mit hohem Risiko (Konformitätsbewertung) bis hin zu KI-Systemen mit begrenztem (Transparenzverpflichtung) oder minimalem Risiko oder ohne Risiko (keine spezifischen Verpflichtungen).[46]

5. KI-Verordnung (KI-VO) und (Zivil-)Justiz

Zurückkommend auf das streitige zivilgerichtliche Verfahren, spiegelt sich die Bedeutung von Aufnahme und Würdigung der Beweise als besonders sensible Schlüsselaufgabe des erkennenden Richters in einschlägigen Bestimmungen der KI-Verordnung wider. Dementsprechend zählen zu jenen Systemen innerhalb der Justiz, die gemäß Anhang III der KI-VO als hochriskant eingestuft werden, insbesondere solche, die dazu bestimmt sind, von einer Justizbehörde oder in deren Auftrag eingesetzt zu werden, um eine Justizbehörde bei der Erforschung und Auslegung von Tatsachen und Recht und bei der Anwendung des Rechts auf einen konkreten Sachverhalt zu unterstützen, oder die in ähnlicher Weise bei der alternativen Streitbeilegung eingesetzt werden sollen.[47] Derartige Systeme haben den in Abschnitt 2 der KI-Verordnung genannten Anforderungen zu entsprechen, was mittels schriftlicher, maschinenlesbarer, physisch oder elektronisch unterzeichneter Konformitätserklärung bestätigt werden muss.

Hervorzuheben ist, dass die KI-Verordnung, was die betreffenden Systeme betrifft, wörtlich nur von Unterstützung (»... zu unterstützen ...«) der Justizbehörde spricht. Eine darüber hinausgehende Delegation der betroffenen justiziellen Aufgaben an eine KI sieht die KI-Verordnung als anscheinend auszuschließen gar nicht vor, ganz getreu dem Grundsatz der Menschenwürde, welcher »eine Herrschaft der KI über Menschen und damit unmittelbare Entscheidungen« ausschließt.[48] Der aktuell bestehende Standard, wonach stets der Mensch, und zwar der erkennende

46 Siehe die gelungene Zusammenfassung auf der Website der RTR-GmbH, abrufbar unter https://www.rtr.at/rtr/service/ki-servicestelle/ai-act/risikostufen_ki-systeme.de.html.

47 Vgl Anhang III Z 8 lit. a) der KI-Verordnung der EU samt Erwägungsgrund 61.

48 Buchbesprechung (Rezensionen) in AnwBl 2025, 60, betreffend *Waxnegger*, Künstliche Intelligenz und Strafrecht, Verlag Österreich (2024).

Richter, als letztverantwortlich zur Entscheidung berufen ist/sein soll, bleibt beibehalten. Eine »Maschinengerichtsbarkeit«[49] ist/wäre nach geltender (Verfassungs-)Rechtslage zudem nicht zulässig, denn gemäß Art. 83 Abs. 2 B-VG darf niemand seinem gesetzlichen Richter entzogen werden. Eine Künstliche Intelligenz würde hingegen den Richterbegriff des Art. 83 Abs. 2 B-VG nicht erfüllen, ist doch die Bedeutung von Verfassungsbestimmungen mithilfe der Versteinerungstheorie zu ermitteln.[50] Beim Einsatz von KI in der Justiz kann es »nur um die Unterstützung der Richterinnen und Richter, also nur um Assistenzsysteme gehen. Substitutionssysteme sind abzulehnen.«[51] Wie bisher soll die Justiz auf menschlichem Urteilsvermögen basieren,[52] beruhend auf Lebenserfahrung, persönlichem Eindruck und Menschenkenntnis des erkennenden Richters; dies garantiert zudem Art. 6 MRK,[53] der bestimmt, dass jedermann Anspruch darauf hat, dass über zivilrechtliche Ansprüche und Verpflichtungen (oder über die Stichhaltigkeit einer strafrechtlichen Anklage) ein Gericht zu entscheiden hat.

Dennoch besteht für den Einsatz von KI in der Justiz enormes Potential, man denke an digitale Assistenten, welche dem Richter etwa bei Sichtung und Aufbereitung des Prozessstoffs und dessen systematischer Durchdringung, verbunden allenfalls sogar mit Entscheidungsvorschlägen, zur Hand gehen. Die Letztentscheidung soll zur Beibehaltung des bestehenden Standards dem Menschen obliegen, und zwar dem erkennenden Richter, welchem die Parteien durch das Prozessrechtsverhältnis anvertraut sind. Nicht absehbar ist die weitere (Rechts-)Entwicklung.

6.Zusammenfassung

Die Digitalisierung der Justiz ist keine Zukunftsvision, sondern bei mittlerweile hohem Umsetzungsgrad voll im Gang. Sie bietet ein enormes Automatisierungs- und Rationalisierungspotential. Diesbezügliche KI-Systeme werden das in Art. 83 Abs. 2 B-VG garantierte Recht auf den ge-

---

49 Buchbesprechung (Rezensionen) in AnwBl 2025, 60, betreffend *Waxnegger,* Künstliche Intelligenz und Strafrecht, Verlag Österreich (2024).

50 Vgl *Mayer/Kucsko-Stadlmayer/Stöger,* Bundesverfassungsrecht[11] (2015) 69 (Rz 133).

51 *Adrian/Schröder/Maier,* Sogenannte Künstliche Intelligenz, 220.

52 Vgl *Gesek,* Stand und Ausblick von Justizanwendungen mit KI-Technologie zur Unterstützung der Rechtsprechung, RZ 2024, 11.

53 Anmerkung: Österreich trat der (Europäischen) Konvention zum Schutze der Menschenrechte und Grundfreiheiten (EMRK) im Jahr 1958 bei, demnach lange Zeit vor Internet und Künstlicher Intelligenz.

setzlichen Richter zu beachten, zudem die einschlägigen Auflagen des AI Act der EU zu erfüllen haben. Zur Beibehaltung des bestehenden Standards soll auch künftighin dem von Gesetzes wegen zuständigen Richter die Letztentscheidung obliegen. Innerhalb dieser Grenzen verbleibt beträchtlicher Raum für KI-Systeme zur Unterstützung der richterlichen Tätigkeit, etwa zu Sichtung und Aufbereitung des Aktes und zu Rechtsrecherche oder allenfalls sogar für die Erstellung von Entscheidungsvorschlägen und dgl; dies alles unter der Verantwortung des erkennenden Richters, welchem die Parteien in deren zur Rechtsstreitigkeit eskalierten Lebenssituation durch das Prozessrechtsverhältnis anvertraut sind. Nicht absehbar ist die weitere (Rechts-)Entwicklung.

TEIL IV
RECHT UND VERWALTUNG

NEUE SICHTWEISE AUF DIE VERWALTUNG

PETER LECHNER

MR i.R. Mag. Dr. Peter Lechner, peter.lechner.01@gmail.com

Schlagworte: Verwaltungsmarketing E-Government, Verwaltung als moderner Dienstleister

Abstract: Die Schreibmaschine wurde ab 1873 maschinell produziert und verkauft. Es dauerte bis in die 1920er Jahre, bis im notariellen Bereich ein maschingeschriebenes Dokument einem handschriftlich erstellten als gleichwertig anerkannt wurde. Der Innovationsdruck der Digitalisierung erlaubt einen so kommoden Anpassungszeitraum nicht, was die – im Wortsinn – konservative Verwaltung vor Probleme stellt. Ein Lösungsansatz ist die Anwendung von im privatwirtschaftlichen Bereich entwickelten Methoden des Marketing. »Am Beispiel BTX« illustriert die Probleme, die dabei auftreten können.

Die Digitalisierung eröffnet der staatlichen Verwaltung neue Möglichkeiten. Davon ausgehend werden Ideen darüber entwickelt, inwiefern die Anwendung von in der privaten Wirtschaft seit langem etablierten Methoden des Marketings zur Gestaltung der Kommunikation zwischen Staat (Verwaltung) und Bürger in der Weise Anwendung finden können, dass daraus – in einem umfassend verstandenen Sinn – ein Gewinn für beide Seiten dieses Begegnungsprozesses resultiert. Gewinn bedeutet in diesem Zusammenhang, dass der Nutzen nach antizipativ festgelegten Maßstäben messbar höher ist als die dafür zu leistenden Aufwendungen (Kosten) auf Seiten der Bürger bzw. Unternehmen wie der Verwaltung.

Kern von Marketing ist Kommunikation. Die Digitalisierung stellt für Kommunikation neue Instrumente zur Verfügung, was Schnelligkeit, Kosten, Einfachheit der Nutzung und Formfreiheit anlangt. Davon profitiert der Bürger, der sich im Kontakt mit der Verwaltung vor der Zeit digitaler Kommunikation wie SMS, E-Mail, webbasierten Formularen usw. mit den abschreckenden Hürden des Schriftverkehrs oder des persönlich Vorstelligwerdens konfrontiert sah. Davon profitiert auch die Verwaltung, weil digitale Kommunikation automatisiert erfolgen kann.

Ein Spirit des Marketings kann der Verwaltung insgesamt und den darin agierenden Personen ein neues Image verleihen und sie sogar zu einer sympathischen Marke machen. Negativen Entwicklungen wie Politikverdruss oder einer Staat-lass-nach Stimmung kann so entgegengewirkt werden. Auch das ist als Gewinn zu werten, wie geringe Kosten (die aus Steuermitteln getragen werden) und bessere Services.

»A government that works better and costs less«. So hat der US-Vizepräsident Al Gore in dem grundlegenden »National Performance Review« (1995) das erstrebenswerte Ziel einer Weiterentwicklung der (US-Bundes-)Verwaltung definiert. Darin war (noch) nicht die Digitalisierung als wichtiges Element für die Verbesserung der Verwaltung angesprochen, sondern eine fundamentale Neuorinetierung. »Can the federal government meet the needs of the American people? Without question, yes. It takes a radical rethinking of what the government should do and how.« [1]

Wenn man sich diesem programmatischen Statement zur Verbesserung der Verwaltung konsequent anschließen wollte, gälte für Österreich: Was die Verwaltung zu tun hat (das What), ist gesetzlich bestimmt, somit nicht disponibel. Aber das How kann optimiert werden, und zwar in einem ständig begleitenden Kontrollprozess, der sich automatisch ergibt, weil über diverse Marketingtools ein Feedback über die Wirkungen des konkreten Verwaltungshandelns im Kontakt mit dem Bürger sichergestellt ist und für Korrekturen ausgewertet werden kann. So hält marketingmäßiges Denken die Verwaltung alltagsverträglich, wobei die

1 Ein zentraler Aspekt der NPR war die Idee, dass die Regierung kundenorientierter werden sollte, ähnlich wie Unternehmen, die sich um die Zufriedenheit ihrer Kunden bemühen. Die Initiative führte zu verschiedenen Reformen, darunter die Einführung von Leistungskennzahlen zur Bewertung der Regierungsprogramme und die Förderung von Innovationen innerhalb der Verwaltung. Insgesamt war die National Performance Review ein Versuch, die Regierung moderner und reaktionsfähiger zu gestalten, um den Bedürfnissen der Bürger besser gerecht zu werden.

Digitalisierung mit ihrem typischen Innovationstempo eine ständige Anpassung fordert und fördert. Marketing ist also auch für die Verwaltung von Nutzen, obwohl sie keine Konkurrenz hat – im Gegensatz zur Privatwirtschaft, die in einem von Konkurrenz gekennzeichneten Umfeld agiert, weshalb Marketing für sie unverzichtbar ist.

Marketing in a Nutshell

Was ist Marketing das eigentlich? Philip Kotler, ein Säulenheiliger der Marketingliteratur, definiert in seinem 1.000-seitigen! Opus Magnum »Principles of Marketing« (dt. »Grundlagen des Marketing«) [2] Marketing als »Prozess im Wirtschafts- und Sozialgefüge, durch den Einzelpersonen und Gruppen ihre Bedürfnisse und Wünsche befriedigen, indem sie Produkte und andere Dinge von Wert erzeugen, anbieten und miteinander austauschen«.

Zu Marketing gibt es eine unüberschaubare Literatur. Der gemeinsame Nenner aller Theorie und Praxis des Marketings lautet: Der Kunde ist der bestimmende Faktor aller Unternehmensaktivitäten. Das ist leicht einzusehen. Schwerer und die eigentliche »Kunst des Marketings« ist es, die Kunden und ihre Bedürfnisse zu kennen und so zu handeln, dass diese Bedürfnisse befriedigt werden – und dabei Gewinn zu lukrieren.

Operatives Marketing: Der Marketing-Mix

Für die Planung der Gesamtheit der Maßnahmen zur Erreichung der Marketingziele, die im strategischen Marketing definiert werden, hat sich der Begriff »Marketing-Mix« etabliert. Nach Kotler ist der Marketing-Mix die »Gesamtheit steuerbarer taktischer Werkzeuge, welche man kombiniert und einsetzt, um auf dem Zielmarkt bestimmte erwünschte Reaktionen hervorzurufen.« Es handelt sich um eine praxisnah reduzierte Checklist dessen, was bei der Entscheidung, welche Produkte im Portfolio aufgenommen, adaptiert oder daraus entfernt werden müssen, welchen Marktpreis sie haben dürfen, wie und wo sie verkauft werden sollen und wie sie dem potentiellen Kundenkreis zu kommunizieren sind.

2 *Kotler/Armstrong/Harries/Piercy*, Marketing: Grundlagen, Berlin Heidelberg 2016.

Die »4 P« des Marketing-Mix:

Produkt, **P**romotion (Marktkommunikation), **P**reis(-gestaltung) und **P**latzierung
Abbildung: Peter Lechner

Der Vorteil dieser Kategorisierung ist ihre Einfachheit und Einprägsamkeit, was allerdings auf Kosten von Genauigkeit und Vollständigkeit geht und zu einem simplifizierten Marketingverständnis verleitet. Entsprechend haben sich in Aufblähung des Konzepts der 4 P's weitere Modelle des Marketing-Mix mit bis zu 20 P's und noch mehr Unterkategorien entwickelt. Aufbauend auf dieser inflationären xP-Kategorisierung ist eine Fülle von oft banaler Begleitliteratur entstanden (Marketing-Lyrik). Diese Beliebigkeit hat bisweilen zu einem schlechten Image des Marketings beigetragen, was durch die unzulässige Fokussierung auf bzw. Gleichsetzung des Marketings mit Werbung (die je nach Umsetzung eine durchaus glamouröse Färbung haben kann) noch befördert wurde. Dieser Ruf der Unseriosität kann bei Begegnung mit Traditionen in einem Unternehmen, mehr noch mit der Verwaltung, zu einem Problem werden: Dort trifft Marketingdenken auf Skepsis oder sogar Ablehnung.

Der Betrachtung der vier P's ist voranzustellen, dass drei der P's dem Unternehmen zunächst Kosten verursachen. Nur eines der vier P's, – der Preis – erbringt Einnahmen. Weil bei der Preisfestsetzung in den heutigen, von extremem Wettbewerb gekennzeichneten Märkten nur geringer Spielraum bleibt, wird die Bedeutung der anderen drei P's sehr deutlich. Von Kotler wird dies emotional als the art, die Kunst des Marketing, angesprochen: die Kunst, das Richtige zur »richtigen« Zeit und am »richtigen Ort« anbieten zu können. Der Preis richtet sich dann nach der Reaktion des Marktes und kann dieser flexibel angepasst werden. Wenn das aus Kostendeckungsgründen nicht möglich ist (z B weil das Produkt auf Dauer nur unter Eigenkosten verkäuflich ist), wurden bei der Planung und/oder beim Einsatz der übrigen 3 P's Fehler gemacht: Ein solches Produkt ist nicht marktfähig.

P1 – Produkt:
Das ist die Gesamtheit aus Gütern und Dienstleistungen (oder ein spezifischer Teil davon), die ein Unternehmen auf dem Zielmarkt anbietet. Dieses Verständnis muss insbesondere in den heutigen, von starkem Wettbewerb, umfassenden Konsumentenschutzrechten (Garantie, Gewährleistung ...) und durch immer komplizierte Produkte für den Privat-

anwender (Handy, Computer als Beispiele) geprägten Märkten ergänzt werden durch kaufmännischen und technischen Kundendienst. Für viele Kaufentscheidungen geben die Qualität des Kundendienstes (Beratung, Support, Ersatzteilversorgung) und auch emotionale Komponenten wie Termintreue, Verlässlichkeit von Zusagen usw. den Ausschlag. Die Kosten für den Kundendienst sind erheblich und können sogar die Produktionskosten übersteigen, weil sie über die gesamte Produktlebensdauer schlagend werden können (Garantie). Der technische und kaufmännische Kundendienst ist der Hauptindikator dafür, wie sehr Kundenorientierung in einer Organisation verankert ist, also welche Fehlerkultur sie hat. Ein Produkt wird vom Kunden nicht daran gemessen, wie fehlerfrei es ist (auf Grund der Lebenserfahrung wird akzeptiert, dass es absolut fehlerfrei nicht gibt), sondern daran, wie die Organisation auf Fehler und die entsprechende Beschwerde des Kunden reagiert (Verständnis, Schnelligkeit, Kulanz, usw.). So kann ein Unternehmen/eine Organisation aus einem Fehler nicht nur lernen, sondern auch noch profitieren, weil sie hier unmittelbar »Kundenzufriedenheit« produzieren kann: »Eine Beschwerde ist ein Geschenk.«[3]

P2 – Platzierung:
Die Platzierung umfasst alle Aktivitäten einer Organisation, das Produkt dem (Kauf-)Interessenten zugänglich machen. Zu beantworten ist die Frage, wie es dem Kunden am leichtesten gemacht wird, zum Produkt zu kommen, ohne dass der Aufwand dafür zu hoch wird. Dabei spielen oft vernachlässigte Faktoren eine erhebliche Rolle, zB Standort, barrierefreier Zugang, Versand, Verfügbarkeit, Lieferzeiten usw. Sehr oft wird die auch beim Kunden knappe Ressource »Zeit« außer Acht gelassen, die durch ungünstige Öffnungszeiten, lange Wartezeiten und mangelnde Termindisziplin nutzlos beansprucht wird.

P3 – Preis:
Der Preis ist das, was die Kunden für das Produkt bezahlen. Er muss im Einklang mit dem Wertempfinden des Kunden stehen.

Im Bereich der öffentlichen Verwaltung ist ein monetärer Preis kein Marketinginstrument, weil nicht disponierbar (zB eine Gebühr). Der nichtmonetäre Preis ist aber von großer Bedeutung: Es ist der Aufwand, den der Verwaltungskunde zu leisten hat, wenn er mit der Verwaltung in Interakti-

3 *Barlow/Møller*, Eine Beschwerde ist ein Geschenk. Der Kunde als Consultant, Wien 1996.

on eintritt. Brüggemeier[4] formuliert das als den relativ niedrigsten Interaktionsaufwand für die Adressaten (für die Erreichung der angestrebten Wirkung). Um das zu erreichen, muss sich die Verwaltung »die Brille ihrer Adressaten aufsetzen«. Das entspricht einer klassischen Marketingsicht.

P4 – Promotion/Marktkommunikation:
Nach Meffert versteht man (aus der Marketingperspektive) unter Kommunikation »das Senden von verschlüsselten Informationen, um beim Empfänger eine Wirkung zu erzielen.« Eine nähere inhaltliche Ausformung dieser sehr kursorischen Definition bietet Meffert[5] mit dem Paradigma der Kommunikation: **Wer** (Unternehmen) sagt **was** (Inhalt der Botschaft) unter welchen **Bedingungen** (Umwelt und Wettbewerbssituation) über welche Kommunikationsinstrumente zu **wem** (Zielgruppen).

Die Kommunikationspolitik umfasst alle Maßnahmen, die darauf ausgerichtet sind, Informationen über das Angebot eines Unternehmens **nach außen an verschiedene Anspruchsgruppen** und nach innen an die eigenen Mitarbeiter eines Unternehmens **positiv** zu vermitteln und die Empfänger zu beeinflussen. Die Kommunikation erfolgt über jede Art Medium, die geeignet ist, die Zielgruppe zu erreichen.

---

4 *Brüggemeier/Lenk*, Bürokratieabbau im Verwaltungsvollzug. Better Regulation zwischen Go-Government und No-Government, Berlin 2011.

5 *Meffert*, Marketing: Grundlagen marktorientierter Unternehmensführung, Wiesbaden 1998.

Ein wesentlicher Gesichtspunkt sind die Kosten der Kommunikation; sie müssen in einem ausgewogenen Verhältnis zum erwarteten Nutzen, also zur angestrebten Wirkung, stehen. Dabei ergibt sich das Problem der iA nicht exakt messbaren Wirksamkeit von Werbung: Dazu hat sich ein eigener Wissenschaftszweig entwickelt, ohne zu wirklich überzeugenden Ergebnissen zu gelangen. Das Henry Ford I. zugeschriebene Bonmot »50 Prozent bei der Werbung sind immer rausgeworfen. Man weiß aber nicht, welche Hälfte das ist« beschreibt die Situation drastisch und ist bis heute gültig.

Marketing – Fazit

Ein Unternehmen in einem von Wettbewerb gekennzeichneten Markt erfolgreich zu betreiben heißt, seine Existenz dauerhaft zu sichern. Dazu muss, integriert über längere Zeitperioden, ein angemessener Gewinn erwirtschaftet werden, der Investitionen gestattet. Professionelles Marketing ist dafür unabdingbar.

Verwaltungsmarketing

Hier wird ausdrücklich nur auf das Marketing der »Öffentlichen Verwaltungen« eingegangen. »Öffentliche Unternehmen« werden nicht berücksichtigt, weil das sie regelnde Recht die Bürger nicht unmittelbar betrifft. Nach Meffert sind öffentliche Verwaltungen »Institutionen, die mit ihren Einnahmen und Aufgaben in den öffentlichen Haushalt einer Gebietskörperschaft vollständig eingebunden sind und Allgemeinbedürfnisse decken«.

In einem Land wie Österreich, dessen Bürokratie schon von Robert Musil als die »beste Europas, die mit ihrem papierweißen Arm die Länder der Monarchie umschlang[6], gelobt wurde, stellt sich die Frage, warum man sich in der öffentlichen Verwaltung überhaupt mit dem Thema »Marketing« – einer Methode, die doch der Sphäre privatwirtschaftlich betriebener Unternehmen zugerechnet wird - beschäftigen soll. Ein anderes literarisches Zitat, zwar auf Deutschland bezogen, aber zweifellos auch auf Österreich übertragbar, gibt die Antwort: »Vor einem Schalter stehen: das ist das deutsche Schicksal. Hinter dem Schalter sitzen: Das ist das deutsche Ideal.«[7]

Aus dem ersten Satz dieses Zitats wird deutlich, dass Verwaltung als eine Last (Schicksal mit negativer Konnotation) empfunden wird. Es liegt

6 *Musil*, Der Mann ohne Eigenschaften, 1930: Kapitel 8, Kakanien.

7 *Tucholsky*, Werke 1907–1935. Der Traum – ein Leben, in: Die Weltbühne, 20.12.1927, Nr 51.

nahe, dass Kritik an einer Bürokratie laut wurde, die sich in den Schlagworten Gesetzesflut, Demotivierung, Langsamkeit zusammenfassen lässt und Reformbestrebungen beförderte. Wimmer[8] verweist auf eine Reihe solcher Bestrebungen, beginnend in den 1930er-Jahren in den USA, später in Neuseeland, Großbritannien und anderen Ländern. Die in diesem Zusammenhang entwickelten Konzepte haben gemeinsam, dass sie »leistungs- und bürgerorientierte Ansätze« enthalten, mit denen das bürokratische Paradigma überwunden werden soll.

Die Digitalisierung hat das Potential, sowohl die »Bürokratie des papierweißen Arms« wie das (auch, aber nicht nur wörtlich zu nehmende) »Schlangestehenmüssen« zu beenden und die öffentlichen Dienstleistungen der Verwaltung fair, also für jedermann unkompliziert und zeitsparend zugänglich zu machen. Die Digitalisierung liefert die passenden Werkzeuge dafür in Form ihrer schnellen und systemimmanent meist formfreien Kommunikationskanäle. Dieses kommt dem Bürger besonders entgegen und egalisiert ein bisheriges Handicap gegenüber der Verwaltung, die in der Kommunikation in der traditionellen Schriftform über eine ungleich größere Kompetenz verfügt. Nur wenn die Verwaltung diese neue Form der »digitalen Begegnung« nicht nur »akzeptiert« oder toleriert, sondern sich dem Bürger anpasst und dessen Form der Kommunikation entgegenkommend übernimmt, kann die Digitalisierung ihr ganzes Potential entfalten. Es muss somit Teil des Selbstverständnisses der Verwaltung sein, das »wie« des eigenen Handelns zum Vorteil des Bürgers zu gestalten. Ein solches Selbstverständnis ist ein fundamentales Marketingprinzip.

Die Idee, in staatlichen Organisationen Marketingmethoden zu etablieren, ging aus von Kotler und J. Levy: *Broadening the Concept of Marketing*: »Marketing is a pervasive societal activity that goes considerably beyond the selling of toothpaste, soap, and steel. The authors interpret the meaning of marketing for non-business organizations and the nature of marketing functions such as product improvement, pricing, distribution, and communication in such organizations. The question considered is whether traditional marketing principles are transferable to the marketing of organizations, persons, and ideas. «[9]

Der traditionellen öffentlichen Verwaltung schien es nicht notwendig, das eigene Handeln aus der Sicht eines Kunden, der traditionell als Partei

8 *Wimmer*, Dynamische Verwaltungslehre, 3. Auflage, Wien 2013.

9 *Kotler/Levy*, Broadening the concept of Marketing, in: Journal of Marketing 33, 1969, 10–15.

bezeichnet und auch so behandelt wurde, zu sehen und daraufhin auszurichten. Die Verwaltung war »in Vollziehung der Gesetze« tätig, dadurch unangreifbar gesetzlich legitimiert, unzweifelhaft sachkundig und durch das Berufsethos der Beamten auch respektiert. Das Verfahrensrecht stellt zudem genaue Regeln für die Gestaltung von Verwaltungshandlungen zur Verfügung, auf die man sich gegenüber dem Bürger immer berufen konnte (Vorschrift!). Es gibt sogar Sanktionen zur Durchsetzung gegen Widerstände von Betroffenen (Fristen, Exekution, Zwangs- und Beugemittel).

Der gesellschaftliche Wandel führte zu einem immer größeren Effizienz-, Effektivitäts- und Legitimationsdruck auf die Verwaltung. Auch die Spürbarkeit[10] des Verwaltungsvollzugs wurde von den Bürgern nicht widerspruchslos hingenommen. Eine durch Medien immer besser informierte Öffentlichkeit sowie die staatliche Volksanwaltschaft und selbsternannte Ombudsmänner (der Medien) verlangten Transparenz und übten Druck in der Öffentlichkeit aus. Diese forderte, oft unter Parteinahme für »das Opfer« der staatlichen Handlungsgewalt, Rechenschaft von der Verwaltung. Kritik an der Verwaltung wegen zu hoher Kosten, unterstützt auch durch das besondere, als Privileg betrachtete Dienstrecht der Beamten, artikulierte sich zunehmend und verlangte Rechtfertigung hinsichtlich der Kosten, die immer als zu hoch und als suboptimaler Einsatz von Steuermitteln kritisiert wurden.

Die Verwaltung reagierte zunächst mit einer »vordergründigen »Kundenorientierung«, was Brüggemeier Verfreundlichung von bürokratischen Zumutungen statt »Vermeidung von vermeidbaren Zumutungen« bezeichnet.[11] Ziel ist es, bürokratische Hürden nicht nur zu vermeiden, sondern die Verwaltung überhaupt so zu gestalten, dass sie für die Betroffenen weniger belastend und zugänglicher wird.

Nur oberflächlich und deswegen ohne Wert ist die Änderung des Vokabulars in vielen Verwaltungsstellen: Aus der Partei wurde der Kunde oder Klient, aus einem Arbeitsplatz ein Job, und es erfolgte eine als peinlich empfundene Anglisierung der Sprachgewohnheiten. Eine Sitzung oder Besprechung mutierte zu einem Meeting, ein Besprechungsergebnis zu einem Kommittent. Mit PowerPoint wurde inhaltliche Substanz durch eine in Bullet-Lists zerlegte Message ersetzt.

Es stellt sich Frage, inwieweit klassisches Marketing, wie es etwa Kotler, Meffert ua vertreten, auf die öffentliche Verwaltung übertragbar –

10 *Brüggemeier/Lenk*, Bürokratieabbau 35.
11 Ebd.

und für sie tragbar – ist. Sind die klassischen Marketinginstrumente für die Verwaltung ohne Überdehnung oder Passendmachen ihres Begriffsinhaltes überhaupt tauglich? Kann man einen Verwaltungsakt als Einsatz eines Marketinginstruments nach dem 4 P's-Modell klassifizieren? Auf den ersten Blick scheint dies tatsächlich nicht der Fall zu sein: Ein konkreter Verwaltungsakt (Bescheid, Urteil, Ausstellung eines Reisepasses) ist kein Produkt, eine Gebühr, eine Abgabe oder eine Geldstrafe sind kein Preis. Die Distribution (das Placement) wird durch die gesetzlich vorgegebene örtliche und sachliche Zuständigkeit vorgegeben und die Kommunikation mit dem Bürger ist vom Verfahrensrecht dominiert.

Zudem kann die Verwaltung nicht zielgruppenselektiv agieren. Während ein privatrechtlich organisiertes Unternehmen Zielmärke und Zielgruppen frei wählen kann, hat die Verwaltung alle Berechtigten mit ihren Leistungen zu versorgen, kann Einzelpersonen oder Gruppen nicht ausschließen oder ungleich behandeln, egal nach welcher Nutzenabwägung immer. Auch ist es für die Verwaltung nicht möglich, die Ziele, die sie erreichen will, beliebig festzulegen noch die Maßnahmen, wie sie die Ziele verfolgen will, beliebig zu gestalten. Sie darf nur im Rahmen der Gesetze (Art 18 B-VG) und unter Wahrung der Grundsätze des Haushaltsrechtes handeln. Dennoch ergeben sich bei näherer Betrachtung Affinitäten zwischen kommerziellem Marketing und gesetzlich determiniertem Verwaltungshandeln.

Bewegung braucht einen Anstoß. Verwaltungen müssen die von der Digitalisierung angestoßenen Änderungen vollziehen und zugleich das Momentum nutzen, Marketingdenken und –-methoden zu inkorporieren. Dabei ist es notwendig, die in der Verwaltung tätigen Personen mitzunehmen. Tucholskys »hinter dem Schalter sitzen und vor dem Schalter Schlange stehen« hat in der elektronischen Kommunikation keine Entsprechung und würde vom Bürger auch nicht akzeptiert werden. Wenn eine einfache E-Mail oder Short-Message vom Handy ausreicht, um einen Verwaltungsvorgang auszulösen, und damit Modernität und Effizienz greifbar macht, aber eine Erledigung ebenso lang dauert wie zu »analoger Zeit«, verpufft jede Bemühung der Verwaltung, sich als modern und effizient darzustellen. »Cui bono?« wird der Steuerzahler fragen angesichts der von ihm zu leistenden Aufwendungen für die technische Basis der digitalen Kommunikation plus Lernaufwand und vor dem Hintergrund der Ankündigungen von Regierungsstellen, Österreich in der Spitzengruppe der Länder mit dem höchsten »Digitalen Status« etablieren zu wollen.

Eine konsequente Orientierung nach dem Kundennutzen wird unmittelbar zu besserer Leistung der Verwaltung führen und über die Querschnittsfunktion von Marketing den Einfluss auf die Produkte (z. B. eine konkrete Serviceleistung) Druck ausüben, die Abläufe so zu organisieren, dass angeforderte Leistungen vor allem im Interesse der Kunden erbracht werden, in den angeführten Beispielen schneller.

Es müssen die Schnittstellen definiert und installiert werden, die für digitale Kommunikation nahtlos kompatibel sind. Es ist abzusehen, dass sich eine neue digitale **Kommunikationskultur**, z. B. via App an einem »digital device« (v.a. Smartphone) für standardisierte Kontakte zwischen Verwaltung und Bürgern, entwickelt. Unbedingt notwendig ist es, dass die Personen in der Verwaltung über zumindest die gleichen »Digital Skills« wie die Bürger verfügen (begleitende Weiterbildung).

Marketing-Mix (erweitert) Gegenüberstellung (priv.) Wirtschaft – Verwaltung			
Wirtschaft Rahmenbedingungen: Gewinnorientierung Management, Marketing Nachfrageorientierung Wettbewerb Wahl der Marktteilnahme und Zielgruppen Kontrahierungsfreiheit Preis, Umsatz, Gewinn Zivilrecht Corporate Behaviour Vertrags, Waffengleichheit		**Staat / Verwaltung** Rahmenbedingungen: Soziale Orientierung Bürokratie Angebotsorientierung Legitimierung, Akzeptanz, Kosten Gesetzlicher Auftrag Leistungsverpflichtung Steuern, Gebühren Öffentliches Recht, gesetzliche Bindung Politischer Einfluss Machtgefälle Verwaltung – Bürger	
Produkt	Wahlfreiheit	Produkt	Öffentliche Dienstleistung
Preis	Marktpreis	Preis	Gebühren, Steuern, Legitimation
Placement	Wahlfreiheit nach Nützlichkeit und Kosten	Placement	Örtl. Zuständigkeit und sachlicher Wirkungsbereich
Promotion	Werbung Verkaufsförderung Marktforschung	Promotion	Verlautbarung Information Werbung Kollaboration Mediation Partizipation (MAFO)

Abbildung: Peter Lechner

Beispiel BTX: Marketing in der Verwaltung

Das österreichische BTX-System

Bereits am Beginn der 1980er Jahre entstanden in einigen europäischen Ländern digitale Datennetze mit von privaten Anbietern eingebrachten Informationen für die Öffentlichkeit.[12] Der damaligen rechtlichen Situation entsprechend wurden diese Netze von den monopolistischen nationalen Fernmeldeverwaltungen installiert und betrieben. Die technischen Standards dafür wurden im Rahmen der CEPT (European Conference of Postal and Telecommunications Administrations) definiert. Auf der Userseite war die technische Basis ein »datenfähiges Endgerät«, im einfachsten Fall ein Terminal mit kleinem schwarz/weiß-Bildschirm, und ein Wählleitungsmodem, extern oder im Terminal eingebaut. Für dieses Datennetz wurde in den deutschsprachigen Ländern der Name »Bildschirmtext«, »BTX« gewählt (nicht zu verwechseln mit dem vom ORF gesendeten, nicht kommunikationsfähigen Teletext).

Die Situation in Österreich

Schon beim Start des Probebetriebes von BTX (1982) entstand eine emotionale öffentliche Debatte. Einerseits wurde das neue System durch unrealistisch positive Prognosen bezüglich Teilnehmer-Zuwachsraten glorifiziert, andererseits wegen der Befürchtung, es würden sich Arbeitsplatzvernichtung sowie Überwachung und Ausnutzung von Arbeitnehmern in großem Stil ergeben, scharf kritisiert. Der Systembetreiber »Post«, formal richtig: »Post- und Telegraphenverwaltung«, Sektion III des damaligen Bundesministeriums für Verkehr (PTV), befand sich – als Teil der Verwaltung – in seinen Handlungsmöglichkeiten limitiert (zB

12 Vgl zB *Buchholz*, Revolution auf dem Bildschirm: die neuen Medien Videotext und Bildschirmtext, München 1979; *Sigel*, Videotext: The Coming Revolution in Home/Office Information Retrievel, White Plains 1980; *Rupp*, Erik. Bildschirmtext: Technik, Nutzung, Marktchancen, München 1980; *König*, Die Teletexte: Versuch einer verfassungsrechtlichen Einordnung, München 1980; *Gersch*, Bildschirmtext: internationaler Überblick über den momentanen Stand der Technik und deren Entwicklungstendenzen, Systeme, Anwendungen, Probleme, DA WU Wien 1981; Deutscher Industrie- und Handelstag, BTX - eine neue Mediendimension: Bildschirmtext vor der Einführung, Bonn 1983; *Gottlob/Strecker*, Btx professionell eingesetzt: Marketing, Außendienststeuerung, Schulung, Btx-Design, juristische Fragen, Btx mit dem Personal Computer, Haar bei München 1984.

Kontrahierungszwang), einander widerstrebende Gruppeninteressen gleichermaßen bedienen zu müssen.

Zudem wurde in der öffentlichen Kritik und diversen Medien die PTV für die von den privaten Informationsanbietern eingebrachten Inhalte als verantwortlich betrachtet und damit in die Position eines Medienunternehmens gedrängt. Das war eine ungewohnte Rolle, denn bisher war die PTV nur für Transport und Übermittlung von Gütern oder Nachrichten (Briefpost, Paketpost, Telefon) aufgetreten; es war egal, welche Inhalte befördert oder was am Telefon gesprochen wurde. Als BTX-Systembetreiber konnte die PTV aber auf die von den Anbietern eingebrachten Inhalte (den »Content«) nur dann regulierend eingreifen (zB durch Löschung), wenn diese offensichtlich gesetzeswidrig waren (Problem der Beurteilung!); sonst waren die Anbieter und deren Inhalte selbstverständlich durch das Grundrecht auf Meinungsfreiheit geschützt. Nicht genehme Inhalte wurden von den BTX-Gegnern als zusätzliche Argumente verwendet, um das System zu attackieren.

Technisch war BTX schon damals in vielen Punkten besser als heute das World Wide Web (nur nicht in der Geschwindigkeit; diese entsprach aber dem damaligen Stand der Technik für Übermittlung digitaler Signale über die schmalbandigen Telefonleitungen). Es gab bei BTX keine Spams, keine Viren, keine Trojaner. Es gab Apps (»Telesoftware«), die Cloud (Server, in denen Daten und Programme gespeichert waren) und Chatrooms. Ein weiterer Vorzug war die integrierte Inkassofunktion: Kostenpflichtige Seitenabrufe oder über Teleshopping getätigte Einkäufe wurden beim Käufer über die Telefonrechnung eingezogen und dem Anbieter bzw. Verkäufer überwiesen. Anders als beim späteren WWW gab es auch ein Verzeichnis der abrufbaren Inhalte; ein Komfort, den das WWW erst durch Suchmaschinen bieten konnte.

Das in Österreich anfangs verwendete Datenterminal MUPID (in Verbindung mit einem Farb-TV-Gerät) war ein Personal-Computer mit Kommunikationsfähigkeit. MUPID wurde von der PTV günstig an die Kunden vermietet, weshalb keine hohe Investition für einen BTX-Einstieg erforderlich war. Entwickelt wurde MUPID an der TU Graz (Professoren Maurer und Posch) und wurde auch in Österreich gefertigt. Andere Länder verwendeten einfachere Datenterminals, mit denen das Potential von BTX nicht vollständig genutzt werden konnte. Die Zusammenarbeit von PTV und TU Graz wurde auch für die Entwicklung von Software-Decodern für andere Computersysteme (Commodore Amiga, IBM-PC) fortgesetzt. Jeder BTX-Nutzer bekam auch eine Internet-E-Mail-Adresse, lang bevor das Internet in Europa für ein Massenpublikum populär wurde.

Mit dem **Grundbuch** (ab dem Jahr 1986), dem **Handelsregister (Firmenbuch)** und dem **Grundkataster** hatte BTX eine exklusive Vorreiterrolle bei **Online-Rechtsdatenbanken**. Mit dem **Online-Telefonbuch** hatten erstmals alle Telefonkunden Österreichs Zugriff auf ein **bundesweites tagesaktuelles** (!) Telefonbuch.

Alle großen Banken offerierten Online-Banking über BTX, allerdings nicht ohne Vorbehalte. Es bestand die Sorge, dass das Filialgeschäft dadurch leiden könnte. Ironie: Heute schließen die Banken viele Filialen, lagern damit einen Teil der Dienstleistung an die On-Line-Kunden aus.

Ein besonderer Service im österreichische BTX war der »Telebrief«: BTX-Kunden konnten online eine kurze Nachricht an jedermann senden: Diese Nachricht wurde ausgedruckt, kuvertiert und per traditioneller Briefpost an eine Wohn- oder Geschäftsadresse innerhalb Österreichs geschickt. Kosten für diese Hybrid-Mail: ein Schilling!

Insgesamt hatte Österreich mit BTX technisch eine weltweit führende Position inne. Trotz dieser sehr guten Ausgangsposition entwickelte sich BTX aber langsam. Der Teilnehmerzuwachs lag unter den viel zu optimistischen Prognosen, mit denen die hohen Erwartungen in Deutschland unzulässigerweise auf Österreich mit seiner im Vergleich viel schlechteren Situation beim Telefonnetz übertragen wurden.

BTX – eine Herausforderung für Verwaltungsmarketing

Zum Zeitpunkt der Einführung von BTX waren alle Dienste des Fernmeldewesens eine bundesstaatliche Hoheitsangelegenheit. Dementsprechend wurde von der Rechtsabteilung der PTV der Entwurf eines entsprechenden Bundesgesetzes erstellt, der aber nie realisiert wurde: Umgangen wurde das Gebot nach einer gesetzlichen Basis »kreativ«: BTX wurde als »Probetrieb« deklariert, war daher auch kein »Dienst« im Sinne des gesetzlichen Gebotes. Somit gab es auch keine Einordnung im Fernmeldegebührengesetz. Damit passte BTX in keine der vorhandenen ministeriellen Fachabteilungen und landete so in einer Querschnittsabteilung: beim Marketing.

Die entscheidenden Gründe, welche einer rascheren Verbreitung von BTX in Österreich entgegen standen waren:

1. Telefon-Verfügbarkeit und Geschwindigkeit

Das österreichische Telefonnetz bot damals zu einem erheblichen Teil nur »Partyline-Anschlüsse« (Teilanschluss, »Viertel-Telefon«, eine heute vergessene Technik), wo ein Modem nicht eingesetzt werden konnte. Der potenzielle Kundenkreis war daher in Österreich viel kleiner als die Anzahl der Telefonkunden (als Zielgruppe). Die Datenübertragung war, dem damaligen Stand der Technik entsprechend, langsam: Die Geschwindigkeit für den Up- und Download von Daten war wesentlich geringer als beim heute üblichen DSL-Standard beim Internet.

2. Überforderung der Zielgruppe

Der angesprochene Kundenkreis bestand – in der heutigen Terminologie – fast ausschließlich aus »Digital Immigrants«; »Digital Natives« gab es (noch) nicht. In der Zielgruppe – potenziell die Gesamtheit der Telefonkunden - gab es also sehr wenig bis keine Kenntnis über den Umgang mit der neuen Technologie. Der technische und kaufmännische Support der PTV wurde personal- und kostenintensiv ausgebaut, ohne dieses Problem wirklich beheben zu können. BTX war, plakativ formuliert, seiner Zeit voraus: »Wer zu früh kommt, den bestraft die Geschichte.«

Im Zusammenhang mit dem Support ergab sich für die PVT-Verwaltung eine völlig neue Erfahrung, die aus der Niederschwelligkeit der digitalen Kommunikation resultierte. Im BTX gab es den »Nachrichtendienst«, vergleichbar mit E-Mail beim späteren World Wide Web. Engagierte BTX-Nutzer, aber auch andere PTV-Kunden nutzten die Möglichkeiten dieser einfachen, unmittelbaren und kostenlosen Kommunikation, um Beschwerden, Kritik und mehr oder weniger gute oder gut gemeinte Vorschläge zur Verbesserung und Erweiterung von BTX oder diverse andere Beschwerden über Postleistungen anzubringen. In der »analogen Welt« war Kontakt mit der Verwaltung traditionell schriftlich, also per formellem Brief. Das war für viele Bürger eine prohibitive »Schwelle« Aber per BTX- Nachrichtendienst konnte man sich ganz einfach direkt an den Minister oder an den Generaldirektor wenden – und von dieser Möglichkeit wurde intensiv Gebrauch gemacht. (Selbstverständlich gab es im Ministerbüro und im Büro des Generaldirektors der PTV ein BTX-Terminal.) Das war eine ungewohnte Situation und führte zu erheblichen internen Irritationen: »Was ist denn schon wieder mit BTX los!« Der Bote (BTX) wurde für die – oft schlechte – Nachricht verantwortlich gemacht. Die Wucht von digitalen Social Media beim Aufschlag in der traditionellen analogen – zumal ministeriellen – Welt wurde unmittelbar spürbar.

3. Preispolitik

Österreich hatte damals im internationalen Vergleich extrem hohe Telefongebühren mit Zeittaktung. Dementsprechend entstanden für den BTX-User sehr hohe Zeitgebühren – paradoxerweise, aber technisch unvermeidlich – umso höhere, je schlechter (langsamer) die Datenübertragung funktionierte (wegen der notwendigen Übermittlung von Korrekturdaten). Die Preispolitik war mit einem weiteren Fehler behaftet: Die »Anbieter« (Kunden, die den Content einbrachten, entweder als

Sammlung von »Seiten« (ähnlich einer Website) oder als externer Server) mussten für den belegten Speicherplatz bezahlen; Großanbieter wie Banken waren mit ihren Servern über eine Breitbandverbindung mit Datenvolums-Vergebührung verbunden. Das bedeutete, dass beim Datenabruf von diesen Servern zwei Gebühren fällig waren. Richtig wäre es gewesen, den Speicherplatz kostenlos zu Verfügung zu stellen und den Gewinn aus der daraus resultierenden vermehrten Abfragehäufigkeit zu ziehen (was dem Geschäftsmodell z. B. von YouTube im Internet entspricht, wo allerdings nicht über Verbindungsentgelte, sondern über Werbung verdient wird).

4. Europa ist nicht USA

Die europäischen Länder hatten zwar einheitlichen technischen Standard vereinbart, aber sie hielten sich aus Gründen, die eigene Industrie zu fördern, nicht oder nur teilweise daran (Ausnahmen: Deutschland, Österreich, Schweiz). So konnte sich das, was als europäisches Projekt (lang vor den USA!) möglich gewesen wäre, nicht wie geplant entwickeln. In dem Riesenmarkt USA, ohnehin im Vorteil durch die einheitliche Landessprache und mit in Europa undenkbar günstigen Telefonkosten (was wegen »free local calls« kostenlosen Zugriff auf die Informationen bedeutete), gab es diese typisch europäischen Hindernisse nicht: Beste Voraussetzung für das spätere Internet/WWW.

Fazit: Europa hatte eine epochale Chance vergeben.

JUSTIZ 3.0

Christian Gesek / Martin Schneider / Martin Hackl /
Thomas Gottwald

Bundesministerium für Justiz, Abteilung III 3 (Rechtsinformatik, Informations- und Kommunikationstechnologie)
Mag. Christian Gesek, christian.gesek@bmj.gv.at
Hofrat Dr. Martin Schneider, martin.schneider@bmj.gv.at
Mag. Martin Hackl, martin.hackl@bmj.gv.at
Dr. Thomas Gottwald, thomas.gottwald@bmj.gv.at

Schlagworte: Bundesministerium für Justiz, Informationstechnik

Abstract: Der Einsatz von Technologie verändert die Abläufe in der österreichischen Justiz mittlerweile seit über 40 Jahren. Richtet man den Blick auf die gesamte Rechtsbranche, so zeigen sich auch klare Parallelen in den damit verbundenen Evolutionsschritten von Legal Tech. Mit der strategischen Initiative Justiz 3.0 arbeitet das Bundesministerium für Justiz unter enger Einbeziehung der Praxis nun seit 2013 an vollständig digitalen Arbeitsabläufen sowie den dafür notwendigen IT-Arbeitsplätzen. Der Artikel bietet einen Einblick in den Status quo der Digitalisierung in der Justiz, einen Ausblick auf künftige Entwicklungen und erläutert die dahinterstehenden strategischen Überlegungen.

Einführung und Historie

Die österreichische Justiz-IT blickt mittlerweile auf eine erfolgreiche, bereits mehrere Jahrzehnte umspannende Geschichte zurück. Die Anfänge reichen zurück bis in die 1980er Jahre, als mit der Umstellung des Grundbuchs auf ADV die ersten Schritte unternommen wurden.

Ermutigt durch den Erfolg dieses ersten Projektes, wurde die IT-Landschaft im Verlauf der nächsten Jahre und Jahrzehnte um weitere Anwendungen und Services ergänzt. Es waren dies unter anderem das elektronische Firmenbuch, das elektronische Unterhaltsvorschussverfahren, die Verfahrensautomation Justiz als zentrale Registeranwendung mit zahlreichen Zusatzfunktionen wie automationsunterstützte Gebührenverwaltung und zentrale Zustellung, ebenso die Ediktsdatei als Plattform für Veröffentlichungen oder die Kommunikationsschiene des elektronischen Rechtsverkehrs (ERV).

Bereits in dieser frühen Phase der Automatisierung wurden im Rahmen von universitären Lehrveranstaltungen die Studentinnen und Studenten auf die digitale Justiz vorbereitet. Dies war schon deshalb von erheblicher Bedeutung, weil schon bei den frühen Anwendungen nie der Status quo automatisiert wurde, sondern stets auch die Verfahren mit Blick auf die Möglichkeiten der Informationstechnik optimiert wurden, womit zwangsläufig Rechtsänderungen verbunden waren. Damals wurde auch der Satz »Einsatz der Informationstechnik als Hebel zur Erneuerung der Justiz« geprägt.

Auch im Bereich des Strafvollzuges wurde mit den Anwendungen der Integrierten Vollzugs- und Wirtschaftsverwaltungen wertvolle Unterstützung geleistet. All dies sind Elemente, die heute aus dem Betrieb der Justiz nicht mehr wegzudenken sind und maßgeblich zu deren reibungslosem Funktionieren beitragen.

Die stetig steigende Schlagzahl technischer und methodischer Innovationen brachte es unweigerlich mit sich, dass über die Jahre hinweg viele der Anwendungen funktional und technisch als nicht mehr zeitgemäß und damit erneuerungsbedürftig betrachtet werden mussten. Verschärfend kam hinzu, dass auch in der Justiz vermehrt ein Anwachsen von digitalen Inhalten zu verzeichnen war, für das jedoch keine adäquate Unterstützung etabliert war: gerade im Bereich des Dokumentenmanagements und justizinterner Zusammenarbeit, also bei der Abbildung von Workflow-Prozessen wurde das Korsett der bestehenden Lösungen immer stärker spürbar.

Schlussendlich tat sich auch eine immer breitere Schere zwischen dem zur Verfügung stehenden Budget und wachsenden Anforderungen auf, die es notwendig machte, am Puls aktueller Entwicklungen weiter zu denken und verbesserte Lösungen zur Verfügung zu stellen. Vor dem Hintergrund dieser Entwicklungen wurde im Jahr 2013 die strategische Initiative Justiz 3.0 ins Leben gerufen, die kurz gefasst die umfassende Optimierung der vorhandenen IT-Unterstützung des Justizbetriebes bis hin zur vollständig digitalen Akten- und Verfahrensführung anstrebt.

In der Phase eins dieser Initiative wurden mehr als hundert Justizmitarbeiter aus allen Bereichen, sowohl Entscheidungsorgane als auch Kanzleimitarbeiterinnen und Kanzleimitarbeiter, Rechtspflegerinnen und Rechtspfleger und Gerichtsvollzieherinnen und Gerichtsvollzieher in Arbeitsgruppen einbezogen. In diesen Arbeitsgruppen wurden die wichtigsten funktionalen Geschäftsfelder der Justiz, wie zum Beispiel »Entscheidungen und Verfügungen«, »Aktenlauf«, aber auch »Eingangs- und Ausgangsprozesse« einer Ist-Betrachtung unterzogen.

Darauf aufbauend wurde – befeuert durch Best-practice-Beispiele aus dem internationalen Umfeld – die Vision eines künftigen »Soll« entwickelt, das heißt ein idealtypisches Bild der künftigen IT-Unterstützung für das jeweilige Geschäftsfeld gezeichnet. Die daraus abgeleiteten Handlungsfelder wurden in Form von Verbesserungspotentialen festgehalten, sodass letztlich zu jedem Geschäftsfeld ein gemeinsames Bild zu den erforderlichen Transformationsmaßnahmen vorlag.

Ebenso beteiligt waren in dieser ersten, etwas länger als ein Jahr dauernden Phase sämtliche hochrangigen Vertreterinnen und Vertreter der Justizverwaltung sowie der Standesvertretungen.

Im Sommer 2014 konnte schließlich ein Endbericht vorgelegt werden, der einerseits das gemeinsame, im nächsten Kapitel skizzierte Verständnis der künftigen Ausrichtung festhielt, andererseits aber auch Grundlage für konkrete Umsetzungsschritte war. In einer ersten Umsetzungsphase dieser Roadmap wurden letztlich die wesentlichen Grundelemente der erforderlichen Querschnittskomponenten entwickelt, sodass im Dezember 2016 der Pilotbetrieb an vier Gerichten gestartet werden konnte.

Das Jahr 2017 war geprägt von einer permanenten Verbesserung von Stabilität und Performance des Gesamtsystems, aber auch vom laufenden Einholen von Feedback und Anregungen der Pilotanwenderinnen und Pilotanwender, die evaluiert und in den Anwendungen umgesetzt wurden. Zusätzlich war bereits der weitere Pilotbetrieb in der Gattung Cg (streitiges Zivilrecht bei einem Gerichtshof erster Instanz) am Handelsgericht Wien im Fokus, für den ebenfalls technische und funktionale Erweiterungen notwendig waren.

Im April 2018 konnte plangemäß auch dieser Pilot gestartet werden, aus dem wiederum Erfahrungsgewinn und neue Impulse für die stetige Weiterentwicklung und Verbesserung der Lösungen resultierten.

Parallel dazu wurden im ersten Halbjahr 2018 die mittel- und langfristigen Ziele einer Digitalisierung justizintern mit den Fachsektionen erarbeitet und schließlich im dritten Quartal in Form eines Vortrages an den Ministerrat festgehalten.

Das Jahr 2019 war dem Rollout der digitalen Aktenführung an weiteren Gerichten gewidmet, wodurch sich die Gesamtanzahl an Gerichten mit digitaler Aktenführung im Zivilverfahren verdoppelte.

Mit der verbesserten budgetären und personellen Ausstattung seit dem Jahr 2020 wurden weitere große große Fortschritte mit der Strategischen Initiative Justiz 3.0 erzielt. Dabei unterstrich auch die COVID-19 Pandemie, dass die österreichische Justiz auf einem sehr guten Weg ist.

Anfang 2022 konnte das strafrechtliche Ermittlungsverfahren an allen Staatsanwaltschaften unter Einbindung der Haft- und Rechtschutzrichterinnen und -richter vollständig digitalisiert werden.

Nachdem auch der Rollout des strafrechtlichen Hauptverfahrens auf Ebene der Landesgerichte im Rahmen der Digitalisierungsoffensive Justiz 3.0 erfolgreich abgeschlossen werden konnte und der Rollout auf Ebene der Bezirksgerichte plangemäß erfolgte, konnte auch die Gesamtumstellung des Strafverfahrens Mitte 2023 umgesetzt werden. Die Gesamtumstellung des Zivilverfahrens auf Ebene der Landes- und Bezirksgerichte wurde bereits im ersten Quartal 2023 abgeschlossen. Die Unterstützung der digitalen Aktenführung in Rechtsmittel- Exekutions-, Insolvenz und Pflegschaftsverfahrenverfahren ist bereits in Arbeit. Die gesamte bundesweite Umstellung aller Gattungen auf digitale Akten- und Verfahrensführung ist bis Ende 2025 geplant.

Gemeinsame Prinzipien

Als wichtige Eckpfeiler der damit eingeleiteten Digitalen Transformation der Justiz gelten weiterhin die zu Beginn der Initiative gemeinsam definierten Digitalisierungsprinzipien.

Zentrales Element ist das Bekenntnis zum vollständig digital geführten Akt in der Justiz: Damit verbunden sind die Optionen des ortsunabhängigen Zugriffs auf alle Verfahrensinhalte – ein Zugriff, der auch parallel durch mehrere Berechtigte erfolgen kann –, worin auch Potenzial für die künftige Beschleunigung von Verfahren liegt.

Ein auch durch die bisherigen Erfahrungen bestätigter wesentlicher Vorteil sind die mit digitalen Inhalten verbundenen Möglichkeiten der Durchsuchbarkeit, Bearbeitung, Weiterverwendung und vielfältigen Strukturierbarkeit des Akteninhaltes. Gerade diese Elemente ermöglichen es erst, besonders umfangreiche Akteninhalte effizient zu verwalten.

Eine weitere Säule stellt der künftig noch verstärkt anzustrebende Ausbau der elektronischen Kommunikation dar, wobei neben der bereits in der Vergangenheit im Fokus stehenden externen Ausrichtung auch der justizinterne Informationsaustausch forciert werden soll.

Aktueller Stand der Arbeiten

Mit Stand Mai 2025 werden an allen 160 Gerichten und Staatsanwaltschaften Verfahren in zumindest einer Gattung mit Justiz 3.0 digital geführt. Insgesamt arbeiten mehr als 7.600 Anwenderinnen und Anwender mit dem neuen System. Mit Stand September 2025 wurden mehr als 3,7 Millionen Akten ausschließlich digital geführt und rund 960.000 Verhandlungen in speziell ausgerüsteten Verhandlungssälen mit Bezug auf digital geführte Verfahren abgehalten.

Während Justiz 3.0 im Bereich der Gerichte aktuell das Ziel der Einführung einer digitalen Aktenführung verfolgt, wurden im Strafvollzug einzelne Grundregister umgestellt und unmittelbar auf alle 27 Justizanstalten ausgerollt. Durch geringfügige Anpassung vorhandener Komponenten (wie Aufgabenverwaltung oder Aktensystem) werden künftig auch im Strafvollzug einzelne Verfahren bzw der Insassen- und Verwaltungsakt als solches vollständig digital abgebildet.

Der »e-Court« der Zukunft

Eine der zentralen Herausforderungen im Zusammenhang mit der Digitalisierung in der Justiz ist die Ausstattung von Verhandlungssälen, welche vielfältige Anforderungen zu unterstützen hat, andererseits aber auch besonders einfach in der Bedienung sein muss.

Wie im Arbeitszimmer finden Richterinnen im Verhandlungssaal zwei Monitore vor: das Entscheidungsorgan verlässt damit sein Büro, nimmt seinen Tablet-PC mit und steckt diesen im Verhandlungssaal über einen Magnetstecker an. Sie oder er findet damit automatisch auch im Saal die gewohnte Arbeitsumgebung vor. An der Rückwand hinter der Richterbank kann ein Großbildschirm angebracht werden, der in den Fällen zum Einsatz kommt, wo der Verhandlungsöffentlichkeit bestimmte Akteninhalte präsentiert werden sollen. Diese Möglichkeit besteht auch vorne am Vernehmungsstand über einen kleineren Monitor, wo dem jeweiligen Verfahrensbeteiligten Akteninhalte gezeigt werden können.

In Abhängigkeit von räumlichen Gegebenheiten und nach laufenden Rückmeldungen aus der Praxis werden auch den Parteien und ihren Vertretern Monitore an den jeweiligen Tischen zur Verfügung gestellt werden.

Gesteuert wird diese Infrastruktur über ein Touch-Panel zur Mediensteuerung, sodass mit einer einfachen Matrix Eingangssignal und Ausgangsmedium gewählt werden können. Zusätzlich steht ein Multifunktionsgerät zur Verfügung, das sowohl Scannen als auch Kopieren und Drucken ermöglicht. Damit ist auch für Verfahrenssituationen Vorsorge getroffen, in denen Papier entweder vorgelegt wird oder gedruckt werden soll.

Verfahrensmanagement vorher und nachher

Im bisherigen Arbeitsumfeld wurde auf einem Bildschirm auf Basis des Papieraktes die Verfahrensautomation Justiz als Registeranwendung aufgerufen, der gesamte Posteingang bzw Akteneingang und -ausgang war in Papier vorhanden.

Mit der Digitalisierung stehen jeder Mitarbeiterin und jedem Mitarbeiter zwei Großbildschirme zur Verfügung, wobei diese für Entscheidungsorgane mit Touch-Funktion ausgestattet sind. Der PC wird durch einen sogenannten Tablet-PC ersetzt, der die Vorteile größerer Mobilität und auch ortsunabhängigen Arbeitens mit sich bringt.

Auf diesen Bildschirmen wird das Task-System, das heißt das digitale Ein- und Auslauffach, aufgerufen.

Diese Aufgabenverwaltung stellt rollen- und organisationsspezifische Sichten auf zu bearbeitende Eingangsstücke und Akten unter Berücksichtigung der jeweils geltenden Geschäftsverteilung zur Verfügung.

Durch Funktionen wie Tagging, Notizen und Stapelbildungen werden verschiedenste Organisationsformen unterstützt, sodass die Arbeit in »großen« und »kleinen« Abteilungen effizient und rasch erfolgen kann.

Nach Anwählen einer Aufgabe öffnet sich – vom Benutzer frei zu definieren – im Fall der Kanzlei zB das Aktensystem, das heißt der Ersatz für den herkömmlichen Papierakt, auf dem zweiten Schirm die Registeranwendung Verfahrensautomation Justiz.

Für das Entscheidungsorgan öffnet sich nach Anklicken der jeweiligen Aufgabe das Aktensystem, das heißt die digitale Abbildung des Akteninhalts. Im Rahmen des digitalen Justizarbeitsplatzes (DJAP) wird auch eine Verbindung zur jeweils betreffenden Dokumentenstelle im Aktensystem hergestellt, die Grund für die Zuweisung des Akts an die Justizmitarbeiterin oder an den Justizmitarbeiter war.

Im digitalen Akt bestehen dann sämtliche Möglichkeiten der Bearbeitung, Kommentierung sowie des Setzens von Lesezeichen, die auch in der Papierwelt Verwendung finden, aber mit zusätzlicher Funktionalität, so zB der Möglichkeit, diese Anmerkungen für Zwecke der Akteneinsicht wieder auszublenden oder sich auf Basis dieser bereits erfolgten Bearbeitung des Akteninhalts Übersichten, also zielgerichtete Strukturierungen der Dokumente (zB für eine bestimmte Verhandlung oder einen Entscheidungsentwurf) automatisch bilden zu lassen.

Für das Entscheidungsorgan wird zusätzlich zum digitalen Akt auf dem zweiten Bildschirm beispielsweise die Textverarbeitung für Entscheidungsentwürfe, für Protokolle oder ähnliches geöffnet.

Als weiterer Vorteil der justizinternen digitalen Aktenführung stehen die digitalen Akten den berechtigten Parteien auch unmittelbar und rund um die Uhr im Wege der elektronischen Akteneinsicht zur Verfügung. Einzelne Akten können selbstverständlich gänzlich oder teilweise (durch Einschränkung einzelner Ordnungsnummern) von der elektronischen Akteneinsicht ausgenommen werden.

Ausblick auf die digitale Justiz

Da die Digitalisierung eine Vielzahl an Möglichkeiten in unterschiedlichsten Bereichen mit sich bringt, ist der Fokussierung auf wesentliche Ziele Priorität zuzuerkennen, um eine entsprechende Zielverfolgung und -erreichung sicherzustellen. Diese Ziele können anhand mehrerer Dimensionen kategorisiert werden, wobei sich eine grundlegende Unterscheidung nach internem und externem Fokus bewährt.

Daran anknüpfend lassen sich aus Sicht der Justiz folgende Wertschöpfungsbereiche ableiten:

- Digitaler Kunde (externer Fokus; Imperativ: »Digitalisiere die Kundenerfahrung«): Einsatz digitaler Technologien für Verfahrensbeteiligte der Justiz (zB Bürger, Rechtsanwälte, Notare, Insassen),
- Digitale Justiz (interner Fokus; Imperativ »Digitalisiere die Justiz«): Kostensenkung und Prozessoptimierung durch Digitalisierung der internen Prozesse (zB durch Softwareeinsatz),
- Neue digitale Services (Imperativ »Bestehende Services »disrupten«): Entwicklung neuartiger Services durch Digitalisierung. Gemäß diesen Wertschöpfungsbereichen wurden entsprechende Schwerpunkte der Digitalisierung abgeleitet. Diese können wie folgt eingeordnet werden:
- Digitaler Kunde: Aufbau einer Bürgerservice-Plattform mit interaktiven Verfahrensservices,

- Digitaler Kunde: Ausbau des elektronischen Rechtsverkehrs (ERV),
- Digitale Justiz: Ausbau des digitalen Verfahrensmanagements durch Justiz 3.0,
- Digitale Justiz: Digitalisierung von Verwaltungsverfahren wie dem elektronischen Bildungsmanagement,
- Neue digitale Services: Verbesserung der Sicherheit im Strafvollzug durch Detektoren, Sensoren und Videoanalyse,
- Neue digitale Services: Einführung digitaler Werkzeuge im Strafverfahren, wie Verhandlungsaufzeichnung sowie Analysewerkzeuge.

Versucht man daraus ein Zielbild einer digitalen Justiz zu zeichnen, lassen sich einige markante Merkmale erkennen – eine Grundvoraussetzung stellt aber in jedem Fall ein digital geführter Akt dar, weil nur damit weitere digitale Funktionen den nötigen Anknüpfungspunkt vorfinden und ihre vollen Vorteile entfalten können.

Im Zivilverfahren sollen daher neben einer flächendeckenden digitalen Aktenführung und einer begleitenden Ausweitung des ERV auf weitere Teilnehmerinnen und Teilnehmer verstärkt die Möglichkeiten zur Unterstützung des Entscheidungsorgans durch künstliche Intelligenz genutzt werden. Dies soll durch vorbereitende Rechtsrecherchen, Anbringen von Annotationen auf Dokumenten oder durch vorgeschlagene Aktenstrukturierungen erfolgen. Letztlich ist das Entscheidungsorgan durch Entscheidungsvorschläge (wie bereits im Mahnverfahren vorhanden) zu unterstützen.

Die Vorteile der internen Digitalisierung mit Justiz 3.0 werden seit November 2020 durch das neu in Betrieb genommene Serviceportal »JustizOnline« (justizonline.gv.at) – welches unterschiedlichste digitale Services wie Akteneinsicht und Verfahrensstandabfrage anbietet – auch nach »außen« weitergegeben.

Die zentrale Idee hinter JustizOnline besteht darin, die Justiz für alle Bürgerinnen und Bürger sowie Unternehmen leichter zugänglich zu machen. Dies wurde durch Entwicklung einer modernen Plattform und nutzenstiftender digitaler Services erreicht. Es entfallen einerseits bisher notwendige Wege zu Gericht, andererseits können rasch Informationen und Antworten zu juristischen Fragen des Alltags bereitgestellt werden.

Die Möglichkeit einer elektronischen Akteneinsicht besteht grundsätzlich schon seit 2004, war allerdings eingeschränkt auf Parteienvertreterinnen und Parteienvertreter in Zivil- und Exekutionsverfahren. Im Zuge der Arbeiten von Justiz 3.0 und der Möglichkeit einer vollständig digitalen Aktenführung wurde die elektronische Akteneinsicht komplett überarbeitet, verbessert und an die Bedürfnisse der Abfrageberechtigten, die nun auch die Bürgerinnen und Bürger umfassen, angepasst. Der Gerichtsakt wird nun vollständig wiedergegeben, inklusive aller Schriftsätze, Beilagen und vom Entscheidungsorgan getroffener Verfügungen.

Die geplanten Erweiterungsschritte von JustizOnline reichen bis weit in die Zukunft. Neben der Anbindung des Firmen- und Grundbuchs für Register- und Akteneinsicht sowie unmittelbare digitale Services (»Meine Liegenschaften«) stehen auch elektronische Zahlungsmöglichkeiten von Gerichtsgebühren sowie Anmeldungen von Gläubigerinteressen in Insolvenzverfahren auf der Agenda.

Als weiteres zukunftsweisendes Digitalisierungsprojekt wurde auch der Einsatz von IT-Expertinnen und IT-Experten im Strafverfahren forciert. Die fortschreitende Digitalisierung in allen Lebensbereichen führt nicht nur zu einem verstärkten Bedarf an IT-Expertise, sondern erfordert auch zunehmend Unterstützungswerkzeuge zur effizienten Speicherung, Analyse und Auswertung großer Datenmengen in Strafverfahren. Neben der Aufstockung der personellen Kapazitäten wurde dazu die für Analysen erforderliche Infrastruktur in einem für das gesamte Bundesgebiet tätigen Justiz-Forensikzentrum gebündelt.

Durch die Ausweitung der digitalen Aktenführung auf das Strafverfahren werden Abläufe zwischen Gericht und Staatsanwaltschaft vereinfacht und die Möglichkeit für eine elektronische Akteneinsicht eröffnet. Im Zuge dessen wird auch der ERV weiter ausgebaut.

Die professionalisierte Aufzeichnung von Hauptverhandlungen im Strafverfahren erlaubt gemeinsam mit intelligenten Markierungen und Transkripten auch ohne schriftliche Protokolle einen raschen und kompakten Überblick zu Sachverhalten.

Im Bereich des Strafvollzugs soll durch den Einsatz von IKT die Kommunikation im Rahmen der gesetzlichen Vorgaben automatisiert überwacht und damit die Sicherheit erhöht werden. Durch den Einsatz von Detektoren, Videoüberwachung bzw auch Indoor-Tracking soll nicht nur der missbräuchliche Einsatz von Smartphones uä verhindert werden, sondern auch die Basis für die Klassifizierung von Insassen anhand von Bewegungsmustern und Kontakten gelegt werden.

Durch die Einbeziehung von Insassen in das digitale Vollzugsmanagement soll das sicherheitstechnische Management von bereits vorhandenen IKT-Geräten bei Insassen verbessert sowie die nachhaltige Resozialisierung von Insassen gefördert werden. Gamification-Ansätze sollen dabei Anreize für einen adäquaten Umgang, Sport bzw Bildung schaffen, welche in Kombination mit Tele-Medizin die Betreuungskosten senken sollen.

Durch den flächendeckenden Ausbau des elektronischen Vollzugsmanagements sollen Abläufe transparent und nachvollziehbar gestaltet werden und zu einer Entlastung der Justizwachebeamtinnen und -beamten von Routinetätigkeiten beitragen.

Schlussendlich müssen all diese Initiativen und Projekte unter dem Schirm eines koordinierten und abgestimmten Gesamtkonzeptes ihren Platz finden, der e-Justiz-Strategie.

Die Rolle von künstlicher Intelligenz

Künstliche Intellingenz (KI) nimmt sowohl in der Wirtschaft als auch in Justiz-Systemen eine immer zentralere Rolle ein. Die Europäische Kommission für die Effizienz der Justiz (CEPEJ) hat daher im Rahmen ihrer Arbeitsgruppe »Cyberjustice and AI« eine Übersicht zu Einsatzgebieten von KI in den europäischen Justiz-Systemen erstellt und hält diese auch laufend aktuell.

Auch in der aktuellen österreichischen eJustice-Strategie wird »künstliche Intelligenz« als eine Kerntechnologie der Zukunft für die Justiz angesehen und bereits erfolgreich für unterstützende Routinetätigkeiten erfolgreich eingesetzt. Einige KI-Technologien finden bereits heute Anwendung in unterschiedlichen Justiz-Tools. Beispielsweise werden im Bereich »Knowledge Discovery« mittels »Natural Language Processing« semantische Zusammenhänge aus Texten und Bildern extrahiert werden. Ebenso ist es möglich, Informationen mittels »Machine Learning« zu sortieren, zu klassifizieren und zu filtern. Ein weiteres Anwendungsgebiet ist das Anonymisieren von Textstellen, wie es unter anderem vor der Veröffentlichung von Gerichtsurteilen zu erfolgen hat. Dazu werden die relevanten Textpassagen ebenso mittels »Natural Language Processing« erkannt, klassifiziert und anschließend bei Bedarf anonymisiert werden.

Technisch ist dazu seit 2018 ein auf die spezifischen Bedürfnisse der Justiz »trainiertes« KI-Service im Einsatz, welches Schritt für Schritt auf weitere Einsatzbereiche ausgeweitet werden kann. Aktuell wird KI insbesondere in folgenden Teilbereichen eingesetzt, wobei hier allen voran Algorithmen aus den Bereichen Machine Learning bzw Deep Learning zum Einsatz gebracht werden:

Schritt 1: KI zur Erleichterung der Datenerfassung (Erzeugung von Erfassungsvorschlägen)

Schritt 2: KI zur Optimierung interner Workflows (Erkennen von Zuständigkeiten)

Schritt 3: KI zur Entscheidungsunterstützung (kontextbezogene Rechtsrecherche mit automatischer Verlinkung in Rechtsdatenbanken)

Schritt 4: Einsatz von KI zur vollständigen Abbildung ausgewählter Verfahrensschritte

Die bisher gewonnenen Erfahrungen zeigen dabei das beachtliche Automatisierungspotential durch den Einsatz von KI.

Mit 1. August 2024 trat das Gesetz über künstliche Intelligenz der EU in Kraft. Es ist das weltweit erste staatenübergreifende Regelwerk, das klare Prioritäten und Standards für den Einsatz künstlicher Intelligenz festlegt, um ethische und transparente Innovationen zu fördern. Der »AI Act« (Englisch für »Artificial Intelligence Act«) stellt damit einen Ordnungs- und Steuerungsrahmen für KI-Anwendungsfälle dar und unterteilt diese in unterschiedliche Risikoklassen. Der Einsatz von KI in der Justiz wird im Rahmen des »AI Acts« grundsätzlich dem Bereich »Hochrisiko« zugeordnet, womit auch umfassende Verpflichtungen einhergehen. Nachdem der »AI Act« jedoch auch Ausnahmen dazu festlegt, insbesondere wenn die KI ausschließlich vorbereitende oder eng gefasste Verfahrensaufgaben wahrnimmt, bleibt es – wie in allen Bereichen der Digitalisierung – in der Verantwortung der Justiz, diskriminierende Ergebnisse sowie Voreingenommenheiten (»unconscious bias«) zu vermeiden. Vor diesem Hintergrund ist es unerlässlich, auch weiterhin bei der Konzeption und Umsetzung von digitalen Lösungen sicherzustellen, dass auch KI-Anwendungen den gesetztlichen Rahmen sowie insbesondere alle Grundrechte respektieren.

Justiz, IT und Legal Tech im Gleichschritt

Die »Digitalisierung« ist heutzutage allgegenwärtig – nicht nur im geschäftlichen Umfeld, sondern auch in Freizeit und Privatleben: besucht man Konzerte und öffentliche Ereignisse, ist man ringsum von Menschen umgeben, welche versuchen, wichtige Momente mit digitalen Mitteln für sich festzuhalten. Digital Austria hat diesen weitreichenden Umstand in folgendem Statement zusammengefasst: »Die Digitalisierung hat die Art, wie wir leben, verändert und sie wird es auch weiterhin tun. In einem Ausmaß, das wir uns heute noch gar nicht vorstellen können. Digitalisierung betrifft uns alle – alle Lebensbereiche.«

Demzufolge beeinflusst die Digitalisierung auch bereits seit längerer Zeit den Rechtsbereich. Dabei werden diesbezügliche Maßnahmen vielfach unter dem Titel »Legal Tech« zusammengefasst. Damit lohnt sich auch ein näherer Blick auf die Entwicklung von Legal Tech sowie im

Vergleich dazu die Entwicklung der Rechtsinformatik in der österreichischen Justiz. Beginnend ab 1980 gab es in der IKT der österreichischen Justiz einige wenige monolithische Fachapplikationen, deren Aufgabe klassische Datenverarbeitungen waren. Dass die österreichische Justiz mit dem IKT-Einsatz stets ihrer Zeit voraus war, ist nicht zuletzt daran zu erkennen, dass bereits in dieser frühen Phase der Rechtsinformatik der elektronische Rechtsverkehr (ERV) ins Leben gerufen wurde – eine Zielsetzung, welche viele andere Länder in Europa noch vor sich haben. Dieser Zeitraum wird dabei gerne unter dem Titel »Justiz 1.0« eingeordnet und erstreckt sich bis ins Jahr 2000. Nahezu zeitgleich dazu werden in der Literatur unter dem Titel »Legal Tech 1.0« Software-Lösungen zur Organisation und Unterstützung von Arbeitsläufen genannt, die hauptsächlich auf Support-Funktionen abzielten.

Die nächste Evolutionsstufe »Justiz 2.0« zwischen 2000 und 2015 machte sich die rasant wachsende Internettechnologie zu Nutze. Wesentliche Verbesserungen waren die Vernetzung der Applikationen sowie eine maßgebliche Automatisierung von Geschäftsprozessen, zB durch die automatische Erstellung von Beschlussentwürfen. Unter dem Titel »Legal Tech 2.0« werden auch hier sehr ähnlich dazu automatisierte Rechtsdienstleistungen verstanden – beispielsweise der Ersatz von Einzelschritten der juristischen Tätigkeit sowie die automatische Erstellung juristischer Dokumente wie Klagen und Beschlüsse.

Ab 2015 wurde mit »Justiz 3.0« der jüngste Evolutionsschritt begangen, dessen Ende aktuell noch nicht absehbar ist. Dabei wird das Ziel einer vollständigen Digitalisierung von Verfahren verfolgt, wozu Benutzerschnittstellen mit besonders hoher User Experience sowie durch Einsatz kognitiver Technologien zum Einsatz gebracht werden. Passend dazu wird unter dem Titel »Legal Tech 3.0« gar das Bestreben bezeichnet, ein virtuelles und mit künstlicher Intelligenz ausgestattetes Substitut (für Teile von) juristischer Arbeit zu schaffen.

»Justiz 4.0« : Anschließend an »Justiz 3.0« soll nach Maßgabe der budgetären Möglichkeiten ein verstärkter Einsatz von künstlicher Intelligenz im Kontext der vollständig digital geführten Akten und Verfahren angestrebt werden.

Damit ist unschwer zu erkennen, dass die Entwicklung der gesamten Rechtsbranche starke Parallelen zur Entwicklung des IKT-Einsatzes in der österreichischen Justiz hat – ein Umstand, der bei näherer Betrachtung auch mehr als nachvollziehbar ist.

Im Laufe der letzten 40 Jahre wurden in der österreichischen Justiz eine Vielzahl unterschiedlicher Tools entwickelt, womit stets das Ziel verfolgt wurde, den Justizbediensteten die Arbeit zu erleichtern. Im Zentrum stehen dabei natürlich die Fachanwendungen wie beispielsweise: elektronischer Rechtsverkehr (ERV), Elektronisches Grundbuch (GB), Verfahrensautomation Justiz (VJ), Elektronische Integrierte Assistenz der Staatsanwaltschaften (EliAS).

Diese werden durch eine Reihe von Assistenzsystemen ergänzt: MOVE – Vorlagen Assistent, Anonymisierungswerkzeuge, Aktenverteilsystem, Normfall Knowledge Discovery für eine Analyse von großen Datenmengen sowie die neu mit Justiz 3.0 geschaffenen Systeme eines digitalen Aktensystems und des Taskmanagements.

Digitalisierung passiert jetzt – mit oder ohne uns.

Dass die Digitalisierung der Rechtsbranche in vollem Gange ist, zeigt auch ein Blick auf die in diesem Umfeld tätigen Vereine bzw Institutionen, welche sich maßgeblich zum Ziel gesetzt haben, dass digitale Lösungen, Best Practices und Ideen einer breiten Community zugänglich gemacht werden. Wie bereits erwähnt, wird Digitalisierung zunehmenden Einfluss auf alle Lebensbereiche haben und diese mitunter radikal ändern. Dahin gehend ist auch ein Umdenken in Bezug auf Technologie erforderlich, sodass man diese weder verteufelt noch glorifiziert. Sie ist einfach Teil der neuen Normalität. Am besten lässt sich das wohl mit einem Zitat von der Webseite des US-amerikanischen Burning Man Festivals zusammenfassen: »Die angemessene Reaktion auf neue Technologien besteht nicht darin, sich zischend und zähneknirschend wütend in die Ecke zu verkriechen, sondern zu fragen: Okay, wie sollen wir das nutzen.«

Die Frage, wie man sich diese neuen technologischen Möglichkeiten in der Justiz zu Nutze machen kann, hat sich die österreichische Justiz bereits im Jahr 2013 gestellt und unter dem Titel Justiz 3.0 die strategische Initiative ins Leben gerufen.

e-Justiz-Strategie

Die Digitalisierung beschleunigt den Veränderungsprozess der über Jahre hinweg hoch entwickelten IKT-Landschaft der Justiz zunehmend und erfordert Leitlinien und Strategien für eine kontrollierte Transformation. Seit 2006 fasst die für den IKT-Einsatz im Justizressort verantwortliche Abteilung III 3 (Rechtsinformatik und Informations- und Kommunikationstechnologie) die Ziele und Grundsätze dieser Transformation in Form einer IT-

Strategie zusammen. Das Gesamtdokument ist unter www.justiz.gv.at frei abrufbar. Die Kernaussagen lassen sich wie folgt zusammenfassen:

IT-Mission: Die Justiz-IT als zentraler und kompetenter Partner versteht sich als Hebel zur Erneuerung des Justizbetriebs, als moderner und international anerkannter IT-Dienstleister und setzt die Entwicklung des IT-Einsatzes in der österreichischen Justiz fort, um den IT-Wertbeitrag durch Nutzung innovativer Lösungen und Technologien zu steigern.

IT-Vision: Die Justiz-IT nutzt die Digitalisierung zur Beschleunigung und Vereinfachung von Verfahren sowie zur Bereitstellung zeitgemäßer Services und Zugangskanäle unter Sicherstellung eines optimierten Kosten-Nutzen-Verhältnisses. Dazu stellen fachlich hochqualifizierte, motivierte IT-Mitarbeiterinnen und -Mitarbeiter eine hohe Umsetzungsgeschwindigkeit von Anforderungen bei erforderlicher Qualität und Einhaltung der Vorgaben der Unternehmensarchitektur sicher.

- Strategische Zielsetzungen:
- Zeitgemäßes Service für Justiz-Mitarbeiterinnen und -Mitarbeiter, Bürgerinnen und Bürger und berufsmäßige Parteienvertreterinnen und -vertreter,
- Beschleunigung und Vereinfachung von Verfahren durch Digitalisierung
- Erhöhung der Effizienz und Effektivität
- Mitgestaltung von europäischer E-Justiz-Strategie und nationalem e-Government
- Plangemäße Umsetzung von IT-Projekten in erforderlicher Qualität
- Sicherheit und weitere qualitative Anforderungen der IT-Lösungen
- Innovativer und kompetenter Partner der Fachbereiche
- Positives Image der Justiz

- Fokusthemen der Zukunft:
- Digitale Transformation
- Künstliche Intelligenz
- Legal Tech
- Management der Unternehmensarchitektur
- Demand- und Projektportfoliomanagement
- Innovationsmanagement
- Mobilität
- Open Source
- Cloud
- IT-Leitlinien:
- Sicherstellen einer autonomen Justiz-IT (»Interoperability«)

- Gerichtliche und behördliche Entscheidungen nicht ersetzen, sondern optimal unterstützen (»Cognitive assistance«)
- Nutzenmaximierung für die gesamte Justiz (»Holisticity«)
- Langfristige Betrachtung bei Zieldefinition und Lösungsentwurf (»Sustainability«)
- Einbeziehung neuer Benutzergruppen, ohne bestehende zu benachteiligen (»Digital by default«)
- Verfahrensdaten höchstens einmal erfassen sowie Ausbau von Schnittstellen (»Once only«)

Schlusswort und Würdigung des Jubilars

Leo Reisinger habe ich (Martin Schneider) als einziger der Co-Autoren glücklicherweise noch persönlich kennenlenen dürfen. Ich habe bei ihm im Rahmen meines Volkswirtschaftsstudiums im Wintersemester 1976/77 und im Sommersemester 1977 die Vorlesungen Statistik I und II besucht und mit Kolloquien erfolgreich abgeschlossen. Ich kann mich erinnern, dass ich diese Vorlesungen nicht nur wegen der Notwendigkeit für das Studium und meines Interesses für Statistik, sondern auch wegen des interessanten und fesselnden Vortrags von Leo Reisinger gerne besucht habe.

Das nächste Mal bin ich am Anfang meiner Tätigkeit im Bundesministerium für Justiz 1983 auf Leo Reisinger gestoßen. Ich war als Referent in einer Abteilung tätig, in der es, wie man damals sagte, um den EDV-Einsatz in der Justiz und zunächst vor allem um das »ADV-Grundbuch« ging. Bei der Suche nach fachlichem Rüstzeug für diese neue Aufgabe bin ich auf das Buch »Rechtsinformatik« von Leo Reisinger gestoßen, aus dem ich wichtige Grundlagen für meine Arbeit gewinnen konnte. Wie auch später, als ich Abteilungleiter wurde, war es mir wichtig, dass meine Abteilung nicht einfach als »IT-Abteilung«, sondern über die Technik hinausgehend die organisatorischen und rechtlichen Aspekte mitumfassend als »Rechtsinformatik-Abteilung« aufgestellt war und der Begriff »Rechtsinformatik« auch in der Bezeichnung der Abteilung bis heute seinen Niederschlag findet.

Ich bin froh, dass ich den viel zu früh verstorbenen Pionier der Rechtsinformatik in Österreich Leo Reisinger nicht nur als hervorragenden Universitätslehrer, sondern auch als einen für meine Arbeit sehr wichtigen Fachbuchautor kennenlernen und schätzen durfte.

STATISTIK UND LEGISTIK LEO REISINGER UND DIE DOKUMENTATION IM SOZIALRECHT

Josef Souhrada

Dr. Josef Souhrada, ehem. Leiter der allg Rechtsabteilung bzw Bereichsleiter Recht im Hauptverband der österreichischen Sozialversicherungsträger und der Österreichischen Gesundheitskasse

Schlagworte: Rechtsdokumentation, Sozdok, RIS, Sozialversicherungsrecht, Sozialrecht, amtliche Verlautbarungen der Sozialversicherung avsv, Legistik, Gesetzgebungstechnik, Legislative, Rechtsinformationssystem, Rechtsinformatik, Geschichte von Computer und Recht in Österreich

Abstract: Leo Reisinger war mit seiner akademischen Qualifikation in den Bereichen Informatik, Statistik und Rechtswissenschaften ein ausgewiesener Experte für die neuen Fragestellungen der 1970er Jahre. Es blieb nicht bei theoretischen Wirkungen. Seine Arbeiten wurden über die letzten Jahrzehnte zur Grundlage für die Darstellung von Rechtsvorschriften. Die heutigen Methoden der Dokumentation des Rechts in österreichischen Rechtsdatenbanken sind zu einem wesentlichen Teil auf ihn zurückzuführen. Staatliche Rechtsinformationssysteme, juristische Verlage und rechtsberatende Berufe haben ihm viel zu verdanken.

Alles geht im All dem gleichen Ziele zu, nur auf verschiedenen Wegen. Mit diesem Satz aus dem chinesischen *I Ging* beginnt die Publikation der

Dissertation von Leo Reisinger.[1] Der Satz war Anregung für diesen Beitrag über Reisingers Wege und Wirkungen auf die Rechtsdokumentation im Sozialrecht.

Am Beginn

Eine Technik sucht Anwendungen – Datenverarbeitung und Recht

Rund um das Jahr 1970 herrschte Aufbruchsstimmung, ausgelöst durch neue Themen: Studentenunruhen, Vietnamkrieg, die Folgen der Niederschlagung der Reformbewegung in der damaligen Tschechoslowakei (Prager Frühling), die Trennung der Beatles usw gaben Gesprächsstoff über Jahre. Diskussionen gab es auch durch grundlegende Veränderungen im Alltag des Bürolebens. Die elektronische Datenverarbeitung zog bei Behörden und deren Ämtern ein, damals zunächst noch oft als ADV – automationsunterstützte Datenverarbeitung bezeichnet. Ihre Anwendungsbereiche waren zunächst das »Massengeschäft«, jene Arbeiten, die in großer Zahl immer wieder zu erledigen waren und die hohe Anforderungen an Ordnung und Fehlerfreiheit stellten. Die Wünsche aus den Fachabteilungen, die sich idZ ab ca 1967 gezeigt hatten,[2] wurden bald erhört. Aus gutem Grund gehörten Abteilungen für Statistik und Rechnungswesen und allgemein daher auch die Sozialversicherung mit ihrem Dachverband zu den ersten Interessenten der neuen Technik. Eine bislang unbekannte Nebenwirkung der Anwendung von EDV, der Zwang zu Koordination und Vereinheitlichung, zeigte sich erst im Lauf der Zeit. Und das war gut so, weil eine der Hauptängste vor EDV-Umstellungen war nicht, dass sich die Arbeit der einzelnen Mitarbeiter in der Sachbearbeitungsebene im Detail geändert hätte (das tat sie angesichts der

1 *Reisinger,* Das I Ging – Eine formalwissenschaftliche Untersuchung des chinesischen Orakels, Wien 1972. Hrsg Institut für Völkerkunde der Universität Wien. In der Reihe: Acta Ethnologica et Linguistica, Band 25. Series Generalis 3. Diese Quelle (»Das Buch der Wandlungen«), ein chinesisches Orakelbuch, wird nun Yìjīng oder einfach Yijing geschrieben. Es hat verschiedene Übersetzungen erfahren, sodass der konkrete Ort bzw das Umfeld des zit Satzes für den Verfasser dieses Beitrages leider nicht genau festzumachen war.

2 ZB Computer für die Forschung. Die medizinische Dokumentationsstelle der Allgemeinen Unfallversicherungsanstalt, in: SozSi 1967, 4. *Traindl,* Der Einsatz der elektronischen Datenverarbeitung auf dem Gebiete der Renten- und Pensionsversicherung, in: SozSi 1967, 30.

laufenden Gesetzesnovellen ohnedies immer wieder), sondern dass die Rahmenbedingungen sich geändert hätten. Es ist signifikant, dass eines der großen EDV-Projekte dieser Zeit ein ganz neues Projekt war, das frühere Arbeitsgebiete zunächst nicht wesentlich beeinträchtigte: die Einführung eines Kennzeichens für mehrere Millionen Personen durch die Sozialversicherungsnummer SVNR.[3]

Entwicklung im Sozialrecht

Die juristischen Bereiche hielten sich zunächst zurück. Man konnte sich nicht vorstellen, dass die neuen »Rechenmaschinen« auch Texte behandeln könnten. Das blieb nicht lange so, dass es aber bis zu einer benutzerfreundlichen Lösung ein langer Weg würde, wusste man damals noch nicht. Auch die juristischen Berufe hatten mit den Fluten der Gesetzesänderungen eine Art »Mengengeschäft«. Der damals zuständige Jurist des Hauptverbandes[4] *Egon Schäfer* kommentierte dieses Thema wie folgt:

»Was das Sozialversicherungsrecht anlangt, so ist es einfach undenkbar, dass ein Rechtsgebiet von so großer praktischer Bedeutung für den einzelnen das Reservat einiger weniger Spezialisten sein soll und seine Anwendung von der Heranziehung einseitig ausgewählter Materialien abhängig wäre. Es ist auch kein Geheimnis mehr, dass die Verfeinerung des Sozialrechtes, eine zwangsläufige Folge immer diffiziler werdender sozialer Bedürfnisse, in zunehmendem Maße die Anforderungen an die zur Verfügung stehenden Sachbearbeiter übersteigt. Nicht zu unterschät-

---

3 *K-H Wolff*, Nummernsysteme und ihre Anwendung in der Verwaltung, in: SozSi 1974, 446. *Ders*, Versicherungsnummer und Personenkennzeichen, in: SozSi 1973, 219. Die ersten Nummern waren den Teilnehmern einer Pressekonferenz am 1. 12. 1971 übergeben worden, in: SozSi 1972, 1. Im Jahr 1973 hatten 2,7 Mio Personen ihre Versicherungsnummern-Karte (grüne Sozialversicherungskarte aus Karton) erhalten (SozSi 1973, 178). Dass die SVNR nicht zum einheitlichen österreichweiten Personenkennzeichen wurde, lag ua an den aufkommenden Datenschutzbedenken. 1971 war bereits im BKA ein Koordinationskomitee mit einer Arbeitsgruppe »Datenschutz« vorhanden. 1973 gab es den ersten Entwurf für ein DatenschutzG (zur Entwicklung s *Reisinger*, Rechtsinformatik, 307). Die weitere Entwicklung mündete aus organisatorischer Sicht letztlich in das Regelwerk des E-Government mit den (bereichsspezifischen) Personenkennzeichen: § 9 E-GovG und E-Government-Bereichsabgrenzungsverordnung – E-Gov-BerAbgrV, BGBl II 2004/289 idF 2013/213, verknüpft mit der SVNR durch § 30c Abs 1 Z 1, vorher § 31 Abs 4 Z 1 ASVG idF BGBl I 2004/18.

4 Und Lehrmeister des Verfassers, der ihm viel zu verdanken hat.

zen ist die Auswirkung von Rechtsdatenbanken auf die Gesetzgebung. Ungenauigkeiten, Mehrdeutigkeiten und Unentscheidbarkeiten können hier schnellstens aufgedeckt, Überschneidungen und Widersprüche vermieden werden. Dass der Gesetzgebungsapparat heute nicht mehr mit den sich ständig verändernden staatlichen Aufgaben Schritt zu halten vermag, ist längst offenbar geworden. Spezialisierung und Arbeitsteilung führen nicht mehr zum Ziel.«[5]

Die Rolle von Rechtsdatenbanken mag damals überschätzt worden sein, die Aussage über den »überforderten Gesetzgebungsapparat« dürfte aber heute noch[6] auf Zustimmung stoßen. Die umfangreiche 29. Novelle zum ASVG setzte erste Schritte zur Erleichterung der Administration und wurde in Fachkreisen als »Computernovelle« bezeichnet.[7] Von 1970 bis 1972 entstand in Zusammenarbeit des Bundeskanzleramtes mit dem Unternehmen IBM eine Dokumentation des Verfassungsrechts, aus der dann das »Wiener System«[8] zur Bearbeitung und Dokumentation von Rechtstexten wurde.[9] Zur Dokumentation der Rechtsentwicklung wurde von der administrativen Bibliothek des Bundeskanzleramtes die Zeitschrift »Österreichische Rechtsdokumentation« herausgegeben.[10]

---

5 *Schäfer*, Die erste Rechtsdatenbank in Österreich und ihre Bedeutung für die Rechtsinformatik, in: SozSi 1973, 35.

6 Das ASVG hatte bei Redaktionsschluss im Mai 2025 die 408. Änderung (!) aufzuweisen, siehe die *Novellenliste ASVG* (Fundstellenzitate zur Textentwicklung) unter www.sozdok.at/Übersicht – ASVG und weitere SV-Gesetze. Dazu kamen noch viele teilweise wortgleiche Novellen anderer SV-Gesetze GSVG, BSVG, B-KUVG etc Ob all diese Novellen tatsächlich notwendig waren, ist zweifelhaft, s *Glück/Souhrada/Zach*, Mehr Effizienz durch weniger Parallelgesetzgebung in den Sozialversicherungsgesetzen, in: SozSi 2017, 464–465.

7 *Schäfer*, Rezension zur 19. ErgLfg des ASVG-Loseblattkommentars von *Fürböck-Teschner*, in: SozSi 1973, 57 (ua wegen der damals von manchen als »Sakrileg« angesehenen Regelung, wonach EDV-Ausfertigungen von Schriftstücken nicht mehr händisch unterschrieben werden mussten).

8 Dieses System, auch »Wiener Projekt« genannt, ist als »Wiener Beiträge zur elektronischen Erschließung der Information im Recht«, hrsg *Friedrich Lang* und *Friedrich Bock*, Verleger IBM Österreich, Wien 1973, eingehend dokumentiert.

9 *Schäfer*, Die erste Rechtsdatenbank in Österreich und ihre Bedeutung für die Rechtsinformatik, in: SozSi 1973, 34.

10 Mit dem Subtitel »Offizielles Dokumentationsorgan für österreichisches Recht, herausgegebenen von der Republik Österreich (Administrative Bibliothek und Österreichische Rechtsdokumentation im Bundeskanzleramt)«. Verlag Brüder Hollinek, Erscheinung (nur) zehnmal jährlich von 1969 bis 1971. Einer der Einstellungsgründe war die bereits damals große Zahl an

Diese Arbeiten wurden aus dem damaligen Sozialministerium mit großem Interesse verfolgt, federführend dabei waren Hellmut Teschner und Erika Zinner.

Beginn eines Berufslebens – unter den Auspizien eines »Herrn Reisinger«

Der Verfasser dieses Beitrages begann seine Berufstätigkeit im damaligen Hauptverband der österreichischen Sozialversicherungsträger[11] im Jahr 1979. Dieser Verband hatte ua den gesetzlichen Auftrag,[12] Durchführungsregeln[13] zum Sozialversicherungsrecht zu erlassen. Da sich diese Regeln weitgehend (nur) an die Verbandsmitglieder[14] richteten, gab es außer fallweisen Regeln über die Kundmachung in der Fachzeitschrift »Soziale Sicherheit« wenig weitere Publikationsvorschriften oder gar Dokumentationsregeln dazu.

Zu einem der ersten Arbeitsgebiete des damaligen Jungjuristen gehörte die Sichtung und Sammlung dieser Rechtstexte, weil man zwar wusste, dass sie erlassen worden waren, aber Fundstellen (außer in den Büroordnern älterer Mitarbeiter der Fachabteilungen) nicht vollständig greifbar waren, noch ganz zu schweigen von klarem Überblick[15] über den

---

Durchführungsregeln (es wurden ohnedies nur die Publikationsdaten, nicht aber die Inhalte angeführt), welche eine einigermaßen aktuelle Darstellung in Papierform wegen des damals enormen Aufwandes samt Kosten unmöglich machte. Ein weiterer Grund war wohl auch das mangelnde Interesse in den Verwaltungsdienststellen an einem Gesamtüberblick über die Rechtsordnung, weil man nur die Regeln des jeweils eigenen Arbeitsbereichs kennen musste und es sonst bis auf wenige spezialisierte Anwaltskanzleien und Lohnverrechnungen praktisch keine Interessenten gab. Der heute auf leicht zugängliche Publikationen angewiesene größere Personenkreis aus interessierten Staatsbürgern oder »public watchdogs« (vgl 2025, VfSlg 20.446, 20.582, 20.590, E 942/2024) existierte damals noch nicht, ebenso nicht eine Diskussion über Informationsfreiheit.

11 Seit 2020 durch das Sozialversicherungs-OrganisationsG BGBl I 2018/100 neuer Name (keine Rechtsformänderung) »Dachverband der Sozialversicherungsträger«, § 30 Abs 1 ASVG.

12 Damals § 31 (ab 2020 § 30) ASVG, vielfach geändert.

13 Richtlinien, Feststellungen beitragsfreier Entgeltbestandteile, Musterregeln und natürlich die eigene Satzung, für die angehörenden SV-Träger kamen noch hinzu Festsetzungen von Trinkgeldpauschalen, Krankenordnungen etc.

14 Sozialversicherungsträger wie Krankenkassen, Pensionsversicherungsanstalten, Unfallversicherungsanstalt.

15 Was angesichts der seinerzeitigen Kundmachungspraxis im Amtsblatt zur

Rechtsbestand. In der Zeit vor dem Internet war das, nicht nur im Sozialrecht, ein weit verbreiteter Zustand, der sich auch durch gedruckte Unterlagen[16] noch auf Jahrzehnte als wenig effizient erweisen sollte. Es gab bereits das bissige Bonmot, wonach die Kenntnis des geltenden Rechts dem Zufall überlassen sei.[17] Dass dieser Arbeitsauftrag an die Schnittstellen zwischen öffentlichem und privatem Recht sowie zu Themen des Verfassungsrechts und der Rechtsphilosophie führen würde, war nicht zu ahnen und wurde erst im Lauf der nächsten Jahre bewusst.

Als damals frisch von der Universität kommender Jungjurist, der im Rahmen seiner Arbeiten auf die Möglichkeiten von Computern aufmerksam wurde, erhielt er einen der ersten konkreten Hinweise zu seiner Arbeit nicht etwa von juristischen Kollegen (die allem, was mit Computern zu tun hatte, vorsichtig aus dem Weg gingen), sondern aus der Statistikabteilung seines Büros. Es wurde ihm erzählt, ein junger Statistiker an der Universität habe kürzlich »ein Buch über Recht und Computer« geschrieben.[18] Schon das erweckte Neugier, speziell vor dem oben geschilderten Hintergrund der Aufarbeitung von Rechtstexten. Diese Neugier wurde verstärkt durch den Hinweis am Beginn dieses Werkes auf Philipp Melanchthon (1497–1560), wonach eine systematische Rekonstruktion des Rechts nur durch Anwendung logischer und mathematischer

Wiener Zeitung und der Fachzeitschrift Soziale Sicherheit nicht verwunderte. Die Kundmachung der Wiederverlautbarungen nach § 593 Abs 3 ASVG, avsv (dazu siehe unten) 2005/189, belegt beispielsweise, dass für diese Arbeiten in Einzelfällen bis in das Jahr 1948 und allgemein weit in die Jahre vor Inkrafttreten des ASVG 1956 zurückgegriffen werden musste.

16 Wie die Bände des 1985 bis 2021 vom Bundeskanzleramt herausgegebenen Index »Systematisches Verzeichnis des geltenden Bundesrechts«, dessen Erscheinen über die Jahre von Helga Stöger und ihrem Team besorgt wurde, das auch das entstehende RIS betreute. Zum Beginn s *Manak*: INDEX 1985 – Ein systematisches Verzeichnis des geltenden Bundesrechts, in: Fakten, Daten, Zitate: das Informationsangebot für Wissenschaft & Wirtschaft. Hrsg von der Österreichischen Gesellschaft für Dokumentation und Information, Sozialwissenschaftliche Dokumentation, Kammer für Arbeiter und Angestellte für Wien, Heft 1/1985, 1.

17 Zugeschrieben *Spiros Simitis*: *Forgó/Holzweber*, Von der Bedeutung des Netzwerk(en)s in der frühen Rechtsinformatik in Österreich, in: *Handstanger/Kreuzbauer/Schefbeck* Strukturen und Symbole des Rechts, Festschrift für Friedrich Lachmayer FN 19, 72.

18 Es handelte sich um das Werk von *Reisinger*, Rechtsinformatik, Berlin – New York 1977.

Methoden zu erreichen sein solle.[19] Logik? Mathematik bei der Aufarbeitung von Durchführungsregeln der Sozialversicherung? Was das für Methoden hätten sein sollen?[20] – Das blieb im Detail auch im zit Buch offen. Was nicht weiter störte, denn wichtiger wurden die praktischen Ausführungen dieses Werkes. Ein Abschnitt[21] beschäftigte sich mit Verwaltungsautomatisation und Organisation und behandelte das bereits bei der Dokumentation des Sozialrechts im damaligen BM für soziale Verwaltung verwendete Abfragesystem STAIRS.[22] Das Buch von *Reisinger* ließ einen technisch-organisatorischen Rahmen erkennen, in dem die Aufbereitung der erwähnten Rechtstexte möglich schien. Dass Rechtsdokumentation nur ein Teil der Rechtsinformatik sein könne, war bereits damals bewusst. An die heutige Ausstattung von praktisch allen administrativ tätigen Arbeitsplätzen war noch nicht zu denken.

Diskussionsthemen

Angesichts der manchmal naiv-überzogenen Vorstellungen von der »Allheilkraft« elektronischer Rechtsdokumentation stärkte es jedenfalls den Rücken der am Projekt Beteiligten, dass Reisinger festhielt:

»Durch die Unschärfe der natürlichen Sprache ist die Forderung, alles relevante Material und nur dieses im Information Retrieval zu erhalten, in der Regel nicht vollständig erfüllbar.«[23]

Damit blieb es möglich, die elektronische Dokumentation als bloße Hilfe für die juristische Arbeit anzubieten, ohne Ängste dahin auszulösen, die Juristen würden »durch den Computer ersetzt« werden. Diese Ängste, die in geringerer Form noch lange bestehen blieben, bildeten

19 *Reisinger*, Rechtsinformatik, Abschnitt 1.1.2, 15.

20 Das hätte ua Inhalt eines Gespräches des Verfassers mit Leo Reisinger sein sollen, welches auch auf einem der Wiener Hausberge möglich gewesen wäre, aber nicht mehr zustande kam.

21 *Reisinger*, Rechtsinformatik, Abschnitt 4.10.2, 469.

22 **S**torage **a**nd **I**nformation **R**etrieval **S**ystem. *Reisinger*, Rechtsinformatik, Abschnitt 3.6.2, 182. Dieses System wurde (unter CICS, einem **C**ustomer **I**nformation **C**ontrol **S**ystem von IBM und dem **d**eutschsprachigen **D**ialog**s**ystem DDS) auch von der am 28. 10. 1986 eröffneten Rechtsdatenbank RDB der österr jurist Verlage verwendet: *Fitzthum,* Eröffnung der Rechts-Datenbank (RDB), in: Fakten, Daten, Zitate: das Informationsangebot für Wissenschaft & Wirtschaft. Hrsg von der Österreichischen Gesellschaft für Dokumentation und Information, Sozialwissenschaftliche Dokumentation, Kammer für Arbeiter und Angestellte für Wien, Heft 4/1986, 4.

23 *Reisinger*, Rechtsinformatik, Abschnitt 3.3.3, 154.

immer wieder spürbare Hemmnisse für die Entwicklungsarbeiten. Die Dokumentationsarbeiten gerieten rasch in einen Strudel von mehr oder wenig ausgegorenen Einwänden und Bedenken, die aber ernst zu nehmen und möglichst auszuräumen waren (nicht zuletzt, weil sie von erfahrenen und projektrelevanten dienstälteren Kollegen und Vorgesetzen kamen).

Eine weitere Angst lag darin, dass »mit dem Computer« der Inhalt einer Rechtsvorschrift (gemeint: einschließlich des Willens des Gesetzgebers) nicht wiedergegeben werden könne, sondern lediglich deren Text. Diese Sicht galt aber genauso für die Druckfassungen von Rechtsvorschriften. Es musste Skeptikern klargemacht werden, dass der Einsatz der neuen Technik nicht die Auslegungsmethoden verändern könne – und dürfe. Ein Seitenstrang der Arbeiten war daher die Darstellung der Vorschriften in der bisher gewohnten Art einer Loseblattsammlung als Beilagen zu den Heften der Fachzeitschrift »Soziale Sicherheit« – SozSi.[24]

Die letzten Absätze mögen trivial erscheinen, man darf allerdings den Hintergrund der täglichen Büroarbeit[25] nicht übersehen. Neue Projekte (oder solche mit »ausgefallenen« Themen) werden nicht selten jüngeren Mitarbeitern übertragen, um sich zu bewähren. Wenn diese dann mit neuen Ideen und Methoden kommen, stoßen sie ebenso oft auf Skepsis. Dann ist es äußerst hilfreich, wenn es bereits wissenschaftlich aufbereitete Literatur gibt, auf die sie sich berufen können. In diesem Sinn waren das »blaue und das rote Buch« über die Rechtsinformatik von Reisinger bzw über die legistische Analyse von Gesetzesstrukturen von Lachmayer/Reisinger[26] eine kaum zu unterschätzende Hilfe. Die Grundlagenarbeit dieser beiden Autoren hatte praktischen Wert, auch wenn man diesen seinerzeit kaum bei der Dokumentation des Sozialversicherungsrechts vermutet hätte.

Die geschilderte Situation traf weiters auf eine, nicht völlig entfernt liegende, öffentliche Diskussion mit dem Schlagwort »besserer Zugang zum Recht«. Die Vorstellungen dazu, wie dies am besten erreichbar sei, gingen weit auseinander – viele Gedanken bauten auf den Erfahrungen

---

24 Auf Dauer dokumentiert von der Österr Nationalbibliothek im System »ANNO« https://anno.onb.ac.at/: Soziale Sicherheit/Sammlungsübersicht, zB 1988.

25 Und den damaligen Alltag der Arbeit mit Großrechenanlagen, die *sehr* weit entfernt von dem waren, was heute als »Textverarbeitung« bekannt ist. Erst der PC »brachte den Computer zum Menschen«.

26 *Lachmayer/Reisinger*, Legistische Analyse der Struktur von Gesetzen, Wien 1976.

der Vergangenheit auf.[27] Dass »Recht« nicht allein aus den bloßen Texten kundgemachter Regelwerke bestünde, war damals nicht mehr allgemein Konsens. Die simple Aussage, die bereits 1812 mit § 6 ABGB in Kraft getreten war,

»Einem Gesetze darf in der Anwendung kein anderer Verstand beygelegt werden, als welcher aus der eigenthümlichen Bedeutung der Worte in ihrem Zusammenhange und aus der klaren Absicht des Gesetzgebers hervorleuchtet.«

schien Gefahr zu laufen, in Vergessenheit zu geraten.[28] Zur Bedeutung der Worte kommen noch deren Zusammenhang *und* die Absicht des Gesetzgebers. Wer im Sozialrecht arbeitete, hatte laufend damit zu tun – Sozialrecht ist damals wie heute (auch) vor dem Hintergrund des Willens des Gesetzgebers[29] auszulegen und nicht am bloßen Wortlaut.

Nicht oft genug kann eine Aussage von Lachmayer aus dem Buch aus 1976 zitiert werden, dessen Co-Autor Reisinger war:

»[...] Wenn sich eine Person mit einem Rechtsproblem konfrontiert sieht, möchte der Rechtssuchende wissen, in welcher Weise die gesamte Rechtsordnung zu diesem Problem Stellung nimmt. Was die einzelne

27 Wie zB der Vorschlag, die Medien zu verpflichten, regelmäßig Berichte über neue Regelungen nach einem einheitlichen Schema zu veröffentlichen, also »in Tageszeitungen und dem Radio ein kleines Amtsblatt zu gestalten« (und sei es durch Inserate der öffentlichen Hand, was die Herkunft dieses Vorschlags vielleicht erhellen könnte). Zur damaligen Diskussion auch: Österr Gesellschaft für Öffentlichkeitsarbeit des Informationswesens, Österr Institut für Bibliotheksforschung, Informations- und Dokumentationswesen (Hrsg), Mittelfristige Perspektiven einer nationalen Informationspolitik, Symposium vom 5.–6. April 1984, WU Wien, in: Fakten, Daten, Zitate; Sonderheft zu Jahrgang 4 1984.

28 Dass ein falsch verstandener Rechtspositivismus bzw das Schlagwort einer (ebenso falsch verstandenen) »reinen Rechtslehre« dazu beitrugen, ist hier nicht zu untersuchen. Nicht selten waren auch Hinweise auf Art 18 B-VG und das Legalitätsprinzip der österr Bundesverfassung zu hören – diese Hinweise unterstützten im Ergebnis jedoch die technische Aufbereitung von Rechtstexten durch Datenverarbeitung, weil dadurch der Grundsatz, dass die gesamte staatliche Verwaltung nur auf Grund der Gesetze ausgeübt werden dürfe, gefördert wurde.

29 In der Annahme, dass der Vorschriftentext diesen Willen richtig wiedergibt, was nicht selbstverständlich ist. S dazu den Beitrag des *Verf* »Ausweitung des legislativen Kontextes – Nicht alles, was gilt, ist auch so kundgemacht«, in: *Glück*, Konsolidierung von Rechtsvorschriften: über den buchstäblichen und den lesbaren Text von Gesetzen, Wien 2015, 147.

Norm zu der Frage sagt, mag zwar interessant sein, für die Rechtsverwirklichung ist jedoch nur maßgeblich, was sich aufgrund der gesamten Rechtsordnung zu dieser Frage ergibt. [...]«[30]

Nicht zuletzt mit diesen Zitaten war es möglich, überzogenen Vorstellungen an eine Rechtsdokumentation zu begegnen, aber auch, ungerechtfertigte Ängste wenigstens zu mildern.

Es geht auch nicht (nur) um äußere Schönheit von Rechtsvorschriften. *Wiederin* darf hier mit einer Aussage zitiert werden, die nicht nur für die Verfassung eines Staates, sondern für alle Regeln gelten muss:

»... [Rechtsvorschriften] leben von der Bereitschaft, nach ihren Regeln zu spielen, und wenn ihnen überdies noch Vertrauen entgegengebracht wird, dann bewähren sie sich auch, in aller Schönheit.«[31]

Die hier genannte Bereitschaft ist ein hohes Gut, das nicht beliebig und schon gar nicht mutwillig in Frage gestellt werden darf. Es entsteht nicht von selbst, kann aber unbeabsichtigt schwer geschädigt werden, speziell in Zusammenhängen, die ohnedies schon aus anderen Gründen umstritten sind, wie es im Sozialrecht und auch anderen, von wechselnden parlamentarischen Mehrheitsverhältnissen betroffenen Rechtsbereichen immer wieder vorkommt. Regelwerke, welche unverständlich oder weltfremd erscheinen, gehören zu den einschlägigen Schadensursachen. Das oben zitierte Vertrauen muss gestärkt und gefördert werden. Es gibt Anlassfälle der letzten Zeit, in deren Zusammenhang das dringend notwendig erscheint.[32]

Es zeigte sich, dass Statistiker und Juristen vielleicht einander fremd sind in ihren Arbeitsmethoden und ihrer (Fach-)Sprache. Aber nicht im Denken. In beiden Bereichen geht es um die Anwendung von Regeln auf Fakten. Es ist zu lernen, welche Rolle Überlegungen von völlig »rechtsfremden« Personen wie Statistikern und Datenverarbeitungsspezialisten in der rechtlichen Praxis, speziell beim Entwerfen vor Vorschriftentexten, spielen können (und müssen, weil diese Rolle ist grundlegend für die Anwendung der entstandenen Vorschriften). Diese Schnittstelle der Legistik kann hier nur gestreift werden, aus höherer Sicht sind Statistik

30 *Lachmayer/Reisinger*, Legistische Analyse der Struktur von Gesetzen, Wien 1976, 26.

31 Im Zusammenhang mit Äußerungen des österreichischen Bundespräsidenten Van der Bellen im Rahmen des Verfassungstages 2019 und bei mehreren anderen Gelegenheiten: *Bergthaler/Ennöckl/Kerschner/Wagner*, Von der Schönheit und Eleganz der österreichischen Bundesverfassung, in: Recht der Umwelt 2023, 177.

32 Zu denken wäre hier an die Pandemie-Gesetzgebung der letzten Jahre.

und Legistik einander nicht so fremd wie man auf den ersten Blick meinen möchte. Zumindest für den Juristen lohnt sich der Blick über den Hofzaun:

»[...] Statistik ist die Lehre von Methoden zum Umgang mit quantitativen Informationen (Daten). Sie ist eine Möglichkeit, eine systematische Verbindung zwischen Erfahrung (Empirie) und Theorie herzustellen. Unter Statistik versteht man die Zusammenfassung bestimmter Methoden zur Analyse empirischer Daten. Ein alter Ausdruck für Statistik ist Sammelforschung. [...]«[33]

Das ist leicht in der Fachsprache der legistisch tätigen Juristen zu paraphrasieren: Legistik ist die Lehre von Methoden zum Umgang mit Informationen (Daten über Fakten und Vorstellungen des Normsetzers). Sie ist eine Möglichkeit, eine systematische Verbindung zwischen Erfahrung (Empirie) und Theorie, zwischen Sein und Sollen[34] herzustellen. Unter Legistik versteht man die Zusammenfassung bestimmter Methoden zur Analyse empirischer Daten und zur Umsetzung der Ergebnisse in Regelwerke. Ein alter Ausdruck für »Legistik« könnte »Sammelforschung betreffend politischer Wünsche« sein.

Die Wurzeln der Dokumentation des Sozialversicherungsrechts – Sozdok

Das bereits erwähnte »Wiener System« des BKA hatte eine Eigenschaft, die bei den Legisten des Sozialressorts auf großes Interesse stieß: Es erschien möglich, einen Gesetzestext über die mit ihm verbundenen Zeitangaben zu Publikation, Inkrafttreten, Außerkrafttreten etc so aufzubereiten, dass daraus die Herstellung eines vollständigen Gesetzestextes möglich erschien. Das sicherte das »Überleben«[35] der bereits geleisteten umfangreichen Projektarbeit im Sozialressort.

---

33 https://de.wikipedia.org/wiki/Statistik (abgerufen am 20. Mai 2025).

34 Die Herren Immanuel Kant und Hans Kelsen seien um Nachsicht für die freche Entlehnung dieser Wörter gebeten. Um die reine Rechtslehre, also die Theorie des positiven Rechts, geht es hier keineswegs, eher um das Gegenteil. Aber auch eine Abzweigung in die Gesellschafts- und andere Wissenschaften zum Verhalten von Menschen wie Soziologie, Psychologie, Religion, Ethik und Politik bleibe beiseite gelegt, obwohl es einschlägige Diskussionen in den 1970er-Jahren auch im vorliegenden Zusammenhang gab.

35 Ausdrücklich mit dem Wort »überlebt« verbunden von *Gerfried Mutz*, Erinnerungen an die Anfänge der Rechtsinformatik in Österreich, in: *Forgó/Holzweber/Reitbauer*, Informationstechnologie in Recht und Verwaltung. Anfänge und Auswirkungen des Computereinsatzes in Österreich, Wien 2011, 24.

Die Arbeitsbasis war allerdings schwierig: Mangels der heute möglichen Textauszeichnungs- und Formatierungsmöglichkeiten, Absatz- und Zeichen-Formatvorlagen, Gliederungsansichten usw war es am Anfang notwendig, die zu bearbeitenden Text mit speziellen Zeichenfolgen zu markieren. Eine Textstelle, der derogiert werden sollte, hatte zB zwischen den Sonderzeichen && … && zu stehen. Die SozDok war zwar nicht direkte Nachfolgerin des »Versuchsprojektes Verfassungsrecht« mit dem »Wiener System«, musste aber zumindest anfangs mangels anderer Möglichkeiten – mehrere Verfahrensweisen aus dem Versuchsprojekt übernehmen. So zB musste die Sozdok für Texteingaben eine Variante der sogenannten »normierten Schreibweise« des Versuchsprojektes verwenden, wonach (im Versuchsprojekt) das Zitat »Artikel 5 § 16 Abs 3 lit c 2. bis 5. Zeile« für die Rechtsdokumentation in der Darstellungsweise »AR5 = PA16 = AB3 = Llc = ZE(2 bis 5)« darzustellen war. Dass das für Verwender im Alltagsbetrieb unzumutbar war, liegt auf der Hand.[36]

Ein weiteres Thema war, in welcher Form eine Novellierung ausgedrückt werden sollte: Wenn eine Gesetzesnovelle anordnete, dass zB in einem Absatz 3 der Ausdruck »46« durch den Ausdruck »48« ersetzt werden sollte, war es für die Praxis unbrauchbar, den Inhalt der Novelle (nur) mit »48« zu dokumentieren und alle anderen Angaben, die dem Verständnis notwendig waren, in die Begleitdaten (Metadaten) zu verschieben. Eine Anforderung aus dem Benutzerkreis ging dahin, dass der Inhalt einer Änderungsanordnung mit seinem Umfeld (siehe oben: der »Zusammenhang« der Worte ist wichtig) möglichst auf einen Blick erkennbar sein sollte. Das führte dazu, dass als kleinste Auswertungseinheit zunächst der Absatz einer Rechtsvorschrift oder (falls keine Absätze vorhanden waren) Paragraf oder Artikel herangezogen werden sollten, nicht jedoch einzelne Sätze oder gar nur die Zeichenfolgen einer Novellierungsanordnung.

Andererseits wurde verlangt, man möge von einer Fassung des Gesetzes auf eine frühere oder spätere Fassung blättern können. Damit erwies sich auch der ursprüngliche Plan einer Dokumentation auf Absatzebene als zu schwerfällig und somit hinfällig – als Dokumentationseinheit wurde letztlich der Paragraf gewählt (auch wenn in ihm nur vielleicht ein einziges Zeichen das Thema der Novelle gewesen wäre). Die optisch sinnvolle Aufbereitung des Textes gewann im Lauf der Arbeit immer stärkeres Gewicht vor theoretischen Überlegungen. Wer heute im RIS in

36 Schlussbericht des Rechtsdokumentationsausschusses zum ASVG 1995, Abschnitt 9.1.

der konsolidierten Fassung eines Gesetzes von einer Fassung eines Paragrafen in eine spätere blättert, denkt nicht mehr daran, dass er keinen Novellentext vor sich hat, sondern einen »Kunsttext«, der aus der jeweiligen Novelle und dem sie umgebenden, im selben Paragrafen stehenden, Text besteht. Den Einwänden, dass man damit ja nicht mehr den »echten« Gesetzestext vor sich habe, konnte rein praktisch dadurch begegnet werden, dass auch die gedruckten (oder von manchen noch händisch mit Schere und Klebeband geführten) Textausgaben einen (lesbaren!) Text böten, der sich aber erst aus der Bearbeitung des Gesetzestexts ergäbe.

Das Sozialversicherungsrecht hat auch, wie wohl fast keine anderen Rechtsbereiche, die Eigenschaft, dass es »überlappende« Novellen gibt: Das sind Situationen, in denen (zur selben Bestimmung!) eine Novelle rückwirkend erlassen wird (bzw in Kraft tritt), noch ehe die vorangehende Novelle in Kraft getreten ist. Das kann geradezu teuflische Auswirkungen haben: Bis zum Inkrafttreten der zweiten Novelle glaubt der Normadressat zu wissen, wie das Gesetz lauten würde, nach deren Inkrafttreten ist es aber anders. Damit spielen für die Frage, ob Rechtsunkenntnis vorwerfbar ist, das Kundmachungsdatum und das Abfragedatum eine wesentliche Rolle. Alle Versionen sind (im BGBl) »gehörig kundgemacht«.[37] Zwischen dem Tag, an dem ein Text einer Bestimmung gelesen wird (Sichttag) und dem Tag, an dem dieselbe Bestimmung anzuwenden ist (Stichtag), kann aber ein Unterschied sein. Wenn der Sichttag vor der Kundmachung der zweiten Novelle liegt, kann dem Rechtsanwender (dessen Berater) kein Vorwurf gemacht werden, nachher aber schon. Es kann sich dabei um wenige Tage handeln.[38] Die Aufbereitung solcher Situationen (Verwendung des Abfragetages für die Frage, »was hätte der Leser am Tag x kennen müssen«), somit die Zeitschichtenabfrage, wurde zu einem Kernarbeitsgebiet der SozDok und wird auch in das RIS übernommen werden können, wenn dort ein weiteres Feld »Abfragedatum« eingeführt und der Abfragezeitpunkt in die Errechnung des gewünschten Ergebnisses einbezogen wird.

Ein weiterer Themenbereich war das open government und die davon betroffenen offenzulegenden Informationen. Die Sozdok sollte zur Offenlegung der Rechtsgrundlagen beitragen.[39]

---

37 § 2 ABGB, gilt seit 1812.

38 *Glück*, Inhalt und Funktionen der SozDok, in: SozSi 2012, 238.

39 *Glück/Schipany/Souhrada*, Open government data – Aktivitäten der SozDok, in: SozSi 2012, 510. Die Dokumentation der SozSi im Projekt »ANNO« der Nationalbibliothek macht diese Liste einfach zugänglich, https://anno.onb.ac.at/.

Die Beschäftigung mit chinesischen Weisheitstexten könnte in Verdacht geraten, ein Hobby von Rechtsinformatikern zu sein. Auch der Projektmanager der RDB 1984–1988 *Robert Fitzthum* gehört zum chinaaffinen Personenkreis. Es wäre zwar generell nicht richtig, bei der Dokumentation des Sozialrechts den Text mancher Gesetze mit einem altchinesischen Orakel in Verbindung zu bringen. Wohl aber ist es gerechtfertigt, angesichts von Novellenfluten und umfangreichen Blöcken von Novellentexten,[40] deren Berechtigung nicht immer klar ersichtlich ist, das Thema Effizienz zu erwähnen.[41] Die folgende Stelle befasst sich mit Effizienzgesichtspunkten im alten China. Es wird nur wenige historische Texte geben, die Zahlen und Gesetzesänderungen in solcher Klarheit verbinden.

Ein altes chinesisches Buch, das Tao-Tê-King des *Lao-tse* (6. Jh. v. Chr.), beginnt in einer seiner vielen Übersetzungen im Kapitel 60 mit dem Satz:

»Regier ein großes Land, als ob du brietest kleine Grundeln.«

Gemeint soll sein (Grundeln sind kleine Fische): wirksam, mit ruhiger Hand, überlegt, nicht zick-zack, vorsichtig, um ein Zerfallen bereits beim Braten zu vermeiden.

Als Kommentar von Han Fe-dsĕ[42] ist dazu der folgende Text publiziert:[43]

»Wechselt ein Handwerker häufig seine Tätigkeit, so büßt er von seiner Leistung ein; wird ein Arbeiter häufig verschoben und versetzt, so büßt auch er von seiner Leistung ein. Wenn ein Mensch täglich bei seiner Arbeit einen halben Tag verliert, so verliert er in zehn Tagen die Leistung von fünf Menschen. Und wenn zehntausend Menschen bei ihrer Arbeit täglich einen halben Tag verlieren, so geht in zehn Tagen die Leistung von fünfzigtausend Menschen verloren. Daher: je häufiger die Leute ihre Tätigkeit wechseln, desto größer wird der Mangel sein. Führt man neue Gesetze und Verordnungen ein, so verändern sich im allgemeinen Nut-

---

40 Allein die 29. ASVGNov BGBl 1973/31 hatte 66 Seiten, das gesamte sie umfassende Novellenpaket im 11. Stück des BGBl 1973 umfasste 131 zweispaltige Seiten.

41 Diese Stelle wurde in legistischen Zusammenhängen bereits einmal publiziert, *Glück/Souhrada/Zach*, Mehr Effizienz durch weniger Parallelgesetzgebung in den Sozialversicherungsgesetzen, in: SozSi 2017, 464–472.

42 Han Fei, Han Fei Zi, + 233 v. Chr., aus: Beispiele zu Lao-tse (Buch 7 des Han Fe-dsĕ).

43 Zitiert nach: Lao-tse: Tao-Tê-King. Das heilige Buch vom Weg und von der Tugend. Übersetzung, Anmerkungen und Nachwort von Günther Debon, Stuttgart 1961, 2012, 115.

zen und Schaden. Wenn Nutzen und Schaden sich ändern, so werden auch die Pflichten des Volkes wechseln. Ein Wechsel in den Pflichten des Volkes bedeutet, dass sie ihre Tätigkeit wechseln. Somit ergibt eine logische Betrachtung: Wenn die Staatsaufgaben so zahlreich sind, dass man die Leute häufig verschieben muss, so bleibt ihre Leistung gering; und wenn man ein großes Gefäß, das man bewahrt, allzu häufig hin und her setzt, so wird es viel Beschädigung erleiden. Brät man kleine Grundeln und schiebt sie zu häufig hin und her, so zerstört man ihre Zubereitung. Regiert man ein großes Land und ändert allzu oft die Gesetze, so wird das Volk darunter leiden. Deshalb schätzt ein Herr, der den Weg hat, die Leere und Stille und nimmt Gesetzesänderungen ernst.«

Und noch etwas aus diesem chinesisch-mathematischen Zusammenhang, nämlich die Antwort eines Beraters am Hof eines Herrschers auf dessen umfangreiche Reformvorhaben:

»Wenn der Nutzen nicht hundertfach, ändert man kein Gesetz. Wenn der Erfolg nicht zehnfach, wechselt man kein Gerät.«

Die alten Chinesen kannten das ASVG noch nicht. Zumindest zu diesem Gesetz sei dem Verfasser die Anmerkung erlaubt, dass es manchmal »zur Klarstellung« Gesetzesnovellen gegeben hat, deren Nutzen oder Notwendigkeit fraglich blieb, mögen sie auch auf subtile Details der Verfassungsrechtslage im österreichischen Gesundheitswesen zurückzuführen gewesen sein. Als Beispiele seien die diversen Regeln im Rahmen der letzten COVID-Pandemie erwähnt – eine klare Kompetenz des Bundes bzw des öffentlichen Gesundheitswesens hätte mehr Einfachheit bringen können. Und die Fragen Außenstehender vermeiden helfen, warum man in einem Gesetz, das für den sozialen Schutz von *Dienstnehmern* erstellt ist (das ASVG), Regeln schafft, die für *alle* Einwohner des Landes unabhängig von deren Erwerbstätigkeit zu gelten haben – nur deswegen, weil es dem zuständigen Gesundheitsministerium über Jahrzehnte nicht gelang, eine Epidemiegesetzgebung nach aktuellem Stand der Wissenschaften zur Diskussion vorzulegen?

Es sei dahingestellt, ob all diese Vergleiche heute noch passen, ob man die »Leere und Stille« schätzen sollte, aber Gesetzesänderungen überlegt vornehmen, somit ernst nehmen: ja! Warum das hier steht? Das Sozialversicherungsrecht hält mit dem ASVG bei über 400 Änderungen seit 1955. Die Gesamtzahl der nahezu wortlautgleichen Begleitänderungen in anderen Gesetzen wurde noch nicht erforscht. Weitere Rechtsbereinigung könnte ein Schritt zu einem übersichtlichen österreichischen Sozialgesetzbuch sein.

Damit schließt sich der Kreis

Wie das Zitat des *I Ging* in der Einleitung dieses Beitrages feststellt, kamen auch bei der Dokumentation im Sozialrecht verschiedene Wege zu einem gemeinsamen Ziel:

Am Anfang, um das Jahr 1970, stand das Projekt des BKA zum Verfassungsrecht mit dem »Wiener System«. Dann teilte sich die Entwicklung: Im BKA entstand ab ca 1983 über die »Bundesnormendokumentation«[44] der Weg, der 1997 zum öffentlich zugänglichen RIS führte, im Sozialministerium wurde das Sozialrecht seit 1977 auf gesetzlicher Grundlage[45] in der Sozdok betreut. Im BKA entstanden Dokumente zur Rechtsbereinigung, die letztlich zu den RechtsbereinigungsG des Bundes[46] führten. Aus der Sozdok heraus entstand die erste Kundmachungsplattform für verbindliche Rechtstexte. Aus den amtlichen Verlautbarungen der Sozialversicherung in der Fachzeitschrift »Soziale Sicherheit« wurde die authentische elektronische Kundmachung unter dem Kurztitel avsv. Sie umfasste auch die Aufhebung aller früheren, nicht neu kundgemachten Rechtstexte auf Verordnungsebene des SV-Rechts[47] und wurde 2002 wirksam.[48] Die Rechtsbereinigung auf Gesetzesebene (Neubeschlussfassung des ASVG etc) blieb trotz Schaffung einer eigenen Kommission leider stecken. Die Rechtsbereinigungskommission hatte 1994 einen Unterausschuss eingesetzt, der sich mit der Dokumentation des ASVG

---

44 *Faunie*, Die Bundesnormendokumentation, in: Fakten, Daten, Zitate, Heft 1/1985, 3.

45 Beginnend mit § 31 Abs 3 Z 19 und Abs 8 idF 32. ASVGNov, BGBl 1977/704; *Widlar,* Kodifikation und Dokumentation des Sozialversicherungsrechts, in: SozSi 1977, 241; *Widlar/Zinner*, Die Dokumentation des Sozialversicherungsrechts, in: SozSi 1980, 390; § 31 Abs 4 Z 4 und Abs 10 ASVG idF 52. ASVGNov BGBl 1994/20 (SozSi 1994, 20). Mit Abs 10 wurde auch die Finanzierung durch Ministerium und Hauptverband endgültig sichergestellt. Weitere Literatur s *Schlussbericht des Rechtsdokumentationsausschusses zum ASVG* 1995, Abschnitt 1.3., 4.

46 Erstes Bundesrechtsbereinigungsgesetz – 1. BRBG vom 13. 7. 1999, BGBl I 1999/191; Zweites Bundesrechtsbereinigungsgesetz – 2. BRBG vom 4. 7. 2018, BGBl I 2018/61.

47 Wegen der Beschränkung auf die Verordnungsebene war es möglich, dies nur einfachgesetzlich ohne Verfassungsbestimmung festzulegen: § 31 Abs 9 und § 593 Abs 1 Z 2 und Abs 3 ASVG idF BGBl I 2001/99 (58. ASVGNov).

48 *Souhrada*, www.avsv.at: Amtliche Verlautbarungen der Sozialversicherung im Internet. Zu den Änderungen in § 31 Abs 8, 9 und 9a ASVG ab 1. Jänner 2002 durch die 58. Novelle zum ASVG, in: SozSi 2002, 6.

befassen sollte.[49] Der Schlussbericht ist in der Sozdok kostenfrei zugänglich.[50] Parallel dazu und mit den Erfahrungen aus der Sozdok bzw avsv entstand auf Grundlage des KundmachungsreformG 2004[51] mit der Nov zu Art 49 B-VG die Kundmachungsplattform des RIS. Diese wurde 2004 wirksam, wobei der bei den Kundmachungen vorhandene Partikularismus für die LGBl auf Gesetzesebene durch deren Einbindung in das RIS in den Jahren 2014/2015 behoben werden konnte. Für die Durchführungsregeln ist dieser Partikularismus auch 2024 noch weitgehend vorhanden (Verordnungen der Länder und nachgeordneter Dienststellen, wie es bei der Sozialversicherung längst geschehen ist). Ab dem Jahr 2016 wurden die amtlichen Verlautbarungen der SV in das RIS übernommen und dort fortgeführt,[52] sodass seit damals eine einheitliche elektronische Kundmachungsplattform des Bundes (und in weiterer Folge auch der Länder) besteht.

Wesentlich für diese Entwicklung war die Gesprächsfähigkeit und die Zusammenarbeit der jeweiligen Abteilungen auf Beamtenebene. Es gab kein Konkurrenz-, sondern ein Wettbewerbsverhältnis weitgehend auf der Basis informeller Kontakte. Beigetragen zum Erfolg hat auch die »Leidensfähigkeit« der mitarbeitenden Unternehmen aus der IT-Branche, allen voran IBM und T-Systems.

Wesentliche Gedanken für diese Entwicklung lieferten die Arbeiten von *Leo Reisinger* zum Thema Rechtsinformatik.

---

49 Mitglieder dieses Ausschusses waren Helga Stöger (Vorsitzende aus dem BKA-VD, Leiterin des RIS), Friedrich Wirth (Sektionschef Sozialministerium), Erika Zinner (Leiterin der SOZDOK), Peter Widlar, Robert Poperl (beide BMS) und der Verfasser als Berichterstatter.

50 Auf der Einstiegsseite www.sozdok.at im Feld für die Volltextsuche das Wort Rechtsbereinigungskommission eingeben. Passagen aus diesem Bericht sind in diesem Beitrag mit Schlussbericht des Rechtsdokumentationsausschusses zum ASVG 1995 zitiert.

51 KundmachungsreformG 2004 BGBl I 2003/100 vom 23. 10. 2003. Darin als Art 4 das BGBlG mit der Festlegung des RIS samt dessen Internetadresse in § 7 BGBlG. Ein Vergleich mit der einschlägigen Kundmachungsgrundlage im SV-Recht zeigt rein optisch die Verwandtschaft beider Kundmachungsplattformen: s die SV-InternetkundmachungsV, kundgemacht am 21. 12. 2001 in der Fachzeitschrift »Soziale Sicherheit« 2001, 989, Amtliche Verlautbarung 2001/198 (wiederverlautbart avsv 2005/119).

52 Sozialversicherungs-Internetkundmachungsverordnung (SV-InternetKV) mit der Angabe des RIS als Kundmachungsadresse, avsv 2015/208 (wegen der Kundmachung im November vor dem Inkrafttreten noch unter der avsv-Adresse).

Ergebnis und Ausblick

Die Arbeiten von Leo Reisinger in der Rechtsinformatik gehören zu den Grundlagen für die Arbeit mit Rechtstexten. Sie zeigen, dass es sehr wertvoll sein kann, Rechtstexte und deren Aufbereitung bzw Dokumentation nicht nur von fachlich ausgebildeten und erfahrenen juristischen Mitarbeitern betreuen zu lassen, sondern bei Gelegenheit auch andere Fachgebiete, so fern sie auf den ersten Blick auch liegen mögen, in solche Arbeiten einzubinden oder zumindest einen Blick in Grundlagenwerke zu werfen, die aus diesen Fachgebieten kommen.

Allein zum Thema »Pensionen aus der Pensionsversicherung und deren Anpassung« finden sich im BudgetbegleitG 2025 zehn Gesetzesänderungen – mit weitgehend gleichen Texten.[53] Die Zeiten, in denen es für rechtsberatende Berufe zwingende Voraussetzung war, die Regelwerke ihres Berufsstandes gesondert gedruckt im eigenen Bücherkasten zu haben (und es daher je nach Zielgruppe unterschiedliche Gesetzesausgaben geben musste), sind vorbei.

Rechtsbereinigung nach den ua von Reisinger gelegten Grundlagen könnte ein Schritt zu einem übersichtlichen österreichischen Sozialgesetzbuch sein. Und zur Reduzierung des Textbestandes im Sozialrecht auf mindestens[54] die Hälfte.

---

53 RV 69 BlgNR 28 GP, vgl in den Art 28 bis 39 § 108h ASVG, § 50 GSVG, § 46 BSVG sowie § 38 APG, § 243a BDG, § 166l RichteruStADG, § 121j LdsLehrerDRG, § 125f landuforstwLandesLehr-DRG, § 18q BundestheaterPensionsG, § 60c BundesbahnPensionsG.

54 Siehe die Schätzung bei *Glück/Souhrada/Zach*, Mehr Effizienz durch weniger Parallelgesetzgebung in den Sozialversicherungsgesetzen, in: SozSi 2017, 464–465.

DATENSCHUTZ UND GEDANKENFREIHEIT IN DIGITALEN ZEITEN

MARIE-THERES TINNEFELD

Prof. Dr. Marie-Theres Tinnefeld, Hochschule München, tinnefeld@hm.edu

Schlagworte: Menschenrechte, Privatheit und Datenschutz, kommunikative Freiheiten, digitale Zeit

Abstract: Wer sich gegenwärtig mit der Rechtsinformatik befasst, kann auf entsprechende Kenntnisse der 1970er Jahren nicht verzichten. Einer der Pioniere in dieser Zeit war Leo Reisinger. Mit seinem Wissen lässt sich die Bedeutung des Menschenrechts auf Datenschutz und dessen heutige Fortentwicklung in digitalisierter Form verständlicher machen. Dies geschieht in der Absicht den Blick auf unverzichtbare Datenschutzgesetze in Verbindung mit dem Recht auf Meinungs- und Gedankenfreiheit unter Aufdeckung neuer KI-basierter Ausforschungstendenzen zu schärfen. Und dies kann nur heißen, dass zur individuell verfügbaren Freiheit der Schutz der Freiheit des Anderen sowie der Staat liberaler Prägung, die rechtsstaatliche Demokratie in digitalen Zeiten gehören.

Der Datenschutz hat einen Vor-Denker im deutschen Bundesverfassungsgericht. Dessen bahnbrechendes Urteil zum Volkszählungsgesetz 1983 ist der legitime Vorgänger der aktuellen europäischen Datenschutzgesetzgebung. Das Gericht hat zwar den Datenschutz nicht erfunden, aber den wachsenden Zusammenhang zwischen Datenverarbeitung und Informationsherrschaft weitblickend erkannt. Das Gericht hat festgehalten, dass der Datenschutz keine Erfindung des späten 20. Jahrhunderts, sondern die moderne Einkleidung eines alten Menschenrechts ist: des Rechts auf Privatheit, das durch die technische Kontrolle des mächtigen Staats bedrohlichen Interventionen ausgesetzt ist. Bürgerinnen und Bürger sind seit der automatisierten Datenverarbeitung nicht mehr nur Beschlagnahmen, Besteuerungen oder Sistierungen, sondern staatlichen Informationseingriffen sowie zunehmend dem informationellen Zugriff Dritter etwa durch Unternehmen und Hacker ausgeliefert. Angesichts der rasanten Weiterentwicklung der Informations- und Kommunikationstechnologien bis hin zur Erfassung digital verkörperter Gedanken steht seither der Datenschutz dafür, Bereiche von Privatheit und Rechtsschutz intakt zu halten, nicht zuletzt im Interesse einer menschenwürdigen europäischen Rechtskultur.

Perspektiven der grundrechtlich verbürgten Entfaltungsfreiheit

Unter den Werten, auf die der Datenschutz gegründet ist, nimmt nach dem Bundesverfassungsgericht das Recht auf freie Entfaltung der Persönlichkeit unter Rekurs auf die unantastbare Menschenwürde einen zentralen Platz ein (Art 2 Abs 1 iVm Art 1 Abs 1 GG)[1]. Grund der rechtlichen Sicherung ist das Freiheits- und Selbstbestimmungsinteresse des betroffenen Einzelnen. Folgerichtig erstreckt sich der verfassungsrechtliche Datenschutz nur auf personenbezogene Daten lebender Menschen und das bedeutet: Das Recht auf Privatheit und Datenschutz soll Bürgerinnen und Bürgern Räume privater Existenz freihalten, wozu insbesondere auch der grundrechtliche Schutz der eigenen Wohnung (Art 13 Art 1 GG) und mithin unbeobachtete Freiräume, bewohnbare Räume und Gärten gehören.[2] Sie sind auch eine notwendige Vorbedingung für die Freiheit der Meinungs- und Informationsfreiheit und der angstfreien Teilhabe von Bürgern und Bürgerinnen in einem demokratischen Rechtsstaat. Denn totalitäre Regime räumen ihnen kein Recht auf »Geheimnisse und Alleingelassenwerden«, keinen Schutz des privaten Raums, der freien Rede und Kunst als »vitales persönliches Gut« ein.[3] In ihrem Buch »Fabel-

1 BVerfGE 65, 1 – Volkszählungsurteil v 15.12.1983.

2 Den Schutz der Wohnung hat das BVerfGE 27, 1, 6 eindringlich als »Innenraum«, wo man »sich selbst besitzt«, »in dem man in Ruhe gelassen wird und ein Recht auf Einsamkeit genießt«, bezeichnet. Zum Sinn und Wert von Privatheit, insbesondere räumlicher Privatheit vgl *Tinnefeld*, Überleben in Freiräumen, Köln 2018, 47 f.

3 Ebd 14 mwN.

land« (2024) beschreibt Ines Geipel den Zustand der alltäglichen Bespitzelung durch die DDR-Geheimpolizei. Sie spricht von einer Gesellschaft in Spitzelhaft, dem Fehlen von Privatheit und der Kunst als Eigenbereich. Wenn die Staatssicherheit der ehemaligen DDR über moderne digitale Informationstechnologie verfügt hätte, so wären die staatlichen Verletzungen von Menschen- und Bürgerrechten uferlos gewesen.[4]

Nicht von ungefähr ist das sensationelle Urteil des Bundesverfassungsgerichts zur Volkszählung ein Wegweiser zum Schutz der Entfaltungschance des Einzelnen und des Gemeinwohls im demokratischen Rechtsstaat geworden. Die zwingende Konsequenz eines Rechts auf Privatheit und Datenschutz ist das Recht des Menschen, über die Verwendung seiner Daten (mit-)zu bestimmen. Die Bürgerinnen und Bürger müssen wissen können, »wer was wann und bei welcher Gelegenheit über sie weiß.«[5]

Grundsätze, Impulse des Bundesverfassungsgerichts

In seinem Urteil hat das Bundesverfassungsgericht das Recht auf Datenschutz (informationelle Selbstbestimmung) als ein Grundrecht eingerichtet und ausgeführt.[6] Dazu gehören zahlreiche materielle Grundsätze, die das Datenschutzrecht bis in Einzelfälle hinein sichern sollen.

Im Zentrum stehen Informations- und Auskunftsrechte des Betroffenen über die Daten, die der Staat und heute auch Dritte über ihn erhoben, gesammelt und verarbeitet haben. Ohne dieses Recht, welches durch Benachrichtigungs- und Löschungspflichten flankiert wird, könnten Bürgerinnen und Bürger nicht am öffentlichen und gesellschaftlichen Leben teilnehmen. Das Recht auf Löschung wird zudem im europäischen Recht durch ein Recht auf Vergessen (right to be forgotten) modifiziert, das insbesondere mit Blick auf das digitale Gedächtnis im Cyberspace an Bedeutung gewinnt.[7]

Ziel prozeduraler Rechte ist es, das Vertrauen der Bürger und Bürgerinnen durch Transparenz der Datenverarbeitung zu sichern. Um

---

4 *Hassemer/Starzacher* (Hrsg), Datenschutz und Stasi-Unterlagen, Baden-Baden 1993.

5 BVerfGE 65, 1, 44ff.

6 *Hassemer*, Thesen zur informationellen Selbstbestimmung und Strafverfahren, in: Strafverteidiger (1988) 267f.

7 *Tinnefeld*, in: Dies/Buchner/Petri/Hansen, Einführung in das Datenschutzrecht. Datenschutz und Informationsfreiheit in europäischer Sicht, 8. Auflage, München – Wien 2024, 27.

verlässliche Rechte der Betroffenen zu garantieren, dürfen persönliche Daten grundsätzlich nur zu gesetzlich bestimmten Zwecken verarbeitet werden. Und damit sind weder gezielt »Zufallsfunde« noch eine Datenverarbeitung auf Halde (Vorratsdatenspeicherung) erlaubt, und organisatorisch sind schließlich unabhängige Kontrollinstanzen (Datenschutzbeauftragte, Aufsichtsbehörden) einzusetzen.

Rechtsgrundsätzlich von zentraler Bedeutung ist auch im Recht auf Privatheit und Datenschutz das Prinzip der Verhältnismäßigkeit. Abstrakt formuliert: Die Verhältnismäßigkeit dient dazu, jeder, auch der digitalisierten Steuerung und Verknüpfung von informationellen Eingriffen, Grenzen zu ziehen.

Die jeweilige Beschränkung ist an folgende Voraussetzungen gebunden: Ein Eingriff in den Schutzbereich eines Grundrechts muss einen legitimen Zweck verfolgen, zur Erreichung dieses Zwecks geeignet, erforderlich sowie im engeren Sinn verhältnismäßig, also angemessen sein, und er darf, soweit er in den Schutzbereich eingreift, dessen Wesensgehalt nicht antasten (Art 19 Abs 2 GG). So ist nach der Rechtsprechung des Bundesverfassungsgerichts ein Eindringen in den »absolut geschützten Kernbereich privater Lebensgestaltung« tabu.[8]

Als Teil der Verhältnismäßigkeit hat das Prinzip der Erforderlichkeit mäeutische Kraft. Es verweist auf Strukturen und Zusammenhänge, die regelmäßig empirischer Natur sind und der eigentlichen Rechtsfrage voraus liegen.[9] So bringt es rechtsrelevante Tatsachen (Überfälle auf Weihnachtsmärkte) und deren Beurteilung (als terroristische Anschläge) in einen hermeneutischen Zusammenhang.

Diese Abwägungskultur ist insbesondere im Feld der Prävention von Bedeutung. »Grundrechtsbeschränkungen sollen in einem angemessenen Verhältnis zum Sicherungszweck stehen.«[10] Jede einzelne Maßnahme kann zwar im angemessenen Verhältnis zum Sicherungszweck stehen, aber in ihrer »Summe die Freiheit verkümmern« lassen.[11] Zielgröße jeder Maßnahme muss immer die Freiheitssphäre jedes Menschen und seine intakte Kommunikation sein. Denn ohne den Austausch mit anderen kann die freie Entfaltung der Persönlichkeit nicht gelingen.[12]

Viele europäische und außereuropäische Staaten haben in der Folge

8 BVerfGE 120, 274, 335.

9 *Hassemer*, Juristische Hermeneutik, in: ARSP 72 (1986) 195 ff.

10 *Grimm*, Die Verfassung und die Politik, München 2001, 103.

11 Ebd 103.

12 *Suhr*, Entfaltung des Menschen durch den Menschen, Berlin 1976; *Buber*, Der Mensch wird am Du zum Ich, 1923.

nationale Datenschutzgesetze geschaffen. Die Europäische Union blieb nicht an tradierten nationalen Vorstellungen haften. Sie hat daher in ihrem Kompetenzbereich ein allgemeines Datenschutzgesetz (DS-GVO 2016) und spezielle Datenschutzgesetze wie etwa die Verordnung über Künstliche Intelligenz (KI-Verordnung 2024) geschaffen. Die DS-GVO ist bestimmende Grundlage des Grundrechtsschutzes geworden, die von der Rechtsprechung des Europäischen Gerichtshofes (EuGH) unter Einbeziehung auch von Entscheidungen des Bundesverfassungsgerichtes und anderer nationaler Verfassungsgerichte ausgelegt und präzisiert wird.

Regulierung die Europäische Union

Die Europäische Union zählt in ihrem Vertrag in der Fassung von Lissabon die Wahrung der Menschenrechte, die Menschenwürde, Freiheit und Gleichheit einschließlich der Rechte von Personen, die Minderheiten angehören, zu den wesentlichen europäischen Werten (Art 2 Satz 1 EUV). Sie bekennt sich ausdrücklich in ihrer Grundrechtecharta zur Menschenwürde (Art 1 GRCh, wie auch Art 1 Abs 1 GG) als konstituierendes Prinzip. Hieran knüpft sie die Ausfächerung von Freiheit und Gleichheit und insbesondere die Pflicht, »die Freiheitssphären aller in einen rechtlich verbürgten Ausgleich zu bringen.«[13]

Die 2009 in Kraft getretene Grundrechtecharta regelt das Recht auf Privatheit, einschließlich der Kommunikation (Art 7 GRCh, wie auch Art 8 EMRK) sowie angesichts neuer Technikfolgen den Schutz personenbezogener Daten (Art 8 GRCh). Auf dieser Basis wuchs die wirksame Datenschutzgrundverordnung, die alle EU-Mitgliedstaaten bindet.

Auch unter der Datenschutzgrundverordnung gilt, was das Bundesverfassungsgericht bereits im Volkszählungsurteil herausgestellt hat, dass der Datenschutz kein uneingeschränktes Recht ist und die Rechte anderer Grundrechtsträger wie etwa deren Meinungs- und Informationsfreiheit (Art 11 GRCh) abgewogen werden müssen.[14] Zudem ist das Prinzip der Verhältnismäßigkeit zu berücksichtigen und alle Maßnahmen sind auf das absolut Notwendige zu beschränken.[15]

Welche Bedeutung hat die Forderung nach Gleichheit aller Menschen

13 *Voßkuhle*, Europa, Demokratie und Verfassungsgerichte, Berlin 2021, 128.

14 *Buchner*, Datenschutz-Grundverordnung/BDSG, Kommentar. 3. Auflage, München 2024, Art 1 DS-GVO Rn 15f.

15 Zur Erforderlichkeit der Verarbeitung s Anforderungen Art 5, Art 6 Abs 1 sowie Art 9 Abs 1, 2 DS-GVO.

im »lebenden Recht«? Sie berührt ethnische, kulturelle oder religiöse Gemeinschaften, aktuell insbesondere Juden, Moslems und andere. In der Datenschutzgrundverordnung findet sich ein präventiver Schutz vor Diskriminierungen (Art 21 Abs 1 GRCh).

Die Verordnung verbietet grundsätzlich die Verarbeitung von sensiblen, personenbezogenen Daten, welche die »rassische und ethnische Herkunft«, »politische Meinungen« und »religiöse oder weltanschauliche Überzeugungen« betreffen (Art 9 Abs 1 DS-GVO).

Anzumerken ist, das Rasse ein irrationaler Begriff ist, der auf der Grundlage verschiedener Tatsachen, Dinge, Erscheinungen erfunden wurde.[16] Die Verordnung schützt personenbezogene Daten, aus denen sich sensible Aspekte etwa der ethischen Herkunft oder der Religion kontextbezogen aus dem Gesamtzusammenhang auch mittelbar ergeben. Diese Ausrichtung ist nicht nur eine Frage etwa an fragliche biografische oder demografische Merkmale. Sie bietet jüdischen wie auch anderen betroffenen Personen die Möglichkeit, sich gegen Diskriminierungen zu wehren.

Jede Diskriminierung, jeder Hass zieht menschliche Energien ab, die nicht zuletzt auch im Recht der Privatheit und des Datenschutzes kanalisiert werden sollen. Mit diesem Recht ist die Meinungs- und Informationsfreiheit eng wie ein Zwilling und als Gegenüber verbunden. Sie würden segensreich wirken, wenn sie nicht durch ein Übermaß der Überwachung gelähmt würden.

Was auf dem Spiel steht

Die gegenwärtigen Erfahrungen im europäischen und globalen Informationsprozess sind subtiler Natur. Der Wandel beruht auf der digitalen, weltweiten Vernetzung von Staat, Wirtschaft und Gesellschaft. Und es gibt keinen Zweifel, dass im 21. Jahrhundert nicht nur der »virtuelle Raum« und die Meinungsbildung in den Cyberspaces, sondern auch eine datenzentrierte Sicht auf den Menschen an Bedeutung gewinnt.[17]

Die digitale Revolution macht den körpergebundenen, geografischen Raum nicht einfach hinfällig. Er spielt weiter eine Rolle als ein »Konstitu-

16 *Tinnefeld*, Die Ringparabel von Lessing, in: DuD Heft 12 (2024) 806 mwN. S.a. *Morina* (Hrsg), Antisemitismus und Rassismus. Konjunkturen und Kontroversen seit 1945, Göttingen 2024.

17 *Tinnefeld*, Prolog, Dies/Buchner/Petri/Hansen, Einführung in das Datenschutzrecht. Datenschutz und Informationsfreiheit in europäischer Sicht, 8. Auflage, München-Wien 2024, XVIII mwN.

ens sozialer Beziehungen«.[18] Jeder Mensch ist auf die materielle Welt angewiesen, obwohl es manchmal so aussieht, dass der virtuelle den körpergebundenen Raum abzulösen scheint. Dennoch gibt es ein körperliches Dasein und ein Körperwissen. Schon Ende der neunziger Jahre wurden Personal Computer und später Smartphones als »ausgelagerte Gehirne« ihrer Nutzer ausgemacht. Die Gedanken, auch die Gesichter sollen nunmehr unter engen Voraussetzungen als sog. neutrale Daten erforscht und ausgewertet werden.[19] Dürfen die inneren Schichten des Menschen durchsucht und durchleuchtet werden, wie es Steven Spielberg in seinem Science-Fiction- Film »Minority Report« 2002 dargestellt hat?

Als »neutrale Daten« werden solche bezeichnet, »die durch Messung der Aktivitäten des zentralen oder peripheren Nervensystems eines Menschen erzeugt werden und auf die nicht mithilfe von nicht-neutralen Daten geschlossen werden kann«[20]. Wie bereits ausgeführt, dürfen solche sensitiven Daten grundsätzlich nicht verarbeitet werden (Art 9 DS-GVO).

Das Interesse privater und staatlicher Stellen richtet sich nicht nur auf digital verkörperte Gedanken, sondern auch auf Gesichter und die in ihnen zum Ausdruck kommenden Emotionen und Gedanken.[21] Je mehr Informationen über Gehirnaktivitäten erhoben werden, desto größer wird das Risiko, dass sie ungebunden für vielseitige Zwecke verwendet werden. Desto intensiver sollte der Aufruf von Friedrich Schiller im Don Carlos aus der Zeit der Aufklärung wahrgenommen werden: Die Gedanken sind frei! Und zu ergänzen ist dieser Aufruf mit den Worten der deutsch-amerikanischen Jüdin Hannah Arendt, die besagen, dass die Selbstbestimmung auf der »Freiheit beruht, frei zu sein«,[22] und dazu gehört essentiell die Gedankenfreiheit.

18 *Schlögel*, Im Raume lesen wir die Zeit, 3. Auflage, Frankfurt am Main 2009, 36.

19 *Dix*, Gedankenfreiheit – wie lange noch? Editorial, in: ZD (2025) 1f.

20 Siehe California Consumer Privacy Act von 2018, Sec 1798. 140 CCPA zit nach *Dix*, Gedankenfreiheit – wie lange noch? Editorial, in: ZD (2025) 1.

21 Ebd 1. Vgl zum Ausdruck des Gesichts *Tinnefeld*, in: DuD Heft 12 (2024) 809.

22 *Arendt*, Die Freiheit, frei zu sein, 2. Auflage, München 2018, aus dem amerikanischen Englisch von Andreas Wirthensohn.